For Amelie

BPMN Methode und Stil
Zweite Auflage
mit dem BPMN Handbuch für die Prozessautomatisierung

Bruce Silver

Übersetzung und Nachwort von Stephan Fischli

CODY-CASSIDY PRESS

BPMN Methode und Stil, Zweite Auflage, mit dem BPMN Handbuch für die Prozessautomatisierung

By Bruce Silver
German translation and Afterword by Stephan Fischli

ISBN 978-0-9823681-2-1

Published by Cody-Cassidy Press, Aptos, CA 95003 USA
Contact
> info@cody-cassidy.com
> +1 (831) 685-8803

Library of Congress Subject Headings
Workflow -- Management.
Process control -- Data processing -- Management.
Business -- Data processing -- Management.
Management information systems.
Reengineering (Management)
Information resources management.
Agile software development.

Cover design by Leyba Associates

2.2

INHALTSVERZEICHNIS

Vorwort zur zweiten Auflage

Dieses Buch ist mehr als eine Aufzählung der Formen und Symbole von BPMN. Basierend auf zwei Prinzipien bietet es einen einzigartigen Ansatz, um die Standards der Prozessmodellierung zu beherrschen und zu verstehen:

- *Das Methoden-und-Stil-Prinzip* – Ein BPMN-Diagramm sollte eine und nur eine Interpretation zulassen. Die Prozesslogik sollte allein durch das Diagramm vollständig und eindeutig beschrieben werden.

- *Das BPMN-I-Prinzip* – Ein BPMN-Diagramm sollte eine und nur eine XML-Serialisierung aufweisen. Andernfalls kann der Austausch von Modellen zwischen Werkzeugen nicht erreicht werden.

Das erste Prinzip richtet sich an die Modellierer, das zweite an die Werkzeughersteller. Beide sind eng miteinander verwandt. Unglücklicherweise genügt die BPMN 2.0-Spezifikation von sich aus weder dem ersten noch dem zweiten Prinzip. So haben wir uns entschlossen, zusätzliche Konventionen unter den Bezeichnungen Stilregeln und BPMN-I-Regeln in diesem Buch festzuhalten.

Änderungen gegenüber der ersten Ausgabe

Als die erste Ausgabe von *BPMN Methode und Stil* (auf Englisch) publiziert wurde, lag die BPMN 2.0 in einer Entwurfsversion (Beta) vor. Dies war 2009. Ziel war, nicht nur eine Zusammenfassung des Standards, sondern eine ausführliche Anleitung für die Erstellung von BPMN-Diagrammen zu verfassen. Die Diagramme sollten deutlich und vollständig sein, von andern leicht verstanden werden können und genug Aussagekraft besitzen, ohne dass eine zusätzliche Dokumentation benötigt wird. Der Methode-und-Stil-Ansatz formalisiert damit einen großen Erfahrungsschatz, der seit 2007 bis heute in Schulungen weitergegeben wird.

Der Methode-und-Stil-Ansatz beruht auf drei wesentlichen Grundsätzen:

- **Fokussierung auf die wichtigsten Formen und Symbole:** BPMN-Kritiker weisen immer wieder auf den großen Umfang der gesamten Notationselemente der BPMN 2.0 hin und argumentieren, dass die BPMN von Geschäftsprozessverantwortlichen aufgrund ihrer Komplexität nicht verstanden werden kann. Tatsächlich wird im Normalfall allerdings nur ein stark reduziertes Set von Elementen für die Praxis benötigt. Der Methode-und-Stil-Ansatz bedient sich einer abgestuften Verwendung der BPMN-Elemente. Die Ebene 1, heute als „Deskriptive Unterklasse" in die Spezifikation übernommen, beinhaltet ein Basis-Set der elementaren Formen, wie man sie schon aus der traditionellen Flussdiagrammtechnik kennt. Die Ebene 2, jetzt offiziell „Analytische Unterklasse" genannt, erweitert die Palette durch die hauptsächlich verwendeten Ereignistypen, um eine saubere Fehlerbehandlung modellieren zu können. Ebene 2 stellt nach wie vor nur einen Bruchteil des kompletten BPMN-Elementsets dar, allerdings werden nur wenige Modellierer jemals das Bedürfnis haben, über die Palette der Ebene 2 hinauszugehen.

- **Eine präskriptive Methodik,** die Schritt für Schritt die Modellerstellung vom weißen Blatt bis hin zum selbstsprechenden und interpretationsfreien BPMN-Modell erklärt. Das Ziel der Methode ist nicht die kreative Gestaltung, sondern die strukturelle Konsistenz eines Modells; bei einer gleicher Menge an Fakten und Informationen darüber, wie ein Prozess funktioniert, sollte jeder Modellierer (mehr oder weniger) das strukturell gleiche Modell erarbeiten können.

- Ein durchgängiger, aus Regeln und Konventionen bestehender **BPMN-Stil,** der Eindeutigkeit und Prozesslogik eines Modells alleine über die Zeichnung garantiert. Ähnlich der Rechtschreib- und Grammatikkontrolle in Textverarbeitungsprogrammen können Verstöße gegen diese Stilregeln im Diagramm markiert und dadurch leicht verbessert werden.

Die Entwicklung des Methode-und-Stil-Ansatzes

Die Grundsätze des Methode-und-Stil-Ansatzes haben sich seit der ersten Ausgabe des Buches nicht geändert. Allerdings ist diese zweite Ausgabe das Ergebnis von mehr als zwei Jahren intensiver Arbeit und der Einbeziehung unzähliger Rückmeldungen aus den Schulungen. Als immer mehr Geschäfts- und Unternehmensarchitekten sich mit ihrem Interesse der BPMN zuwandten, konnten wir dies zum Anlass nehmen, die methodische Einbettung in die Geschäftsprozessarchitektur der Unternehmen zu verbessern. In der Methodik wird dargelegt, wie grundlegende Konzepte der BPMN, z.B. *Prozess* und *Aktivität,* in Beziehung zur Unternehmensarchitektur stehen. Damit liegt unser BPMN-Stil, vormals als „Good Practice"-Empfehlungen gedacht, in einer strukturierten Art vor und kann durch die Modellierungswerkzeuge überprüft werden. Diese Formalisierung und Erweiterung ist die Erweiterung des in diesem Buch beschriebenen Methode-und-Stil-Ansatzes.

Eine weitere wesentliche Änderung ist die Weiterentwicklung der Ebene 1 der BPMN. In der Erstausgabe stand sie nicht einfach nur für eine Einschränkung der eingesetzten Menge an Symbolen und Formen, sondern für eine lockere, an traditionellen Flussdiagrammen orientierte Art der Prozessmodellierung. Effektiv lud Ebene 1 Modellierer dazu ein, den tieferen Sinn und die Regeln der BPMN zu ignorieren. Aus diesem Grund vermitteln wir die BPMN heute nicht mit diesem lockeren Ansatz, sondern fokussieren uns auf ihre Bedeutung und Regeln, was dieses Buch reflektiert. Ein Schlüsselelement umfasst die BPMN-Stil-Regeln, die aus „Good Practices" entstanden und in Softwarewerkzeugen umgesetzt worden sind. Dies macht einen großen Unterschied zu reinen Empfehlungen – Fehler werden direkt im

Diagramm markiert und angezeigt. Heute denken wir, dass die konzeptionellen Grundlagen der BPMN nicht gänzlich aus der Ebene 1 weggelassen werden sollten. Die Elemente von Ebene 1 sind den meisten BPMN-Nutzern vertraut, weshalb es nahe liegt, diese Grundlagen sehr früh zu vermitteln. Erinnern wir uns jedoch, dass das eigentliche Ziel nach wie vor die Überbrückung der Kluft zwischen Fachbereichen und IT ist. Zudem haben wir in der zweiten Auflage die Elementpaletten der Ebenen 1 und 2 leicht angepasst, so dass sie exakt mit den *deskriptiven* und *analytischen* Unterklassen aus der offiziellen BPMN 2.0-Spezifikation übereinstimmen.

Als die Arbeit an der zweiten Ausgabe begann, sollte das meiste aus dem Teil über „Methode und Stil" der Originalausgabe unverändert übernommen werden. Dies stellte sich aber als unmöglich heraus. Beinahe der gesamte Inhalt musste neu geschrieben werden. Die Konzeption ist dieselbe geblieben, allerdings wurden die Herleitung, der eigentliche Schwerpunkt, und alle Beispiele neu geschrieben. Nach mehr als zwei Jahren, seit Erscheinen der ersten Ausgabe, haben die unzähligen Schulungen zu Methode und Stil zu diesen Änderungen geführt. Diese spiegeln durch eine klarere Strukturierung der Inhalte und eine prägnantere Ausdrucksweise heute die Weiterentwicklung der Methode wieder.

Das neue Handbuch für die Prozessautomatisierung

Während sich die Notation der BPMN 2.0 seit der ersten Auflage nicht stark gewandelt hat, hat die BPMN-Arbeitsgruppe der OMG 2010 zum Schluss noch diverse XML-Änderungen an den Symbolen und Formen vorgenommen. Die XML-Serialisierung der BPMN ist nicht nur für die Ausführbarkeit der BPMN ausschlaggebend, sondern auch für den lange versprochenen *Diagrammaustausch* zwischen verschiedenen BPMN-Modellierungswerkzeugen. Eben diese in letzter Minute durchgeführten Änderungen beinhalten ein völlig neues XML-Schema für die *grafische Diagramminformation*, genannt BPMNDI, sowie die Definition der Elemente und Attribute der analytischen Unterklasse. Da sich die meisten Tool-Anbieter noch in den frühen Phasen der Umsetzung der BPMN 2.0-Spezifikation befinden, beinhaltet die vorliegende zweite Auflage ein völlig neu entwickeltes *Handbuch für die Prozessautomation*, welches sich an Anbieter von BPMN-Tools und Softwareentwickler richtet. Dieses Handbuch erklärt das Metamodell der BPMN 2.0 und die korrekte Serialisierung der Prozessmodelle.

Genauso wie die Spezifikation keine festen Regeln definiert, um ein Diagramm als gültig zu erklären, lässt sie auch zu viel Spielraum bei der XML-Serialisierung. Im Prinzip sollte ein Diagramm mit Elementen der Ebene 1 oder Ebene 2 eine und nur eine XML-Serialisierung zulassen. Nur die Spezifikation lässt mehr als eine Variante zu. So, wie Modellierer von Stilregeln profitieren können, benötigen Entwickler auch zusätzliche Konventionen, die mehr Einschränkungen machen als die Spezifikation vorgibt und letztlich den BPMN-Modellaustausch fördern. Das Handbuch für die Prozessautomation enthält eine Liste von solchen Konventionen, genannt BPMN-I-Profil. Ähnlich wie die Stilregeln können die BPMN-I-Konventionen als Regeln formuliert durch ein Werkzeug validiert werden.

Weder die Stil- noch die BPMN-I-Regeln sind Bestandteil der offiziellen BPMN 2.0-Spezifikation der OMG, doch beide korrespondieren mit dem übergeordneten Ziel der semantischen Korrektheit, der visuellen Klarheit und der Austauschbarkeit der Diagramme zwischen Werkzeugen. Einige Ansätze, wie die Elementpaletten der Ebene 1 und 2, haben den Weg in die offizielle Spezifikation gefunden. So besteht auch Hoffnung, dass einige Stil- und BPMN-I-Regeln zukünftig in den offiziellen Standard einfließen werden. Dies wird allerdings frühestens ab 2013 der Fall sein.

Ausführbare BPMN

Schließlich beinhaltet die neue Ausgabe eine Präzisierung der Details bei der Ausführung des BPMN 2.0-Modells, wie zum Beispiel Variablen, Input-/Output-Parameter, Bedingungen an Gateways, Nachrichten, Ereignisse, Service- und Benutzertasks. Die grundsätzliche Idee der ersten Auflage hat nicht geändert, die XML-Schemata der BPMN 2.0-Spezifikation allerdings schon. So bietet die neue Ausgabe konsistente Beispiele für die jüngsten BPMN 2.0-Standards wie auch einige Beispiele von Ausführungsumgebungen der ersten BPMN 2.0-Generation.

Aufbau dieses Buches

Teil 1, „Was ist BPMN?", behandelt die Rolle der BPMN im Umfeld von Business Process Management, ihre Übereinstimmung sowie Differenzen zur traditionellen Modellierung mit Flussdiagrammen, und was „gute" von „schlechter" BPMN unterscheidet. Die Grundätze der BPMN werden erklärt, und es wird aufgezeigt, wie die BPMN-Notation mit Aktivitäten und Prozessen in eine Geschäftsprozessarchitektur eingefügt werden kann.

Teil II, *Methode und Stil* – Ebene 1, ist eine detaillierte Erklärung des Methode-und-Stil-Ansatzes zur Prozessmodellierung. Nach einer Führung durch den Aufbau eines kompletten BPMN-Diagramms mit nur wenigen, aus der traditionellen Flussdiagrammtechnik bekannten Formen und Symbolen – der Elementpalette von Ebene 1 –, gehen wir ein paar Schritte zurück und diskutieren die Bedeutung und Verwendung von jedem dieser Elemente der Ebene 1. Dann wird die Methode Schritt für Schritt erklärt, wie ein Kochrezept zur Erstellung von konsistenten „End-to-End"-BPMN-Prozessen, in denen Klarheit über die Bedeutung einer Prozessinstanz besteht, die Endstatus des Prozesses klar definiert sind und die Kollaboration mit externen Teilnehmern (z.B. Kunden, externen Dienstleistern oder internen Prozessen) definiert ist.

Dem Vorsatz gemäß, dass ein Diagramm alleine durch seine grafische Darstellung klar, verfolgbar und vollständig sein sollte, behandelt das Buch als Schwerpunkt den Modellierungsstil und die dazugehörigen Regeln. Der Teil „Stil" ist stark beeinflusst von „The Elements of Style" der Autoren Strunk und White, welches ein umfassendes Regelwerk zum Verfassen stilvoller englischer Prosa umfasst. Auch wenn jenes Buch auf Professor Strunks Vorlesungsnotizen aus dem Jahr 1919 zurückgeht, zeigt seine immer noch anhaltende Popularität eindrücklich, dass die Grundprinzipien eines „Stils" den Lauf der Zeit überdauern können. Unser Buch versucht, aus dieser Vorlage ähnliche Prinzipien zur Erstellung von BPMN-Diagrammen abzuleiten. Sie sollen der Zielsetzung von Klarheit, Ausdruckskraft und Übereinstimmung mit der präzisen technischen Bedeutung der BPMN folgen.

Teil III, *Methode und Stil – Ebene 2*, beschreibt die erweiterte Palette der Formen und Symbole. Der Schwerpunkt liegt auf den „großen drei" Ereignistypen Zeit, Nachricht und Fehler. Darüber hinaus werden auch die andern Ereignistypen der Ebene 2 (analytische Unterklasse) tiefer betrachtet wie auch die zusätzlichen Gateways und Sequenzflusstypen. Wir werden diskutieren, wie man in BPMN Iterationen, Schleifen, Mehrfachaktivitäten und Mehrfach-Pools modelliert. Weiter werden wir veranschaulichen, warum in bestimmten Situationen ein einfacher Pool nicht genügt und stattdessen mehrere interagierende Pools benötigt werden. Wir werden die offiziellen BPMN-Regeln und die in diesem Buch beschriebenen Stilregeln besprechen und aufzeigen, wie Sie das Modellierungswerkzeug zur Überprüfung und Bereinigung Ihrer Modelle verwenden können.

Teil IV, das *BPMN-Handbuch für die Prozessautomatisierung*, richtet sich an Entwickler und Werkzeughersteller. Die Notation rückt in den Hintergrund, und dafür wird der XML-Unterbau genauer beleuchtet. Wir werden das Metamodell der BPMN 2.0 und das daraus abgeleitete XML-Schema tiefer diskutieren. Unser Fokus in Teil IV richtet sich auf die „nicht-ausführbare" BPMN, und wir gehen tiefer in die deskriptive und analytische Konformitätsunterklasse, die mit unseren Paletten der Ebene 1 und Ebene 2 identisch ist. Wir werden aufzeigen, in welcher Beziehung das grafische und das semantische Modell stehen, und sehen, wie die Ebenen in einer Prozesshierarchie verknüpft werden können. Weiter werden wir die Funktion des oft nicht verstandenen Attributs *targetNamespace* unter die Lupe nehmen und erfahren, wie man extern definierte Unterprozesse und Tasks referenzieren kann.

Teil IV beschreibt zudem das BPMN-I-Profil, eine Reihe von Konventionen, welche die Austauschbarkeit von nicht-ausführbaren Diagrammen sicherstellen sollen. Während die BPMN-Spezifikation mehrere Varianten und Möglichkeiten zulässt, Diagramme zu serialisieren, versuchen wir mit dem BPMN-I Profil sicherzustellen, dass möglichst nur ein Weg erlaubt ist.

Teil V, *Ausführbare BPMN*, diskutiert, wie die zur Ausführung benötigten zusätzlichen Information wie Datenschnittstellen und Variablen, Gateway-Bedingungen, Nachrichten, Ereignisse und Benutzerinteraktionen modelliert werden. Wir werden ein Auge auf die Serialisierung der allgemeinen ausführbaren Konformitätsunterklasse werfen und betrachten die Implementierungsmöglichkeiten der aktuellen BPM-Suiten (BPMS).

Die BPMN-Schulung

Dieses Buch beinhaltet viele Beispiele, und wir wollen unsere Leser an dieser Stelle ermutigen, diese mit einem Softwarewerkzeug zu reproduzieren. Es wird sehr schwierig oder gar unmöglich sein, die BPMN nur durch das Studium eines Buches zu erlernen. Wie jede Disziplin lernt man die BPMN vor allem durch die Praxis — der Erstellung von Diagrammen mit einer klaren und eindeutigen Aussage. Letztlich dient dieses Buch somit als Nachschlagewerk und ist definitiv kein Ersatz für eine Schulung in BPMN.

Gute Schulung setzt Praxiserfahrungen voraus. Das bedeutet Übungen und Diskussionen darüber, wie etwas zu modellieren ist und warum die eine Lösung besser ist als die andere. Solche Schulungen bieten wir in verschiedenen Formen an. Das vorliegende Buch passt ideal als Begleitmaterial zur BPMN-Schulung „Methode und Stil" oder kann ganz einfach als Lehrbuch verwendet werden.

BPMN-Werkzeuge

Einfache Diagramme von Hand zu zeichnen, ist erst einmal kein Problem. Eine richtige Anwendung der BPMN erfordert allerdings ein Modellierungswerkzeug. Die gute Nachricht ist, dass es mittlerweile viele solcher BPMN-Werkzeuge gibt. Die Spanne reicht von kostenfreien, teilweise recht passablen Implementierungen bis hin zu professionellen Suiten. Man würde erwarten, dass die Werkzeuge aufgrund des BPMN-Standards einander stark ähneln. Dem ist aber nicht so, da sich mit einigen nur Zeichnungen erstellen lassen und keine „echten" Prozessmodelle. Mit diesen Werkzeugen werden Diagramme mit einer passablen Darstellung der Standardformen und –symbole, aber ohne innere Logik erzeugt. Es ist zum Beispiel nicht möglich, eine Zeichnung auf Fehler zu überprüfen oder davon ein XML abzuleiten, welches von einem andern Werkzeug eingelesen werden kann.

Einige Werkzeuge unterstützen die volle Palette der BPMN-Symbole und -Formen während andere, insbesondere die Modellierungsumgebungen der BPMS-Hersteller, oft nur eine Untermenge dieser Palette anbieten. Während gewisse Werkzeuge sich strikt an die in der Spezifikation definierten Symbole, Formen und Semantik halten, weichen andere von den Vorgaben ab und legen die Regeln eher salopp aus. Einige erlauben es, Pools und Lanes darzustellen, andere wieder nicht. Wieder andere erlauben die hierarchische Modellierung von verlinkten Diagrammseiten für Unterprozesse auf eine intuitive Art und Weise, während einige nur „flache" Prozessmodelle erstellen können. Letztere müssen über mehrere Seiten ausgedruckt und an eine Wand tapeziert werden, damit sie gelesen werden können. Auch gibt es Tools, mit welchen neben der BPMN noch zusätzliche Informationen wie KPIs. Rollen in der Organisation, weitere Daten und Dokumente sowie IT-Systeme dokumentiert werden können.

Vor der Version 2.0 wurde mit dem BPMN-Standard nicht einmal versucht, Anforderungen an die „Konformität" vorzugeben. Als eine Konsequenz daraus behaupten noch immer viele Werkzeughersteller, sie unterstützen die BPMN, tun dies aber in Wahrheit nicht. Heute stellt die Spezifikation 2.0 offizielle Anforderungen für die Konformität zur Prozessmodellierung mit der BPMN. Die deskriptive und die analytische Unterklasse, äquivalent zu unseren Paletten der Ebene 1 und 2 (durch die OMG faktisch von unserem Training in die Spezifikation übernommen), definieren die Elemente, welche unterstützt werden müssen, um konform zur BPMN zu sein. Das in Teil IV dieses Buches beschriebene BPMN-I-Profil bietet Serialisierungsregeln, welche den Werkzeugherstellern helfen soll, die Austauschbarkeit der Diagramme auszubauen. Zum Zeitpunkt der Veröffentlichung dieses Buches haben schon einige Hersteller die BPMN-I-Konformität erreicht.

Kurz gesagt: Obwohl BPMN ein Standard ist, sind nicht alle BPMN-Werkzeuge gleich. Die Wahl eines Werkzeugs kann Ihre Möglichkeiten, „gute BPMN" zu erstellen, erheblich beeinflussen.

Alle abgebildeten Diagramme in diesem Buch wurden mit Process Modeler für Microsoft Visio[1] als Werkzeug erstellt, einem AddIn zu Microsoft Visio. In unseren BPMN-Schulungen und für die Zertifizierungen verwenden wir hauptsächlich dieses Werkzeug. Einer der Hauptgründe dafür ist, dass die Stil- und BPMN-Regeln automatisch überprüft werden. Darüber hinaus unterstützt der Process Modeler für Visio alle BPMN 2.0-Elemente und verfügt über eine saubere und korrekte XML-Serialisierung (inklusive Import und Export). Zudem erlaubt er eine einfache und intuitive Modellierung der Prozesshierarchie, wie sie von der Methode empfohlen wird.

Grundsätzlich können sich Anwender heute über eine große Auswahl an guten BPMN-Werkzeugen freuen. Dennoch werden einige Leser dieses Buches feststellen, dass ihr Werkzeug nicht alle Modellierungsmuster, Formen und Symbole unterstützt, welche wir beschrieben haben. Ein Grund dafür kann sein, dass das eingesetzte Werkzeug auf der BPMN 1.x basiert und nicht, wie dieses Buch, auf der BPMN 2.0.

Werkzeughersteller haben oft Mühe, zu erklären, welche BPMN-Version sie unterstützen. Wir zeigen Ihnen einen einfachen Weg, um dies rasch herauszufinden.

Wenn Ihr Werkzeug eine Form wie diese zeichnen kann,

dann basiert es auf der BPMN 1.0. Die BPMN 1.0 wurde im Jahr 2008 erneuert. Wenn Sie ernsthafte BPMN-Modellierung betreiben wollen, empfehlen wir Ihnen, das Werkzeug zu ersetzen.

Wenn Ihr Werkzeug eine Form wie diese zeichnen kann

oder Formen mit einem schwarzen Briefsymbol wie dieses,

aber keine gestrichelten und doppelten Ringe wie diese,

---

[1] Hersteller ist die Firma itp commerce ag, mit Sitz in Bern, Schweiz. Weitere Informationen finden Sie unter www.itp-commerce.com

dann basiert Ihr Werkzeug auf der BPMN 1.1 oder BPMN 1.2. Dies genügt für die Modellierung der Ebene 1 durchaus, aber es unterstützt wichtige Formen wie nicht-unterbrechende Ereignisse oder Datenspeicher nicht. Entscheidender wird sein, dass Ihr Werkzeug das XML-Austauschformat der BPMN nicht unterstützt, auch wenn die Verwendung von XPDL für die Diagrammserialisierung hier eine Alternative darstellen kann.

Die beste Wahl ist ein Werkzeug, das die BPMN 2.0 vollständig unterstützt. In diesem Buch werden wir auf die neuen Elemente der BPMN 2.0 hinweisen und Ihnen, wenn möglich, Umgehungslösungen vorstellen. Selbst wenn Ihr Werkzeug die BPMN 2.0 nicht unterstützt, ist dies also keine Katastrophe, aber wir empfehlen Ihnen, sehr bald den Wechsel auf ein BPMN 2.0 taugliches Werkzeug vorzunehmen.

Danksagung

Ich wäre sehr nachlässig, wenn ich nicht die Bemühungen zweier Kollegen bei der Weiterentwicklung des Standards und des Methode-und-Stil-Ansatzes seit der Veröffentlichung der Originalausgabe anerkennen würde.

Robert Shapiro von der Firma Process Analytica gelang als Mitglied der „BPMN 2.0 Finalization Task Force" in der OMG, was ich nicht geschafft hatte: die Formalisierung der deskriptiven und der analytischen Unterklassen in der endgültigen Fassung der BPMN 2.0-Spezifikation. Dies ist zwar nicht die einzige Voraussetzung für einen einfachen Diagrammaustausch zwischen Werkzeugen, aber eine offizielle Billigung der Paletten von Ebene 1 und Ebene 2 des BPMN-Methode-und-Stil-Ansatzes.

Stephan Fischli, Gründer und Inhaber der Firma itp commerce sowie Entwickler von Process Modeler für Microsoft Visio, hat seinem Werkzeug über Jahre kontinuierlich Erweiterungen zugefügt, welche den BPMN-Methode-und-Stil-Ansatz optimal unterstützen. Bemerkenswert ist zum Beispiel, dass das Werkzeug über eine direkte Überprüfung der Stilregeln verfügt und eine sehr saubere XML-Serialisierung mit Import- und Exportmöglichkeit sowie die Verwendung von externen und globalen Elementen anbietet. Gute BPMN erfordert gute Werkzeuge – Stephans Werkzeug ist das Beste.

Bruce Silver,
im März 2012

TEIL I:
WAS IST BPMN?

KAPITEL 1

Schlechte BPMN, gute BPMN

BPMN steht für *„Business Process Model and Notation*[2]*".* Für die meisten Anwender von BPMN wird das, wofür das N in dieser Abkürzung steht – die grafische Notation –, am wichtigsten sein: eine Diagrammsprache zur Modellierung von Geschäftsabläufen. Das Wesentliche an der BPMN ist, dass es sich um einen *Standard* der Standardisierungs-Organisation „Object Management Group" (OMG) handelt. Die BPMN ist also nicht im Besitz oder unter der Kontrolle eines Herstellers oder einer Beraterfirma. Sie bezahlen keine Gebühren für die Verwendung des geistigen Eigentums. Heute unterstützen so gut wie alle Modellierungs-werkzeuge die BPMN, auch wenn manche Anbieter nach wie vor der Meinung sein mögen, ihre eigene Notation sei benutzerfreundlicher oder besser.

Einer der Hauptvorteile eines Standards für Prozessmodelle ist, dass sich sein Verständnis beschränkt nicht auf ein spezifisches Werkzeug oder die Anhänger einer speziellen Methode beschränkt. Die Semantik wird durch den allgemeinen Standard bestimmt, und nicht durch das jeweilige Werkzeug. Die BPMN ist ausdruckstark und fähig, kleinste Variationen im Prozessverhalten zu erfassen. Gleichzeitig bietet sie eine genügend präzise Bedeutung, so dass dieselbe grafische Notation heute zur Beschreibung von Geschäftsabläufen dienen und morgen schon für die Ausführung und Überwachung der Prozesse verwendet werden kann. Die BPMN schließt die Lücke zwischen der IT und den Fachbereichen und ermöglicht den Modellaustausch zwischen den Modellierern.

Die Widersprüche der BPMN

Die BPMN verdankt ihre Popularität besonders der Akzeptanz durch die Geschäftsleute. Ihre Vierecke und Pfeile, Rauten und Bahnen ähneln sehr stark der traditionellen Fluss-

---

[2] In der aktuellen Version 2.0 der Spezifikation wurde die BPMN in *Business Process Model and Notation* umbenannt.

diagrammen, welche immerhin über 25 Jahre Bestand hatten. Diese Ähnlichkeit war keineswegs Zufall, sondern bewusste Absicht.

Wenn die BPMN nach außen hin auch vertraut aussieht, liegen ihre einzigartigen Fähigkeiten gerade in ihrem Unterschied zu den klassischen Flussdiagrammen. Sie ist ausdrucksstark und baut auf ein umfangreiches Sortiment an Markern, Ikonen und Umrandungstypen, die den Basisformen jeweils eine spezifischere Bedeutung geben.

Ein Unterschied ist, dass die Benutzer nicht ihre eigenen Regeln für Formen und Symbole aufstellen. Die BPMN basiert dazu auf einer formalen Spezifikation, die für Formen und Symbole exakte Bedeutungen und Regeln definiert. Es gibt Regeln zu den möglichen Verbindungen zwischen den Formen und deren Bedeutung. Diese Regeln lassen sich überprüfen, und jedes brauchbare Werkzeug tut dies während der Eingabe oder auf Mausklick.

Der zweite Unterschied zu Flussdiagrammen ist, dass die BPMN die Bedeutung und Verwendung von Ereignissen beschreibt. Ein Ereignis ist etwas, das während der Prozessausführung „einfach geschieht", zum Beispiel: *Der Kunde ruft an, um seine Bestellung zu ändern; ein Leistungsvertrag läuft Gefahr, nicht eingehalten zu werden; eine erwartete Rückmeldung kommt nicht* oder *ein System ist ausgestiegen.* Solche Situationen kommen laufend vor. Wenn das Modell die Wirklichkeit wiedergeben soll, ist es notwendig, nach genau diesen Ausnahmen und „*Was kann Unerwartetes geschehen?*" zu fragen. Die BPMN lässt Sie all diese Dinge beschreiben.

Drittens können zusätzlich zum durchgezogenen Sequenzfluss, welcher den Kontrollfluss beschreibt, die Kommunikationsflüsse zwischen dem laufenden Prozess und den umliegenden Entitäten wie Kunden, externen Lieferanten oder andern internen Prozessen beschrieben werden. Diese Berührungspunkte werden typischerweise durch sogenannte *Nachrichtenflüsse* dargestellt.

Um die BPMN richtig und zweckmäßig anzuwenden, muss man ihre vielleicht ungewohnten Regeln lernen. Dies ist nicht besonders schwierig, und es ist einer der Gründe, warum wir dieses Buch geschrieben haben. Dennoch haben wir seit der ersten Veröffentlichung der BPMN 2.0 im Jahr 2010 oft die Aussage gehört, eben dies sei „für reine Geschäftsleute zu schwierig". Interessanterweise kam dies sehr oft von Prozessmanagement-Beratern, die Werkzeugherstellern nahe stehen oder für diese arbeiten und ihre eigene Notation bevorzugen.

Zugegeben: Es gibt viele schlechte BPMN-Diagramme, die fehlerhaft sind oder ganz einfach keinen Sinn ergeben. Vermutlich würde man auch in einer zufälligen Auswahl von Abschlussarbeiten aus dem Hochschulumfeld eine hohe Zahl an falsch eingesetzten Wörtern, fehlerhafte Grammatik und kuriose Satzkonstruktionen finden. Ist nun unsere Schlussfolgerung daraus, dass die deutsche oder englische Sprache zu schwierig für Hochschulstudenten ist? Nein, ganz klar nicht. Eine Sprache erfordert einen reichhaltigen Wortschatz und die nötige Grammatik, um komplexe Ideen auszudrücken. Es ist aber unumgänglich, die

Menschen im Umgang mit der Sprache auszubilden und ihnen zweckmäßige Werkzeuge für ihre Arbeit zur Verfügung zu stellen.

Methode und Stil

„Methode und Stil" drückt kurz und prägnant aus, wozu wir dieses Buch geschrieben haben. Es erklärt, wie Sie „gute" BPMN-Modelle erstellen können, die den folgenden Qualitätsansprüchen genügen:

- **Fehlerfreiheit:** Das Diagramm sollte allen Regeln und Richtlinien der BPMN folgen, welche in der Spezifikation beschrieben sind.

- **Klarheit**: Die Prozesslogik sollte alleine aus dem Diagramm eindeutig ablesbar sein und „auf der Hand liegen" und nicht nur verständlich sein, wenn eine umfangreiche Dokumentation dazu gelesen werden muss. Zu beachten gilt, dass wir unter dem Begriff „Prozesslogik" die Beschreibung der Ablauflogik von einem Schritt zum nächsten verstehen und nicht, wie die Schritte detailliert ausgeführt werden.

- **Vollständigkeit**: Zusätzlich zum Aktivitätenfluss sollte das Diagramm aufzeigen, wie der Prozess startet und welches seine signifikanten Endzustände sind, sowie das Zusammenspiel des Prozesses mit externen Entitäten wie Kunden, externen Lieferanten oder anderen Prozessen.

- **Konsistenz**: Für den gleichen Prozess sollten alle Modellentwickler ein mehr oder weniger identisches BPMN-Modell erstellen oder wenigstens ein ähnlich strukturiertes Modell. Konsistenz innerhalb der Organisation vereinfacht den Austausch sowie das Modellverständnis.

Die BPMN-Spezifikation verlangt letztlich nur Vollständigkeit, was für eine gute BPMN allerdings zu wenig ist. Eine gute BPMN verlangt vielmehr nach Konventionen, welche weit über die Regeln der BPMN-Spezifikation hinausgehen – diese nennen wir „*Methode und Stil*".

Die in diesem Buch beschriebene Methode ist im Grunde nichts weiter als das nötige Rezept, um aus einer leeren Seite ein sinnvolles BPMN-Diagramm zu erstellen. Der Ansatz dazu basiert auf einem „Top-down"-Vorgehen, und die resultierenden Diagramme sind *hierarchisch* strukturiert. Es ist weniger wichtig, dass Sie den Ansatz bezüglich Methode und Stil in Tiefe und Detail lokal umsetzen, sondern vielmehr, dass Sie essentielle Teile davon in Ihrem Unternehmen breit ausrollen. Konsistente Modelle optimieren das gemeinsame Verständnis von Geschäftsprozessen und helfen dabei, Integration sowie Wiederverwendung von Geschäftsvorfällen in Ihrem Unternehmen zu verstehen und umzusetzen.

Der Methode-und-Stil-Ansatz ist „*Top-down*", und die damit erstellten Modelle sind *hierarchisch* strukturiert. Der Begriff „*Stil*" bezieht sich auf die Zusammensetzung und die Benutzung der verschiedenen Elemente und Formen, welche nicht explizit in der BPMN-Spezifikation beschrieben sind. Wir hatten dieses Thema ursprünglich als „best practices" in die Schulung eingebaut, fanden aber heraus, dass es sehr viel effektiver ist, eine Liste mit klaren Stilregeln und Empfehlungen zu definieren, die ähnlich wie die Regeln der BPMN-Spezifikation durch das Modellierungswerkzeug überprüft werden können.

Die Klarheit der Modelle ist direkt von der Einhaltung der Stilregeln abhängig. Viele dieser Regeln haben mit der klaren und einheitlichen Beschriftung und den Namen der Elemente zu tun. Aus nicht weiter erforschten Gründen haben Modellierer offenbar sehr oft große Probleme, Beschriftung und Namen genügend Aufmerksamkeit zu schenken, und die BPMN-Spezifikation tut dies gar nicht. Wenn Sie genauer hinschauen, werden Sie feststellen, dass nur die Formen und Bezeichnungen wirklich direkt in einem Modell sichtbar sind. Als Grundsatz kann festgehalten werden, dass die Namensgebung in hierarchischen Modellen, in denen die verschiedenen Prozessebenen auf unterschiedlichen Seiten modelliert werden, ein unverzichtbares Mittel zur Nachvollziehbarkeit von Prozessen ist.

Der lange Weg zur BPMN 2.0

Der zentrale Aspekt der BPMN ist, wie schon gesagt, das „N" – die Notation. Die größte Veränderung in Version 2.0 gegenüber Version 1.2 fand aber im Bereich des „M" – dem Modell - statt. Die formale Semantik der Elemente und deren Beziehung wurden ähnlich der UML[3] in einem Metamodell und deren korrespondierenden XML-Definitionen festgelegt. Dies ist auch der Grund, warum die OMG in der Version 2.0 die Bezeichnung der Abkürzung auf *„Business Process Model and Notation"* geändert hat, was aber immer noch nicht richtig wahrgenommen wird.

Der Treiber für die Entwicklung eines allgemeinen, der BPMN unterlegten XML-Schemas war in erster Linie die Austauschbarkeit der Modelle zwischen den verschiedenen Werkzeugen. In zweiter Linie, aber nicht weniger wichtig, war es die Forderung der Hersteller– allen voran IBM, ORACLE und SAP - nach der direkten Ausführung der Prozessmodelle durch eine sogenannte Ausführungsumgebung (BPMS oder auch „Process Engine" genannt). Realität ist heute allerdings immer noch, dass die meisten Hersteller ihre bewährte und über Jahre entwickelte Prozessausführungs-Sprache verfügbar haben. Viele davon basieren nach wie vor auf der BPMN 1.2, oder, im weniger schlechten Fall, auf anderen Standards. Die BPMN 2.0 standardisiert nun genau diese Aspekte der Prozessdaten, Nachrichten, Services, Taskzuweisungen und Ähnliches. Dies ist zwar im Diagramm nicht ohne weiteres sichtbar, dafür aber in der XML-Repräsentierung.

Die OMG hat den Fokus auf Prozessausführbarkeit gelegt. Dies hat bei einem Teil der Geschäftsprozess-Berater zu einigen Widerständen gegen BPMN 2.0 geführt. Die Wahrheit aber ist, dass die überwältigende Mehrheit der Prozessmodelle immer noch nicht mit Fokus auf die direkte Ausführbarkeit hergestellt wird. BPMN 2.0 bringt nur ein paar wenige, aber wichtige Änderungen in die Notation ein, wie z.B. „nicht unterbrechbare Ereignisse" und „Datenspeicher". Das Spannungsfeld zwischen BPMN als rein formaler Sprache zur

---

[3] UML: Unified Modeling Language – eine andere Modellierungssprache der OMG im Bereich der objektorientierten Softwareentwicklung.

Visualisierung von Geschäftsprozessen und der direkten Ausführbarkeit der Modelle existierte also von Beginn an bis heute.

BPMN wurde im Jahr 2002 ursprünglich als visuelle Darstellung für zusammenhängende Geschäftsprozesse in einem Prozessausführungssystem von dem Konsortium „*BPMI.org*" ins Leben gerufen; zu Beginn noch geführt durch die Dotcom Firma Intalio Inc. Angestoßen durch die in dieser Zeit erschienenen Standards für Web-Services ermöglichte dieser neue BPM-Denkansatz ein radikales Umkrempeln der bestehenden Workflow- und Client/Server-Systeme. Einer der Unterschiede zu herkömmlichen Arbeiten war sicherlich der Versuch, einen *herstellerunabhängigen Standard* für die Prozessausführung zu definieren. Zum Zeitpunkt der Veröffentlichung der BPMN hatte die BPMI.org eine Größe von über 200 Mitgliedern erreicht, und alle namhaften Softwareanbieter außer Microsoft und IBM waren mit an Bord.

Eine andere Differenzierung war darüber hinaus die Legitimation durch die Fachabteilungen in den Unternehmen. Ismael Ghalimi[4], einer der Gründer der BPMI.org, hat dies wie folgt vereinfacht ausgedrückt: „Es wird durch ‚nicht-technische' Personen möglich sein, transaktionale Anwendungen durch einfaches Zeichnen von Flussdiagrammen zu entwickeln." Es war nie die Idee, BPML „von Hand" zu definieren, sondern dies sollte von einer standardisierten Zeichnung durch Code-Generatoren geschehen. Dies war die Geburtsstunde der heutigen BPMN. Existierende Notationen wie UML wurden als zu „IT-lastig" außer Acht gelassen. Die BPMI.org suchte nach etwas deutlich Einfacherem für Fachverantwortliche. Howard Smith und Peter Finar haben in ihrem Buch „BPM, the Third Wave" die Vorteile und das Potenzial der BPMN sehr gewinnbringend herausgearbeitet und richtigerweise festgehalten, dass der Erfolg der Disziplin BPM von der Benutzerfreundlichkeit und dem Verständnis der verwendeten Notation in den Fachbereichen abhängen muss.

BPMI.org hat die erste Spezifikation für die BPMN 1 im Jahr 2004 veröffentlicht. Hören wir nochmals, was Ghalimi damals sagte: „*Unter den vielen Werkzeugherstellern aus dem Umfeld der BPMI.org mochten viele die Idee einer standardisierten Notation am besten, während die Softwarehersteller für Workflow-Systeme diese Idee geradezu hassten. Die Befürworter haben erkannt, dass sie sehr viel Wertschöpfung für ihre Modellierungssuiten aus einem Standard erzielen könnten. Die Letzteren wussten allerdings auch allzu gut, dass die Fragmentierung dazu beitrug, ihren Markteinfluss zu bewahren...*"

Als wir die Spezifikation veröffentlichten, hatte niemand etwas von BPMI.org zu befürchten. IBM und Microsoft zählten voll auf die BPEL, eine auf der neuen Schnittstellensprache für Web-Services WSDL basierende Definition der OASIS. Wie so oft in der Geschichte der Softwareentwicklungen gelang es wieder einmal zwei großen Herstellern, die Gemeinschaft von 200 kleineren Softwareherstellern und -Anwendern zu überbieten, und die BPML war für immer aus dem Rennen. 2005 suchte die BPMI.org stärkere Partner, und mit der Object Management Group (OMG) war ein solcher schnell gefunden. Ironischerweise war gerade die

---

[4] Für einen Bericht aus erster Hand, siehe Why All This Matters, Ismael Ghalimi, http://itredux.com/2008/10/24/why-all-this-matters/

OMG auch Hüter des UML-Standards, welcher bis dato als Konkurrent zur BPMN aufgebaut wurde. 2006 integrierte die OMG dann die BPMN in ihre Standards, mit nur marginalen Änderungen gegenüber der Version 1.0 der BPMI.org, und veröffentlichte diesen Standard schließlich 2008 unter der Version 1.1.

Es ist ein vertrauter Zyklus in der Welt von IT-Standards, einer der normalerweise ruhig in Vergessenheit gerät. Doch gegen Ende 2008, niemand hätte wirklich darauf gewettet, geriet die BPMN nicht wie vorausgesagt in Vergessenheit, sondern wurde ganz im Gegenteil breit am Markt akzeptiert. Die Erklärung dafür war offensichtlich und wurde von Smith und Fingar richtig erkannt: Die Fachbereiche hatten sich durchgesetzt und erkannt, dass der Schlüssel zu einer BPM-Strategie letzlich die Notation sein muss. Nicht der ausführbare Code, sondern die präzise Ablauflogik, welche die Vorgabe für die Realisierung solcher Systeme darstellen würde. Obwohl die BPMN keine explizite Unterscheidung zwischen Elementen für das nicht-ausführbare Prozessmodell macht und solchen, die für die Ausführung benötigt werden, ist diese offensichtlich erkennbar. Die Prozessmodell-Elemente sind jene, welche im Diagramm gezeichnet werden. Die ausführbaren Elemente sind im Diagramm nicht abgebildet, dafür aber in XML definiert.

Die Hersteller von Workflow-Systemen haben nur die Diagrammtechnik übernommen und sich anscheinend nie richtig um die *Ausführbarkeit* dieser Modelle gekümmert. Ausführungs-details konnten zu den Zeichnungen hinzugefügt werden, aber jeder Hersteller hatte die Verarbeitung für sich selbst gelöst. Die BPMN 1.x – von den meisten BPMS-Herstellern heute um- und eingesetzt - war nicht „per se" ausführbar, was von vielen Herstellern werkzeug-spezifisch gelöst wurde. Die überwiegende Mehrheit der Prozessmodellierer fand dies gar nicht so schlecht. Einige von ihnen dachten aber bereits damals über die Ausführbarkeit der BPMN nach, allerdings waren sie Geschäftsanalysten und Prozessarchitekten, keine Software-entwickler.

Man muss heute festhalten, dass die BPMN 1 gescheitert ist, vor allem, weil eines der Schlüsselversprechen, nämlich die Austauschbarkeit von Diagrammen zwischen den verschiedenen Modellierungswerkzeugen, nicht eingehalten wurde. Umso erstaunlicher ist es, dass die BPMN 1 trotzdem so breit akzeptiert wurde. Das Thema hatte nie eine große Priorität, weder bei der BPMI.org, noch später bei der Object Management Group (OMG). Die Standardisierung der XML-Serialisierung, basierend auf einem formalen *Metamodell,* sollte das Hauptziel der BPMN 2.0 werden.

Die OMG wollte vorerst nur ihre eigene Definition eines Geschäftsprozess-Metamodells, genannt „BPDM", als BPMN 2.0 veröffentlichen. Dadurch wäre deutlich weniger Wert auf die grafische Notation gelegt worden, die abstrakte Definition von Metamodellen, welche allenfalls für irgendwelche Prozessmodellierungsnotationen hätte verwendet werden können, dafür jedoch gestärkt worden. Das war ein Fehler. Damit wären nicht nur Anwender der bestehenden BPMN 1.x abgehängt worden, sondern es hätte auch zu Divergenzen zu den Zielen von IBM, Oracle und SAP geführt, welche die Brücke zwischen SOA und dem geschäftsorientierten BPM schlagen und damit die populäre Notation der BPMN 1 mit einem ausführbaren Schema ergänzen wollten. Zum Schluss wurde deren Gegenvorschlag zur BPDM in die Spezifikation der BPMN 2.0 übernommen[5].

In der Welt der BPM-Werkzeuge markierte die BPMN 2.0 einen Wendepunkt. Die BPMN 1-Variante der OMG wurde nur noch von wenigen Herstellern wirklich weitergeführt. Mit der Publikation der BPMN 2.0 änderte sich das Bild dramatisch. Die großen Softwarehersteller waren bereit zu investieren und die BPMN 2.0 zu akzeptieren. Und heute? Heute sind alle andern Notationen entweder veraltet oder werden als „proprietär" klassiert, und so wurde die BPMN entgegen aller Voraussagen der wichtigste BPM-Standard.

Geschäftsprozessmodellierung ist mehr als BPMN!

Geschäftsarchitekten und andere BPM-Praktiker erinnern uns immer einmal wieder daran, dass Prozessmodellierung, wie sie mit der BPMN definiert wurde, nur eine Komponente in der Geschäftsmodellierung darstellt, um die Prozesse einer Firma sauber zu beschreiben, zu analysieren, zu transformieren und zu optimieren. Wir können das nur bestätigen. BPMN beschreibt die Aktivitäten entlang eines Kontrollflusses. Das alleine ist schon ziemlich viel, aber es erfordert wesentlich mehr Informationen, BPM anzuwenden.

So weit, so gut, nur was fehlt? Brett Champlin, Präsident der Vereinigung der BPM-Fachleute (www.abpmp.org), selber langjähriger BPM-Experte bei großen Versicherungen in den USA, gab auf die Frage, was neben der BPMN benötigt wird, um Prozessmanagern in einem Unternehmen optimal bei einem BPM-Vorhaben zu unterstützen, folgende lange Liste als Antwort, welche wir nachfolgend zusammengefasst haben:

Unternehmen und Geschäftsfeld
- Strategischer Geschäftskontext zum Beschreiben der Beziehungen zu Konkurrenz, Behörden, Lieferanten, Geschäftspartnern, Kunden und Gesellschaft.
- Strategische Ziele und Leistungskennzahlen
- Kontrollmechanismen und Maßnahmen
- Märkte und Kunden
- Produkte (Güter und Dienstleistungen)
- Örtlichkeiten

Operativ, querliegend zu den Prozessen
- Wertschöpfungsketten und Portefeuille
- Operative Ziele und Zielvorgaben
- Grundsätze und Richtlinien
- Leistungs- und Schlüsselkennzahlen
- Organisationsstrukturen und -Rollen

---

[5] Im Dezember 2008 trat Bruce Silver eher zufällig dem Submissionsteam bestehend aus Vertretern von IBM, ORACLE und SAP bei, welches den Gegenvorschlag ausarbeitete. Bruce Silver unterstütze aktiv die heutige Definition der BPMN 2.0 XML-Serialisierung bis zum Sommer 2009, als der Gegenvorschlag in die Taskforce zur Veröffentlichung der BPMN 2.0 übernommen wurde.

Prozessspezifisch
- Ressourcenanforderungen für Aktivitäten
- Umsatz und Aufwand für Aktivitäten und beteiligte Ressourcen.
- Hilfsmittel für Benutzerinteraktionen/Aktivitäten

Technisch
- IT Systeme
- Services
- Daten

Jeder der oben aufgeführten Punkte kann durch ein oder mehrere zusätzliche Modelle und zugefügte Informationen mit dem BPMN-Modell verbunden werden. Der Umstand, dass die BPMN diese Information nicht implizit definiert, ist in unseren Augen kein Nachteil oder Defizit der Notation. Wenn ein einziger Standard all diese Informationen oder gar zusätzliche Modelle und deren Beziehungen definieren sollte, wäre dies eine kaum zu lösende Aufgabe. Ein Grund, weshalb die BPMN derart gut akzeptiert wurde, war nicht zuletzt der, dass die BPMN nicht zu viel leistet oder zu leisten versucht.

Geschäftsmodellierung oder BPM auf Unternehmensstufe benötigt gewöhnlich eine Werkzeugsuite mit einem Repository, welches die Beziehungen der verschiedenen Modelle verwaltet, die Grundsätze der Modellierung unterstützt und Abhängigkeiten bei Änderungen aufzeigen kann. Diese Werkzeuge gehören zur Familie der sogenannten „Business Process Analysis"(BPA)-Werkzeuge und erlauben es, BPMN-Modelle mit Geschäftsregeln, Organisationen und Rollen, strategischen Zielen und Problemfeldern sowie den wichtigsten Daten zu verknüpfen. Demgegenüber stehen die „Enterprise Architecture"-Werkzeuge, sogenannte EA Suiten, welche die BPMN mit technischen Modellen und ausführbaren Artefakten verknüpfen. Aktuell ersetzen viele BPA- und EA-Suiten ihre Legacy-Prozessmodellierungstools mit BPMN oder sie fügen BPMN als ein alternatives Modellierungsformat hinzu.

KAPITEL 2

Was ist ein Modell?

Ein Prozessmodell ist mehr als nur eine Zeichnung. Sein Zweck ist es, Informationen zu vermitteln und insbesondere die Logik des Prozessflusses von Anfang bis Ende zu visualisieren. Die Prozesslogik sollte alleine aus dem Diagramm sowohl für einen Fachverantwortlichen als auch für einen Informatiker klar und verständlich erkennbar sein. Als Prozesslogik bezeichnen wir das interpretationsfreie Beschreiben eines Prozesses von seinem initialen Status durch alle relevanten Pfade hindurch bis hin zu allen möglichen Endzuständen.

Die BPMN-Spezifikation und beinahe alle Bücher konzentrieren sich letztlich auf die Klassifizierung und Erklärung der einzelnen BPMN-Elemente, ohne einen weiteren Zusammenhang zu erklären. So wie John Ciardi in seinem Klassiker „*Was ist Poesie*?[6]" schrieb, ist die Sprache der Erfahrung nicht die Sprache der Klassifizierung. Effektive Kommunikation der Prozesslogik setzt ein Verständnis voraus, wie die Elemente zusammen spielen, und nicht nur deren isolierte Beschreibung in Sätzen, Wörtern oder gar kompletten Texten. Die übergeordnete Struktur eines Modelles muss klar erkennbar sein und einer Anzahl konsistenter Konventionen folgen – dies beschreibt den Begriff „Methode und Stil" am besten. Wenn diese Konventionen und Regeln korrekt angewendet werden, müssen die meisten Basisfunktionen eines Prozesses nicht erst mühsam entschlüsselt werden, sondern beantworten Fragen wie: Was wird durch eine Prozessinstanz repräsentiert? Wie startet der Prozess? Was sind seine verschiedenen Endzustände? Welches sind die mit externen Einheiten, anderen Prozessen oder Systemen korrespondierenden Statusmeldungen?

Das BPMN-Diagramm ist zugleich eine Visualisierung und eine Dateneingabeschnittstelle für ein unterlegtes semantisches XML-Modell. Wenn Sie die verschiedenen Symbole, wie z.B. ein Start/End-Ereignis, eine Aktivität oder einen Gateway, mit einem BPMN-Modellierungswerkzeug zeichnen, wird dieses Symbol in sein semantisches XML-Objekt

---

[6] Original erschienen in Englisch unter dem Titel "*How Does a Poem Mean?* (1959)", eines seiner mehr als vierzig Veröffentlichungen.

übersetzt. In der BPMN-Spezifikation referenzieren alle Definitionen, wie das Metamodell und die BPMN-Syntaxregeln, letztendlich das semantische Element im XML-Format und nicht das grafische Symbol. Es ist also möglich, ein vollständiges semantisches Prozessmodell zu haben, ohne eine grafische Repräsentierung desselben. Das heißt, die gesamte Prozesslogik kann in diesem semantischen Modell ohne die Notwendigkeit eines grafischen Diagrammes definiert werden. Der Umkehrschluss, in der BPMN 2.0 sei eine reine Zeichnung ohne ein semantisches Modell erlaubt, ist allerdings nicht korrekt. Was also wirklich zählt, ist das semantische XML-Modell.

Ein Computer ist problemlos in der Lage, seitenweise XML-Code auszuführen, aber nur die wenigsten Menschen können dies. Wir benötigen eine Art der visuellen Darstellung, um zu verstehen, was genau passieren soll. Aber genau hier treffen wir auf eines der ersten Probleme. Nur ein Teil des semantischen Modelles ist überhaupt grafisch in einem Diagramm darstellbar, gewöhnlich sogar nur der semantische Elementtyp, der an seiner Form, den dazugehörigen Ikonen und Bezeichnern sowie seinem Namen erkennbar ist. In einem BPMN-Modellierungswerkzeug können normalerweise Elemente z.B. durch Hyperlinks verknüpft werden. Wir können aber nicht davon ausgehen, dass immer ein solches Werkzeug vorhanden ist. Es ist vielmehr so, dass in den meisten Fällen ein Ausdruck, eine PDF oder nur eine Zeichnung vorhanden ist. Es wird notwendig, diese „unsichtbaren" Links durch deren Benennung „sichtbar" zu machen. Dadurch werden Bezeichnungen zu einem enorm wichtigen Element für die gute Verständlichkeit eines BPMN-Modelles. Eines der Schlüsselprinzipien des Methode-und-Stil-Ansatzes ist die konsistente Benennung der Elemente. Auf diese Weise werden hierarchische Modelle über eine Seite hinaus von unten nach oben oder umgekehrt lesbar. Als Leser eines BPMN-Diagrammes sind wir also nicht an dem persönlichen Stil des Modellerstellers interessiert, sondern erwarten vielmehr ein allgemeines, interpretationsfreies und aussagekräftiges Diagramm. Glücklicherweise ist diese Art der Modellierung lernbar.

Der verborgene konzeptionelle Rahmen der BPMN

Durch die große Verbreitung und Akzeptanz der BPMN wissen heute viele Prozess-modellierer, wie die BPMN korrekt oder effektiv angewendet werden kann. Allerdings ist schlechte BPMN noch immer die Regel und gute die Ausnahme. Einer der Gründe dafür ist die Spezifikation selbst, welche schon bei der Erklärung der Basiskonzepte wie z.B. *Aktivität* oder *Prozess* große Fragezeichen aufwirft. Dieses Versäumnis schafft nicht nur für unerfahrene, sondern selbst für geübte Modellierer Probleme.

Was ist eine Aktivität?

Sehen wir uns einmal die Aktivität etwas genauer an. Eine Aktivität wird in der BPMN als Aktion oder Arbeitsschritt definiert und ist das einzige Element, welches einen „Aufrufer" besitzt. Ihre Bedeutung ist jedoch weit mehr als das. Anders ausgedrückt: Eine Aktivität ist eine Aktion (oder ein Arbeitsschritt), welche wiederholt in einem Geschäftsablauf aufgerufen werden kann. So repräsentiert jede Instanz einer Aktivität dieselbe Aktion an einem unterschiedlichen Stück der zu verrichtenden Gesamtarbeit in einem Prozess. Der Modellierer muss sich demnach bewusst sein, was eine Instanz einer Aktivität repräsentiert, z.B. eine Bestellung, eine Anfrage, einen Monatsabschluss etc.

In der BPMN muss eine Aktivität als diskrete Aktion mit einem definierten Start- und Endzustand verstanden werden. Wird eine Instanz einer Aktivität beendet, existiert diese nicht länger. Sie ist nicht nur in einer Art Schlummerzustand, um plötzlich wieder reaktiviert oder gar erweitert zu werden oder um ein wenig mehr zu arbeiten, falls es einen Fehler gibt. Solche Dinge können getan werden, aber in einer separaten Aktivität.

Im weiten Feld der BPM oder Geschäftsarchitekturen werden diverse Dinge als Aktivität bezeichnet, welche nicht der Definition in der BPMN folgen. Oft stellen sie simple und einfach aufgereihte Funktionen dar, die nicht über definierte Start- und Endpunkte verfügen. Dies ist meistens an Bezeichnungen wie „Verwalte X" oder „Überwache Y" erkennbar, deren Funktionsweise nicht auf Instanzen mit einem definierten Start- und Endzustand basiert.

Was ist ein Prozess?

Ein *Prozess* stellt eine Reihe von Aktivitäten dar, die von einem initialen Zustand der Prozessinstanz zu einem oder mehreren definierten Endzuständen im Prozessablauf führen. Der Zustand eines Prozesses wird durch aufrufende oder empfangende Ereignisse definiert. Das Prozessmodell seinerseits ist eine Karte mit allen möglichen Pfaden vom Startereignis zu allen modellierten Endzuständen. Genau wie eine Aktivität ist ein Prozess diskret und nicht weiterführend. Ein Prozess wird in einem Geschäftsablauf wiederholt aufgerufen, und jede Prozessinstanz folgt einem der möglichen Pfade im Prozessmodell vom definierten Start zu einem definierten Endzustand.

BPMN weist also Termen wie Aktivität oder Prozess (aber auch Nachrichten, Ereignissen, Datenobjekten usw.) ein sehr spezifisches Verhalten zu, welches in der gängigen BPM-Literatur oder im Umfeld von Unternehmensarchitekturen weniger spezifisch definiert wird. Dies ist eine latente Quelle für Missverständnisse.

Nehmen wir als Beispiel Unternehmensarchitekturen: Es gibt eine Vielzahl von definierten Rahmenwerken, wie SCOR, ITIL oder eTOM, welche die hauptsächlichen Prozesse und Aktivitäten für ein spezifisches Geschäftsfeld definieren und typischerweise als übergreifende Kennzahlen die Kontrolle der Prozesse erleichtern sollen. Die Organisation APQC hat ein interdisziplinäres Rahmenwerk[7] herausgebracht. Dieses ist hierarchisch aufgebaut und setzt sich aus Kategorien, Prozessgruppen, Prozessen und Aktivitäten zusammen. Unglücklicherweise passen nur sehr wenige Prozesse oder Aktivitäten des Prozessrahmenwerkes zu den klaren Vorgaben der BPMN. Die meisten sind mit dem „Verwalte X"-Muster benannt, also eher reine Geschäftsfunktionen ohne Instanz und klare Start- und Endpunkte.

---

[7] http://www.apqc.org/process-classification-framework

Nachfolgend ein Auszug aus der Liste des Prozesses "Spesenrückvergütung":

8.6.2 Prozess Spesenrückvergütung(10757)
    8.6.2.1 Festlegung und Kommunikation der Vorschriften zur Spesenrückvergütung und Limits(10880)
    8.6.2.2 Erfassung und Bericht der relevanten Steuersätze (10881)
    8.6.2.3 Festlegung von Rückvergütung und Extras (10882)
    8.6.2.4 Auszahlung von Rückvergütung und Extras (10883)
    8.6.2.5 Verwaltung des Personaldossiers (10884)

Da ein Prozess eine Kette von Aktivitäten ist, müssen die Instanzen jeder enthaltenen Aktivität miteinander 1:1 übereinstimmen, und genauso mit der Prozessinstanz selbst. Wenn wir nun 8.6.2. als einen BPMN-Prozess interpretieren, der die Spesenabrechnung eines Mitarbeiters behandelt, gilt dies offensichtlich nicht. Die erste Aktivität beschreibt eigentlich zwei BPMN-Tätigkeiten und nicht nur eine. Der Grund dafür ist, dass das Festlegen der Spesenregelung und deren Kommunikation vermutlich zu verschiedenen Zeitpunkten und in verschiedenen Frequenzen auftreten. Auch die zweite Aktivität auf der Liste sollte mit zwei BPMN-Aktivitäten beschrieben werden. Steuersätze müssen für jede Spesenabrechnung erfasst werden, die Abrechnung mit der Steuerbehörde findet aber quartalsweise oder sogar nur jährlich statt. 8.6.2.3. und 8.6.2.4. könnten als BPMN-Aktivitäten betrachtet werden (unter der Voraussetzung, dass die Rückvergütung und die Extras im selben Prozess durchlaufen werden). Die letzte Position auf der Liste ist eine andauernde Tätigkeit oder Funktion und keine BPMN-Aktivität (fehlender Start- und Endpunkt).

Aus Sicht der BPMN könnte nachfolgende Liste eine bessere Unterstützung des Begriffsrahmens darstellen:

8.6.2 Prozess Spesenrückvergütung
    8.6.2.1 Überprüfung von Spesenabrechnung und Belegen
    8.6.2.2 Genehmigung der Rückvergütung
    8.6.2.3 Nachführung der Steuersätze
    8.6.2.4 Auszahlung

Es geht nicht darum, speziell die Arbeit des APQC in Frage zu stellen, sondern um ein häufig zu findendes Problem, das in vielen Prozessbeschreibungen und Modellen um sich greift. Wir treffen immer wieder Situationen an, in welchen z.B. Prozessverantwortliche eine Liste von (oft als Unterprozesse gemeinten) Aktivitäten entworfen haben, welche keine eigenständigen Tätigkeiten mit einem definierten Start- und Endpunkt darstellen. Diese Liste soll dann in ein BPMN-Prozessmodell überführt werden, was oft unmöglich ist.

Prozesslogik

Wenn Prozessmodellierer IST-Prozesse (z.B. aktuelle Zustände, aktuelle Abläufe, implizites Prozesswissen etc.) modellieren sollen, werden in der Regel prozessverantwortliche Personen hinzugezogen, welche direkt in die Prozesse involviert sind und dadurch als Experten wertvolle Informationen liefern können. Diese Personen könnten geneigt sein, ihre Prozesse wie folgt zu beschreiben: *Zuerst geschieht X, dann folgt normalerweise Y und endet mit Z.* Wenn damit beschrieben wird, was *gewöhnlich* geschieht und wie der Ablauf erfolgreich endet, ist das in Ordnung. Es kann aber auch sein, dass nur ein ganz spezieller Fall beschrieben wird.

Die Prozessmodellierung ist aber mehr als die Dokumentation einer spezifischen Prozessinstanz. Sie muss die komplette Dokumentation eines Geschäftsprozesses mit allen zugehörigen Pfaden vom Start- bis zum Endpunkt darstellen. Heißt das nun, die Prozessmodellierung repräsentiert die Visualisierung der Gesamtheit aller möglichen Pfade eines Geschäftsprozesses? Nein, es sollen nur die relevanten, in einer signifikanten Dichte vorkommenden Pfade erfasst werden. Sie könnten die prozessverantwortlichen Personen vielleicht Folgendes fragen:

> *Wie genau startet der aktuelle Prozess? Welche Ereignisse lösen diesen Prozess aus? Gibt es mehr als einen möglichen Startpunkt oder Auslöser?*

> *Was bestimmt, wann ein Prozess beendet ist? Gibt es verschiedene Endpunkte, speziell solche, welchen den fehlerfreien Ablauf zum Endpunkt beschreiben, oder solche, die den Fehlerfall dokumentieren?*

> *Wie genau wird der Prozess von Punkt X zu Punkt Y durchlaufen? Weiß die Person, welche gerade „Y" ausführt, wie es wirklich gemacht werden sollte? Werden Aussagen gemacht, wie sie typischerweise gemacht werden sollten? Wenn ja, wie sonst und warum kann es noch geschehen?*

> *Wie wird erkannt, dass „X" beendet wurde? Endet X immer an demselben Endpunkt? Oder werden neben dem normalen Ablauf gar Ausnahme-Endpunkte durchlaufen, welche nicht auf dem Weg nach „Y" vorkommen? Gibt es definierte Regeln, wie dies geschieht?*

Alle Antworten auf diese Fragen tragen zur sogenannten *Prozesslogik* bei. Die Prozesslogik beschreibt alle denkbaren Aktivitätsketten – im BPMN-Diagramm als Rechtecke mit abgerundeten Ecken repräsentiert –, also vom definierten Startpunkt bis zu einem der beschriebenen Endpunkte. Es können im Ablauf höchstens Verzweigungen auftreten, die den Ablauf aufgrund bestimmter Bedingungen an diesen Punkten in die eine oder andere Richtung lenken. Dafür wird in der BPMN eine Rhombus-Form, auch als *Gateway* bezeichnet, benutzt. Die Bezeichnungen am *Gateway* oder seinen ausgehenden Pfaden beschreiben letztlich die Ablauflogik im Prozess. In der BPMN finden Sie auch Kreissymbole (*Ereignisse*), welche den Prozessablauf ebenfalls steuern können, z.B. aufgrund von einkommenden Nachrichten oder auftretenden Zeitereignissen. Letztlich wird also die gesamte Prozesslogik in der BPMN auf diese drei fundamentalen Flussobjekte reduziert: Aktivitäten, Gateways und Ereignisse. Der durchgezogene Pfeil, auch benannt als Sequenzfluss, kann somit nur Aktivitäten, Gateways und Ereignisse verbinden.

Die erste Reaktion eines Prozessverantwortlichen auf diese Fragen könnte sein: „Der Prozess wird nicht von X nach Y geführt, es passiert einfach so". Aber Prozesse laufen nicht einfach so ab, es gibt immer einen Auslöser. Die Logik ist vermutlich im Kopf der Person zu finden, welche die Aktivität X einer spezifischen Prozessinstanz kennt. Es kann von ungeheurem

Nutzen sein, wenn es gelingt, diese implizite Logik in einem Prozessmodell festzuhalten, welches von allen beteiligten Personen einfach verstanden werden kann. Ohne diese fachliche Grundlage wird es letztendlich nur sehr schwer möglich sein, den Prozess wirklich zu *managen* oder gar zu verbessern.

Orchestrierung

Die Essenz des verborgenen konzeptionellen Rahmens der BPMN ist letztlich die explizite Prozessbeschreibung, ergänzt durch alle relevanten Ereignisse. Zur Erinnerung: Dies bedeutet die Beschreibung aller möglichen Pfade im Geschäftsprozess, vom auslösenden Startpunkt bis zu allen möglichen Endpunkten. Das Prozessmodell repräsentiert exakt die explizite Prozesslogik. Jede Prozessinstanz muss einem definierten Pfad im Modell folgen. Die BPMN nennt die Gesamtheit aller Pfade in einem Prozessmodell *Orchestrierung*. Demzufolge verstehen wir unter einem Prozessmodell dasselbe wie eine „Orchestrierung der Prozesslogik".

Nun stellt sich Ihnen natürlich die Frage, wie wir sagen können, dass die Prozesslogik im Voraus bestimmt werden kann, wenn die Ablaufregeln, also die Zustimmung oder Ablehnung einzelner Tätigkeiten, durch den Ausführenden willkürlich und nach Lust und Laune bestimmt werden können? Aber genau hier liegt die Erkenntnis: Die Entscheidungen, welche der Ausführende trifft, sind nicht Teil der Prozesslogik. Sie sind allenfalls Teil der internen Logik oder Funktion einer Aktivität. Die Prozesslogik wird über Aussagen gesteuert, wie *„Wenn die Aktivität den Endstatus ‚genehmigt' erzeugt hat, folge diesem Pfad, oder, wenn der Endstatus ‚abgelehnt' ist, folge jenem Pfad"*. Demnach beschreibt die Orchestrierung nicht den Pfad einer spezifischen Instanz, sondern muss alle erlaubten Pfade im Modell aufzeigen.

Im Gegensatz dazu stellt ein typischer „Ad-hoc"-Prozess keine Orchestrierung dar. Ad-hoc beschreibt an dieser Stelle die Eigenschaft, dass der Aufrufer einer Aktivität selbst bestimmt, welche Aktivität aus der Liste der möglichen Aktivitäten als nächstes aufgerufen wird. Eine solche Liste von Aktivitäten ist in der Regel unbestimmt und kann eigentlich gar nicht richtig in ein Modell eingebracht werden (wenn dies der Fall wäre, müsste der Endzustand einer Aktivität bestimmen können, welche Aktivität als nächstes abzuarbeiten ist).

Eine Prozessinstanz sammelt beim Durchlaufen des Prozesses Informationen, Dinge, wie empfangene Nachrichten , angefallene oder geschriebene Daten sowie Endzustände aller durchlaufenen Aktivitäten. Die BPMN-Orchestrierung nimmt (willkürlich) an, dass alle diese Instanzdaten der Prozesssteuerung (Logik) jederzeit zur Verfügung stehen. In anderen Worten, das Prozessmodell verfügt über eine Art außenstehende Intelligenz, die „weiß", wann welcher Schritt beendet wurde und was als nächstes folgt. Man kann sich auch vorstellen, dass ein unabhängiger Akteur die Prozessinstanz Schritt für Schritt durch das Modell führt. Die implizite Anhäufung von Instanzdaten während der Traversierung durch den Prozess verdeutlicht, warum es entscheidend ist, jede Aktivität innerhalb einer Prozessinstanz mit jeder zu verbinden.

Langsam lichtet sich der Nebel um das konzeptionelle Rahmenwerk der BPMN. Wir erinnern uns, dass die BPMN als grafische Sprache zur Steuerung automatischer Prozessabläufe entwickelt wurde. Noch finden wir in der Realität in wenigen BPMN-Prozessmodellen eine voll automatisierbare Prozesslogik... allerdings nimmt die BPMN stillschweigend an, dass dem so wäre.

Die Fragen, welche die BPMN stellt

In einer BPMN-Schulung kam die Frage auf, wie in einem Modell dargestellt wird, dass eine bestimmt Aktivität normalerweise fünf Stunden dauert. Die Antwort ist, dass die BPMN das nicht beantworten kann. Dafür kann sie beantworten, was geschehen soll, wenn die Aktivität nicht in fünf Stunden beendet wird. Werden Ermahnungen gesendet? Wird das Management involviert? Soll zu einer anderen Tätigkeitskaliert werden? Oder soll der Prozess als Ganzes abgebrochen werden? Genau diese Fragen sollen in einem BPMN-Diagramm beantwortet werden. Dies stellt letztlich die Prozesslogik dar.

In der BPMN verdeutlicht ein Prozessmodell nur die Reihenfolge der Aktivitäten, wann diese ablaufen, unter welchen Bedingungen und mit welchen Ausnahmen. Es ist klar definiert, wie die Aktivitäten durchlaufen werden, jedoch wenig über ihre innere Verarbeitung zu finden. Es wird weder beschrieben, *wie*, noch *wo* oder *warum* eine Aktivität abläuft. Tatsächlich beschreibt die BPMN kaum, *was* eine Aktivität ist oder *wer* sie ausführt. Dies ist lediglich durch die Elementnamen und die Swimlanes im Diagramm angedeutet. Eine der hauptsächlichen Kritiken an der BPMN war jedoch genau das Fehlen dieser Information im Prozessmodell. Interessanterweise wurde dies oft von den Beratern für die Geschäftsprozessoptimierung moniert, welche die BPMN als zu kompliziert deklarierten. Es geht nicht darum, dass diese Fragen nicht wichtig wären, nur haben sie nichts mit der Prozesslogik zu tun und sind dadurch nicht durch die BPMN erfasst.

Es darf nie vergessen werden, dass die BPMN ein Konsenswerk der verschiedenen Interessen vieler Anbietern darstellt und dadurch eine Vereinbarung zwischen Konkurrenten definiert. Mit der Zielsetzung, möglichst viele Punkte durch die Komitees der OMG zu bringen, lag der Fokus auf der Definition des unbedingt Notwendigen. Organisations- und Rollen-modellierung, Problemanalyse, Simulationsparameter, Kennzahlen und vieles mehr wird von den verschiedenen Werkzeugherstellern auf ihre eigene Art behandelt. Die einzige Prozessinformation, welche wirklich standardisiert wurde, ist die BPMN-Prozesslogik.

Die Ebenen der BPMN und ihre Übereinstimmung mit Unterklassen

Seit 2007 führen wir Schulungen in BPMN durch. Es wurde uns schon sehr früh klar, dass nicht jeder, der die BPMN lernen will, dieselbe Tiefe an Detailwissen erwartet. Die BPMN erlaubt komplexe Ereignis- und Ausnahmebehandlungen, was für einige Modellierer eher störend und verwirrend sein kann. Wie dem auch sei, das volle Elementset der BPMN ist ziemlich umfangreich, insbesondere wenn man alle möglichen Varianten der verschiedenen Formen verstehen will.

Ganz früh schon haben wir die gesamte Palette der Elemente in definierte Untermengen aufgeteilt, welche wir *Ebene 1* genannt haben. Fachanwender bekundeten keine Mühe, diese

Palette zu verstehen. Sie hat den Einstieg in die BPMN enorm vereinfacht. Ein zusätzlicher Vorteil war, dass beinahe alle Werkzeuge diese vereinfachte Palette unterstützen konnten. Die Palette der Ebene 1 (heute „deskriptive Modellierung" genannt) war im Grunde die einfache Weiterführung der traditionellen Elemente der Flussdiagrammtechnik. Ebene-1-Modellierung genügt, um die meisten Geschäftsprozesse in einer kompakten und geschäftsfreundlichen Art zu beschreiben. Tatsächlich kann die Ebene 1 komplett ausreichen, wenn Sie bereit sind, auf zeitgesteuerte und externe Ereignisse zu verzichten.

Ausnahmebehandlungen mit Schwerpunkt auf Nachrichten-, Zeit- und Fehlerereignissen plus einige Verzweigungs- und Zusammenführungsmuster sowie Iterationen setzen eine erweiterte Palette an BPMN-Elementen voraus, die sogenannte *Ebene 2* oder analytische Modellierungsebene. Durch die Verwendung von ereignisgesteuerten Aktionen wird die Ebene 2 zum bevorzugten Elementset der meisten Geschäftsanalysten, welche die BPMN für die Anforderungsanalyse oder zur Simulationsanalyse echter Gegebenheiten einsetzen wollen. Aber sogar die Palette der Ebene 2 umfasst nicht einmal die Hälfte aller möglichen Elemente oder Variationen der in der BPMN 2.0-Spezifikation beschriebenen Möglichkeiten. Viele BPMN-Werkzeuge, besonders jene mit integrierter Ausführungsumgebung, unterstützen bei weitem nicht alle Elemente.

Ausführbare BPMN haben wir folgerichtig Ebene 3 genannt. Sie war noch nicht Teil unserer Ausbildung. Die Ebenen 1 und 2 vernachlässigen viele Details der ausführbaren BPMN, wie z.B. Datenanbindung, Bedingungen an den Verzweigungen und die detaillierte Anbindung von Diensten an die Aktivitäten. Diese Informationen sind nicht Bestandteil des Diagrammes. Vor BPMN 2.0 waren sie nicht einmal Bestandteil des Standards, und jeder Hersteller eines BPMS (Business Process Management System) hatte seine eigene Lösung.

Nicht nur, dass die Elemente nicht in der grafischen Repräsentation zu finden waren, sondern bis zum Erscheinen der BPMN 2.0 gab es für sie keine Standard-XML-Repräsentation. Folglich hat jeder Werkzeughersteller eine eigene Definition der Elemente implementiert. Heute können Sie mit der BPMN 2.0 Ebene 3 verwenden, um BPMN 2.0-Modelle in ausführbare Prozesslogik zu übersetzen und mit Hilfe der XML-Elemente des BPMN-Standards zu definieren. Werkzeuge, welche dies leisten, sind zur Zeit allerdings noch rar. Während wir dieses Buch schreiben, sind nur einige Hersteller dabei, die Grundlagen von Ebene 3 zu erarbeiten, und kein Werkzeug bietet bisher die umfassende Unterstützung aller Elemente der Ebene 2-Palette. Wir werden die Ebene 3 (ausführbare BPMN) in Teil 5 des Buches tiefer diskutieren.

Die Ebenen der BPMN spiegeln die drei verschiedenen Interpretationsmöglichkeiten oder Klassifizierungen von Prozessmodellen für den Leser wider. Diese Ebenen wurden nicht von Beginn an in der Spezifikation aufgeführt, sondern stammen aus unseren Schulungen zu „BPMN Methode und Stil". Trotz dieses Verzichts hat die OMG die drei Ebenen als Verweis in ihr Material zur OCEB BPM-Zertifizierung aufgenommen.

Aber es stellte sich heraus, dass ein zweiter ungeahnter Wert für die Tool-Anbieter erkennbar wurde: Die Beschränkung der Palette der zu unterstützenden Formen vereinfachte den

Modellaustausch. Am Ende war es dieser Aspekt, der zu ihrer Aufnahme in die endgültige Spezifikation BPMN 2.0 geführt hat!

Als Bruce Silver 2009 die technische Arbeitsgruppe der BPMN verließ, fanden wir noch keinen Bezug zu Modellierungsebenen oder Konformitätsklassen. Es herrschte die Meinung, dass die Werkzeughersteller das gesamte Set an Formen und Klassen der BPMN unterstützen sollten. Dies war für ein reines Modellierungswerkzeug durchaus möglich[8], für den Austausch mit einer Prozessausführungsumgebung war dies allerdings so nicht vorstellbar. In der Praxis wurde die Interoperabilität der BPMN zwischen verschiedenen Werkzeugen so nicht erwartet, sondern es wurde immer zuerst die Reduktion der zu unterstützenden Elemente gefordert. Wenn sich also ein Werkzeughersteller auf den Import und Export der BPMN-Elemente der Palette der Ebene 1 konzentrieren kann, wird der Austausch von Diagrammen mit andern Herstellern viel einfacher.

Obwohl die Austauschbarkeit von Modellen immer ein explizites Ziel der BPMN 2.0 Spezifikation war, zögerten die Anbieter, die Konformität mit einem echten Testverfahren prüfen zu lassen. Als Mitglieder der Arbeitsgruppen versuchten wir schon früh sehr intensiv, die Klassifizierung und das „Ebenen-Konzept" in die Spezifikation einzubringen, damals leider noch ohne Erfolg. Glücklicherweise wurden diese Konzepte aber in der finalen Task Force für die offizielle Spezifikation der BPMN 2.0 doch noch aufgenommen.

Ebene 1 wird nun offiziell *„Descriptive Process Modeling Conformance subclass"* (Deutsch: *Deskriptive Unterklasse der Prozessmodellierung)* und Ebene 2 *„Analytic Process Modeling Conformace subclass" (Analytische Unterklasse der Prozessmodellierung)* genannt. Einige Elemente wurden zwischen den Ebenen noch hin- und hergeschoben, so dass Sie manche Elemente in den älteren Ausgaben unserer Veröffentlichungen nicht mehr oder in einer anderen Ebene finden. Für diese Ausgabe des vorliegenden Buches haben wir die volle Unterstützung der Ebene 1 und Ebene 2 gemäß der OMG-Spezifikation vorgenommen.

Es gibt noch eine dritte Unterklasse, die „ausführbare Prozessmodellierungsunterklasse". Darauf werden wir in Kapitel 19 näher eingehen.

In der Spezifikation werden die Elemente jeder Unterklasse als XML-Elemente und Attribute definiert. So überrascht es nicht besonders, dass die einzige Information, welche in diese Unterklassen eingebracht wurde, letztlich das ohnehin schon in der Zeichnung Sichtbare ist (Formen, Ikonen, Kennzeichnungen, Umrandungen und Bezeichnungen). Zusätzlich finden wir in der XML-Repräsentation noch die eindeutige und die referenzierte Identifikation der Elemente, die das gesamte Modell zusammenhalten. Alle für die Prozessausführung benötigten Details, wie Datendefinitionen, Gateway-Bedingungen, Nachrichten, Dienste und Aktivitäten-Zuweisungen, sind nicht innerhalb dieser Unterklassen definiert.

---

[8] Die 100%ige Unterstützung der BPMN inklusive Diagrammvalidierung war eine Voraussetzung, um BPMN-Schulungen effektiv zu gestalten. Dies war z.B. durch die Wahl des Produktes „Process Modeler for Microsoft Visio" gegeben (www.itp-commerce.com).

Für uns zeigt dies einmal mehr, wie notwendig der Modellierungsansatz „Methode und Stil" ist. Für nichtausführbare Prozessmodelle, also Ebene 1 und Ebene 2, ist letztlich *alleine die Notation*, also das Diagramm, *entscheidend* dafür, was zählt und was nicht. Oder, mit anderen Worten: *Wenn etwas nicht im Diagramm ist, zählt es nicht.* Modellieren nach dem BPMN-Methode-und-Stil-Ansatz bedeutet somit, dass so viel wie nur möglich in einem Diagramm, also in dessen Formen, Symbolen und Bezeichnungen, enthalten sein muss. Um dies zu erreichen, ist es notwendig, den Regeln der BPMN-Spezifikation genau zu folgen, aber darauf aufbauend zusätzliche Regeln und Richtlinien einzuhalten.

Die zweite Hälfte des Buches, das „Handbuch für die Prozessautomatisierung", verdeutlicht, wie Tool-Provider und Entwickler die im Diagramm gezeigte Logik in XML übersetzen müssen, damit dieses wiederum von einem Tool importiert werden kann, das die analytische Unterklasse unterstützt. Denn wenn es für ein Diagramm eine und nur eine Serialisierung gibt, kann der Austausch von Modellen zwischen Tools einfach und automatisch geschehen.

TEIL II
METHODE UND STIL – EBENE 1

KAPITEL 3

BPMN am Beispiel

Ein einfacher Bestellabwicklungsprozess

Stellen Sie sich einen Prozess zur Bearbeitung einer Bestellung vor. Das Unternehmen empfängt die Bestellung, überprüft die Kreditwürdigkeit des Käufers, führt die Bestellung aus und sendet eine Rechnung. In der BPMN sieht das folgendermaßen aus:

Abbildung 3-1: Einfacher Bestellabwicklungsprozess

Der dünne Kreis zu Beginn des Prozesses nennt sich *Startereignis*. Dieses zeigt an, wo der Prozess startet. Den dicken Kreis am Ende nennt man *Endereignis*. Er zeigt das Ende des Prozesses an. Die Rechtecke mit abgerundeten Ecken sind *Aktivitäten*. Sie repräsentieren spezifische Tätigkeiten, die vollzogen werden, sind jedoch nicht mit Funktionen (z.B. Bearbeitung der Bestellung) oder Status (z.B. Bestellung eingetroffen) zu verwechseln. Um dies zu verdeutlichen, sollten Aktivitäten mit einer SUBSTANTIV-VERB-Kombination beschriftet werden. Diese Beschriftung erscheint im zugrundeliegenden XML-Code als Name der Aktivität.

Ausnahmen und Endstatus

Dieses Diagramm ist keine komplette Beschreibung des Prozesses. Es zeigt lediglich eine übliche Sequenz von Aktivitäten für den Fall an, dass nichts schiefgeht. Deshalb wird es auch *Happy Path* (der glückliche Pfad) genannt. Was könnte schiefgehen? Zum Beispiel könnte die Kreditwürdigkeit des Käufers schlecht oder die bestellte Ware nicht am Lager sein. Diese Situationen stellen fehlgeschlagene Bearbeitungen von Bestellungen dar. Eine etwas ganzheitlichere Version des Prozesses könnte also in etwa so aussehen:

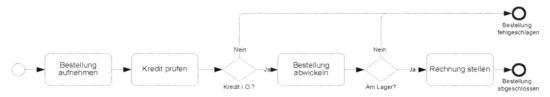

Abbildung 3-2: Bestellabwicklungsprozess mit Ausnahmepfaden

Das diamantförmige Symbol wird *Gateway* genannt. Es steht für einen Verzweigungspunkt im Fluss. BPMN stellt eine Reihe verschiedener Gatewaytypen zur Verfügung. Das hier verwendete Gateway – ein Diamant ohne innenliegendes Symbol – ist das meistgebrauchte und bedeutet, dass in Abhängigkeit von einer logischen Bedingung, z.B. *Kreditwürdigkeit des Käufers OK?* oder *Ist noch Ware am Lager?*, entweder der eine oder der andere Pfad verfolgt wird. Die Flusslogik ergibt sich aus einer Kombination der Beschriftung des Gateways und den Beschriftungen der Pfeile, die aus dem Gateway kommenden so genannten *Sequenzflüsse*. Um *Ausnahmepfade* vom *Happy Path* weg zu führen, ist es üblich, Gateways zu benutzen.

Beachten Sie, dass wir nun zwei Endereignisse haben: *Bestellung fehlgeschlagen* und *Bestellung abgeschlossen*. Die BPMN schreibt nicht vor, dass mehrere Endereignisse gesetzt werden. Die hier beschriebenen Methode-und-Stil-Regeln verlangen allerdings, dass für unterschiedliche *Endstatus* auch separate Endereignisse gesetzt werden: jeweils eines für Erfolg und eines für Misserfolg. Zudem sollten alle Endereignisse mit dem Namen des Endstatus beschriftet werden.

Ebenfalls ist zu beachten, dass unser einfaches Diagramm drei unterschiedliche Pfade beschreibt, die vom Start bis zum Ende begangen werden können. Nicht alle Aktivitäten des Modells werden in jeder Instanz des Prozesses durchgeführt. Wenn die Kreditwürdigkeitsprüfung zum Beispiel negativ ausfällt, wird keine Rechnung versandt. Genau das würden wir erwarten, und genau das wird vom BPMN-Diagramm auch angezeigt.

Swimlanes und Aktivitätstypen

Um zu veranschaulichen, wer für die Aktivitäten verantwortlich ist, werden in BPMN *Swimlanes* verwendet, die in der Terminologie der BPMN *Lanes* genannt werden (Abbildung 3-3). Lanes stellen typischerweise Rollen oder Organisationseinheiten dar, welche die Aktivitäten des Prozesses durchführen. Sie werden als Unterteilungen des den Prozess umschließenden Rechtecks gezeichnet. Das Rechteck wird *Pool* genannt. Ab und zu werden Sie Pools antreffen, die mit dem Namen einer Organisation beschriftet sind. Doch für Pools, welche Aktivitätsflüsse beinhalten – einige tun das nicht, wie wir später sehen werden – ist es eine bewährte Praktik, sie gleich mit dem Namen des Prozesses zu bezeichnen.

Weiter können wir den Typus der aufgeführten Aktivität angeben. Generell ist es hilfreich, automatisierte Tasks von solchen zu unterscheiden, welche eine Interaktion mit einem Benutzer implizieren. Dies wird im Diagramm durch unterschiedliche Symbole in der linken oberen Ecke der Tasks dargestellt. In Abbildung 3-3 stellen *Bestellung aufnehmen* und *Rechnung stellen* von Menschen ausgeführte Tasks dar, die in der BPMN als *Benutzer-Task*s bezeichnet werden. *Kredit prüfen* ist ein automatisierter Task, der in der BPMN *Service Task* genannt wird. Merken Sie sich diesen Unterschied: Sobald eine Person einen Knopf drückt, gilt der Task als Benutzer-Task und nicht als Service-Task, auch wenn der Rest des Tasks automatisiert abläuft.

Lanes beziehen sich nur auf die in ihnen liegenden Aktivitäten, während Gateways und Ereignisse an einem beliebigen passenden Ort im Diagramm platziert werden können. Zuweilen werden IT-Systeme in eigenen Lanes dargestellt, z.B. eine Lane für alle Systeme oder eine pro System. Wir tendieren dazu, dies nicht zu tun, doch es ist letztlich eine Frage der Präferenzen des Modellierers.

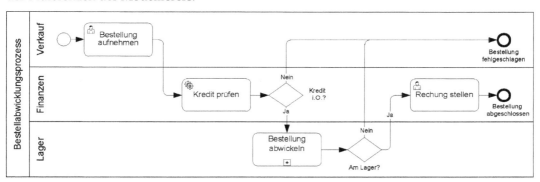

Abbildung 3-3: Bestellabwicklungsprozess in Swimlanes

Unterprozesse

Zu welchem Typus gehört die Aktivität *Bestellung abwickeln*? Anstatt eines Symbols, welches einen automatisierten oder einen Benutzer-Task anzeigt, enthält die Darstellung ein kleines [+]-Symbol. Es handelt sich um einen *Unterprozess*, eines der wichtigsten Konzepte in der BPMN. Ein Unterprozess ist eine Aktivität, welche wiederum als Prozessfluss darstellbare Elemente enthält. Im Unterschied dazu enthält die Aktivität *Task* keine spezifischen Unterelemente.

Ein Unterprozess kann gleichzeitig eine *Aktivität darstellen*, also einen Arbeitsschritt innerhalb eines Prozesses, oder einen *Prozess*, also einen von einem Startereignis zu einem oder mehreren Endereignissen gehenden Fluss von Aktivitäten. Im Diagramm kann ein Unterprozess durch ein einziges *zusammengeklapptes* Aktivitätselement oder als ein eigenes *aufgeklapptes* Prozessdiagramm dargestellt werden. Modellierungswerkzeuge für die BPMN erlauben normalerweise ein Navigieren durch die verschiedenen Prozessebenen, z.B. durch Hyperlinks.

Eine andere Möglichkeit, die aufgeklappte Sicht auf einen Unterprozess darzustellen, ist *inline*, also innerhalb des Diagramms:

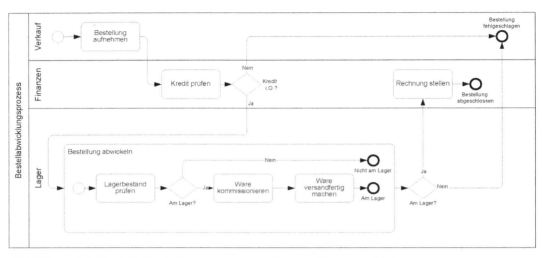

Abbildung 3-4: Bestellabwicklungsprozess mit aufgeklapptem Unterprozess

Bei der Inlinedarstellung wird der Prozessfluss durch ein vergrößertes Aktivitätssymbol umschlossen (abgerundetes Rechteck). Abbildung 3-3 und Abbildung 3-4 stellen genau dasselbe dar, doch Abbildung 3-1 zeigt mehr Details. Beachten Sie, dass die aufgeklappte Sicht von *Bestellung abwickeln* wie ein Prozess aussieht. Der Unterprozess beinhaltet ein Startereignis, einen Fluss von Aktivitäten und ein Endereignis für jeden separaten Endstatus. Der Prozess *Bestellung abwickeln* wird durch den Sequenzfluss angestoßen, welcher in den Unterprozess mündet. Dies erfolgt nach *Kredit prüfen*, falls die Kreditwürdigkeit in Ordnung ist. Sobald der Kontrollfluss bei *Bestellung abwickeln* angekommen ist, wird er sofort über das Startereignis des aufgeklappten Unterprozesses weitergeführt. Sobald *Bestellung abwickeln* abgeschlossen ist, fährt der Prozess unmittelbar über den ausgehenden Sequenzfluss weiter.

In Abbildung 3-1 sehen wir den Vorteil bei der Verwendung mehrerer Endereignisse zur Unterscheidung der Endstatus. In diesem Fall handelt es sich um die Status *Nicht am Lager* und *Am Lager*. Durch eine passende Beschriftung des Gateway (*Am Lager?*), welches dem Unterprozess folgt, wird klar, dass das Gateway fragt: „Haben wir das Endereignis *Am Lager* erreicht?" Es ist eine wichtige Konvention von „Methode und Stil", den Endstatus eines Unterprozesses und den darauf folgenden Gateway zueinander passend zu beschriften.

Prozessebenen und der hierarchische Stil

Der Prozess innerhalb der Aktivität *Bestellung abwickeln* liegt auf einer *untergeordneten Prozessebene*. *Untergeordnet* ist sie in Bezug auf die Ebene, in welcher der Gesamtprozess gestartet und beendet wird. Die untergeordnete Ebene kann selber Unterprozesse enthalten. Was die Anzahl solcher verschachtelten Ebenen betrifft, gibt es kein Limit.

Mit der Inlinedarstellung können über- und untergeordnete Ebenen in ein- und demselben Diagramm dargestellt werden. Dies ist jedoch nicht der einzige Weg, um aufgeklappte Unterprozesse wiederzugeben, und – von wenigen Ausnahmen abgesehen – mit den meisten

Tools auch nicht der beste. Beachten Sie, dass Abbildung 3-4 einiges mehr an Platz benötigt als Abbildung 3-3. Bei End-to-End-Prozessen ist es meistens unmöglich, alle Details von Unterprozessen auf einer Seite darzustellen. Eine Lösung wäre es, Konnektoren zu verwenden, die von Seite zu Seite springen, um damit den Fluss eines Diagramms über das Ende einer Seite hinaus sicherzustellen. Die BPMN stellt dafür ein Element namens *Link-Ereignis* zur Verfügung.

Wir empfehlen jedoch eine andere Variante: Die Modellierung der untergeordneten Ebene in einem separaten Diagramm. Im Tool werden über- und untergeordnete Ebenen miteinander verlinkt. Wenn wir das Modell auf Papier ausdrucken wollen, müssen wir uns auf übereinstimmende Beschriftungen verlassen können. Wir nennen das eine *hierarchische Erweiterung*, weil der End-to-End-Prozess dadurch als Hierarchie von Diagrammen ausgedrückt wird. Im Tool wird das übergeordnete Diagramm mit dem untergeordneten *verlinkt*, womit der Zusammenhang ersichtlich ist. Doch wenn Sie das Modell ausdrucken, können Sie auf diese Funktionalität nicht zurückgreifen. In diesem Fall müssen Sie sich auf *übereinstimmende Beschriftungen* verlassen können, um die Verbindung zu erkennen. Lassen Sie uns erst sehen, wie dies funktioniert, und danach besprechen wir, warum wir diese Variante bevorzugen.

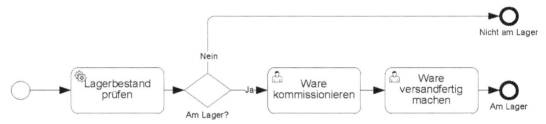

Abbildung 3-5: Unterprozess-Erweiterung auf einer separaten Seite

Abbildung 3-5 zeigt die untergeordnete Ebene von *Bestellung abwickeln*. Der Pool wurde weggelassen, weil er implizit aus der übergeordneten Ebene vererbt wird. Beachten Sie, dass es sich hier nicht um einen neuen Prozess handelt, sondern lediglich um einen Unterprozess von *Bestellabwicklungsprozess*. Auch ein allenfalls vergrößertes Aktivitätssymbol, welches den Unterprozess umschließen könnte, wird hier weggelassen. Eine untergeordnete Ebene kann Lanes enthalten, was in Abbildung 3-5 nicht der Fall ist. Wenn Lanes auf der untergeordneten Ebene fehlen, auf der übergeordneten Ebene jedoch aufgeführt sind, dann erben die Aktivitäten der untergeordneten Ebene implizit die Lane, in welcher sich der zugeklappte Unterprozess der übergeordneten Ebene befindet. Im Tool selber erkennen Sie das nicht, weil Sie die Lanes auf verschiedenen Ebenen unabhängig voneinander definieren.

Während die Inlinedarstellung für einfache Diagramme sehr praktisch ist, bevorzugen wir den hierarchischen Stil. Damit kann die oberste Ebene eines komplexen Prozesses End-to-End auf einer einzigen Seite dargestellt werden. Auf dieser Ebene werden zwar nur wenige Details der Hauptaktivitäten gezeigt. Dafür wird umso mehr verdeutlicht, in welchen Beziehungen diese Aktivitäten – dargestellt als zugeklappte Unterprozesse – zueinander stehen, wie der

Prozess gestartet wird, welche Endstatus möglich sind und welche Interaktionen mit externen Einheiten auftreten. In andern Worten: Wir zeigen damit das „Big Picture" des Prozesses.

Wenn Sie zur untergeordneten Ebene gehen, können Sie nun die Details der Unterprozesse sehen, von wo aus Sie weiter in die Tiefe navigieren können. Hierarchische Modellierung erlaubt also die Ablegung zusätzlicher Details in den entsprechenden Stufen. Das „Herumspringen" in den verschiedenen Detaillierungsstufen gefährdet in keiner Weise die Integrität des End-to-End-Modells. Und obwohl das Modell in separierten Seiten erscheint, wird es in XML als ein einziges Modell behalten. Langfristig gesehen ist dies bedeutend besser, als separate Übersichts- und mehrere Detailmodelle zu unterhalten und diese bei Änderungen jeweils abzugleichen.

Der hierarchische Stil kann dazu führen, dass Diagramme etwas komplexer erscheinen, weil die über- und untergeordneten Ebenen auf separaten Seiten erscheinen. Zum Beispiel finden wir in Abbildung 3-4 das Endereignis *Am Lager* und das Gateway *Am Lager?* auf derselben Seite, beim hierarchischen Stil (Abbildung 3-3 und Abbildung 3-5) dagegen auf zwei separaten Seiten. Doch wenn Sie sich einmal an den hierarchischen Stil gewöhnt haben, werden Sie solche Diagramme ohne Probleme lesen können.

Im untergeordneten Diagramm erscheint der innerhalb des Unterprozesses der Hauptebene ablaufende Aktivitätsfluss. Ein durch Anfänger häufig begangener Fehler ist die in Unterprozessen vorgenommene Replizierung von Aktivitäten, die schon vor oder nach dem Unterprozess in einer übergeordneten Ebene durchgeführt werden. Abbildung 3-6 zum Beispiel ist eine *falsche* Darstellung des Unterprozesses *Bestellung abwickeln*:

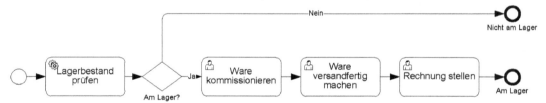

Abbildung 3-6: Inkorrekte Expansion von *Bestellung abwickeln*

Der Grund dafür ist, dass *Rechnung stellen* außerhalb des Unterprozesses ausgeführt wird. In der übergeordneten Ebene (Abbildung 3-3) folgt die Aktivität direkt hinter *Bestellung abwickeln*. Die untergeordnete Ebene wie in Abbildung 3-6 zu modellieren würde heißen, dass die Rechnung zweimal versandt wird, einmal innerhalb *Bestellung abwickeln* und danach gleich noch einmal. Das war nicht im Sinne des Modellerstellers. Sie erinnern sich: Wenn die untergeordnete Ebene verlassen wird, folgt der Fluss ohne Unterbrechung dem Sequenzfluss aus der übergeordneten Ebene.

Betrachten Sie nochmals Abbildung 3-3. Sicher werden Sie sagen, dass es für den Fall eines Fehlens der Ware im Lager nicht der beste Weg ist, den Prozess einfach zu beenden. Im realen Leben würden Sie den Kunden kontaktieren und ihm einen Ersatz anbieten. Falls der Kunde das Angebot akzeptiert, führen Sie den Prozess weiter und führen die Bestellung aus. Dies würde dann wie folgt aussehen:

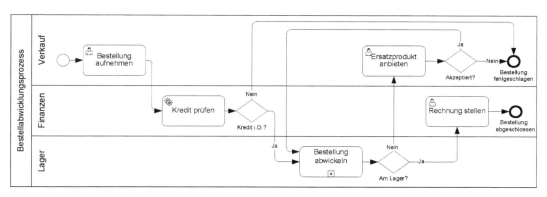

Abbildung 3-7: Schleife zur Ausnahmebehandlung

In der BPMN kann im Gegensatz zu anderen Modellierungssprachen wie BPEL ein Sequenzfluss frei zu einem vorangehenden Schritt zurückführen, um diesen zu wiederholen. In Abbildung 3-7 führt ein Gateway den Fluss zurück zu *Bestellung abwickeln*, falls ein Ersatzangebot akzeptiert wird. Beachten Sie, dass der Prozess erst zu Ende ist, wenn ein Endereignis erreicht wird.

Die BPMN-Spezifikation macht keine Aussage darüber, ob ein Sequenzfluss von links, rechts, oben oder unten in eine Aktivität führen soll. Noch nicht einmal vertikal oder horizontal laufende Pools oder Lanes werden vorgeschrieben. Es ist daher eine Frage des persönlichen Stils, wie Sie Ihr Diagramm anordnen. Wir versuchen normalerweise, den Fluss von links nach rechts zu führen, so dass Sequenzflüsse in die Aktivitäten links einmünden und rechts hinausführen. Um die Kreuzung von Flüssen zu minimieren, müssen Elemente auf dem Blatt oft etwas zurechtgeschoben werden. Manchmal können solche Kreuzungen sogar ganz vermieden werden. Jedenfalls ist es für das Verständnis eines Diagramms von erheblicher Bedeutung, dass es so schlank und konsistent wie möglich organisiert wird. Nichts ist frustrierender, als ein Diagramm zu betrachten und dabei nicht sicher zu sein, wo der Prozess beginnt, und wo er zu Ende ist.

Paralleles Verzweigen und Zusammenführen

Nun betrachten wir ein letztes Detail unseres Unterprozesses *Bestellung abwickeln*. Um die Ware versenden zu können, sind ein paar Vorbereitungen notwendig, welche parallel zur Beschaffung im Lager ausgeführt werden können. Ursprünglich sahen wir vor, dass diese Vorbereitungen Teil von *Ware versandfertig machen* sind. Technisch bedeutet es allerdings, dass sie erst beginnen, wenn *Ware kommissionieren* beendet ist.

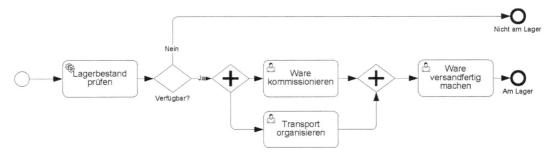

Abbildung 3-8: Paralleles Verzweigen und Zusammenführen

In Abbildung 3-8 wird dies veranschaulicht. Auch hier werden Gateways verwendet, konkret sind es zwei, und sie tragen nun ein Symbol in sich. Ein Gateway mit einem +-Symbol wird *paralleles Gateway* oder auch *UND-Gateway* genannt. Ein paralleles Gateway mit einem eingehenden und zwei ausgehenden Sequenzflüssen wird als *parallele Verzweigung* oder als *UND-Verzweigung* bezeichnet. Es bewirkt, dass der Fluss in mehrere parallele bzw. gleichzeitig laufende Teile aufgeteilt wird. Beide, *Ware kommissionieren* und *Transport organisieren*, werden zur selben Zeit gestartet. Wenn die mit dem Versand beauftragte Person beide Tasks selber ausführen muss, werden die Arbeiten natürlich nicht buchstäblich simultan ausgeführt. Parallel ist hier so zu interpretieren, dass es nicht darauf ankommt, welche zuerst ausgeführt wird.

Wir können dieses parallele Gateway nicht mit dem vorangehenden verbinden (*Verfügbar?*), weil die beiden unterschiedliche Bedeutungen haben. Das Gateway *Verfügbar?* steht für eine exklusive Entscheidung, d.h. die Wahl einer der beiden Varianten, jedoch nicht beider zusammen. *Nachdem* wir den *Ja*-Pfad gewählt haben sagt uns die *UND*-Verzweigung, dass *Ware kommissionieren* und *Transport organisieren* parallel ausgeführt werden.

Nun zum zweiten parallelen Gateway. Ein paralleles Gateway mit mehreren eingehenden und einem ausgehenden Sequenzfluss bezeichnen wir als *UND-Zusammenführung* oder *synchronisierende Zusammenführung*. An diesem Punkt wird auf alle eingehenden Sequenz-flüsse gewartet, bevor der ausgehende Sequenzfluss aktiviert wird. Einfacher ausgedrückt: *Ware versandfertig machen* kann nicht ausgeführt werden, bis sowohl *Ware kommissionieren* als auch *Transport organisieren* abgeschlossen sind.

Beschriftungen von UND-Verzweigungen und -Zusammenführungen (einschließlich der verbundenen Sequenzflüsse) bringen keine zusätzlichen Informationen, weshalb wir sie am besten weglassen.

Anders als beispielsweise BPEL verlangt die BPMN nicht, dass alle einmal durch ein paralleles Gateway verzweigten Pfade wieder mit einem solchen zusammengeführt werden. Sie können sogar zu unterschiedlichen Endereignissen geführt werden. In dem Fall ist der Prozess nicht vollständig zu Ende, bevor nicht alle parallelen Segmente ein Endereignis erreicht haben.

Kollaborationen und Black-Box-Pools

Sie mögen sich nun fragen, wo im Prozess der Kunde auftaucht. Er steht an *externer Stelle*, also außerhalb unseres Prozesses – er ist nicht Teil davon. Für Modellierer, die schon viele Flussdiagramme erstellt haben, denen die BPMN aber neu ist, mag es nicht unüblich erscheinen, den Kunden als Lane innerhalb des Prozesses zu modellieren und den Prozess mittels Tasks innerhalb dieser Lane zu starten (wie z.B. *Bestellformular ausfüllen* und *Bestellung absenden*). Doch das wäre nicht korrekt. Man denke an einen Online-Shop wie Amazon.com. Haben Sie je ein Buch in Ihren digitalen Einkaufswagen gelegt, sich am Ende aber dazu entschieden, es gar nicht zu bestellen? Bestimmt kennen Sie den Fall. Haben Sie damit eine Instanz von Amazons Bestellabwicklungsprozess erstellt? Eher nicht. Die Verarbeitung der Bestellung startet bei Amazon, sobald Amazon die Bestellung erhalten hat, obwohl diese auf der firmeneigenen Internetseite aufgegeben worden ist. Der Bestellabwicklungsprozess dreht sich nur um das Einfordern der Zahlung, den Bezug der bestellten Ware aus dem Lager und schließlich ihren Versand.

Dies ist ein fundamentaler Punkt, den wir später vertieft diskutieren werden. Doch für den Moment bitten wir Sie zu akzeptieren, dass der Initiator eines Prozesses am besten als externer Teilnehmer (Pool)modelliert wird und nicht innerhalb einer Lane.

Eine externe Einheit, zum Beispiel einen Kunden, modellieren wir als weiteren Pool in unserem Diagramm. Doch anders als der Pool des Bestellabwicklungsprozesses wird der Kunden-Pool leer gelassen. Er enthält keine Flusselemente. Wir nennen ihn ganz einfach *Black-Box-Pool*, weil der Prozess des Kunden für uns unsichtbar ist. Technisch gesehen, d.h. in XML ausgedrückt, repräsentiert ein Black-Box-Pool einen Teilnehmer bzw. eine Geschäftseinheit, welche mit dem Prozess interagiert und dabei keinen eigenen Prozess definiert hat. Das bedeutet natürlich nicht, dass es beim Kunden keinen Kaufprozess gibt, sondern nur, dass die interne Prozesslogik des Kunden für den Verkäufer unsichtbar ist. Während wir einen Prozesspool mit dem Namen des Prozesses beschriften, bezeichnen wir einen Black-Box-Pool idealerweise mit dem Namen der Rolle oder einer Einheit, in diesem Fall *Kunde* (Abbildung 3-9).

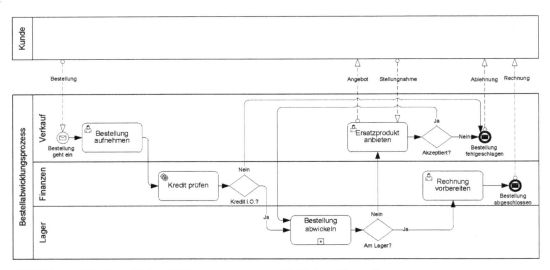

Abbildung 3-9: Bestellabwicklungsprozess im Kollaborationsdiagramm

Der Kunde interagiert (genau wie andere externe Teilnehmer) mit dem Prozess über den Austausch von Nachrichten. In der BPMN wird unter Nachricht jegliche Kommunikation zwischen Prozess und externem Teilnehmer verstanden. Wir können diese Kommunikation im Diagramm durch einen anderen Verbindungstyp darstellen, einen so genannten *Nachrichtenfluss*. Ein Sequenzfluss wird durch einen Pfeil mit durchgezogener Linie dargestellt und darf *nur innerhalb eines Pools* verwendet werden. Ein Nachrichtenfluss, also ein Pfeil mit gestrichelter Linie, darf *nur zwischen Pools* verwendet werden.

In der BPMN 2.0 wird Abbildung 3-9 *Kollaborationsdiagramm* genannt. Zusätzlich zum Aktivitätsfluss unseres internen *Bestellabwicklungsprozesses* zeigt es die Interaktion unseres Prozesses mit externen Teilnehmern durch die Verwendung von Nachrichtenflüssen. Beachten Sie bitte, dass die Nachrichtenflüsse an den Rand von Black-Box-Pools und direkt an Aktivitäten und Ereignisse angebunden werden.

Der Umschlag in den Symbolen für die Start- und Endereignisse zeigt an, dass dieser Ereignistyp Nachrichten empfangen und versenden kann. In der Terminologie der BPMN hat das Starterereignis eine Nachricht als *Auslöser* und das Endereignis eine Nachricht als *Ergebnis*. Dem *Nachrichten-Starterereignis* misst die BPMN eine spezielle Bedeutung bei, die uns immer wieder begegnen wird: Bei Erhalt der Nachricht wird eine neue *Instanz* des Prozesses generiert, in diesem Fall eine *Bestellung*. Wenn eine zweite *Bestellung* unmittelbar nach der ersten eintrifft, wird eine zweite Instanz des Prozesses kreiert. Sie können ein Nachrichten-Starterereignis nur in einem Diagramm der Hauptebene verwenden. Das Starterereignis eines Unterprozesses darf kein Auslösersymbol tragen.

Ein *Nachrichten-Endereignis* zeigt an, dass noch eine Nachricht versendet werden muss, bevor der Prozess beendet wird. In der BPMN bedeutet ein schwarz ausgefülltes Ereignissymbol, dass ein Signal (hier eine Nachricht) durch den Prozess generiert wird. Ein weißes Ereignissymbol zeigt umgekehrt an, dass der Prozess auf ein Signal hört. Hier wird im

Endstatus von *Bestellung abgeschlossen* die Nachricht *Rechnung* und im Endstatus von *Bestellung fehlgeschlagen* eine *Ablehnung* versendet.

Weil das Nachrichten-Startereignis die Bestellung empfängt, werden wir den ersten Benutzer-Task in *Bestellung aufnehmen* umbenennen. In gleicher Weise benennen wir den Benutzer-Task in *Rechnung vorbereiten* um, da das Endereignis die Rechnung versendet. Wir möchten ja die Aktion eines Nachrichtenereignisses nicht mit einer sinngleichen Aktivität duplizieren.

Sie haben sicher auch die Nachrichtenflüsse entdeckt, welche beim Benutzer-Task *Ersatzprodukt anbieten* gesendet respektive empfangen werden. Ein Nachrichtenfluss kann für jede Art von Kommunikation zwischen Prozess und externen Teilnehmern stehen: ein Telefonanruf, ein Fax oder sogar ein Zuruf einer Person. Aktivitäten können, genau wie Ereignisse, Nachrichten versenden und empfangen.

Wie schon erwähnt, mag eine der größten Überraschungen für BPMN-Anfänger sein, dass der Kunde in Abbildung 3-9 nicht Teil des Prozesses (Pools) ist, sondern außerhalb als so genannter Black-Box-Pool liegt. Diese Idee, Prozesse in Behältern und Bahnen zu zeichnen, heute allgemein als Swimlane-Diagramm bekannt, geht auf die Rummler-Brache-Diagramme aus den 1980er Jahren zurück. Geary Rummler war einer der Ersten, welcher die Effizienz von Geschäftsabläufen schwerpunktmäßig auf den Prozessen analysierte, und hatte damit einen großen Einfluss auf die Managementdisziplin von BPM. Paul Harmon, der Herausgeber von BPTrends und ehemaliger Kollege von Rummler sagt dazu[9]:

> *Als ein Forscher von IBM Rummlers Kurse besuchte, war er so beeindruckt von der Aussagekraft der Rummler-Brache-Diagramme, dass er eine IBM-Prozessmethodologie entwarf, welche er LOVEM nannte. Das Akronym stand für ‚Line of Vision Enterprise Methodology'. Die ‚Line' wies in diesem Fall auf die Linie der Swimlane hin, welche in den Rummler-Brache-Diagrammen ganz oben lag und den Kunden vom Prozess abteilte. Damit konnte der Analyst exakt erkennen, wie der Prozess mit dem Kunden interagierte."*

Teil der Analyse der Prozessleistungsfähigkeit ist die Interaktion eines Prozesses mit seinem „Kunden". Bei Rummler-Brache-Diagrammen und deren Ableitungen wie LOVEM wurde der Kunde in der obersten Swimlane gezeichnet. Kommunikation über diese Linie hinweg war als die Perspektive des Kunden auf den Prozess zu verstehen. In der BPMN hat die Notation sich leicht verändert – wir zeigen externe Teilnehmer durch separate Pools an – doch das Konzept bleibt dasselbe.

Dieselben Flussdiagrammprofis, welche den Kunden anfänglich gerne als Lane innerhalb des Prozesses modellieren wollten, bestehen heute oft darauf, Aktivitäten wie *Formular ausfüllen* oder *Bestellung absenden* in den Kunden-Pool einzufügen. Das ist nicht nur unnötig, sondern sogar falsch. Ein Pool mit darin liegenden Flusselementen ist ein Prozesspool. Seine Aufgabe ist es, einen kompletten Prozess vom Anfang bis zum Ende zu repräsentieren. Wenn Sie ein

---

[9] Paul Harmon, BPTrends Advisor, Dezember 8, 2008,
http://www.bptrends.com/publicationfiles/advisor20081209.pdf

Endereignis nach *Bestellung absenden* einfügen, wie werden Sie dann das Ersatzangebot, eine Ablehnungsbenachrichtigung oder eine Rechnung modellieren? Sie dürfen keinen Nachrichtenfluss auf den Rand eines Prozesspools zeichnen, sondern nur auf den Rand eines Black-Box-Pools. Deshalb werden Sie gezwungen sein, für den Kunden einen kompletten Käuferprozess zu zeichnen. Doch kennen Sie den Prozess des Käufers überhaupt, wenn Sie selbst der Verkäufer sind? Wohl eher nicht.

In BPMN-Schulungen verlassen wir an diesem Punkt normalerweise die Diskussion. Doch technisch erlaubt die BPMN 2.0 etwas, das *Öffentlicher Prozess* genannt wird (in der BPMN 1.2 *abstrakter Prozess* genannt) und etwas zwischen einem Black-Box-Pool (kein Prozess) und einem vollumfänglich definierten Prozess (*privater Prozess*) darstellt. Ein öffentlicher Prozess enthält nur Aktivitäten, die Nachrichten senden oder empfangen. Andere Aktivitäten werden vermieden. Die Absicht dahinter ist, die Art von Nachrichtenaustausch zu veranschaulichen, welche in B2B-Protokollen wie RosettaNet oder ebXML formell definiert wird. Dort kennen Käufer und Verkäufer die Prozesslogik ihres Partners nicht, doch die erlaubten Typen und Sequenzen an Datenaustausch, wie z.B. Angebote, Aufträge, Bestätigungen, Versandnotizen oder Rechnungen, wurden zuvor in Geschäftsvereinbarungen ausgehandelt. In den Kollaborationsdiagrammen der BPMN trifft das weniger zu, außer die Interaktion basiert auf einem definierten Muster von B2B-Datenaustausch. Verwenden Sie also besser Black-Box-Pools, um zu zeigen, wer den Prozess auslöst.

Startereignisse und Prozessinstanz

Das Nachrichten-Startereignis in Abbildung 3-9 ist ebenfalls wesentlich. Ein Nachrichten-Startereignis zeigt, dass der Prozess mit dem Eintreffen eines *Aufrufs* gestartet wird. Hier wird der Aufruf durch eine Bestellung repräsentiert. Es könnte aber genauso ein Darlehensantrag, die Meldung eines Versicherungsfalles oder eine Kundendienstanfrage sein – alles Beispiele eines Aufrufs an den Prozess eines Dienstleisters. Wir empfehlen Ihnen, Nachrichten-Startereignisse nach dem Muster *[Name der Nachricht] erhalten* zu beschriften, wie z.B. *Bestellung geht ein*. Nicht alle Prozesse werden durch einen Aufruf ausgelöst, doch es sind viele, wenn nicht gar die meisten. Ein Nachrichten-Startereignis steht immer für den Start eines Prozesses durch einen externen Aufruf, und ein Pool (meist ein Black-Box-Pool) an der Quelle des Nachrichtenflusses spiegelt den Urheber des Aufrufs wider, so wie in diesem Fall den *Kunden*.

Ein Nachrichten-Startereignis kennzeichnet außerdem die Behandlung – idealerweise die Erfüllung – der jeweiligen Anfrage durch die Prozessinstanz. Dies impliziert normalerweise auch, dass sich jede Aktivität innerhalb des Prozesses einzig auf diesen einen Aufruf bezieht und nicht auf andere gleichartige Aufrufe. Das ist ein sehr wichtiger Aspekt, auf den wir in Kapitel 8 nochmals zurückkommen werden.

Ein Nachrichten-Startereignis bedeutet immer, dass der Prozess durch einen *externen* Aufruf gestartet wird, auch wenn der Erzeuger des Aufrufs kein Kunde ist. Mitarbeiterorientierte Prozesse liegen hier in einer Grauzone. Wird der Mitarbeiter als „prozessextern" oder „-intern" modelliert? Manchmal ist es besser, den Mitarbeiter als externen Black-Box-Pool zu zeichnen. In anderen Situationen mag es vorteilhafter sein, Mitarbeiter mit einer Lane innerhalb des Prozesspools zu repräsentieren.

Hier finden Sie ein paar Richtlinien oder auch Faustregeln zur Handhabung von Nachrichten-Startereignissen:

1. Wenn der Prozess mit dem Erhalt eines Formulars oder eines anderen Dokuments startet und

    a. der Urheber auf keine andere Weise mit dem Prozess interagiert, außer dass er in irgendeiner Form ein Resultat oder eine Statusnotiz erhält, oder

    b. der Urheber nur in Ausnahmefällen unmittelbar mit dem Prozess interagiert, aber keine weiter definierten Prozess-Tasks ausführt,

    dann modellieren Sie den Urheber als externen Black-Box-Pool, der einen Nachrichtenfluss zum Nachrichten-Startereignis des Prozesses sendet.

2. Wenn der Initiator klar definierte Tasks des Prozesses ausführt, dann modellieren Sie den Initiator als eine Lane innerhalb des Prozesspools. Als Prozessstart brauchen Sie ein undefiniertes Startereignis (ohne Auslöser). In dem Fall wird es keinen Black-Box-Pool für den Erzeuger des Aufrufs geben.

In Abbildung 3-10 ist der Initiator ein externer Anfragesteller. Obwohl er zwischendurch mit dem Prozess interagiert, basieren diese Interaktionen auf Ausnahmen. Der Kunde könnte sich dazu entscheiden, eine erwünschte Antwort nicht zu liefern.

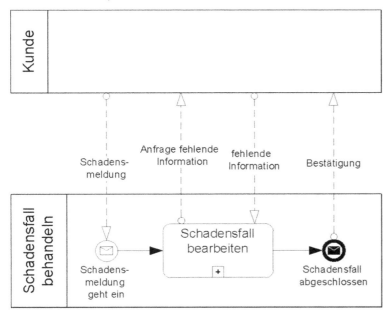

Abbildung 3-10: Externer Teilnehmer als Black-Box-Pool

In Abbildung 3-11 sind für die Person, welche den Prozess startet, bestimmte Tasks vorgesehen: Die Zusammenstellung der Dokumente mit Anforderungen und Begründungen, die Einholung der Bewilligung durch das Management und dann noch die Verifikation, dass die gelieferte Ausrüstung funktionstüchtig ist. Sie können hier, wie in der Abbildung zu sehen ist, ein *allgemeines Startereignis* verwenden, welches als manueller Start durch einen Taskbearbeiter zu verstehen ist.

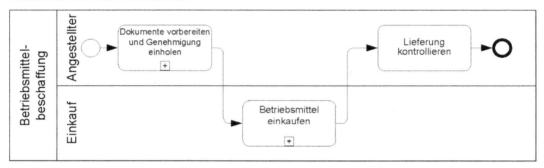

Abbildung 3-11: Initiierung durch einen prozessinternen Taskverantwortlichen

Wenn Ihr Fokus aber auf das Geschehen im Einkauf gerichtet ist, was einem so genannten Beschaffungsprozess entspricht, dann könnten Sie den Mitarbeiter genauso gut auch als externen Pool darstellen, wie es in Abbildung 3-12 gezeigt wird. Es ist alles letztlich nur eine Frage der Perspektive.

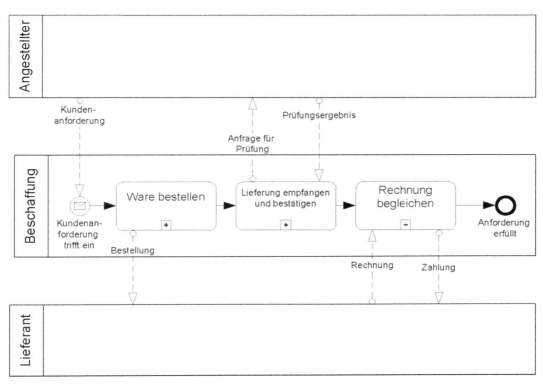

Abbildung 3-12: Eine weitere Perspektive auf Prozessinitiierung durch einen Mitarbeiter

Das Hauptdiagramm

Lassen Sie uns nochmals sehen, was wir kreiert haben (Abbildung 3-13). Wir haben mittlerweile ein ziemlich komplettes BPMN-Diagramm unseres Bestellabwicklungsprozesses produziert. Aus dieser Perspektive sind die Details von *Bestellung abwickeln* verborgen, doch wir können hineinzoomen, um die Darstellung der unteren Ebene in einem separaten verlinkten Diagramm anzuschauen.

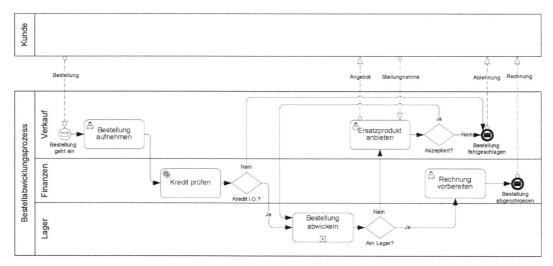

Abbildung 3-13: Bestellabwicklungsprozess, Hauptebene

Beachten Sie, was wir mittlerweile allein in der Hauptebene des Diagramms über den Prozess verraten. Wir können ablesen, dass die Prozessinstanz eine Bestellung repräsentiert. Der Prozess wird durch das Eintreffen der Nachricht *Bestellung* gestartet und hat zwei verschiedene Endstatus, *Bestellung abgeschlossen* und *Bestellung fehlgeschlagen*. Die Ursache der fehlgeschlagenen Bestellungsverarbeitung ist entweder eine schlechte Kreditwürdigkeit oder die Nichtverfügbarkeit der bestellten Ware inklusive Ablehnung der Ersatzware. Bei Prozessen, welche mit einer Anfrage gestartet werden, ist es guter Modellierungsstil, den Endstatus mittels Nachrichten-Endereignissen an den Anfragesteller weiterzugeben.

Dies ist zwar ein einfacher Prozess, doch er unterscheidet sich nicht wesentlich von den Hauptebene-Diagrammen realer End-to-End-Prozesse in der Praxis. Alle Elemente und Symbole, die wir bis jetzt gebraucht haben, gehören zur BPMN-Palette Ebene 1. Im nächsten Kapitel werden wir das komplette Set von Elementen der Ebene 1 vertieft betrachten.

KAPITEL 4

Die Palette der Ebene 1

Alle Elemente, die im letzten Kapitel verwendet wurden, gehören zur Palette der Ebene 1. In der BPMN 2.0 werden sie als *„Descriptive process modeling conformance subclass"* bezeichnet, was übersetzt in etwa *„Deskriptive Konformitätsunterklasse zur Prozessmodellierung"* oder kurz *deskriptive Unterklasse* bedeutet. Wenn Sie ereignisbasiertes Verhalten ignorieren können, werden Sie beinahe jeden Prozess mit der Palette der Ebene 1 modellieren können. Wie schon erwähnt, wurde die Notation, abgesehen von Nachrichtenflüssen und Ereignissen, aus der traditionellen Flussdiagrammtechnik übernommen.

Die folgende Liste gibt einen Überblick über das vollständige Set der Palette vor Ebene 1, einschliesslich einiger Elemente, die wir im letzten Kapitel nicht verwendet haben:

- Aktivitäten: Task (Benutzer, Service, Allgemein), Unterprozess, Aufrufaktivität
- Gateways: Exklusiv, Parallel
- Startereignis: Allgemein, Nachricht, Zeit
- Endereignis: Allgemein, Nachricht, Terminierung
- Sequenzfluss und Nachrichtenfluss
- Pool und Lane
- Datenobjekt, Datenspeicher und Datenassoziation
- Dokumentation
- Artefakte: Text-Anmerkung, Assoziation und Gruppierung

In diesem Kapitel werden wir jedes der Elemente durchgehen. Wenn Sie zuvor schon mit Flussdiagrammen gearbeitet haben, werden Sie überrascht sein, wie ähnlich die BPMN der Ihnen schon bekannten Modellierungstechnik ist.

Aktivität

Eine Aktivität repräsentiert eine, innerhalb eines Prozesses geleistete, Arbeitseinheit. Sie wird immer durch ein Rechteck mit abgerundeten Ecken dargestellt und ist das einzige BPMN-Element, dem ein Ausführender zugewiesen werden kann. Jede Aktivität kann entweder als

Task oder als Unterprozess klassifiziert werden. Ein *Task* ist *atomar*, das heisst, er kann nicht mehr weiter durch im Prozess definierte Elemente unterteilt werden. Die Bedeutung eines Tasks ist einzig über seinen Namen zu erkennen. Ein *Unterprozess* ist als *Zusammenfassung* zu verstehen. Er enthält Teile, die wiederum einen Prozess beschreiben, also einen Aktivitätsfluss, ausgehend von einem definierten Startereignis zu einem oder mehreren Endstatus.

Task

Ein *Task* wird durch ein Aktivitätssymbol in Form eines Rechtecks mit abgerundeten Ecken und einem Symbol zur Bezeichnung des Tasktyps dargestellt. Das Symbol liegt in der oberen linken Ecke. Ein Task ist als Aktion oder Tätigkeit zu verstehen, nicht etwa als Funktion oder Status. Er sollte deshalb mit einer SUBSTANTIV-VERB-Kombination beschriftet werden.

Abbildung 4-1: Oben von links nach rechts: Benutzer-Task, Service-Task, Allgemeiner Task. Unten von links nach rechts: Sende-Task, Empfangen-Task, Manueller Task, Skript-Task, Geschäftsregel-Task

BPMN 2.0 definiert insgesamt acht Tasktypen, doch in der Palette von Ebene 1 sind nur die drei am häufigsten verwendeten enthalten.

- Ein *Benutzer-Task* (links) mit Kopf- und Schultersymbol steht für einen durch eine Person ausgeführten Task.

- Ein *Service-Task* (Mitte) mit Zahnradsymbol steht für eine automatisierte Aktivität. Automatisiert bedeutet, dass er ohne menschlichen Einfluss startet, sobald der Sequenzfluss ankommt. Selbst wenn eine Person dabei nur einen Knopf zu drücken hat und der Rest automatisch abläuft, handelt es sich um einen Benutzer-Task.

- Ein *allgemeiner* Task (rechts), ohne Symbol für den Tasktyp, stellt einen generischen oder undefinierten Tasktyp dar.

Sende- und *Empfangen-Tasks*s sind Teil der Palette von Ebene 2. Sie ähneln Nachrichtenereignissen und werden in Kapitel 7 besprochen. Alle anderen Tasktypen sind weder in Ebene 1 noch in Ebene 2 enthalten und werden nur spärlich verwendet.

Manueller Task versus Benutzer-Task

Das Symbol für einen *manuellen Task* ist eine Hand. Er ist in ausführbaren, also automatisierten Prozessen von Bedeutung. In diesem Zusammenhang wird ein manueller

Task ohne jegliche Verbindung zu einer Workflow-Engine ausgeführt. Im Unterschied dazu regelt eine Engine die Ausführung eines *Benutzer-Tasks*. Falls Ihr Prozessmodell nicht ausführbar ist, dann benutzen Sie keine manuellen Tasks. In nichtausführbaren Modellen verwenden Sie für jede menschliche Aktivität nur Benutzer-Tasks.

Skript-Task versus Service-Task

Ein *Skript-Task* trägt das Symbol einer Schriftrolle und ist ebenfalls nur im Fall von ausführbaren Prozessen von Bedeutung. In nicht-ausführbaren Modellen steht für jede automatisierte Prozessaktivität ein *Service-Task*. Aus technischer Sicht ist darunter jedoch ein *Service Request* des Prozesses an ein beliebiges System zu verstehen. Die Implementierung des Services wird nicht durch die BPMN, sondern durch das ausführende System selbst definiert.

Im Gegensatz dazu ist unter einem Skript-Task eine automatisierte Funktion zu verstehen, die *durch die Prozessengine selber durchgeführt* wird. Die Implementierung geschieht durch ein kleines, in der Prozessdefinition (also in BPMN XML) enthaltenes Programm, typischerweise in Javascript oder Java. Weil die Prozessengine normalerweise mit der Prozesslogik beschäftigt ist, kann sie nicht viel Zeit für die Ausführung von automatisierten Tasks verwenden. Deshalb werden Skript-Tasks meist für einfache Berechnungs- und Datenmanipulationsaufgaben verwendet.

Wenn Ihr Prozess nicht ausführbar ist, dann sollte er keine Skript-Tasks enthalten. Bei nichtausführbaren Prozessen verwenden Sie für jede automatisierte Funktion lediglich Service-Tasks (oder ein äquivalentes Senden-/Empfangen-Paar, siehe Kapitel 7).

Geschäftsregel-Task

Der *Geschäftsregel-Task*, symbolisiert durch eine Tabelle, wurde mit der BPMN 2.0 neu eingeführt. Er steht für einen Task, der eine komplexe Entscheidung vollzieht, also eine Entscheidung, die von einer Geschäftsregel-Engine übernommen wird. Ein Geschäftsregel-Task ist eine spezielle Art von Service-Task, der effektiv als Ausführung einer Entscheidung auf einer Geschäftsregel-Engine zu verstehen ist.

Unterprozess

Ein *Unterprozess* ist eine zusammengesetzte Aktivität, also eine Aktivität bestehend aus Elementen, die als ein untergeordneter Prozess beschrieben werden können. Ein Unterprozess kann in verschiedenen Formen dargestellt werden. Ein *zusammengeklappter Unterprozess* wird im Hauptdiagramm durch eine Aktivität mit einem [+]-Symbol am unteren Rand dargestellt (Abbildung 4-2, oben). Die untergeordnete Ebene wird in einem separaten, verlinkten Diagramm dargestellt (Abbildung 4-2, unten).

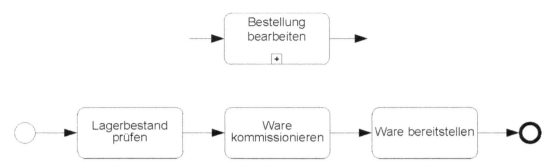

Abbildung 4-2: Hierarchische Erweiterung: Der zusammengeklappter Unterprozess in der Hauptebene (oben) korrespondiert mit der Erweiterung auf der untergeordneten Ebene in einem verlinkten Diagramm

Alternativ wird ein *aufgeklappter Unterprozess* (Abbildung 4-3) mit einem vergrösserten, die untergeordnete Prozessebene umschliessenden Aktivitätssymbol auf der Hauptdiagramm-ebene dargestellt.

Zwischen Abbildung 4-2 und Abbildung 4-3 existiert kein semantischer Unterschied. Die Bedeutung ist jeweils dieselbe: Wenn ein Sequenzfluss am zusammengeklappten Unter-prozess der Hauptebene ankommt, folgt der Prozess unmittelbar über das Startereignis in der untergeordneten Ebene. Beide Abbildungen werden in XML genau gleich repräsentiert, und nur im grafischen Modell ist der Unterschied zu finden (siehe Kapitel 17).

Abbildung 4-3: Inline-Darstellung: Aufgeklappter Unterprozess in der Hauptebene umschließt die Erweiterung auf der untergeordneten Ebene, alles im selben Diagramm

Eine wichtige Regel der BPMN für die Inlinedarstellung ist, dass ein Sequenzfluss den Rand eines Unterprozesses nicht kreuzen darf. Die ein- und ausgehenden Sequenzflüsse müssen mit dem Rand verbunden werden. Zudem sollten in der untergeordneten Ebene Start- und Endereignisse verwendet werden. Abbildung 4-4 ist falsch, Abbildung 4-3 korrekt.

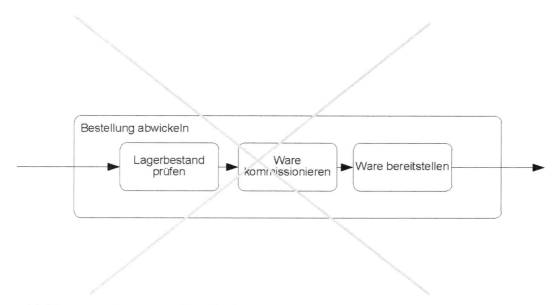

Abbildung 4-4: Ein Sequenzfluss darf keine Unterprozess-Grenzen überschreiten

Das Startereignis eines Unterprozesses muss einen allgemeinen Auslöser haben. Sie können in einem Unterprozess kein Nachrichten- oder zeitliches Startereignis verwenden. Das ist eine Regel der BPMN, hat also nichts mit dem Modellierungsstil zu tun. Der Grund dafür ist, dass der Unterprozess nicht durch ein Ereignis, sondern immer durch die Ankunft des eingehenden Sequenzflusses angestossen wird.

Parallele Box und Ad-hoc-Unterprozess

Mit einer einzigen Ausnahme sollte ein Unterprozess immer nur ein Startereignis haben. Die Ausnahme ist eine untergeordnete, aus einer Reihe von Aktivitäten bestehende Ebene, welche nicht durch Sequenzflüsse verbunden sind (Abbildung 4-5). Diese Darstellung, die weder Start- noch Endereignisse hat, wird *parallele Box* genannt. Wenn der Unterprozess startet, werden parallel alle darin enthaltenen Aktivitäten gestartet. Sie können in beliebiger Reihenfolge beendet werden, doch der Unterprozess selbst ist erst beendet, wenn alle eingeschlossenen Aktivitäten zu Ende geführt wurden.

Abbildung 4-5: Parallele Box (links) und Ad-hoc-Unterprozess (rechts)

Eine Variante der parallelen Box ist der Ad-hoc-Unterprozess, der mit einer Tilde am unteren Rand notiert wird. Im Unterschied zur parallelen Box müssen hier nicht alle enthaltenen Aktivitäten ausgeführt werden, um den Ad-hoc-Unterprozess zu beenden. Denn dieser ist zu Ende, wenn der Ausführer ihn für beendet erklärt.

Beide, parallele Box und Ad-hoc-Unterprozess, wurden aus der BPMN 1.0 geerbt und sind nicht besonders nützlich. In der BPMN 2.0 wird der Ad-hoc-Unterprozess weder in der deskriptiven (Ebene 1) noch in der analytischen (Ebene 2) Unerklasse geführt.

Der Wert von Unterprozessen

Unterprozesse sind mit die wertvollsten Bestandteile der BPMN und werden gleichzeitig wahrscheinlich am meisten unterschätzt.

1. Visualisieren von End-to-End-Prozessen

BPM als Managementdisziplin basiert auf Führung und Messung eines Unternehmens mit Fokus auf End-to-End-Prozesse. Hierunter versteht man kundenorientierte Vorgänge, welche über traditionelle Organisations- und Systemgrenzen hinweg verlaufen. Dazu müssen Sie End-to-End-Prozesse als ein Ganzes verstehen und nicht als mehrere zusammenhängende Stücke. Die Möglichkeit, End-to-End-Prozesse auf einer einzigen Seite darzustellen, hilft diesem Verständnis ungemein. Das Mittel dazu sind zusammengeklappte Unterprozesse, wodurch Details innerhalb eines Modells auf der Hauptebene nicht sichtbar sind. Diese Details können bei Bedarf einfach ein- oder ausgeblendet werden.

Dies ist nur durch die Verwendung eines hierarchischen Stils möglich, in dem über- und untergeordnete Ebenen in separaten Diagrammseiten erstellt werden. Die umfassende End-to-End-Sicht befindet sich hierarchisch ganz oben im *Hauptdiagramm*. Sie zeigt nicht nur die Hauptschritte des Prozesses, sondern auch, was durch eine Instanz repräsentiert wird. Dazu gehören die möglichen Endstatus des Prozesses sowie dessen Interaktionen mit Kunden, Serviceprovidern und anderen internen Prozessen.

Die BPMN-Spezifikation verlangt keine hierarchische Modellierung. Für so manchen BPM-Fachmann, der an die Bottom-Up-Erfassung von Prozessflüssen mit Endlospapier und gelben Post-its gewohnt ist, bedeutet dies eine erhebliche Umstellung. Doch flache Modelle, die sich über sechs Meter Wandfläche erstrecken, machen es unmöglich, einen ganzen End-to-End-Prozess visuell zu verstehen. Die traditionelle Lösung, separate Haupt- und Detailmodelle zu kreieren, erfordert bei Prozessänderungen immer wieder Nachführungsarbeiten. Hierarchische Modelle in einem BPMN-Werkzeug haben dieses Problem dagegen nicht, weil sie in einem einzigen semantischen Modell erfasst werden, welches sowohl als Übersicht als auch in seinen Details dargestellt werden kann. Deshalb stützt sich unser Methode-und-Stil-Ansatz auf die hierarchische Modellierung.

2. Ermöglichung von Top-down-Modellierung

Unterprozesse sind auch für die Top-down-Modellierung von Prozessen wertvoll. Man beginnt bei einem End-to-End-Prozess als Ganzem und baut ihn dann weiter aus. Ein zusammengeklappter Unterprozess kann als Platzhalter für unbekannte Details dienen, während die Integrität eines End-to-End-Modells beibehalten wird. Die implizierten Details können anschliessend immer noch hinzugefügt werden.

3. *Klarstellung von Verantwortlichkeiten*

Unterprozesse fordern verteilte Prozesseignerschaft und -steuerung. End-to-End-Prozesse verfügen selten über einen einzigen Prozesseigner, vielmehr überqueren sie Verantwortlichkeitsgrenzen innerhalb des Unternehmens. Verschiedene Teile des Prozesses werden von verschiedenen Führungskräften kontrolliert, die unter Umständen ihr eigenes Gärtchen wie ihren Augapfel hüten.

Probleme tauchen meistens dann auf, wenn die Grenzen zwischen Prozessaktivitäten diffus sind. Unterprozesse erlauben die notwendige und unmissverständliche Abgrenzung solcher Verantwortlichkeiten. Falls im Hauptdiagramm Interaktionen zwischen Aktivitäten gezeigt werden, die in separate Verantwortungsbereiche gehören, dann kann jede dieser Aktivitäten auch unabhängig modelliert und verwaltet werden. Mit einem Repository-Werkzeug zur Modellablage, das Funktionen zur Steuerung von Autorisierungen und Verantwortlichkeiten mitliefert, kann diese Trennung noch besser durchgesetzt werden.

4. *Bereich der Ereignisbehandlung*

Durch Ereignisse hervorgerufene Ausnahmen sind ein wesentlicher Bestandteil von reellen Prozessen. Wie solche zu modellieren sind, sehen wir, wenn wir Ebene 2 behandeln. Für den Moment beschränken wir uns auf die Aussage, dass Unterprozesse eine zentrale Rolle bei der Ausnahmebehandlung spielen. Ein Ereignis, welches an den Rand eines Unterprozesses geheftet ist, zeigt an, dass die *Ereignisverarbeitung* während der Laufzeit eben dieses Unterprozesses angestossen werden kann. Falls dasselbe Ereignis (z.B. eine Stornierung der Bestellung durch den Kunden) an verschiedenen Stellen des Prozesses unterschiedlich behandelt wird, kann jeder dieser verschiedenen Prozessteile durch einen Unterprozess umschlossen werden. Diesen Punkt werden wir in Kapitel 7 detailliert besprechen.

Aufrufaktivität

BPMN 2.0 unterscheidet den regulären Unterprozess, der bisher eingebetteter Unterprozess genannt wurde, von einer Aufrufaktivität, die auch wiederverwendbarer Unterprozess genannt wird. Diese Trennung ermöglicht die Unterscheidung danach, ob Details des Unterprozesses innerhalb des Übersichtsprozesses oder extern definiert werden. Falls Sie einen Unterprozess haben, der in mehr als einem Prozess verwendet wird, dann geben Sie dem Unterprozess am besten ein eigenes Prozessmodell, das Sie dann aus jedem betroffenen Prozess aufrufen.

Im Diagramm wird die Aufrufaktivität mit dickem, der Unterprozess mit dünnem Rand gezeichnet (Abbildung 4-6).

Abbildung 4-6: Unterprozess und Aufruf-Aktivität

Nehmen wir an, das Angebot Ihres Unternehmens umfasst Geräte und Gerätereparaturen. Der Bestellabwicklungsprozess ist bei beiden Angeboten unterschiedlich, doch der Unterprozess für die *Fakturierung* wird für beide Prozesse, *Gerätebestellung* und *Reparaturbestellung,* genau gleich abgehandelt. Falls Sie dafür einen normalen Unterprozess verwenden, müssten Sie die *Fakturierung* in beiden Prozessen unabhängig definieren. Dies aber zwingt Sie dazu, jede Änderung von *Fakturierung* in beiden Prozessen nachzuvollziehen. Eine bessere Variante ist es, *Fakturierung* als eigenständigen Hauptprozess mit eigenem Modell zu definieren und in beiden Prozessen, *Gerätebestellung* und *Reparaturbestellung,* jeweils mit einer Aufrufaktivität zu starten (im hinterlegten XML zeigt ein Attribut der Aufrufaktivität zum XML-Element *Prozess* des aufgerufenen Modells). Bei der Verwendung von Unterprozessen werden also sowohl aufrufender wie auch aufgerufener Prozess im selben Modell definiert, während die beiden im Falle von Aufrufaktivitäten ein eigenes Modell erhalten.

Mit einer Aufrufaktivität können Sie auch einen wiederverwendbaren Task aufrufen, in BPMN 2.0 als *globaler Task* bezeichnet. Dieser sieht wie ein normaler Task aus, ausser, dass er mit einem dicken Rand gezeichnet wird. Für die Arbeit mit nicht ausführbaren Modellen (solche der Ebene 1 und Ebene 2) hat dies keine grosse Bedeutung, weil die Definition des Tasks lediglich aus dem Namen und dem Tasktyp besteht. Ein ausführbarer Task (von Ebene 3) könnte dagegen ein ganzes Datenmodell, ein User-Interface-Design und ähnliche Details umfassen. Wenn Sie diese Taskdefinition an mehreren Orten verwenden wollten (innerhalb eines oder in mehreren Prozessen), würden Sie einen globalen Benutzer-Task sowie Aufrufaktivitäten verwenden.

Gateway

Ein *Gateway*, dargestellt durch einen Rhombus bzw. ein diamantförmiges Symbol, „steuert" den Prozessfluss. Falls von einer Aktivität mehrere Sequenzflüsse ausgehen, dann werden mit Abschluss der Aktivität alle diese Sequenzflüsse parallel aktiviert. In herkömmlichen Flussdiagrammen wurde mit alternativen Beschriftungen angezeigt, dass nur ein Pfad beschritten werden sollte. Dies funktioniert in BPMN nicht (Abbildung 4-7), sondern Sie müssen in diesem Fall ein Gateway benutzen (Abbildung 4-8).

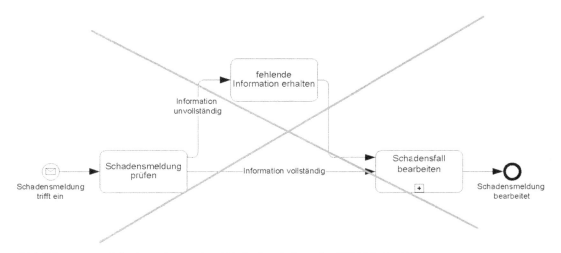

Abbildung 4-7: Falsch – alternative Pfade benötigen in BPMN ein Gateway

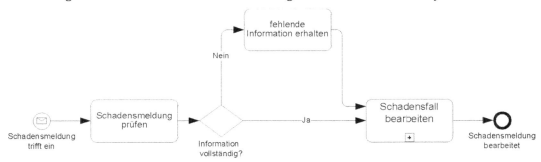

Abbildung 4-8: Korrekt – alternative Pfade benötigen in BPMN ein Gateway

Exklusives Gateway

BPMN kennt verschiedene Gateway-Typen. Grafisch werden Sie durch ein Symbol innerhalb des Rhombus dargestellt. Das meistverwendete Gateway, das Sie unten sehen, hat dabei kein innen liegendes Symbol. Offiziell wird es als *exklusives datenbasiertes Gateway* bezeichnet, aber gebräuchlicher ist der Name *XOR-Gateway*. „Exklusiv" bedeutet, dass nur an einem der ausgehenden Sequenzflüsse oder Gates weitergefahren wird. „Datenbasiert" heisst, die Wahl eines Gates basiert auf der Evaluation von ausgewählten Prozessdaten. Nicht ausführbare BPMN-Diagramme (Ebene 1 oder Ebene 2) verfügen nicht über explizite Datenmodelle. Deshalb werden die Gateway-Bedingungen als eine Kombination der Beschriftungen von Gateway und Gates verstanden.

Hat ein Gateway zwei Gates, dann bevorzugen wir, das Gateway mit einer Frage und die Gates mit *Ja* oder *Nein* zu beschriften. Wie Sie in Kapitel 3 gesehen haben, vereinfachen zueinander passende Beschriftungen wesentlich die Nachvollziehbarkeit der Prozesslogik über mehrere Prozessebenen hinweg. Sie erleichtern also das Verständnis von hierarchischen Modellen.

Ein Erbe der BPMN 1.0 sind die zwei alternativen Darstellungsmöglichkeiten des XOR-Gateway: eine mit leerem Rhombus, die andere mit X im Rhombus (Abbildung 4-9). Beide bedeuten exakt dasselbe. Die Spezifikation schreibt aber vor, dass Sie sich für eine Variante entscheiden, um diese dann in allen Ihren Modellen zu verwenden. In diesem Buch wird das Gateway ohne X verwendet.

Abbildung 4-9: Exklusives (XOR) Gateway mit alternativen Darstellungsmöglickeiten

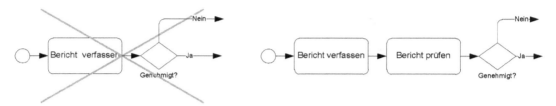

Abbildung 4-10: Ein Gateway kann *keine* Entscheidung treffen; es *testet* nur Bedingungen

Ein wichtiger Unterschied zwischen einem BPMN-Gateway und der in manchen Flussdiagramm-Notationen verwendeten „Entscheidungsbox" ist, dass ein Gateway keine Entscheidung „trifft". Es testet lediglich eine Datenbedingung. Ein Gateway kann weder gutheissen noch ablehnen. Dazu benötigen Sie einen Task. Das Gateway, welches dem Task folgt, kann dessen Endstatus abfragen und dann je nach Resultat dem zutreffenden Pfad folgen. In Abbildung 4-10 ist das linke Diagramm BPMN zufolge falsch, das rechte jedoch korrekt.

Paralleles Gateway

Ein *paralleles Gateway* mit einem ein- und mehreren ausgehenden Sequenzflüssen, auch *UND-Gateway* genannt, ist eine sogenannte *parallele Verzweigung* oder *UND-Verzweigung. Alle* von ihm ausgehenden Sequenzflüsse werden parallel verfolgt, also ohne Bedingung. Optisch unterscheidet sich dieses Gateway vom exklusiven durch das [+]-Symbol im Rhombus.

Abbildung 4-11: Paralleles Gateway

Jeder ausgehende Pfad steht also für eine parallele (gleichzeitig laufende) Prozessaktivität. Parallele Pfade können im Fortlauf des Prozesses wiedervereinigt werden oder zu separaten Endereignissen führen. Jeder parallele Pfad muss ein Endereignis erreicht haben, damit der Prozess oder Unterprozess beendet ist. Für eine parallele Verzweigung nach einer Aktivität oder einem Startereignis ist ein paralleles Gateway redundant. Denn mehrere Sequenzflüsse, die aus einer Aktivität oder einem Ereignis kommen, werden bereits als parallel verstanden. In Abbildung 4-12 bedeuten beide Diagramme semantisch dasselbe.

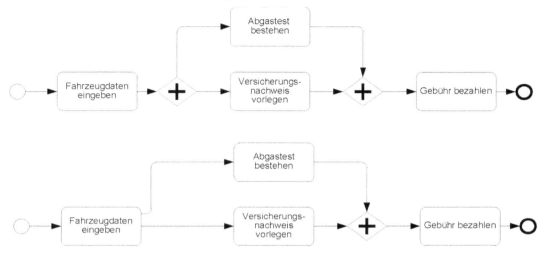

Abbildung 4-12: Ein Gateway zur parallelen Verzweigung ist technisch redundant; beide Diagramme bedeuten dasselbe

Das in Abbildung 4-12 gezeichnete parallele Gateway mit mehreren ein- und einem ausgehenden Sequenzfluss wird *parallele Zusammenführung* oder *UND-Zusammenführung* genannt. Es ist eine Art *synchronisierende Zusammenführung*, weil es bedingt, dass *alle* eingehenden Flüsse am Gateway eingetroffen sind, bevor der ausgehende Sequenzfluss aktiviert wird. Ein UND-Gateway kann NUR Pfade zusammenführen, welche *unbedingt parallel* laufen. Das ist in der Regel der Fall, wenn Pfade parallel verzweigt wurden – entweder durch ein paralleles Gateway oder durch mehrere, direkt aus einer Aktivität ausgehende Pfade.

Anders als bei einer UND-Verzweigung darf hier das Gateway bei einer Zusammenführung *nicht* weggelassen werden. Parallele Sequenzflüsse, die sich direkt in einer Aktivität vereinigen, würden die Aktivität (und alles, was danach folgt) mehrmals anstossen. Das ist normalerweise nicht unsere Absicht.

Startereignis

Ein *Startereignis* wird immer durch einen Kreis mit einem dünnen Rand dargestellt. Seine Bestimmung ist es, anzuzeigen, wo und wie ein Prozess oder Unterprozess gestartet wird. Normalerweise besitzt ein Prozess oder Unterprozess nur ein Startereignis. Wir haben aber gesehen, dass eine parallele Box oder ein Ad-hoc-Unterprozess nicht unbedingt ein Startereignis beinhalten muss. In diesem Abschnitt werden Sie darüber hinaus sehen, wie ein Hauptprozess (also kein Unterprozess) mehr als ein Startereignis haben kann.

Im Hauptprozess können Startereignisse im Kreis ein Symbol, den so genannten *Auslöser*, tragen. Dieser deutet an, durch welchen Signaltyp der Prozess initiiert wird. Ebenso wichtig ist, dass der Auslöser die Bedeutung einer Prozessinstanz definiert. Derweil muss das Startereignis eines Unterprozesses mit einem *allgemeinem* Auslöser typisiert werden, weil Unterprozesse immer durch einen eingehenden Sequenzfluss gestartet werden und nicht durch ein Signal.

In BPMN 2.0 werden sieben Typen von Startereignissen spezifiziert. Die Palette der Ebene 1 enthält jedoch nur drei, respektive vier dieser Typen (Abbildung 4-13).

| allgemeines Startereignis | Nachrichten-Startereignis | zeitliches Startereignis | Mehrfach-Startereignis |

Abbildung 4-13: Startereignisse der Palette von Ebene 1

Allgemeines Startereignis

Wie im vorigen Kapitel besprochen ist ein *allgemeines* Startereignis in einem Hauptprozess so zu deuten, dass die Auslösung des Prozesses entweder nicht spezifiziert ist oder manuell durch einen Taskverantwortlichen geschieht.

Ein Unterprozess muss immer mit einem allgemeinen Startereignis beginnen. Es wäre ein Verstoss gegen die Spezifikation, dem Ereignis einen Auslöser zuzuordnen.

Nachrichten-Startereignis

Ein Nachrichten-Startereignis bezeichnet einen Prozessstart, der durch das Eintreffen einer Nachricht ausgelöst wird (wie im letzten Kapitel gesehen). Dabei steht „Nachricht" für eine beliebige externe Anfrage. Es zeigt ausserdem an, dass die laufende Prozessinstanz diese Anfrage behandelt.

Um die Klarheit eines Diagramms zu optimieren, sollte ein Startereignis mit „*X erhalten*" beschriftet werden, wobei „*X*" für den Namen der Nachricht steht. Ausserdem sollten Sie sich angewöhnen, auf Nachrichtenereignisse folgend einen Nachrichtenfluss zu zeichnen und diesen mit dem Namen der Nachricht zu beschriften. Dies sind zwar keine Regeln der BPMN-Spezifikation, aber Regeln des guten Stils.

Zeitliches Startereignis

Das dritte Startereignis der Palette von Ebene 1 ist das *zeitliche* Startereignis. Man erkennt es an seinem Uhr-Symbol. „Zeitlicher Start" deutet darauf hin, dass der Prozessstart einer zeitlichen Planung unterliegt. Häufig handelt es sich um eine regelmässige Wiederholung des Prozesses. Die Beschriftung des Startereignisses, wie z.B. *monatlich* oder *freitags 16 Uhr*, sollte diese Planung deutlich machen.

Wie das Nachrichten-Startereignis bedeutet auch das zeitliche Startereignis die Erstellung einer Prozessinstanz. Abbildung 4-14 zeigt als Beispiel einen monatlichen Prozess namens *Vertriebsbericht*. Falls hier etwa die Aktivität *Verlustbericht prüfen* nicht zum monatlichen *Vertriebsberichts*-Termin beendet werden kann, können Sie nicht einfach im Diagramm zurückschleifen, um die Daten im nächsten Monatsreport einzubeziehen. Der Report des nächsten Monats stellt eine separate Instanz dieses Prozesses dar, und jede Prozessaktivität gehört zu genau diesem einen Monatsreport.

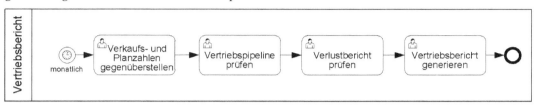

Abbildung 4-14: Zeitlich terminierter Prozess

Mehrfaches und Mehrfach-Paralleles Startereignis

Das Symbol des *mehrfachen* Startereignisses hat eine eigene Form, ein Fünfeck, doch es repräsentiert im semantischen Modell kein eigenes Element der BPMN. Es bedeutet, dass der Prozess durch eines von mehreren Signalen initiiert werden kann, also etwa durch Nachricht A oder B, zu einem bestimmten Zeitpunkt oder mit dem Eingehen einer bestimmten Anfrage. Die Beschriftung des Startereignisses sollte auf alle in dem Fall möglichen Auslöse-bedingungen hinweisen.

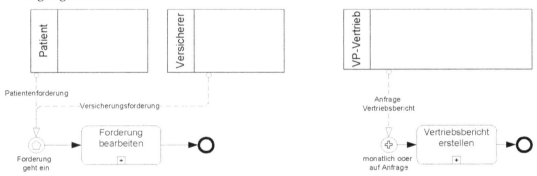

Abbildung 4-15: Mehrfach- und paralleles Mehrfach-Startereignis

Das *parallele Mehrfach-Startereignis* (Abbildung 4-15, rechts) wurde in der Finalisierungsphase der BPMN 2.0-Spezifikation hinzugefügt. Es wird eher selten verwendet, weshalb wir es weder als Teil von Ebene 1 noch von Ebene 2 sehen. Wie beim mehrfachen Startereignis liegt zwar technisch ein eigenes Symbol vor, semantisch bringt das Ereignis jedoch nichts Neues. Während das mehrfache Startereignis durch *einen* von vielen Auslösern angestoßen werden kann, verlangt ein Prozessstart beim parallelen Mehrfachereignis, dass zuvor *alle* Auslöser eintreffen. Dies kann in beliebiger Reihenfolge geschehen.

Alternative Startereignisse

Beim mehrfachen Startereignis startet der Prozessfluss immer am selben Ort, egal, durch welches Signal er ausgelöst wurde. Doch was, wenn die erste Prozessaktivität davon abhängt, welcher Auslöser eingetroffen ist? Verwenden Sie dazu nicht ein mehrfaches Startereignis, sondern mehrere Startereignisse, normalerweise Nachrichten-Startereignisse.

Dies ist allerdings nur im Hauptdiagramm möglich. Jedes Startereignis repräsentiert einen *alternativen* Auslöser des Prozesses. Einmal ausgelöst, wird die Instanz des Prozesses oder Unterprozesses *ein danach eintreffendes Signal ignorieren*, denn ein solches Signal würde eine *neue* Prozessinstanz initiieren.

Ein üblicher Anwendungsfall dafür ist der eingangsabhängige Start. Ein Prozess, der mit einer Kundenanfrage gestartet wird, wird beispielsweise Telefonanrufe, Internetanfragen oder Faxeingänge im ersten Schritt unterschiedlich verarbeiten müssen, nach dieser Vorarbeit aber alles in gleicher Weise weiterprozessieren können. Der beste Weg, dies zu modellieren, ist durch mehrere Nachrichten-Startereignisse, wobei jedes einen alternativen Startpunkt für den Prozess repräsentiert (Abbildung 4-16).

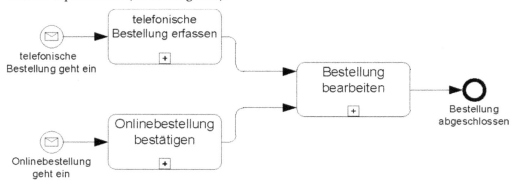

Abbildung 4-16: Mehrere Startereignisse

Beachten Sie, dass hier *nicht* dieselbe Semantik vorliegt wie beim *mehrfachen* Startereignis. Sie würden ein mehrfaches Startereignis benutzen, wenn jeder der Auslöser *denselben* Fluss initiieren würde. Falls aber jeder Auslöser einen *unterschiedlichen* Pfad initiiert, müssen Sie mehr als ein Startereignis verwenden.

Endereignis

Ein Endereignis wird immer durch einen Kreis mit dickem Rand dargestellt. Es steht für das Ende des Pfades in einem Prozess oder Unterprozess. Ein Endereignis kann sowohl im Prozess wie auch im Unterprozess mit einem schwarzen bzw. gefüllten Symbol gezeichnet werden. Dieses steht für das Signal oder *Resultat*, das beim Erreichen des Endereignisses ausgelöst wird. Anders als bei den Startereignissen ist es üblich, in einem Prozess oder Unterprozess mehrere Endereignisse zu verwenden. Der Methode-und-Stil-Ansatz verlangt sogar explizit, dass in einer Prozessebene für jeden unterschiedlichen Endstatus ein separates Endereignis gesetzt wird.

BPMN 2.0 definiert neun vom Resultat her verschiedene Endereignisse, doch die Palette von Ebene 1 enthält lediglich drei davon plus das mehrfache Endereignis.

unbestimmtes Endereignis   Nachrichten-Endereignis   Terminierungs-ereignis   Mehrfach-Endereignis

Abbildung 4-17: Endereignisse von Ebene 1

Allgemeines Endereignis

Ein *allgemeines* Endereignis (ohne Symbol) bedeutet, dass nach Eintritt des Endereignisses kein Resultat weitergegeben wird. In einer Prozessebene mit parallelen Flüssen ist es aus technischer Sicht erlaubt, parallele Pfade in separate Endereignisse zu führen, welche jedoch keine eigenen Endstatus repräsentieren. Aus diesem Grund führt man die Pfade besser in ein einziges allgemeines Endereignis, sofern keiner dieser Pfade ein Resultat weitergeben soll. Für die Zusammenführung benötigen Sie an dem Punkt kein Gateway oder, anders gesagt, Sie sollten keines verwenden, weil die Prozessebene solange aktiv ist, bis alle parallelen Pfade ein Endereignis erreicht haben. Die parallele Zusammenführung beim allgemeinen Endereignis wird also implizit angenommen.

Nachrichten-Endereignis

Ein *Nachrichten*-Endereignis (mit schwarzem Umschlag) zeigt an, dass beim Erreichen des Ereignisses eine Nachricht versandt wird. Es gehört zur guten Gepflogenheit, einen Nachrichtenfluss vom Endereignis aus zum entsprechenden externen Pool zu ziehen. Ein üblicher Anwendungsfall dafür ist, einem Kunden, der den Prozess mit einer Anfrage initiiert hat, eine abschliessende Rückmeldung zu geben. Beachten Sie, dass Sie hier parallele Pfade erst mit einem UND-Gateway zusammenführen müssen. Eine direkte Zusammenführung ohne Gateway würde das Nachrichten-Endereignis mehrmals anstossen.

Terminierungs-Endereignis

Das *Terminierungs*-Endereignis (mit ausgefülltem Kreis) ist ein Sonderfall. Die Aktivierung eines Terminierungsereignisses innerhalb eines Prozesses oder Unterprozesses beendet mit sofortiger Wirkung alle aktiven Pfade auf *derselben* Prozessebene. Ein Terminierungsereignis innerhalb eines Unterprozesses beendet also nur diesen Unterprozess und nicht den übergeordneten Prozess. Manche Modellierer mögen das Terminierungsereignis verwenden, um einen Ausnahmeendstatus anzuzeigen, wenn ein allgemeines Endereignis semantisch dieselbe Bedeutung hätte. Wir halten das nicht für einen guten Modellierstil, weshalb wir empfehlen, das Terminierungsereignis genau dort einzusetzen, wo seine spezifische Semantik benötigt wird. Und dies ist der Fall, wenn eine abnormale Terminierung von parallelen Pfaden in einer Prozessebene notwendig wird.

Mehrfach-Endereignis

Ein *mehrfaches* Endereignis (Fünfeck) ähnelt dem mehrfachen Startereignis, indem es zwar eine eigene Form hat, semantisch aber kein eigenständiges Element darstellt. Es impliziert einfach, dass mehr als ein Resultat weitergegeben werden kann; üblicherweise eine Nachricht.

Sequenzfluss

Sequenzflüsse werden als Pfeil mit einer durchgezogenen Linie gezeichnet und stellen die sequentielle Ausführung von Prozessschritten dar. In der Flussdiagrammtechnik entsprechen sie den Kanten, welche zwei Knoten verbinden: je ein Element am Anfang und am (spitzen) Ende der Kante. In einem ausführbaren Prozess verdeutlichen sie den Kontrollfluss: Sobald der Knoten am Anfang des Sequenzflusses zu Ende ist, wird der Knoten am Pfeilende durch die Prozess-Engine aktiviert. Die einzigen Elemente (Knoten), die mit dem Anfang und Ende eines Sequenzflusses verbunden werden dürfen, sind Aktivitäten, Gateways und Ereignisse – im Metamodell der BPMN 2.0 *Flow Nodes (Flussknoten)* genannt. Anders ausgedrückt stellt der Sequenzfluss die Orchestrierung des Prozesses dar.

Abbildung 4-18: Sequenzfluss

Alle Aktivitäten, Gateways und Ereignisse auf einer Prozessebene müssen in einer kontinuierlichen Abfolge von Sequenzflüssen liegen, vom Startereignis bis zum Endereignis. Die Spezifikation verlangt dies nicht konsequent, doch der Methode-und-Stil-Ansatz setzt es mit wenigen Ausnahmen, wie zum Beispiel der parallelen Box, voraus.

Ein Sequenzfluss kann nur innerhalb der Grenzen einer Prozessebene bestehen. Eine Abfolge von Flusselementen ist auf eine Prozessebene begrenzt. *Der Fluss darf die Grenze bzw. den Rand eines Unterprozesses oder Pools nicht überschreiten.* Diese BPMN-Regel ist fundamental. Beide Enden eines Sequenzflusses müssen außerdem durch einen Flussknoten verbunden sein. Sobald ein Ende nicht verbunden ist, wird der XML-Code des Prozesses ungültig, das heißt, er verstößt gegen das Schema der Spezifikation.

Nachrichtenfluss

Nachrichtenflüsse, dargestellt durch einen Pfeil mit gestrichelter Linie, werden zur Darstellung der Kommunikation zwischen Prozess und externen Einheiten verwendet. Ein Nachrichtenfluss kann jeden Typ von Aktivität mit einem anderen verbinden: ein Nachrichten- und Mehrfacherereignis oder einem Black-Box-Pool. Beachten Sie: Ein Prozesspool, also ein Pool mit einer modellierten Orchestrierung, kann nicht mit einem Nachrichtenfluss verbunden werden. Sie müssen den Nachrichtenfluss direkt zu einer Aktivität oder einem Ereignis innerhalb des Pools ziehen. Deshalb sind die Elemente an Anfang und Ende des Nachrichtenflusses nicht Teil desselben Prozesses (inklusive seiner Unterebenen).

Abbildung 4-19: Nachrichtenfluss

In einigen Fällen zeigt ein Nachrichtenfluss die *Möglichkeit* eines Nachrichtenaustausches an, dieser muss in der Realität allerdings nicht zwingend bestehen. Zum Beispiel bedeutet ein von einem Benutzer-Task ausgehender Nachrichtenfluss, dass im Task eine Nachricht gesendet werden *kann*, aber nicht *muss*. Wenn Sie anzeigen wollen, dass eine Nachricht mit Sicherheit versendet oder empfangen wird, dann sollten Sie das mit einem Nachrichtenereignis oder einem Sende-/Empfangen-Task (Palette der Ebene 2) tun.

Pool

Die Darstellung eines *Pools* geschieht durch eine rechteckige Box (Abbildung 4-20). Er kann entweder horizontal (Beschriftung links) oder vertikal (Beschriftung oben) liegen. Die Beschriftung wird vom eigentlichen Prozess durch eine Linie getrennt. Durch diese Trennlinie unterscheidet sich das BPMN-Element Pool vom Element Lane, welches ohne Trennlinie auskommt. Ein Pool, der Prozessaktivitäten enthält, wird *Prozesspool* oder *White-Box-Pool* genannt und mit dem Namen des Prozesses beschriftet. Ein leerer Pool wird *Black-Box-Pool* genannt und sollte mit dem Namen einer Geschäftseinheit oder Rolle (z.B. Kunde oder Verkäufer) beschriftet werden.

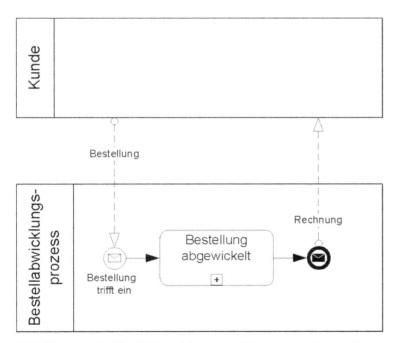

Abbildung 4-20: Black-Box- (oben) und Prozesspool (unten)

In der BPMN 1.x wurde ein *Pool* als Container für einen *Prozess* betrachtet. Mit BPMN 2.0 hat sich diese Definition geändert, was die Art, wie Pools verwendet werden, jedoch nicht stark beeinflusst hat. Effektiv handelt es sich immer noch um einen Container für einen einzelnen Prozess, doch technisch wird ein Pool als *Teilnehmer* in einer *Kollaboration* betrachtet. Dies könnte so interpretiert werden, dass ein Pool erst eingesetzt werden darf, wenn zwei oder mehr davon zum Austausch von Nachrichtenflüssen vorhanden sind. Bis zum Ende der Ausarbeitung von BPMN 2.0 war dies tatsächlich so, doch zum Schluss einigte man sich dann auf folgende allgemeine Definition: Sie können ein Diagramm mit einem einzelnen Prozess zeichnen, welcher durch einen Pool umschlossen wird. Im semantischen Modell wird dies als Kollaboration mit einem einzelnen Teilnehmer definiert.

In der XML existiert kein semantisches *Pool*-Element, sondern lediglich ein *Teilnehmer*. Der Pool ist einfach ein Element im grafischen Modell, das auf einen *Teilnehmer* im semantischen Modell hinweist. Dabei kann ein Teilnehmer sich nur auf einen BPMN-*Prozess* beziehen, also nicht auf mehrere gleichzeitig. Ein Black-Box-Pool ist ein Teilnehmer, der keinen Bezug zu einem Prozess hat.

Obwohl wir empfehlen, einen Prozesspool mit dem Namen des jeweiligen Prozesses zu beschriften, sieht man häufig Diagramme mit Pools, die den Namen einer Organisation tragen. Davon raten wir aus folgenden Gründen ab:

1. Die Pool-Beschriftung ist der einzige Ort, aus dem der Name des Prozesses ersichtlich ist.

2. Das Kollaborationsdiagramm kann aus mehreren Prozessen derselben Organisation bestehen, welche über Nachrichten interagieren. Eine solche Kollaboration benötigt zwei *Teilnehmer*, wobei jeder auf einen anderen Prozess verweist – auch wenn hinter beiden Teilnehmern dieselben Personen stehen können. In Kapitel 8 werden wir dafür ein Beispiel sehen.

3. Die Beschriftung eines Prozesspools mit dem Namen einer Organisation ermutigt den Diagrammzeichner dazu, einen einzelnen Prozess in mehrere unabhängige Prozesse zu unterteilen. Natürlich gibt es Situationen, in welchen die Darstellung eines End-to-End-Prozesses in mehreren BPMN-Prozessen Sinn macht. Doch in den meisten Fällen ist es am besten, Abteilungen oder andere organisatorische Einheiten als Lanes innerhalb eines einzelnen Prozesses darzustellen, anstatt als separate Pools.

Falls ein Diagramm lediglich einen einzelnen Prozess ohne Nachrichtenflüsse zeigt, dann ist natürlich nicht unbedingt ein Pool zu zeichnen. Doch wenn ein Diagramm eine Kollaboration zwischen mehreren Prozessen zeigt, kann nur einer dieser Prozesse ohne Pool auskommen. In der BPMN 1.x gab es das Pool-Element zwar, doch es war unsichtbar. In der BPMN 2.0 gibt es keine solchen unsichtbaren Pools mehr.

In der hierarchischen Modellierung wird die auf einem separaten Blatt gezeichnete Unterebene, oft *nicht* durch einen Pool umschlossen. Einige *Werkzeuge* zeichnen auf der Unterebene automatisch einen Pool, wenn Lanes hinzugefügt werden sollen. Dies ist allerdings ein Fehler des Werkzeugs und nicht der BPMN. Einem in der Unterebene liegenden Pool darf man nicht den Namen des Unterprozesses geben. Der Name sollte dagegen mit der Beschriftung des Hauptpools (auf der obersten Prozessebene) übereinstimmen, also mit dem Namen des Prozesses. Das von uns verwendete Werkzeug kreiert in XML automatisch zwei Teilnehmer, auch wenn wir auf Haupt- und Unterebene dieselben Namen vergeben. Die Identität dieser zwei Pools muss explizit markiert werden. Das ist einfach und führt zu einer korrekten XML Repräsentation – doch genauso leicht wird es vergessen. Zur weiteren Vertiefung werden wir das Thema im *Handbuch für die Prozessautomatisierung* wieder aufnehmen.

Lane

In BPMN 2.0 stellt eine *Lane* (Abbildung 4-21) die optionale Unterteilung einer Prozessebene dar. Wie ein Pool wird eine Lane als Rechteck gezeichnet. Der Unterschied liegt in der Beschriftung: Sie ist zwar auch entweder oben (für eine vertikale Lane) oder links (für eine horizontale Lane), wird aber nicht durch eine Linie von den Prozesselementen abgetrennt. Eine Lane kann in BPMN auch ohne umschliessenden Pool gezeichnet werden, obwohl dies von einigen Tools nicht unterstützt wird.

Die Lane ist ein Überbleibsel aus der traditionellen Flussdiagrammtechnik. Dort wurde sie dazu verwendet, den Prozessaktivitäten bestimmte Akteure zuzuweisen, also Organisationseinheiten oder Rollen. Auch in der BPMN 2.0 ist diese Anwendung noch üblich. Allerdings kann die Lane hier für jede Art von Kategorisierung benutzt werden, beispielsweise zur Trennung von wertschöpfenden und nicht wertschöpfenden Tätigkeiten. Sie können im semantischen Modell mehrere Sets an Kategorien, sogenannte *Lanesets*, erstellen, wobei sich jedes Laneset auf dieselbe Prozessebene beziehen. Ein Laneset könnte zum Beispiel eine Rolle des Task-Verantwortlichen bezeichnen, das andere die verantwortliche Abteilung. Aus der spezifischen grafischen Darstellung wird allerdings nur auf ein Laneset referenziert.

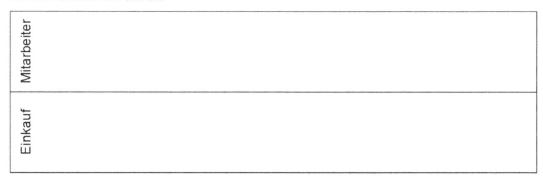

Abbildung 4-21: Lanes

BPMN 1.x hat die Beziehung von Lanes in Unterebenen zu jenen in übergeordneten Ebenen nur vage umschrieben. In der BPMN 2.0 ist die Definition um einiges klarer. Jede Definition eines Lanesets bezieht sich auf eine spezifische Prozessebene. Wenn Sie dieselben Lanes in einer über- und einer untergeordneten Ebene anwenden wollen, dann müssen Sie das Laneset in beiden Ebenen des Modells replizieren.

Die Lane einer Prozessebene kann ein *untergeordnetes Laneset* enthalten. Die untergeordneten Lanes, auch Sublanes genannt, werden verschachtelt innerhalb der übergeordneten Lane gezeichnet. Eine übergeordnete Lane mag zum Beispiel eine Abteilung repräsentieren, während die Sublanes zur Bezeichnung der Rollen innerhalb dieser Abteilung dienen.

Wenn Sie Lanes in einer Prozessebene verwenden, müssen sich alle Flussknoten (Aktivitäten, Ereignisse, Gateways) innerhalb der einen oder anderen Lane befinden. Sie dürfen nicht einige davon in den Lanes und andere ausserhalb der Lanes zeichnen. Zur Querung von Lane-Grenzen durch Sequenzflüsse existieren in BPMN keine Regeln.

Datenobjekt und Datenspeicher

Eine der grössten Änderungen von BPMN1.x zu BPMN 2.0 dreht sich um die Modellierung von Daten und Datenflüssen. In BPMN 1.x wurden Datenobjekte im Diagramm als *Artefakte* ohne zugewiesene Semantik und ohne Regeln betrachtet, was effektiv Kommentaren gleichkommt. In BPMN 2.0 wurde das *Datenobjekt* zusammen mit einem neuen Element, dem *Datenspeicher,* den so genannten First-Class-Elementen hinzugefügt. Obwohl Datenobjekte und Datenspeicher Teil der Palette von Ebene 1 sind, behandeln diese neuen Definitionen Daten aus der Perspektive des Entwicklers, der sich mit ausführbarem Prozessdesign beschäftigt. Ungeachtet dessen sind beide Elemente Teil der Palette von Ebene 1.

Das *Datenobjekt* sieht aus wie eine Seite mit Eselsohr (Abbildung 4-22). Neben dem Namen des Datenobjektes kann die Beschriftung auch dessen *Status* anzeigen, welcher in eckigen Klammern geschrieben wird. Der *Datenspeicher* wird als Zylinder angezeigt, wie es in anderen Notationen für Datenbanken oder Speichermedien üblich ist.

Abbildung 4-22: Datenobjekt und Datenspeicher

Ein *Datenobjekt* ist effektiv ein Konstrukt der Programmierung. Es stellt eine *lokale Variable* in einer Prozessebene dar und ist somit ein Stück temporärer Daten, die innerhalb und während der Laufzeit einer Prozessinstanz gespeichert werden. Sein Wert ist für Elemente sichtbar, welche in derselben Prozessebene liegen oder der aktuellen Ebene untergeordnet sind. Es kann zum Beispiel als Input einer Prozessaktivität oder zum Test einer Gateway-Bedingung verwendet werden. Für Elemente in benachbarten oder übergeordneten Ebenen ist das Datenobjekt jedoch unsichtbar. Sobald die Prozessebene verlassen wird, verschwindet es und verhält sich damit genauso wie eine Variable in einer Software.

Ein *Datenspeicher* steht für *persistente Daten* wie Informationen, die in einer Datenbank oder anderen IT-Lösung gespeichert werden. Die Daten können vom Prozess, aber auch von andern Einheiten ausserhalb des Prozesses abgerufen und aktualisiert werden. Der Speicher besteht weiter, auch wenn die Prozessebene oder der ganze Prozess beendet wird. Dieses Element repräsentiert, was von vielen Modellautoren als „Daten" bezeichnet wird.

Datenobjekt und Datenspeicher werden mittels *Datenassoziationen* (Pfeil mit gepunkteter Linie und einer Pfeilspitze in V-Form) mit anderen Elementen im Modell verbunden. Datenassoziationen verbinden Aktivitäten oder Ereignisse mit Datenobjekten. Damit versteht sich die Datenassoziation als Zuteilung der Variablen zu einem Dateninput oder -output der Aktivität bzw. des Ereignisses. Diese Zuteilung mag eine simple Kopie oder sogar eine Transformation der Variablen beinhalten, doch im Diagramm sind letztlich nur die Datenassoziation als Verbindungsstück sowie die Beschriftung sichtbar.

Die Darstellung von Datenflüssen in einem Prozess geschieht durch Datenoutput-Assoziationen, welche von einer Aktivität zu einem Datenobjekt fliessen, und den Daten-input-Assoziationen, welche vom Datenobjekt heraus zu anderen Aktivitäten oder Ereignissen führen. Sie können auch nicht-direktionale Datenassoziationen (ohne Pfeilspitze) verwenden, die Datenobjekte mit Sequenzflüssen verbinden (Abbildung 4-23). Dies ist eine so genannte „visuelle Kurzform" für die zuvor genannte Darstellung mit Dateninput- und Datenoutput-Assoziationen. Die Semantik des linken Diagramms der Abbildung ist also dieselbe wie jene der rechten. Nicht alle BPMN-Werkzeuge können dies allerdings wie beschrieben umsetzen. Deshalb ist es am besten, wenn Sie die rechte Variante verwenden. Beachten Sie auch, dass Sie die Datenassoziation in der Kurzform nur mit Sequenzflüssen verbinden können, also nicht mit Nachrichtenflüssen. Denn anders als bei Nachrichtenflüssen befinden sich Quelle und Ziel des Sequenzflusses immer auf derselben Prozessebene – womit die Weitergabe von Datenobjekten korrekt erfolgt.

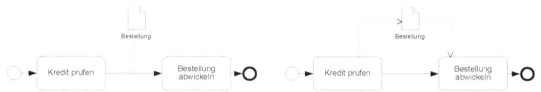

Abbildung 4-23: Das linke Diagramm wird als „visuelle Kurzform" für den Datenfluss (rechts) betrachtet

Ein Datenspeicher stellt eine Informationseinheit dar, die in einem System abgelegt ist. Es könnte sich um einen einzelnen Datensatz handeln, jedoch nicht um ein ganzes System oder eine Datenbank. Die Datenassoziation von Task zu Datenspeicher ist als Aktualisierungs-transaktion zu sehen, während in der umgekehrten Richtung eine Abfrage dargestellt wird. In Abbildung 4-24 aktualisiert der Task *Bestellung abwickeln* den Kontostand im Datenspeicher *Kundenkonto*.

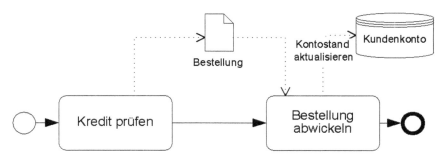

Abbildung 4-24: Der Datenspeicher steht für persistente Daten, welche dem Prozess zur Verfügung stehen

Im Metamodell der BPMN wird es an dieser Stelle noch etwas komplexer. Der Datenspeicher selbst ist im semantischen Modell ein so genanntes „Basiselement". Als solches wird er ausserhalb eines jeden Prozesses definiert. Das im Diagramm sichtbare Element ist also lediglich eine *Datenspeicherreferenz*, die zu einer Prozessebene gehört (eine Bedingung, um Datenassoziationen damit zu verbinden). Wenn Sie aus zwei unterschiedlichen Teilen Ihres Modells auf den Datenspeicher zugreifen wollen, müssen Sie deshalb möglicherweise zwei separate Datenspeicherreferenzen zeichnen und diese mit dem Basiselement assoziieren.

Dokumentation, Text-Anmerkung und Gruppierung

Das BMPN-Modell als Ganzes sowie die meisten darin enthaltenen Elemente enthalten in der XML-Darstellung ein *Dokumentations*-Element, in das Sie beliebig viele zusätzliche Informationen schreiben können, entweder direkt als Text oder über Links zu externen Dokumenten. Diese Dokumentationselemente sind Teil der deskriptiven Unerklasse der Ebene 1. Ein Werkzeug, das diese Unterklasse zu unterstützen verspricht, muss also fähig sein, solche Dokumentationen zu importieren und darzustellen. Dokumentationen werden jedoch nicht grafisch dargestellt, d.h., sie sind im Diagramm nicht sichtbar.

Wenn Sie im Diagramm selber eine Anmerkung anbringen möchten, dann verwenden Sie die *Text-Anmerkung*, dargestellt durch eine eckige, den nach rechts laufenden Text etwas umschliessende Klammer (Abbildung 4-25). Text-Anmerkungen sollten nicht frei schwebend im Diagramm, sondern durch eine (nicht-direktionale) *Assoziation* mit einem anderen grafischen Element verbunden werden. Assoziationen sehen genauso aus wie Daten-Assoziationen, nur dass sie ohne Pfeilspitze auskommen. Text-Anmerkungen und Assoziationen werden als *Artefakte* bezeichnet, d.h., sie haben keinen Einfluss auf den Prozessfluss.

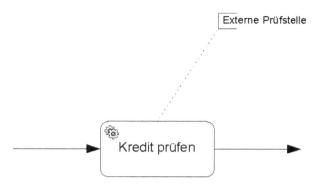

Abbildung 4-25: Text-Anmerkung und Assoziation

Schliesslich gibt es noch die *Gruppierung*, welche als Rechteck mit abgerundeten Ecken und gepunktetem Rand gezeichnet wird (Abbildung 4-26). Auch die Gruppierung gehört zu den Artefakten. Im Wesentlichen stellt sie einfach eine Box dar, die Elemente im Diagramm umschliesst. Die Gruppierung zeigt an, dass die umschlossenen Elemente auf irgendeine Weise miteinander in Verbindung stehen. Offiziell heisst dazu es in der Spezifikation: *„Die Gruppierung ist mit dem Element verknüpft, welches den Kategoriewert unterstützt. Sie stellt einen visuellen Zeiger auf einen einzelnen Kategoriewert dar. Die grafischen Elemente in der Gruppierung werden damit dem Kategoriewert zugeordnet."* Diesen Kategoriewert-Mechanismus haben wir in der Praxis allerdings noch *nie* beobachtet. Wenn Sie die Gruppierung überhaupt benutzen möchten, dann betrachten Sie sie einfach als visuelle Hervorhebung im Diagramm.

Abbildung 4-26: Gruppierung

KAPITEL 5

Die Methode

Wir haben nun das komplette Set der Ebene 1 behandelt. In Ebene 2 gibt es noch einiges mehr zu entdecken, aber wir wissen nun schon genug, um die Mehrheit der Bedürfnisse abdecken zu können. Damit sind wir bereit, über die Methode zu sprechen. Diese ist nicht Teil der BPMN-Spezifikation. Die OMG erklärt deshalb auch klar, dass es in der BPMN keine offizielle Methodologie gibt. Die BPMN ist für ein breites Spektrum von Anwendungen durch Personen gedacht, die unterschiedliche Interessen und Fähigkeiten mitbringen.

Unsere Erfahrung hat gezeigt, dass die meisten Leute die BPMN benutzen, um immer etwa das Gleiche zu tun: Nicht-ausführbare Prozessdiagramme, welche die Prozesslogik, in einer für Dritte verständlichen Art und Weise wiedergeben, zu kreieren. Ob sie nun einfach versuchen einen IST-Prozess zu dokumentieren oder auch Anforderungskataloge für einen automatisierten SOLL-Prozess zu definieren, die Eigenschaften eines „guten" BPMN-Modells bleiben grösstenteils dieselben. Die Methode wiederspiegelt den Versuch, die Struktur von einem solchen Modell zu standardisieren, um ein optimales Verständnis unter verschiedenen Parteien zu erreichen. Wenn jeder Teil einer Organisation seine Prozessmodelle unter Beachtung derselben Prinzipien erstellt, dann werden die Modelle viel eher von allen verstanden.

Ziele der Methode

Verstehen Sie die Methode als ein Rezept dafür, wie Sie auf konsistente und strukturierte Weise von einer leeren Seite zu einem kompletten BPMN-Modell gelangen. Sie basiert auf einem hierarchischen Modellierungsstil. Dieser verfolgt das Ziel, die grundlegenden Fakten eines Prozesses als Ganzes aufzuzeigen, die Details dann aber auf untergeordneten Prozessebenen darzustellen. Die Methode verwendet konsistente Beschriftungen der Elemente, um die Nachvollziehbarkeit der Prozesslogik über mehrere Diagrammebenen verständlich zu machen. Damit werden Modelle auch dann noch nachvollziehbar, wenn eine hierarchische Verknüpfung durch Hyperlinks im Modellierungstool nicht möglich ist. Die Methode ist zudem als präskriptiv zu verstehen. Sie hilft Ihnen dabei, einen guten Einstieg in die Modellierung zu finden. Trotzdem ist es weniger wichtig, dass Sie unserer Methode Wort für

Wort folgen, als dass Sie Ihre eigene detaillierte Methodologie finden und diese in Ihrer gesamten Organisation konsistent etablieren.

Gehen wir noch einmal Schritt für Schritt die umfassenden Ziele einer „guten BPMN" durch. Sie beinhalten:

- **Vollständigkeit:** Die essentiellen Bausteine der gesamten End-to-End Prozesslogik, sollten im Diagramm erfasst werden. Durch sie wird beschrieben, wie der Prozess gestartet wird, mit welchen unterschiedlichen Endstatus er beendet werden kann, was durch eine Prozessinstanz repräsentiert wird und wie der Prozess mit externen Einheiten wie Anfragestellern, Lieferanten oder anderen internen Prozessen interagiert.

- **Klarheit:** Details über den Prozessfluss sollten eindeutig sein. Ausschliessliche und parallele Pfade sowie Ausnahmebehandlungen müssen klar aus dem Diagramm hervorgehen. Die Prozesslogik Ihrer Modelle soll schliesslich auch für Dritte, die weder Ihre Prozesse noch Ihre Fachbegriffe kennen, ohne Schwierigkeiten verständlich sein. Dabei helfen konsistent vergebene Beschriftungen, die den Fluss von der obersten bis zur untersten Ebene nachvollziehbar machen, auch wenn die Diagramme auf mehreren Seiten ausgedruckt wurden.

- **Austauschbarkeit zwischen Business und IT:** BPMN kann als Sprache von Geschäftsleuten, Business Analysten und Softwareentwicklern verwendet werden. Unser Ziel reicht aber noch weiter: Wir wollen Modelle erstellen, die zwischen Fach- und IT-Einheiten leicht ausgetauscht werden können, was gar nicht so einfach ist. Es verlangt nämlich, dass Fachspezialisten wie Business Analysten den Details etwas mehr Disziplin und Aufmerksamkeit widmen, als sie es gewohnt sind. Die Seite der Entwickler ist dazu angehalten, zur Beschriftung von Prozessaktivitäten Begriffe aus der fachlichen Geschäftswelt zu verwenden und nicht für die Implementierung spezifische Termini.

- **Strukturelle Konsistenz:** Prozesse, welche dieselben Tatsachen beschreiben, sollten idealerweise von allen Autoren in mehr oder weniger gleichen Prozessmodellen oder wenigstens derselben Grundstruktur münden. Wenn Sie in Ihrer gesamten Organisation eine derartige Konsistenz etablieren können, erhalten Sie ein von allen Parteien gut verstandenes Modell.

Diese Prinzipien „guter BPMN" stellen die Ziele der Methode dar.

Hierarchische Top-down-Modellierung

Die Methode beschreibt einen Stil zur hierarchischen Top-down-Modellierung. Wie sieht diese aus und warum empfehlen wir sie?

Mit h*ierarchisch* meinen wir die grafische Darstellung des End-to-End-Modells als Set von miteinander verknüpften Prozessdiagrammen, *Prozessebenen* genannt. Diese Ebenen werden als zusammengeklappte Unterprozesse dargestellt, die im Hauptdiagramm zu liegen kommen und auf die untergeordneten Ebenen expandiert werden. Jeder zusammenge-klappte, in einer der untergeordneten Ebenen liegende Unterprozess, wird wiederum in eine neue Ebene expandiert. Die unterste Ebene wäre somit über zwei Stufen mit dem Hauptdiagramm verknüpft. An oberster Stelle in der Hierarchie sollte ein einziges Hauptdiagramm stehen, während die Anzahl der darunterliegenden Stufen unbegrenzt ist.

In einem flachen Prozessmodell hingegen werden alle Prozessschritte bis hin zu den feinsten Details auf einer einzigen Ebene platziert. Sofern überhaupt Unterprozesse gebraucht werden, werden sie in der aufgeklappten Inlinedarstellung gezeigt, wie in Kapitel 4 beschrieben. Ein solches End-to-End-Prozessmodell passt selten auf eine einzige gedruckte Seite, außer man benutzt zum Ausdruck einen Plotter mit breitem Endlospapier. Je nach Werkzeug können auch einzelne A4-Seiten gedruckt und wie ein Mosaik an der Wand zusammengesetzt werden. Außerdem kann man sich mit einem speziellen BPMN-Element, dem *Link-Ereignis-Paar*, behelfen. Mit diesem kann eine Prozessebene als semantisches Modell über mehrere Diagramme verteilt werden. Diese Diagramme sind dann sozusagen Geschwister: Sie befinden sich hierarchisch auf derselben Stufe.

In hierarchischen Modellen stellen die Diagramme keine separaten Modelle, sondern lediglich gesonderte *Ansichten* (engl. *views*) auf ein einzelnes semantisches Modell dar. Ein *Diagramm* entspricht einer logischen *Seite* (auch wenn der Ausdruck mehr als eine Seite dafür beansprucht). Dabei enthält ein BPMN-*Modell* ein semantisches Modell und (optional) ein damit verbundenes grafisches Modell mit einem oder mehreren Diagrammen.

Den Begriff semantisches Modell verstehen wir dabei als eine Prozessdefinition, die einen ganzen End-to-End-Prozess beschreibt. Das semantische Modell unterscheidet nicht zwischen hierarchischen und flachen Modellen, der XML-Code ist exakt derselbe. Der einzige Unterschied ist im grafischen Modell zu finden, das die Information über das Layout des Diagramms enthält. Eine vertiefte Besprechung von semantischen und grafischen Modellen erfolgt in Kapitel 17.

Top-down bedeutet, dass der Prozess zunächst als Ganzes betrachtet wird. Wir fragen beispielsweise, wie der Prozess gestartet und wie er beendet wird. Dabei verwenden wir Unterprozesse (oder Aufrufaktivitäten) als grobe Bausteine, um eine Übersicht der gesamten Prozesslogik zu erstellen. Danach stossen wir weiter in die Tiefe vor, um die interne Logik eines jeden Unterprozesses zu definieren. Darin möchten wir jedoch nur gerade so viele Details zeigen, wie für den Zweck des Diagramms unbedingt notwendig sind.

Der Top-down-Ansatz erfordert vom Modellautoren, mit der Übersicht (dem Big Picture) und nicht den Details anzufangen. Dieser Ansatz steht in starkem Kontrast zu den traditionellen SME-Interviews, in denen die Prozessdefinition graduell Bottom-up erfolgte: *Zuerst tun wir dies, dann tun wir das, dann ....* Mit diesem Ansatz kann man sich unnötig verzetteln, was im unglücklichsten Fall zur Uneinigkeit eines ganzen Teams über die Abgrenzung des Prozesses führen kann, nachdem man sich vielleicht schon über Wochen mit Details herumgeschlagen hat.

Ein Top-down-Vorgehen impliziert normalerweise eine hierarchische Modellierung, während Bottom-up zu flachen Modellen führt. Wir bevorzugen BPMN-Werkzeuge, die den hierarchischen Top-down-Ansatz voll unterstützen, indem sie über- und untergeordnete Ebenen automatisch verknüpfen, wenn ein zusammengeklappter Unterprozess geöffnet wird. Beispiele für solche Tools sind der Process Modeler für Visio oder das native Visio Premium 2010.

Endstatus

Ein Schlüsselkonzept der Methode ist der *Endstatus*. In der Spezifikation der BPMN 2.0 wird dieser Begriff allerdings kein einziges Mal erwähnt. Aber selbst wenn er nicht aus der BPMN stammt, ist er doch in der Geschäftswelt geläufig. Erinnern wir uns, dass eine BPMN-Tätigkeit im Geschäftsprozess wiederholt ausgeführt werden kann. Jede Instanz dieser Aktivität hat einen wohldefinierten Anfang und ein ebensolches Ende. Wenn nun jede Instanz der Aktivität zu Ende geführt wurde, dann würden Sie vielleicht fragen, *wie* der Prozess nun beendet wurde. Kann der Endzustand als *erfolgreich*, also ideal oder normal bezeichnet werden, oder wurde der Prozess mit einer *Ausnahmebedingung* beendet?

Vielleicht hat die Aktivität mehr als einen Ausnahme-Endstatus oder sogar mehrere erfolgreiche Endzustände. Die Entscheidung darüber obliegt Ihnen. Die Frage ist, wie viele Unterscheidungen Sie treffen möchten. Wenn nach der Aktivität drei verschiedene Schritte möglich sind, dann werden Sie drei separate Endstatus unterscheiden müssen. Ein auf die Aktivität folgendes Gateway prüft dann den jeweiligen Endstatus: Wurde die Aktivität mit Status A, B oder C beendet? Wenn A, dann folge diesem Weg; falls B, nimm jenen; falls C, folge einem dritten Pfad. Wenn der nachfolgende Fluss derselbe ist, egal, wie die Aktivität beendet wurde, wird Ihnen ein Endstatus ausreichen.

Falls die Aktivität ein *Task* ist, bleiben die Endstatus im Modell unsichtbar. Sie werden durch die Beschriftungen der Gates *impliziert*, welche zusammen mit dem Gateway unmittelbar auf den Task folgen. Ein Gateway *Kreditwürdigkeit OK?* impliziert beispielsweise die Endstatus *Kreditwürdigkeit OK* und *Kreditwürdigkeit nicht OK*. Wenn es sich bei der Aktivität aber um einen Unterprozess handelt, können Sie die Endstatus im Diagramm *sichtbar* machen, indem Sie separate Endereignisse pro Endstatus definieren und jedes Endereignis mit dem Namen des Status beschriften. Diese Technik wird von der BPMN-Spezifikation nicht vorausgesetzt, doch sie ist für unsere Methode zentral, weil die Prozesslogik dadurch Top-down nachvollziehbar wird.

Wenn der Unterprozess zwei Endereignisse hat, empfehlen wir, das Gateway mit einer Frage zu beschriften. Die Gates, die aus dem Gateway herausfliessenden Sequenzflüsse, beschriften wir mit *Ja* und *Nein*. Der Name des Gateway (ohne das Fragezeichen) sollte mit jenem eines Endstatus im Unterprozess identisch sein. Das heisst, die Instanzen, welche dem *Ja*-Pfad aus dem Gateway folgen, sind dieselben, die im Detaildiagramm des vorangehenden Unterprozesses in das Endereignis mit der gleichen Beschriftung fliessen. Instanzen, welche dem *Nein*-Pfad folgen, sind solche, die den zweiten Endstatus erreichen. Wenn drei verschiedene Endstatus vorliegen, empfehlen wir, die Beschriftung jedes Gates mit der Beschriftung eines Endstatus des vorangehenden Unterprozesses gleichzusetzen.

Mehrere Endstatus besagen nicht immer, dass Ausnahmen vorliegen. Ein Endstatus kann einfach einen bestimmten Aspekt einer Instanz beschreiben, der den Sequenzfluss beeinflussen kann. Stellen Sie sich eine Aktivität namens *Kundentyp evaluieren* vor, welche einen Käufer entweder als Premiumkunden oder als normalen Kunden identifiziert, gefolgt von einem Gateway, beschriftet mit *Premiumkunde?* Die Gates *Ja* und *Nein* führen für eine Weiterverarbeitung zu unterschiedlichen Aktivitäten. Falls *Kundentyp evaluieren* ein Unterprozess ist, sollte er zwei Endereignisse besitzen, eines mit *Premiumkunde* und das andere mit *Standardkunde* beschriftet. Jede Prozessinstanz, die den Endstatus *Premiumkunde* erreicht, wird zwangsläufig dem *Ja*-Pfad folgen. Jede Instanz, welche den anderen Endstatus erreicht, folgt dem *Nein*-Pfad.

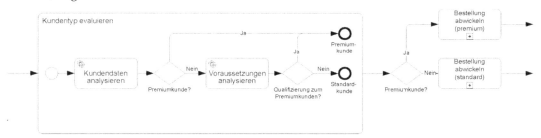

Abbildung 5-1: Endstatus eines Unterprozesses als separate Endereignisse zu modellieren hilft der Nachvollziehbarkeit über Hierarchie-Ebenen

Dieses Hinzufügen von mehreren Endereignissen und das Augenmerk auf die Beschriftungen mag Ihnen auf den ersten Blick etwas unnötig vorkommen. Viele Modellautoren nehmen an, dass jeder Betrachter ihres Diagramms bereits mit den realen Prozessen und verwendeten Begrifflichkeiten vertraut ist. Dies ist jedoch nicht immer der Fall. Damit jeder die Logik eines Prozesses verstehen kann, müssen Beschriftungen von Endstatus und Gateways konsistent sein. Damit generieren Sie sichtbar Anknüpfungspunkte zwischen über- und untergeordneten Diagrammebenen, durch die das Modell sogar für Nichteingeweihte von der obersten bis zu untersten Ebene nachvollziehbar wird.

Schritt 1: Definiere den Prozessumfang

Die Top-down-Modellierung beginnt mit der Abgrenzung des Prozessumfangs. Damit wird bestimmt, wo der Prozess beginnt, und wo er aufhört. Ein abgeschlossener Prozess muss nicht immer einen Kundenkontakt bedeuten, wie dies öfters unter End-to-End verstanden wird. Es kann auch eine interne Funktion gemeint sein, die innerhalb einer Abteilung abläuft. Wichtig ist, dass sich alle Beteiligten vor Beginn der Modellierung über den Umfang einig sind. Sie wollen ja nicht, dass Ihre Modellierungsbemühungen nach wochenlangen Gesprächen mit Fachpersonen und andere Mitwirkende kläglich in einem Streit über Start und Ende des Prozesses enden. Die Frage nach Anfang und Ende ist oft schwer zu beantworten, doch Sie werden froh sein, wenn Sie solche Diskussionen geführt haben, *bevor* Sie in die Details des Prozesses eintauchen.

Im ersten Schritt der Methode verwenden wir den Begriff „Prozess" noch etwas grosszügig, denn möglicherweise werden wir mehr als einen BPMN-Prozess darstellen müssen. Wir werden auf diesen Punkt in Kapitel 8 noch tiefer eingehen. Doch grundsätzlich haben wir es immer mit einer wiederholbaren Abfolge von Tätigkeiten innerhalb eines klar definierten Anfangs und Endes zu tun, nicht mit einer Funktion, die ohne Ende kontinuierlich weiterläuft. Somit stellen sich uns die folgenden Schlüsselfragen:

1. Wie beginnt der Prozess? Wird er durch die Anfrage einer externen Einheit oder einer internen Stelle ausgelöst, oder handelt es sich um einen periodische wiederkehrenden, also zeitlich geplanten, Prozess?

2. Wodurch wird der Prozess beendet? Wenn eine Prozessinstanz einmal abgeschlossen ist, können keine weiteren Tätigkeiten des Prozesses mehr ausgeführt werden. Nachfolgende Schritte müssen als Teil eines anderen Prozessmodells definiert werden. Wenn Ihr Bestellabwicklungsprozess beispielsweise mit dem Versand einer Rechnung endet, dann gehören die nachfolgenden Aktivitäten zur Debitorenpflege (z.B. Einforderung der Rechnung), nicht zu diesem Prozess.

3. Wofür steht in Ihrem Prozess eine Instanz? Normalerweise hängt die Instanz eng mit dem Startereignis zusammen. Wenn das Startereignis eine Anfrage darstellt, dann betrachten wir die Instanz gewöhnlich als die Bearbeitung dieser Anfrage.

4. Kann der Prozess auf unterschiedliche Arten beendet werden? Mit anderen Worten, kann der Prozess mehr als einen Endstatus haben?

Wir haben bereits festgestellt, dass ein Bestellabwicklungsprozess entweder infolge einer schlechten Kreditwürdigkeit des Käufers oder der Nichtverfügbarkeit des bestellten Produkts scheitern kann. Sollen wir nun festhalten, dass der Prozess zwei Endstatus hat, oder wird er mehr als zwei besitzen? Dafür gibt es keine richtige oder falsche Antwort. Die Antwort können Sie bestimmen, je nachdem, wie viele Endstatus Sie zu Analysezwecken oder zur Überwachung des Prozesses benötigen. Falls ein Endstatus nicht sehr oft auftritt oder als eigenständiger Status zu wenig wichtig erscheint, dann führen Sie ihn besser nicht auf. BPMN ist dazu da, Ihnen die Darstellung Ihres Prozess Ihren Bedürfnissen entsprechend zu ermöglichen.

In diesem ersten Schritt wird noch kein Prozessdiagramm erstellt. Nachdem Sie mit Ihren Interessenvertretern eine Abmachung über die vier obenstehenden Fragen getroffen haben, ist Schritt 1 abgeschlossen.

Szenario: Bestellabwicklungsprozess eines Autohändlers

Zur praktischen Vertiefung der Methode illustrieren wir das Vorgehen anhand eines Prozesses, der Ihnen aus der Käuferperspektive bekannt sein wird: dem Autokauf. Wir beleuchten den Prozess jedoch aus der Perspektive des Autohändlers, stellen also einen so genannten Bestellabwicklungsprozess dar. Lassen Sie uns dazu unsere vier Fragen eine nach der anderen durchgehen.

Wann startet der Prozess? Wir verwenden dieses Beispiel gelegentlich in BPMN-Schulungen. Unsere Teilnehmer vermuten oft, der Start erfolge damit, dass der Kunde den Ausstellungsraum betritt. Wir sind anderer Meinung. Sicher erfolgen Verkaufsaktivitäten, wenn der Kunde hereinkommt, doch diese sind nicht Teil des Bestellabwicklungsprozesses. Denn wenn der Kunde den Ausstellungsraum betritt, existiert noch keine Bestellung. Möglicherweise liegt noch nicht einmal ein „Prozess" im Sinne der BPMN vor.

Von den Teilnehmern kommt als nächstes normalerweise die Aussage, der Prozess beginne mit einer Bestellung. Damit wären wir einverstanden. Doch was ist in diesem Kontext eine Bestellung? Welche Form hat sie, und welche Informationen bringt sie mit sich? Ist bereits eine Bezahlung im Spiel?

Aus Ihrer Erfahrung werden Sie bestätigen, dass eine Bestellung in der Regel mit einem Formular einhergeht, in dem ein bestimmter Käufer dafür unterzeichnet, ein genau spezifiziertes Auto zu einem vereinbarten Preis zu beziehen. Falls das Auto nicht im Besitz des Händlers ist, kann dieser von einem anderen lokalen Händler oder direkt vom Hersteller ein Auto beziehen. In jedem Fall aber wird die Vereinbarung zwischen Käufer und Händler getroffen, und wir wollen den Bestellabwicklungsprozess für letzteren aufzeichnen.

Zum Zeitpunkt der Bestellung mag eine kleine Anzahlung notwendig sein, um das Auto zu reservieren oder den Kauf bei einem anderen Händler oder dem Hersteller abzusichern. Der Prozess ist allerdings nicht abgeschlossen, bis der volle, vereinbarte Kaufbetrag beglichen ist und der Käufer das Auto erhalten hat. Beim Kauf eines Neuwagens tritt dieser Zeitpunkt um einiges später ein als beim Kauf eines Gebrauchtwagens.

Die Instanz dieses Prozesses ist also eine Bestellung. Doch was, wenn der Käufer zwei Autos kaufen will? Handelt es sich dann um zwei Instanzen oder nur eine? Falls die Bezahlung über eine einzige Transaktion erfolgt – wenn also nur ein Zahlungstermin vorliegt –, und die Autos zusammen geliefert werden, haben wir es mit einer einzelnen Instanz zu tun. Wenn für die beiden Autos aber separate Rechnungen mit zwei unterschiedlichen Zahlungsterminen ausgestellt werden, liegen eher zwei Instanzen vor. Solche Grauzonen beleuchten Sie am besten, wenn Sie sich noch bei der Definition des Prozessumfangs befinden.

Ein erfolgreicher Abschluss der Transaktion wird mit einem normalen, erfolgreichen Endstatus beschrieben. Nennen wir ihn einmal *Transaktion abgeschlossen*. Doch sollen wir noch andere Endstatus berücksichtigen? In diesem Beispiel ja. Hier möchten wir nur solche aufführen, die oft genug vorkommen, um das gesamte Geschäft zu beeinflussen. Es mag sein, dass der Kunde die Finanzierung nicht sicherstellen kann. In dem Fall endet der Prozess in einem Ausnahmestatus, den wir *Finanzierung fehlgeschlagen* nennen. Und es gibt eine andere Ausnahme, die bei einer Bestellung aus der Fabrik oder bei einem anderen Händler auftreten kann. So kann sich herausstellen, dass das geplante Lieferdatum später als das mit dem Käufer vereinbarte Übergabedatum ist, und der Käufer die Bestellung deshalb storniert. Diesen Endstatus nennen wir einfach *Lieferdatum nicht akzeptiert*.

Diese zwei Ausnahmen könnten wir einfach als technische Variationen eines einzigen Endstatus *Transaktion misslungen* betrachten. Doch unser Händler möchte sie unterscheiden, weil sie auf Probleme in separaten Teilen der Organisation hinweisen. *Finanzierung nicht möglich* zeigt ein potentielles Problem in der Finanzabteilung an, denn eine Bestellung sollte nur initiiert werden, wenn der Käufer auch kreditwürdig ist. *Lieferdatum nicht akzeptiert* deutet auf ein Problem in der Verkaufsabteilung hin, weil das effektive Auslieferungsdatum zur Zeit der Bestellung schlecht eingeschätzt wurde. Diese verschiedenen Endstatus zu identifizieren bedeutet, dass wir deren Ursache verstehen wollen und sie mit individuellen Ausnahmebehandlungen bearbeiten möchten. Zum Beispiel denken wir über spezifische Verbesserungsmassnahmen nach, welche die Fehlerfrequenz vermindern oder die Auswirkungen auf den Geschäftsverlauf reduzieren könnten.

Schritt 2: Die Übersicht

Mit dem nächsten Schritt unserer Methode kreieren wir die Prozessübersicht. Dabei handelt es sich lediglich um eine Aufzählung der wichtigsten Aktivitäten, idealerweise zehn oder weniger. Damit erstellen wir anschliessend das Hauptdiagramm des Prozesses, welches als Übersicht dient und auf einer Seite Platz hat. In der ersten Auflage des englischsprachigen Buches wurde noch von einer Sequenz von BPMN-Aktivitäten gesprochen. Doch eine simple Liste erfüllt absolut ihren Zweck und erscheint uns deshalb in diesem Schritt passender. Mit dem BPMN-Modell der Hauptebene werden wir uns dann im nächsten Schritt der Methode beschäftigen.

Weil es sich bei der Übersicht lediglich um eine Liste handelt, sollte dieser Schritt relativ einfach abzuhandeln sein. Trotzdem werden Sie in der Praxis wahrscheinlich einige Zeit dafür benötigen. Betrachten Sie die Aktivitäten in der Übersicht nicht als Beispiele für Prozessschritte, die dann durch weitere Schritte ergänzt werden. Hier definieren Sie vielmehr später mit Details zu füllende Container.

Vergessen Sie nicht, dass diese Schritte Aktivitäten im Sinne der BPMN sind. Damit sind sie als immer wieder ausführbare Tätigkeiten zu verstehen. Start sowie Ende sind klar definiert. Zudem müssen die *Instanzen* jeder Aktivität identisch sein oder zumindest zueinander und zur Prozessinstanz in einer 1:1-Beziehung stehen.

Darüber hinaus müssen Sie immer im Blick haben, dass eine Aktivität normalerweise durch das Ende einer vorausgehenden Aktivität ausgelöst wird und nicht durch das Erreichen irgendeines Punktes in der Mitte der Aktivität. Falls die Prozessverantwortung über mehrere Teile der Organisation verteilt ist, dann passen die Schritte in der Prozessübersicht idealerweise genau in die Grenzen dieser Verantwortungsbereiche. Die Anzahl der Schritte sollte zwecks Übersichtlichkeit natürlich beschränkt sein, maximal zehn müssten genügen. Die Erhebung der Hauptaktivitäten für die Prozessübersicht wird vermutlich etwas Zeit kosten und einigen Diskussionsstoff mit den Prozessverantwortlichen in sich bergen.

Falls das Ergebnis einer Aktivität den nachfolgenden Pfad einer Prozessinstanz beeinflusst, müssen wir auch an die Endstatus jeder Aktivität in der Übersicht denken. Achten Sie darauf, dass Sie für diese kurze und aussagekräftige Namen vergeben.

Szenario: Bestellabwicklungsprozess eines Autohändlers

In unserem Bestellabwicklungsprozess trifft sich der Händler mit den Verantwortlichen für Verkauf, Logistik und Finanzen, um gemeinsam eine Übersicht zu erstellen. Sie einigen sich auf folgende Aktivitäten:

- *Bestellung finalisieren:* Der Prozess weist kleine Unterschiede auf, je nachdem, ob das Auto am Lager ist, über einen anderen Händler bezogen oder sogar bei einer Fabrik bestellt werden muss. Die Aktivität wird durch die Verkaufsabteilung verantwortet und ausgeführt. Die Endstatus sind *Reservierung; Bestellung vom Händler; Bestellung bei Fabrik.*

- *Auto vom lokalen Händler beziehen*: Diese Aktivität wird nur bedingt ausgeführt, kommt also nur für einen Teil der Prozessinstanzen in Frage. Auch diese Aktivität wird durch die Verkaufsabteilung verantwortet und ausgeführt. Einziger Endstatus ist *Auto erhalten.*

- *Auto bei Fabrik bestellen* wird ebenfalls nur bedingt abgewickelt und vom Verkauf verantwortet. Endstatus sind *Auto erhalten; Bestellung storniert.*

- *Auto für Auslieferung vorbereiten*: Innerhalb dieser Aktivität wird das Auto durch den Händler mit Ausstattungsoptionen ergänzt und für die Auslieferung gereinigt. Sie wird durch die Logistik verantwortet und von ihr ausgeführt. Endstatus ist *bereit.*

- *Finanzierung arrangieren* wird von der Finanzabteilung ausgeführt. Diese Aktivität kann starten, sobald *Bestellung finalisieren* abgeschlossen ist, und sie wird parallel mit *Auto beim lokalen Händler beziehen* oder *Auto bei Fabrik bestellen* laufen. Endstatus sind *Finanzierung bestätigt; Finanzierung nicht möglich.*

- *Abschliessen und ausliefern*: Diese Aktivität komplettiert die finanzielle Transaktion und liefert das Auto inklusive Eigentümerdokumente an den Kunden. Sie startet erst, wenn sowohl *Finanzierung arrangieren* wie auch *Auto für Auslieferung vorbereiten* beendet sind. Ausgeführt wird sie von der Finanzabteilung. Als Endstatus haben wir *Transaktion abgeschlossen.*

- *Stornierung behandeln*: Diese Aktivität wird nur ausgeführt, wenn die Bestellung vor dem Prozessende storniert wird. Auch sie wird durch die Finanzabteilung vollzogen. Endstatus sind *Lieferdatum nicht akzeptiert, Finanzierung fehlgeschlagen.*

Schritt 3: Diagramm des Hauptprozesses

Nachdem wir eine Übersicht erstellt haben, können wir diese in ein BPMN-Diagramm überführen. Der Prozess beginnt mit einer Anfrage durch den Kunden, welche wir mit dem Nachrichten-Startereignis *Bestellung trifft ein* ausdrücken. Jede Aktivität aus der Übersicht wird nun zu einem Unterprozess im Diagramm. Mit dem hierarchischen Modellierungsstil werden wir später jede dieser Aktivitäten in ein separates, aber mit dem Hauptprozess verknüpftes Diagramm expandieren, um die Details jedes Schrittes aufzuzeigen.

Im Methode-und Stil-Ansatz folgt auf jede nur bedingt ausgeführte und auf der Hauptebene liegende Aktivität ein Gateway, das den Endstatus dieser Aktivität abfragt. Falls das Gateway zwei ausgehende Pfade (Gates) hat, beschriften wir es mit *[Endstatus1]?*, wobei *[Endstatus1]* für den Namen eines der zwei Endstatus der zuvor liegenden Aktivität steht. Die folgenden Sequenzflüsse benennen wir mit *Ja* und *Nein*. Wenn mehr als zwei Gates vorliegen, benennen wir sie ganz einfach mit *[Endstatus1]*, *[Endstatus2]*, etc. Für eine spätere eventuelle Zusammenführung der nun entstehenden alternativen Pfade benötigen wir kein Gateway mehr. Die entsprechenden Sequenzflüsse führen wir ganz einfach direkt in die anstehende Aktivität.

Falls eine Aktivität aus der Übersicht neben anderen Aktivitäten ausgeführt wird, leiten wir den Fluss auf parallelen Pfaden weiter, indem wir entweder ein paralleles Gateway verwenden oder einfach zwei Sequenzflüsse aus der zuvor stehenden Aktivität zeichnen. Falls eine nachfolgende Aktivität darauf wartet, dass zwei oder mehr parallele Aktivitäten abgeschlossen sind, führen wir die nebenlaufenden Sequenzflüsse mit einem Gateway zusammen.

Auf diese relativ mechanische Weise entsteht aus einer Übersicht ein Hauptdiagramm.

Szenario: Verkaufsprozess eines Autohändlers

Zu Beginn betrachten wir erst einmal den „Happy Path" des Prozesses, der zu einem erfolgreichen Abschluss der Geschäftstransaktion führt. In Abbildung 5-2 wird das Resultat visualisiert. Die zwei aus *Bestellung finalisieren* fliessenden Sequenzflüsse werden parallel ausgeführt. Sobald *Bestellung finalisieren* zu Ende ist, werden beide Sequenzflüsse gleichzeitig aktiviert. Die Zusammenführung mit dem UND-Gateway bedeutet, dass *Auto für Auslieferung vorbereiten* und *Finanzierung arrangieren* beendet werden müssen, damit mit *Abschliessen und ausliefern* weitergefahren werden kann.

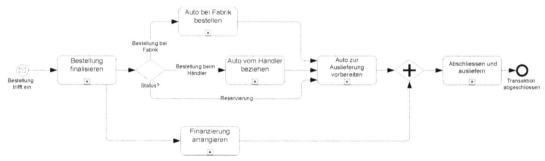

Abbildung 5-2: Happy Path im BPMN-Hauptdiagramm

Nun fügen wir die Ausnahmeflüsse hinzu. Wir möchten im Hauptdiagramm alle Endstatus des Prozesses als separate Endereignisse zeigen und jedes dieser Ereignisse mit dem Namen des Endstatus beschriften. Das Resultat sehen Sie in Abbildung 5-3.

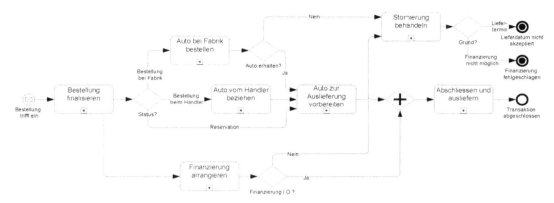

Abbildung 5-3: BPMN-Hauptdiagramm inklusive Ausnahmepfade

Sie erinnern sich, dass der Ausnahme-Endstatus *Lieferdatum nicht akzeptiert* die Konsequenz einer Ausnahme in *Auto bei Fabrik bestellen* ist. Wenn diese Ausnahme eintritt, müssen wir erst *Stornierung behandeln* ausführen und dann den Prozess beenden. Weil parallel zum aktuellen Pfad noch ein zweiter läuft, benutzen wir ein Terminierungs-Endereignis bei *Lieferdatum nicht akzeptiert*. Würden wir andernfalls ein allgemeines oder Nachrichten-Endereignis verwenden, könnte der Finanzierungspfad weiterfahren und bei der Zusammenführung (UND-Gateway) bis in alle Ewigkeit auf den anderen parallelen Fluss warten – der ja schon abgeschlossen ist.

Dasselbe geschieht bei *Finanzierung fehlgeschlagen*. Wenn *Finanzierung arrangieren* nicht in *Finanzierung i.O.?* eingeht, müssen wir den Prozess abbrechen, indem wir *Stornierung behandeln* durchführen und dann ihn in ein Terminierungs-Ereignis leiten.

Wir hätten bereits Lanes in unserem Hauptdiagramm zeichnen können, aber diese lassen das Diagramm etwas gewunden aussehen. Eine optisch ansprechende Darstellung mit Lanes ist, wenn überhaupt, nur mit viel Mühe zu erreichen. Abbildung 5-4 zeigt ein Diagramm mit Lanes, das semantisch gleichbedeutend mit jenem in Abbildung 5-3 ist. Dabei haben wir noch nicht einmal Nachrichtenflüsse hinzugefügt. Meistens ist es besser, Lanes im Hauptdiagramm ganz wegzulassen und diese lediglich in den untergeordneten Diagrammen zu zeigen.

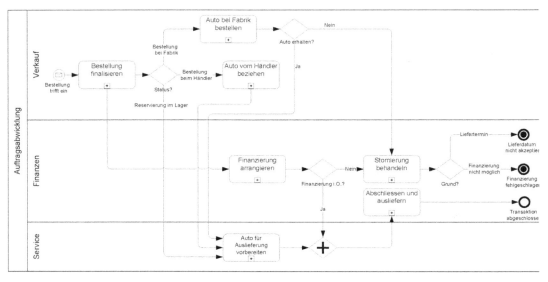

Abbildung 5-4: Hauptdiagramm mit Pools und Lanes

Schritt 4: Erweiterung auf untergeordnete Ebenen

Das Hauptdiagramm zeigt, wie ein Prozess beginnt, und wie er endet. Doch oft verrät es wenig über die inhärenten Details. Dazu müssen Sie die Expansion der untergeordneten Ebene jeder Hauptaktivität zeigen, wofür in der hierarchischen Modellierung separate Diagramme verwendet werden. Jedes Unterdiagramm wird mit dem übergeordneten zugeklappten Unterprozess im Hauptdiagramm verlinkt. Gute BPMN-Tools erzeugen solche Links automatisch.

Die Expansion auf der untergeordneten Ebene muss mit einem allgemeinen Startereignis beginnen. Die Aktivitäten in dieser Ebene wiederum können auch als Unterprozesse definiert werden, die in einem weiteren Diagramm, zwei Stufen unterhalb des Hauptprozesses, Platz finden. Die untergeordneten Ebenen können Sie bei Bedarf in einem Pool zeichnen. Falls Sie einen Pool verwenden, müssen Sie ihn mit demselben Namen benennen wie den Pool auf der übergeordneten Ebene, also mit dem Namen des Prozesses. Auch Lanes können in den untergeordneten Ebenen aufgeführt werden. Allerdings können Sie Lanes in jeder Prozessebene eigenständig definieren, unter Beachtung der Ausführungen im vorangehenden Kapitel.

Schliesslich dürfen Sie nicht vergessen, für jeden Endstatus der Hauptaktivitäten ein eigenes Endereignis einzusetzen und es mit dem Namen des Endstatus zu benennen. Wenn einem Unterprozess ein Gateway folgt, ist es wichtig, dass die Beschriftung des Gateways oder der Gates mit der Beschriftung eines Unterprozess-Endstatus zusammenpasst.

Szenario: Verkaufsprozess eines Autohändlers

Zur Illustration betrachten wir nur die erste Aktivität, *Bestellung finalisieren*. Wie wir wissen, beginnt sie mit dem Empfang einer Bestellung. Damit verbunden ist ein vom Kunden unterzeichnetes Dokument, das den Käufer, das Auto und den vereinbarten Preis deklariert. Ebenso ist uns bekannt, dass der Prozess in einem der folgenden drei Status enden kann: *Auto reserviert* (das Auto befindet sich beim Händler direkt am Lager), *Kauf bei Händler* (der Händler muss das Auto bei einem weiteren Händler beziehen) und *Bei Fabrik bestellen* (das Auto muss beim Hersteller bestellt werden). Erweiterungen in untergeordneten Ebenen müssen den Prozess zu einem der drei Endereignisse führen, um mit dem Hauptdiagramm konsistent zu sein.

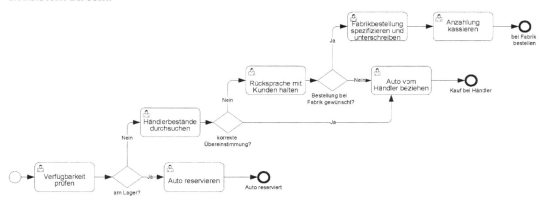

Abbildung 5-5: Erweiterung auf der untergeordneten Ebene von *Bestellung finalisieren*

Schritt 5: Nachrichtenflüsse hinzufügen

In Kapitel 3 hatten wir die Nachrichtenflüsse für die Kundenanfrage und die finale Statusbenachrichtigung ins Diagramm eingefügt, bevor wir den Prozess auf weiteren Ebenen detaillierten. Wir selbst praktizieren diesen Ablauf oft so, haben hier jedoch die Erweiterung auf zusätzliche Ebenen vorgezogen, um nun ein paar grundlegende Worte über „Kollaboration" (was die Nachrichtenflüsse ausdrücken) sagen zu können.

In der BPMN-Spezifikation werden Nachrichtenflüsse als optional betrachtet. Sie können sie einfügen oder weglassen. Unser Methode-und-Stil-Ansatz hält Sie dazu an, Nachrichtenflüsse zu zeichnen, weil Ihr Diagramm damit um wertvolle Zusatzinformationen bereichert wird. Sie zeigen, wie ein Prozess mit dem Kunden interagiert, und werten das Diagramm somit durch Aussagen über den Geschäftskontext Ihres Prozesses auf.

Die Kehrseite davon ist, dass zu viele Nachrichtenflüsse das Diagramm überladen. In einigen Jahren BPMN-Schulungen haben wir festgestellt, dass Personen mit einem architektonischen Sinn davon sehr von der Darstellung von Nachrichtenflüssen angetan sein können, während viele andere sie als störend empfinden. Die dafür von uns in den Schulungen gezeigte Lösung ist simpel: Zeichnen Sie die Flüsse im Modell ein, blenden Sie diese aber bei Bedarf aus, z.B. bei Managementpräsentationen. In Visio und ähnlichen Tools, welche die Definition von

Ebenen (Layern) anbieten, kann dies relativ einfach getan werden. Mit anderen Tools ist es dagegen ziemlich sicher nicht möglich.

Nachrichtenflüsse werden an einen Ende immer mit einer Aktivität oder einem Nachrichtenereignis innerhalb des Prozesses verbunden. Das andere Ende verbinden Sie mit dem Rand eines Black-Box-Pools, ausser bei einer seltenen Ausnahme: Wenn Sie zwei Prozesse im selben Diagramm aufführen (also Pools mit Inhalt), verbinden Sie die Nachrichtenflüsse natürlich an beiden Enden mit den entsprechenden Aktivitäten oder Ereignissen. Meistens ist es jedoch besser, sich auf einen Prozess zu beschränken und den anderen als Black-Box-Pool zu zeichnen, auch wenn dieser Teil Ihrer Organisation ist. Wenn Sie letzteren in einem separaten Diagramm definieren, erscheint der erstgenannte Prozess dort selbstverständlich auch als Black-Box-Pool. Auf keinen Fall dürfen Sie ein Ende Ihres Nachrichtenflusses einfach im Raum schweben lassen. Das XML-Schema verlangt zwingend eine gültige Verbindung an beiden Enden.

In den meisten Fällen zeigen Nachrichtenflüsse nur die *Möglichkeit*, nicht aber die Gewissheit einer Nachrichtenübermittlung an. Anders ausgedrückt: Ein aus einem Benutzer-Task ausgehender Nachrichtenfluss bedeutet nicht, dass eine Nachricht gesendet werden muss, sondern gesendet werden kann. Genauso verhält es sich in der umgekehrten Richtung: Die Nachricht muss nicht zwingend eintreffen, damit der Task vollendet werden kann. An dieser Stelle verweisen wir auf Sende- und Empfangen-Tasks aus der Palette von Ebene 2, welche zwingend einen Versand bzw. Empfang der Nachricht verlangen. Doch dazu in einem späteren Kapitel mehr. Wenn zwei Nachrichtenflüsse mit einem Task verbunden sind, ist die Reihenfolge der Nachrichtenübermittlung noch nicht bestimmt, unabhängig davon, welcher Fluss mehr links oder weiter oben liegt. Manchmal können wir dies über die Beschriftung implizit angeben, wenn z.B. der erste Fluss mit *Informationsanfrage* und der nachfolgende mit *Informationsübermittlung* benannt werden, doch generell ist die Reihenfolge nicht definiert.

Ein Prinzip von Methode-und-Stil für hierarchische Modelle besagt, dass Nachrichtenflüsse zwischen über- und untergeordneten Modellen konsistent sein müssen. Wenn ein zusammengeklappter Unterprozess drei ausgehende und zwei eingehende Nachrichtenflüsse hat, muss auf der untergeordneten Ebene genau dieselbe Anzahl Nachrichtenflüsse mit gleichlautenden Beschriftungen gezeichnet werden. Dies ist ein weiterer Punkt, wie für eine gute Nachvollziehbarkeit über mehrere Hierarchieebenen gesorgt werden kann. Während die Reihenfolge der Nachrichtenübermittlung im Hauptdiagramm nicht ersichtlich ist, werden Sie in den Erweiterungen auf den untergeordneten Ebenen fündig. Dort wird aufgezeigt, in welcher Reihenfolge und in welchen Fällen Nachrichten ausgetauscht werden.

Die konsequente Anwendung dieses Prinzips führt dazu, dass alle Nachrichtenflüsse des gesamten Prozessmodells im Hauptdiagramm erkennbar sind, und das kann schnell eine stattliche Anzahl sein. Sollten nicht alle Flüsse ins Diagramm passen, ist es sicher akzeptabel, mehrere Flüsse in einem zusammenzufassen und diesen dann passend zu beschriften. Dennoch finden wir es am besten, nach Möglichkeit alle zu zeigen.

Szenario: Verkaufsprozess eines Autohändlers

Abbildung 5-6 stellt das Hauptdiagramm mit Nachrichtenflüssen dar. Wie Sie sehen, lassen diese die Interaktionen mit anderen Einheiten erkennen, das Diagramm aber etwas verworren aussehen. Werfen Sie nur einmal einen Blick auf *Auto bei Fabrik bestellen*. Hier finden Sie vier ein- oder ausgehende Nachrichtenflüsse, deren Reihenfolge nicht aufgrund des Hauptdiagramms bestimmt werden kann. Durch ihre Replizierung in der hierarchischen Erweiterung (Abbildung 5-7) wird die Reihenfolge dann zusammen mit weiteren Details über die Prozesslogik sichtbar.

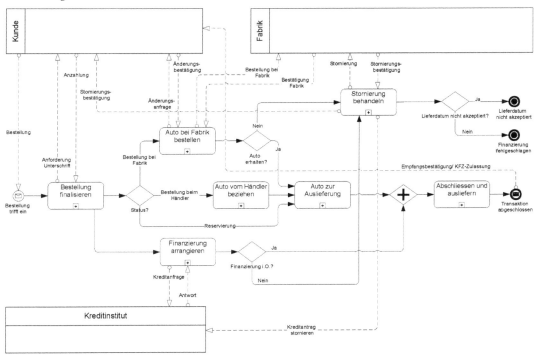

Abbildung 5-6: Hauptdiagramm mit Nachrichtenflüssen

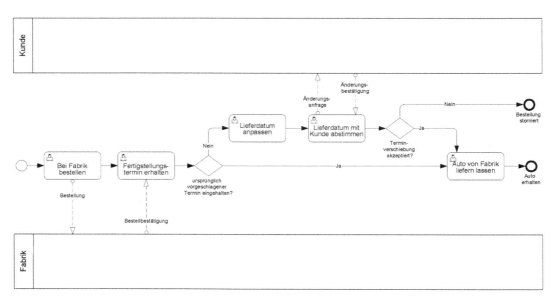

Abbildung 5-7: Auto bei Fabrik bestellen, untergeordnete Ebene mit Nachrichtenflüssen

In Microsoft Visio können Sie Nachrichtenflüsse so wie jedes andere Zeichnungselement selektiv ein- und ausblenden, indem es einer so genannten Ebene (engl. Visio-Version: Layer) zugeordnet wird. Das ist viel einfacher, als separate Haupt- und Detaildiagramme für spezifische Zielgruppen zu kreieren. Deren gegenseitige Abgleich kann sehr mühsam und aufwändig werden. In Visio fügen Sie einfach eine neue Ebene hinzu, wählen die entsprechenden Elemente (z.B. Black-Box-Pools und Nachrichtenflüsse), die in die Ebene gehören (Abbildung 5-8) und setzen die Eigenschaften der Ebene auf unsichtbar. Oder Sie färben die Elemente leicht gräulich ein, um sie nur noch leicht sichtbar zu lassen. In Abbildung 5-9 wird nur noch die Kollaboration mit dem Kundenpool und den damit verknüpften Nachrichtenflüssen sichtbar angezeigt.

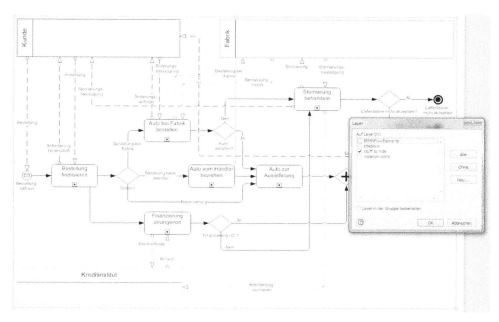

Abbildung 5-8: Ausgewählte Elemente einem unsichtbaren Visio-Layer hinzufügen

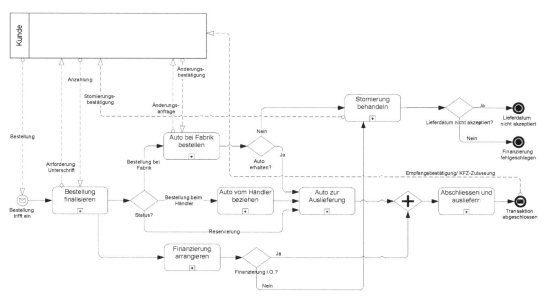

Abbildung 5-9: Hauptdiagramm, Kollaboration mit Fabrik und Kreditgeber sind verborgen

Rekapitulierung der Methode

Damit wäre das Kapitel über die Methode abgeschlossen. Im Grunde ist sie wirklich einfach. Rekapitulieren wir noch einmal die Schritte:

1. Vereinbaren Sie den Prozessumfang, indem Sie Start, Ende, Bedeutung einer Instanz und mögliche Endstatus definieren.

2. Führen Sie die Hauptaktivitäten in einer Übersicht auf und beschränken Sie sich dabei auf maximal zehn. Alle Aktivitäten sollten von der Instanz her zueinander passen. Denken Sie dabei auch an die möglichen Endstatus jeder Aktivität.

3. Erstellen Sie ein BPMN-Hauptdiagramm. Arrangieren Sie die Hauptaktivitäten als Unterprozesse und vergeben Sie pro Endstatus ein Endereignis. Benutzen Sie zur Anzeige von bedingten und nebenläufigen Flüssen Gateways.

4. Erweitern Sie die Unterprozesse des Hauptdiagramms in untergeordnete Diagramme hinein. Beschriften Sie Gates und Gateways so, dass sie in einer konsistenten Weise zu den Endstatus der jeweils vorangehenden Unterprozesse passen.

5. Fügen Sie Informationen über den geschäftlichen Kontext hinzu, indem Sie Nachrichtenflüsse zu externen Anfragestellern, Dienstleistern oder anderen internen Prozessen (als Black-Box-Pools dargestellt) zeichnen. Nachrichtenflüsse, die mit zugeklappten Unterprozessen verbunden sind, sollten mit derselben Beschriftung auf dem untergeordneten Diagramm repliziert werden.

6. Wiederholen Sie die Schritte 4 und 5 für jede zusätzlich angefügte Prozessebene.

KAPITEL 6

BPMN-Stil

Die hier beschriebene Methode hilft Ihnen, BPMN-Modelle in einer konsistenten Struktur zu erstellen. Sie ermöglicht es allerdings nicht, selbsterklärende Diagramme zu verfassen, die nicht auf zusätzliche Dokumentation oder gar Erläuterungen des Erstellers angewiesen sind. Zu diesem Ziel müssen wir die Prozesslogik komplett und eindeutig wiedergeben. Die Regeln der BPMN-Spezifikation helfen uns dabei ebensowenig. Deshalb müssen wir unsere Modelle unter Beachtung zusätzlicher Konventionen erstellen, die für ein allgemeines Verständnis sorgen. Die Gesamtheit dieser Konventionen nennen wir *BPMN-Stil*.

Unser BPMN-Stil ist nicht Teil der BPMN 2.0-Spezifikation, wurde aber zur Ergänzung als bewährte Vorgehensweise (*best practice*) empfohlen. Doch Empfehlungen werden gerne ignoriert, besonders wenn es im Alltag schnell zugeht. Deshalb bringen wir Ihnen den BPMN-Stil lieber als verbindliches Set von Regeln bei, die wir *Stilregeln* nennen. Diese können in einem Tool zur Validierung der Modelle verwendet werden. In unseren Schulungen verwenden wir ein Tool, welches diese Validierung gleich integriert hat, der Process Modeler für Visio von itp-commerce[10]. Ausserdem wurde im Internet regelmässig über die Validierung von Stilregeln berichtet. [11] Dank dieser Validierungshilfe liefern Schulungsteilnehmer, die sich bei uns zertifizieren lassen, ihre Prüfungsdiagramme in erstaunlich guter Qualität ab.

In diesem Kapitel gehen wir einige Grundprinzipien des BPMN-Stils durch. Danach führen wir Sie in die Stilregeln für die Elemente der Ebene 1 ein.

Das Grundprinzip des BPMN-Stils

Das grundlegende Prinzip des BPMN-Stils lautet: *Die Prozesslogik muss aus dem Diagramm eindeutig hervorgehen*. Genau das verstehen wir unter „guter BPMN". Erinnern Sie sich an die

---

[10] Für mehr Informationen: www.bpmessentials.com

[11] Siehe www.bpmnstyle.com

Bedeutung des Begriffs „Prozesslogik"? Damit ist nicht etwa die innere Logik eines Prozesstasks gemeint. Diese ist zwar auch wichtig, doch die BPMN trifft darüber kaum Aussagen. Die Prozesslogik entsteht aus der Logik der Sequenzflüsse. Sie erklärt, was unter welchen Bedingungen zu geschehen hat, wenn eine Aktivität beendet wird. Es geht also um die Reihenfolge der Aktivitäten, nicht um die inneren Mechanismen einzelner Tasks. Wenn wir zeigen wollen, was innerhalb einer Aktivität geschieht, verwenden wir einen Unterprozess, keinen Task. Denn letzterer gilt in der BPMN als atomare Einheit, die nicht näher beschrieben wird, zumindest für die Elemente der Ebene 1 und 2.

In BPMN-Diagrammen gibt es nur wenige sichtbare Elemente, welche die Prozesslogik aufzeigen können: die Grundformen (für Aktivitäten, Sequenzflüsse, Gateways etc.), die Symbole innerhalb dieser Formen, die Art des Elementrands (durchgezogen oder gepunktet, normal oder fett), die Anordnung des Diagramms und, nicht zu vergessen, die Beschriftungen. Der BPMN-Stil beruht auf der vollen Ausschöpfung dieser Elemente. Vor allem die Beschriftungen stellen einen wichtigen Aspekt des Stils dar, aber gerade bei diesen geben sich viele Modellautoren erstaunlich wenig Mühe. Um Beziehungen zwischen Elementen anzuzeigen, verwendet BPMN im XML-Unterbau Referenzen zu den Element-IDs. Diese sind im Diagramm selbst allerdings nicht zu sehen, die Beschriftungen hingegen schon.

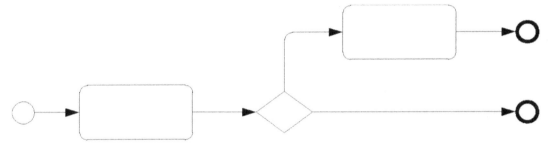

Abbildung 6-1: Ein „gültiger" aber bedeutungsloser Prozess

Es mag überraschen, doch Abbildung 6-1 entspricht zu hundert Prozent den Vorgaben der Spezifikation der BPMN-2.0. Und obwohl keine offiziellen Regeln gebrochen werden, gibt das Modell keine brauchbaren Informationen her. Der Grund ist, dass die Aktivitäten keine Bezeichnungen tragen. Auch der Gateway, seine Gates und die Endereignisse sind nicht beschriftet. Man weiss hier nicht, was geschieht.

	Verstoß	Typ	Element	Nachricht
	120701	Task	Unbenannt	Aktivitäten sollten beschriftet werden.
	120701	Task	Unbenannt	Aktivitäten sollten beschriftet werden.
	161701	Sequenzfluss	Unbenannt	Ein bedingter Sequenzfluss sollte beschriftet werden.
	161701	Sequenzfluss	Unbenannt	Ein bedingter Sequenzfluss sollte beschriftet werden.
	230701	Exklusives Gate..	Unbenannt	Ein exklusives Gateway sollte höchstens einen unbeschrifteten Gate haben.
	230702	Exklusives Gate..	Unbenannt	Ein exklusives oder inklusives Gateway mit einem unbeschrifteten Gate sollte beschriftet werden.
	312702	Enz-Ereignis	Unbenannt	Falls es in der Prozessebene mehr als ein Endereignis gibt, sollte alle mit dem Namen des Endstatus beschriftet werden.
	312702	Enz-Ereignis	Unbenannt	Falls es in der Prozessebene mehr als ein Endereignis gibt, sollte alle mit dem Namen des Endstatus beschriftet werden.

Abbildung 6-2: Die Verstöße gegen Stilregeln von Abbildung 6-1

Genau deshalb sind die Stilregeln so wichtig. Der Validierungsbericht des Werkzeugs von itp-commerce zeigt für obiges Diagramm sechs Regelverstösse an (siehe Abbildung 6-2, jeder

Listeneintrag ist mit dem betroffenen Element verlinkt). Alle davon haben etwas mit der Beschriftung zu tun. Wie bei der Rechtschreib- und Grammatikprüfung in Textprogrammen sollte auch die Stilvalidierung von Diagrammen regelmässig durchgeführt werden. Oft entstehen Verstösse aufgrund von Rechtschreibfehlern und nicht durch das Ignorieren von Regeln.

Selbstverständlich muss das Diagramm auch den offiziellen Regeln der BPMN-Spezifikation folgen. Das ist noch wichtiger als das Befolgen dieser Stilregeln, allerdings ist die Umsetzung gar nicht so einfach. Ein Grund dafür liegt darin, dass die Regeln der Spezifikation nicht nummeriert sind. Es existiert kein Anhang, in dem alle aufgezählt werden. Stattdessen sind die Regeln über das ganze 508-seitige Werk verteilt, oft in Form von Fliesstext. Einige Anforderungen aus dem Metamodell der BPMN (UML-Klassendiagramme) und dem damit verbundenen XML-Schema werden vertieft und andere schlicht übergangen. BPMN 2.0 kennt gewissermassen drei Quellen, auf die es ankommt. Diese sollten von der Idee her natürlich untereinander stimmig sein, was aber leider nicht immer der Fall ist. Deshalb muss jedes Tool für sich eine Interpretation aller Regeln mitbringen.

Wenn Sie seriöse Prozessmodellierung betreiben wollen, empfehlen wir Ihnen auf jeden Fall die Verwendung eines Werkzeugs, das Ihre Diagramme anhand einer Interpretation der BPMN-Spezifikation überprüfen kann. Glücklicherweise verfügen viele BPMN-Werkzeuge über solche Validierungsfunktionen. Die Erstellung guter BPMN beginnt immer mit der Befolgung der Spezifikationsregeln.

Stilregeln

Eine ganze Reihe von Stilregeln stellt Grundsätze der Gestaltung dar. Ihre Validierung gestaltet sich nicht immer einfach.

1. *Benutzen Sie Symbole und Beschriftungen, um dem Leser die Prozesslogik im gedruckten Diagramm klar zu vermitteln.*

Nutzen Sie die Möglichkeiten der verfügbaren Elemente der BPMN voll aus, einschliesslich Symbole und spezielle Beschriftungen. Beschriften Sie alle Aktivitäten (inkl. Unterprozesse) und Endstatus. Benennen Sie alle aus einem Gateway ausgehenden Sequenzflüsse. Ebenso müssen Pools und Nachrichtenflüsse beschriftet werden. Tasktypen und Auslöser von Ereignissen kennzeichnen Sie mit Symbolen. Wenn einige Aspekte der Prozesslogik nicht an den BPMN-Elementen alleine abgelesen werden können, verwenden Sie Text-Anmerkungen.

2. *Gestalten Sie die Modelle hierarchisch, so dass jede Prozessebene auf eine Seite passt.*

Dieses Prinzip hält Sie dazu an, durch unsere oder eine ähnliche Methode eine hierarchische Modellstruktur zu entwerfen. Das Hauptdiagramm muss den End-to-End-Prozess zusammen mit seinen Interaktionen zu externen Einheiten auf einer Seite darstellen können. Auf jeder Prozessebene müssen die Unterprozesse in separate, untergeordnete Diagramme erweitert werden. Diese Verschachtelung können Sie so tief gestalten, wie Sie wollen. Wenn Sie eine

Aktivität durch zusätzliche untergeordnete Details beschreiben wollen, muss in der hierarchischen Modellierung kein übergeordnetes Diagramm geändert werden.

> **3. Benutzen Sie einen Black-Box-Pool, um Kunden, externe Anfragesteller oder Dienstleister darzustellen.**

Ein Fehler, der zu Beginn oft gemacht wird, ist das Einsetzen von Aktivitäten in den Kunden-Pool oder den Pool eines anderen Anfragestellers.

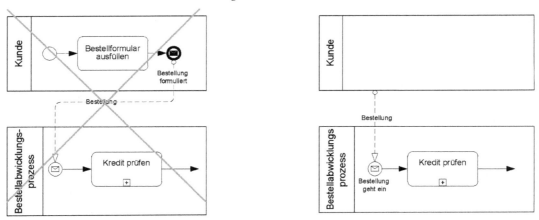

Abbildung 6-3: Kunden und andere externe Teilnehmer sollten als Black-Box-Pools modelliert werden

Dies ist hauptsächlich deshalb ein Fehler, weil Ihnen die Logik des Kundenprozesses in aller Regel nicht bekannt ist. Die Übermittlung der Bestellung bedeutet nicht zwangsläufig das Ende der Interaktion. Nachgelagert könnten noch andere Nachrichten ausgetauscht werden (Bestätigung, Rechnung, Fehlerbenachrichtigung und weitere Anfragen oder Benachrichtigungen). Die dafür notwendigen, kundeninternen Prozesse können Sie nicht antizipieren. Ausserdem ist es Ihnen nicht erlaubt, Nachrichtenflüsse mit dem Rand eines Prozesspools (ein Pool, der Flusselemente enthält) zu verbinden. Somit ist die verbleibende und gute Lösung, den Kunden als Black-Box-Pool darzustellen.

4. *Beginnen Sie einen kundenorientierten Prozess mit einem Nachrichten-Startereignis, das einen Nachrichtenfluss aus dem Kundenpool empfängt.*

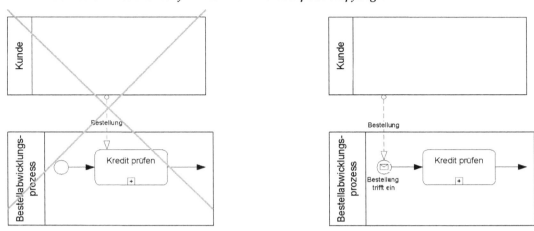

Abbildung 6-4: Ein Nachrichten-Startereignis bedeutet, dass der Prozess durch eine Nachricht instanziiert wird

Wird ein Prozess durch eine Anfrage gestartet, modellieren Sie diesen mit einem Nachrichten-Startereignis. Ziehen Sie vom Rand des Anfragesteller-Pools einen Nachrichtenfluss zum Startereignis. Ein Start durch eine Nachricht bedeutet, dass bei jedem Nachrichteneingang eine neue Prozessinstanz erstellt wird. Fliesst die Nachricht direkt in eine, einem allgemeinen Startereignis folgende, Aktivität, entspräche dies einem manuellen Start durch den Taskverantwortlichen. Danach wird in der Aktivität auf die Nachricht gewartet wird. Beachten Sie, dass ein Nachrichtenfluss zu einer Aktivität nur die Möglichkeit einer Nachrichtenübermittlung darstellt. Ein Nachrichten-Startereignis hingegen setzt die Nachricht voraus. Ohne eintreffende Nachricht wird der Prozess gar nicht erst gestartet.

5. *Modellieren Sie interne Organisationseinheiten als Lanes, welche Teil eines einzigen Prozesspools sind, und nicht als separate Pools. Separate Pools implizieren voneinander unabhängige Prozesse.*

In wenigen Fällen ist es sinnvoll, Ihren internen Geschäftsprozess in Form von mehreren Pools, also mehreren BPMN-Prozessen darzustellen, doch meistens ist es am besten, ihn als einen BPMN-Prozess in nur einem Pool zu modellieren. Ebenso ist es meistens nicht angebracht, jede am Prozess beteiligte Organisationseinheit als separaten Pool darzustellen (Abbildung 6-5, links). Das würde bedeuten, dass die Prozesse jeder Organisationseinheit unabhängig voneinander sind und nicht zu einem einzigen End-to-End-Prozess gehören. Indem Sie Organisationseinheiten als Lanes in nur einem Pool darstellen (Abbildung 6-5, rechts), implizieren Sie einen einzigen End-to-End-BPMN-Prozess.

Wenn die Prozessinstanzen der beteiligten Organisationseinheiten unterschiedlich definiert sind, kann dieses Prinzip natürlich nicht eingehalten werden. Das ist nicht der einzige, jedoch der häufigste Grund, warum anders modelliert werden muss. In Abbildung 6-5 wird jede

Bestellung separat verrechnet. Wenn die Fakturierung auf monatlichen Abrechnungen basierte, könnten Sie den Prozess jedoch nicht so darstellen. In diesem Fall müsste für Bestellabwicklung und Fakturierung jeweils ein separater Pool definiert werden (Abbildung 6-6). Die Prozesse kommunizieren in diesem Fall über einen gemeinsam genutzten Datenspeicher.

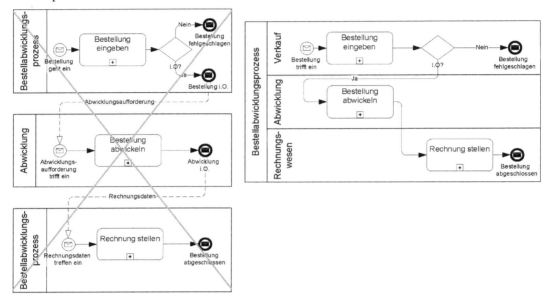

Abbildung 6-5: Organisationseinheiten, die Prozessaktivitäten ausführen, werden üblicherweise als Lanes in einem Pool dargestellt, nicht als separate Pools

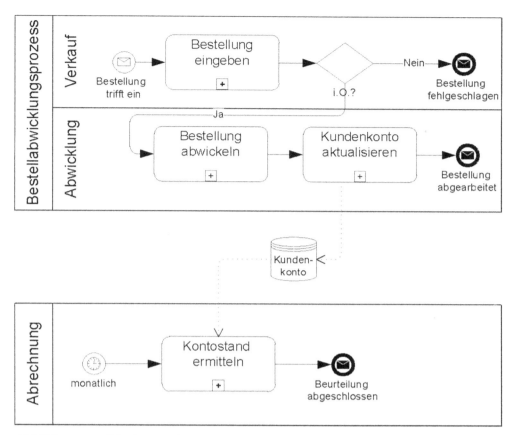

Abbildung 6-6: Die Anwendung von mehrere Pools empfiehlt sich, wenn Prozessinstanzen nicht in einer 1:1-Beziehung stehen

6. *Beschriften Sie White-Box-Pools mit dem Namen des Prozesses. Black-Box-Pools beschriften Sie mit dem Namen eines Teilnehmers oder einer Organisationseinheit*

Namen generischer Rollen und Geschäftseinheiten (z.B. Verkäufer, Hersteller oder Kreditgeber) können Sie gut für Black-Box-Pools verwenden. White-Box-Pools hingegen geben Sie am besten den Namen des Prozesses. Unglücklicherweise empfiehlt die BPMN 2.0-Spezifikation die Vergabe von Organisationsbezeichnungen für Prozesspools. Lassen Sie uns kurz darauf eingehen, weshalb wir das eher unglücklich finden.

Ein Grund ist technischer Natur. Im Metamodell der BPMN und im XML-Schema wird das semantische Element, welches durch einen Pool dargestellt wird, *Teilnehmer (engl. participant)* genannt. Ein Teilnehmer ist dabei nicht mit einem Taskverantwortlichen zu verwechseln. Als Teilnehmer wird jedes Gegenüber in einer Transaktion zwischen Anfragesteller und Prozess verstanden. Jeder Teilnehmer wird seinerseits mit höchstens *einem* BPMN-Prozess assoziiert. Ein Pool repräsentiert demzufolge beides, einen Teilnehmer und einen Prozess.

So kommen wir zur Frage, wofür die Poolbeschrifung steht. Die Spezifikation schweigt sich über diesen Punkt aus. Naheliegend ist, dass sie mit dem Namensattribut des damit assoziierten Elements identisch ist, also dem Namen des Teilnehmers. Jeder Pool mit dem Namen *mein Unternehmen* definiert also einen Teilnehmer mit Namen *mein Unternehmen*. Dabei könnten zwei Pools denselben Namen tragen, technisch aber unterschiedliche Teilnehmer repräsentieren, denn die eindeutige Identifizierung jedes semantischen Elements geschieht nicht über das *Namens-* sondern über das *id-*Attribut.

Genau hier kommt der Methode-und-Stil-Ansatz zum Zuge. Das id-Attribut ist im Diagramm unsichtbar, Sie sehen nur den Namen. Beim Methode-und-Stil-Ansatz zählt aber das, was Sie sehen, und nicht Informationen, die irgendwo verborgen in der XML stehen. Diesem Prinzip zufolge sollten zwei Pools nie denselben Namen tragen, falls sie für unterschiedliche semantische Einheiten stehen. Danach sollte sich nicht nur ein BPMN-Modell, sondern alle BPMN-Modelle Ihrer Organisation richten, sofern die Prozesse miteinander interagieren.

Dies funktioniert nur, wenn die Poolbeschrifung auch gleich den *Prozess* benennt. Das impliziert, dass *der Name eines White-Box-Pools gleich dem Namen des Prozesses* ist. Es ist also nicht der Name einer Abteilung oder eines Unternehmens. Das mag im ersten Moment etwas ungewöhnlich erscheinen, doch es gibt gute Gründe dafür. Erstens existiert kein weiterer Ort im Diagramm, an dem der Prozessname erscheint. Jeder separate Prozess benötigt im Diagramm einen eigenen Namen. Wenn Sie White-Box-Pools den Namen Ihrer Organisation geben, werden am Ende viele Pools denselben Namen tragen. Wenn Sie solche Pools dann zweitens mit Nachrichtenflüssen verbinden, vermitteln Sie den Eindruck, dass es sich an Anfang und Ende des Nachrichtenflusses um denselben Teilnehmer handelt. Der Spezifikation zufolge ist dies nicht erlaubt.

7. *Weisen Sie auf erfolgreiche und Ausnahme-Endstatus von Prozessen und Unterprozessen durch separate Endereignisse hin, und beschriften Sie diese mit dem jeweiligen Endstatus.*

Wie wir in Kapitel 5 gesehen haben, stellt dieses Gestaltungsprinzip einen zentralen Teil der Methode dar. Mehr als alles andere ist die Beachtung von Aktivitäts- und Prozess-Endstatus die auszeichnende Charakteristik des Methode-und-Stil-Ansatzes. Die meisten Autoren von BPMN-Modellen verwenden ein einzelnes Endereignis, um das Ende einer Prozessebene anzuzeigen. Weil sie die unterschiedlichen möglichen Endstatus ignorieren, werden dem Leser wertvolle Informationen vorenthalten. Es wird damit ungemein schwer, die Prozesslogik über den ganzen Prozess und alle Hierarchiestufen hinweg nachzuverfolgen. Deshalb ist es von Vorteil, für jeden wichtigen Endstatus ein eigenes Endereignis zu setzen (Abbildung 6-7). Insbesondere wenn ein Endstatus für den weiteren Verlauf des Prozessflusses eine entscheidende Rolle spielt, ist es wichtig, ihn als separates Endereignis zu modellieren.

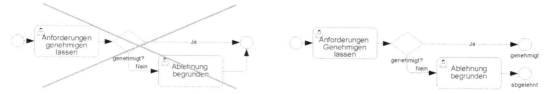

Abbildung 6-7: Unterschiedliche Endstatus werden mit separaten Endereignissen angezeigt und mit dem jeweiligen Endstatus beschriftet

8. *Beschriften Sie Aktivitäten mit einer SUBSTANTIV-VERB-Kombination*

Aktivitäten und Unterprozesse stehen für *Arbeiten* oder *Tätigkeiten*, die im Prozess ausgeführt werden, nicht für Funktionen oder Zustände. Deshalb sollten Sie diese mit einer SUBSTANTIV-VERB-Kombination beschriften, z.B.:

- *Kreditwürdigkeit überprüfen* (Tätigkeit), nicht *Kreditwürdigkeitsüberprüfung* oder *Kredit OK* (Zustand)

- *Kredit genehmigen* (Tätigkeit), nicht *Kreditgenehmigunge* (Funktion) oder *Kredit abgelehnt* (Zustand)

- *Rapport empfangen* (Tätigkeit), nicht *Rapport eingetroffen* (Zustand)

9. *Zeigen Sie durch ein auslösendes Startereignis im Hauptprozess an, wie der Prozess gestartet wird.*

- Verwenden Sie ein Nachrichten-Startereignis um anzuzeigen, dass der Prozess durch eine externe Anfrage ausgelöst wird. Das Ereignis beschriften Sie mit *[Name des Nachrichtenflusses] empfangen.*

- Verwenden Sie ein zeitliches Startereignis um zu zeigen, dass es sich um einen zeitlich gestarteten, meist periodischen Prozess handelt. Das Ereignis beschriften Sie mit dem geplanten sich eventuell wiederholenden Zeitpunkt, z.B. *monatlich* oder *montags um 8 Uhr*.

- Verwenden Sie ein allgemeines Startereignis um zu verdeutlichen, dass der Prozess manuell durch einen Taskverantwortlichen initiiert wird. Dieses Ereignis muss nicht beschriftet werden.

10. *Folgt auf einen Unterprozess ein mit einer Frage beschriftetes Gateway, muss der Unterprozess mehrere Endereignisse haben. Eines dieser Ereignisse muss mit der Gateway-Beschriftung übereinstimmen.*

Anders ausgedrückt heisst diese Regel: Wenn ein Fluss sich nach einem Unterprozess in zwei alternative Pfade aufteilt, dann sollte das verzweigende Gateway mit *[Endstatus 1]?* beschriftet werden, wobei *[Endstatus 1]* der Name eines der beiden Endstatus im Unterprozess ist. Die Gates werden mit *ja* und *nein* beschriftet. Erreichen Instanzen den *Endstatus 1* des

Unterprozesses, fahren sie nach dem Gateway auf dem *Ja*-Pfad weiter. Die anderen Instanzen folgen dem *Nein*-Pfad.

Das obere Diagramm von Abbildung 6-8 ist fehlerhaft, weil die Endstatus *genehmigt* und *abgelehnt* des Unterprozesses in einem einzigen Endereignis zusammengefasst wurden. Obwohl die Logik in diesem Beispiel einfach zu verfolgen ist, gibt die Stilregel vor, *zwei* Endereignisse zu definieren. Eines davon muss passend zum Gateway *genehmigt?* mit *genehmigt* beschriftet sein. In komplexeren Modellen erleichtert dies die Nachvollziehbarkeit der Prozesslogik über alle Prozessebenen.

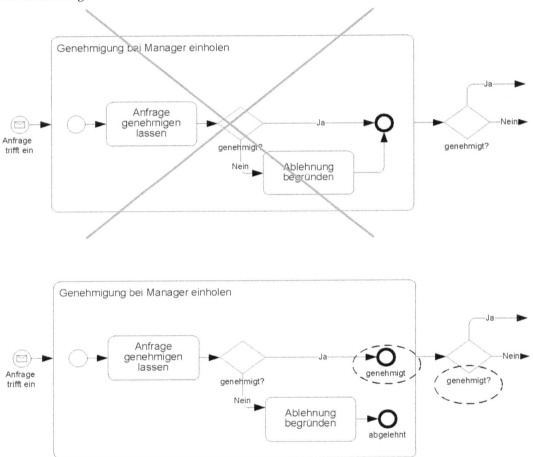

Abbildung 6-8: Von einem XOR-Gateway gefolgte Unterprozesse müssen zwei Endereignisse haben, wobei eines mit dem Namen des Gateways übereinstimmt

11. *Machen Sie bei allen Nachrichtenereignissen die dazugehörigen Nachrichtenflüsse deutlich.*

Nachrichtenflüsse einzutragen ist in BPMN optional. Sogar bei einigen Zeichnungen in diesem Buch werden sie nicht gezeigt, wenn damit kein didaktischer Mehrwert verbunden ist. In den in der Praxis eingesetzten BPMN-Modellen halten wir es allerdings für richtig, alle Nachrichtenereignisse mit Nachrichtenflüssen zu verbinden. Die Stilvalidierung eines Tools muss demnach jedes Nachrichtenereignis markieren, das keinen angehängten Nachrichtenfluss hat. Die Nachrichten-Start- und -Endereignisse kennen Sie aus der Einführung von Ebene 1. Sie werden sie im Verlauf des Buches insbesondere bei der Behandlung der Ebene 2 noch einige Male antreffen.

12. *Gleichen Sie Nachrichtenflüsse über alle Prozessebenen ab.*

Eine zweite Regel besagt, dass Nachrichtenflüsse von und zu einem Unterprozess repliziert werden. Auch dies vereinfacht die Nachvollziehbarkeit über alle Ebenen ungemein. Demnach müssten Anzahl und Namen von Nachrichtenflüssen auf der unter- und übergeordneten Ebene übereinstimmen.

Abbildung 6-9 zeigt vier Nachrichtenflüsse, die auf der oberen Ebene mit *Auto bei Fabrik bestellen* verbunden sind. Der Regel zufolge müssen alle vier Nachrichtenflüsse auf der untergeordneten Ebene repliziert werden (Abbildung 6-10).

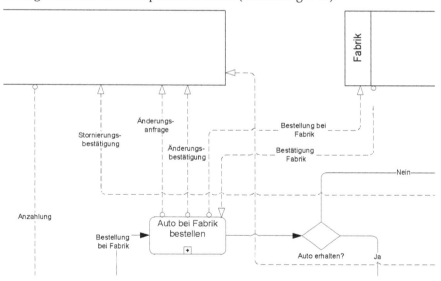

Abbildung 6-9: Vier Nachrichtenflüsse sind mit *Auto bei Fabrik bestellen* im Hauptdiagramm verbunden

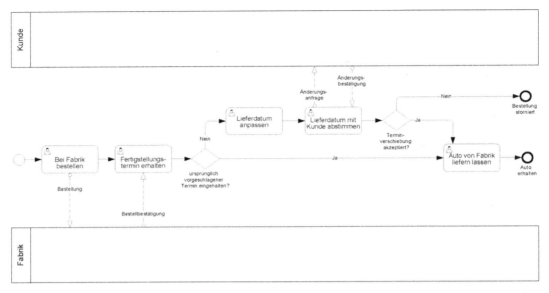

Abbildung 6-10: Nachrichtenflüsse werden in der hierarchischen Erweiterung *Auto bei Fabrik bestellen* **repliziert**

   13. Beschriften Sie Nachrichtenflüsse mit dem Namen der Nachricht.

Das Einzeichnen von Nachrichtenflüssen allein reicht nicht aus. Sie müssen beschriftet werden, und zwar mit dem Namen der Nachricht, z.B. *Rückweisungsbenachrichtigung*. Achten Sie darauf, nicht den Namen eines Status, wie z.B. *zurückgewiesen*, oder einer Versand- oder Empfangstätigkeit, wie *Rückweisung mitteilen*, zu vergeben.

Es ist nicht korrekt, die Nachricht durch ein Datenobjekt zu identifizieren und dafür den Nachrichtenfluss nicht zu beschriften (Abbildung 6-11, links). In BPMN 2.0 kann ein Datenobjekt nicht mit einem Nachrichtenfluss verbunden werden. Technisch ist es zwar korrekt, ein Nachrichtensymbol auf den Nachrichtenfluss zu legen (Abbildung 6-11, Mitte), doch das Nachrichtenobjekt ist weder Teil von Ebene 1 noch von Ebene 2 ist, weshalb diese Praxis zur Modellierung ausführbarer Prozessmodellen gehört. Der korrekte Weg führt über die direkte Beschriftung von Nachrichtenflüssen (Abbildung 6-11, rechts).

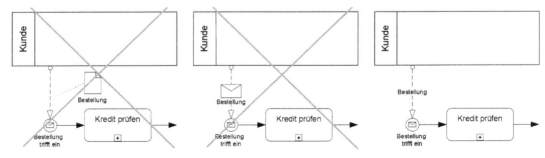

Abbildung 6-11: Nachrichtenflüsse werden mit dem Namen der Nachricht beschriftet

14. Vergeben Sie zwei Endereignissen auf einer Prozessebene nicht denselben Namen.

Wenn zwei Endereignisse den gleichen Endstatus repräsentieren, führen Sie diese in ein Endereignis zusammen. Andernfalls vergeben Sie für jeden Status ein eigenes Endereignis.

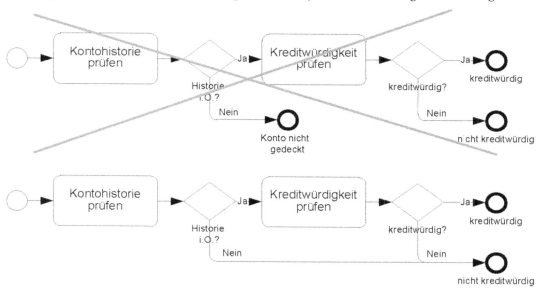

Abbildung 6-12: Zwei Endereignisse in derselben Prozessebene dürfen nicht gleich beschriftet sein

15. Zwei Aktivitäten in einem Prozessmodell sollten nicht gleich beschriftet sein.

Wenn in einem Prozess an zwei unterschiedlichen Stellen die gleiche Aktivität ausgeführt werden soll, stellen Sie dies durch zwei Aufruf-Aktivitäten dar. Diese beziehen sich auf denselben globalen Task oder Unterprozess. Falls es sich nicht um gleiche Aktivitäten handelt, vergeben Sie unterschiedliche Namen. Obwohl es selbstverständlich erscheint, entdecken wir immer wieder Unterprozesse, die einen Task mit demselben Namen enthalten. Das ist nicht korrekt. Vergeben Sie in solchen Fällen separate Namen (Abbildung 6-13).

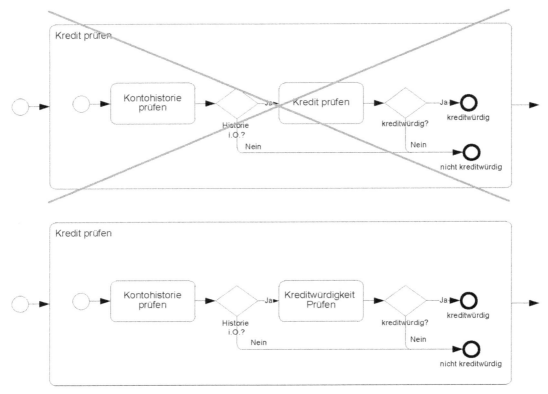

Abbildung 6-13: Zwei Aktivitäten sollten nicht gleich beschriftet werden.

16. Ein Unterprozess muss ein allgemeines Startereignis aufweisen.

Ausser bei Unterprozessen mit der Eigenschaft „parallele Box", die ohne Startereignis auskommen, muss ein Unterprozess genau ein Startereignis haben, und zwar ein allgemeines Startereignis (ohne Auslöser). In einem Hauptprozess werden mehrere Startereignisse verwendet, um alternative Auslöser darzustellen. In einem Unterprozess hingegen sind gar keine typisierten Startereignisse erlaubt. Die einzige Ausnahme stellt hier der *Ereignis-Unterprozess* dar, eine spezielle Art von Ausnahmebehandlung. Weil dieser aber nicht Teil von Ebene 1 ist, werden wir ihn erst in Kapitel 7 behandeln.

Die Spezifikation sagt zwar nicht explizit, dass ein Unterprozess nur ein allgemeines Startereignis haben darf, zwei allgemeine Startereignisse führen jedoch unvermeidlich zu Unklarheit: Was repräsentieren sie? Sind es parallele oder alternative Startknoten? In einem Hauptdiagramm bedeuten sie zwei alternative Startpunkte. In einem Unterprozess sollten Sie immer nur ein einziges Startereignis verwenden, um Mehrdeutigkeiten zu vermeiden. In Abbildung 6-14 ist das linke Diagramm zum Beispiel mehrdeutig, das rechte zeigt hingegen, dass es sich bei *Bewerbung entgegennehmen* und *Zahlung verbuchen* um alternative, nicht parallele, Tätigkeiten handelt. Parallele Pfade könnten durch eine parallele Verzweigung nach einem einzelnen Startereignis angezeigt werden.

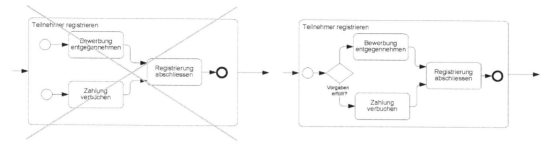

Abbildung 6-14: Ein Unterprozess muss mit nur einem allgemeinen Startereignis beginnen

17. *Ein Prozesspool in einem untergeordneten Diagramm muss mit dem Namen des Hauptprozesses beschriftet werden, nicht mit dem Namen des Unterprozesses.*

Folgende Modellierung treffen wir immer wieder an: In einem Pool namens *Bestellabwicklungsprozess* liegt ein zusammengeklappter Unterprozess *Kreditwürdigkeit überprüfen*. Dieser wiederum wird in ein separates Diagramm erweitert. Dort liegt ein Pool mit Namen *Kreditwürdigkeit überprüfen*. Eine derartige Darstellung ist falsch. Den Prozesspool im untergeordneten Diagramm können Sie weglassen. Wenn Sie ihn doch zeichnen, muss er ebenfalls *Bestellabwicklungsprozess* genannt werden (nach dem Namen des Prozesses) und dadurch die Analogie zum Pool der übergeordneten Ebene verdeutlichen.

Der Grund hierfür ist derselbe wie bei Punkt 6: Es wird effektiv vom Metamodell und vom XML-Schema vorgegeben. Doch weil es in der Spezifikation nicht explizit beschrieben wird, nennen wir es eine Stilregel. Der Pool auf der untergeordneten Ebene weist auf einen individuellen Teilnehmer hin. Dieser Teilnehmer bezieht sich auf einen Hauptprozess. Auf einen Unterprozess kann er nicht referenzieren. In der hinterlegten XML wird für einen Pool namens *Kreditwürdigkeit überprüfen* ein Teilnehmer und (je nach Tool) ein Prozess mit demselben Namen generiert. Doch *Kreditwürdigkeit überprüfen* ist kein Hauptprozess, sondern ein Unterprozess des *Bestellabwicklungsprozesses*.

Die in der BPMN 2.0-XML herrschende schwammige Beziehung zwischen Pool- und Prozessnamen macht es für ein Tool nötig, vom Modellentwickler zusätzliche Informationen zu fordern. Der Grund, warum diese Tatsache bis heute so wenig Beachtung erhalten hat, ist vermutlich, dass nur wenige Tools sich der XML-Serialisierung angenommen haben, obwohl sie für die Austauschbarkeit von Modellen äusserst wichtig ist. Genau das wird im Handbuch für die Prozessautomatisierung später in diesem Buch thematisiert.

Im von uns verwendeten Tool, dem Process Modeler für Visio von itp-commerce (www.itp-commerce.com), kann der Modellentwickler mehrere Pools (White-Box oder Black-Box) als einen einzigen Teilnehmer definieren, also als identisch erklären. Sobald dies geschieht, wird die Poolbeschriftung automatisch mit jener des referenzierten Teilnehmers gleichgesetzt. Natürlich wird auch die XML korrekt umgesetzt. Liegt in einem solchen Pool ein ausmodellierter Unterprozess, wird dieser auch in der XML als Teil des Prozesses betrachtet. Ohne diese Identität der Pools würde die Struktur unter Umständen völlig anders aussehen als tatsächlich beabsichtigt. Im oben beschriebenen Beispiel würde das untergeordnete

Diagramm *Kreditwürdigkeit überprüfen* in der XML als ein neuer Hauptprozess interpretiert und mit *Kreditwürdigkeit überprüfen* beschriftet werden. Im ursprünglichen *Bestellabwicklungsprozess* würde ein leerer (nicht weiter detaillierter) Unterprozess *Kreditwürdigkeit überprüfen* vorliegen. Das ergibt nur Sinn, wenn der zusammengeklappte Unterprozess eine Aufruf-Aktivität ist und einen extern definierten Prozess aufruft. Doch dem ist nicht so.

Folgen Sie also zur Sicherheit der Stilregel, wie sie oben beschrieben ist.

18. *In einem hierarchischen Modell darf ein untergeordnetes Diagramm keinen Hauptprozess enthalten.*

Diese Regel ist eher technisch und mag vielleicht etwas in die Feinheiten gehen. Im Handbuch für die Prozessautomatisierung wird sie vertieft betrachtet. An dieser Stelle führen wir sie auf, weil ein Verstoss gegen sie eine XML-Struktur zur Folge hat, die entweder mehrdeutig ist oder nicht das repräsentiert, was der Modellentwickler beabsichtigt hat. Aus Gründen der Übersichtlichkeit empfiehlt es sich, jede Diagrammseite eines hierarchischen Modells entweder dem Hauptdiagramm oder ausschließlich einem untergeordneten Diagramm zuzuordnen. Ein untergeordnetes Diagramm mag so viele Black-Box-Pools enthalten wie Sie wollen. Doch es sollte nur Aktivitäten beinhalten, die zum hier dargestellten Unterprozess der übergeordneten Seite gehören. Ein Hauptdiagramm hingegen kann Elemente aus mehr als einem Prozess enthalten.

19. *Für die Zusammenführung von alternativen Pfaden wird kein XOR-Gateway benutzt, ausser sie geschieht direkt vor einem weiteren Gateway. Sequenzflüsse werden direkt mit dem nächsten Element verbunden.*

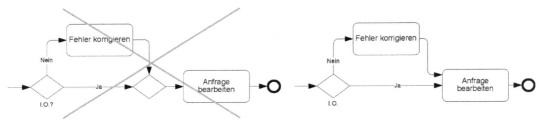

Abbildung 6-15: Die Zusammenführung von exklusiven Pfaden geschieht ohne XOR-Gateway

20. *Die Zusammenführung in ein allgemeines Endereignis geschieht ohne UND-Gateway, denn bei dieser Art von Endereignis wird eine parallele Zusammenführung immer impliziert.*

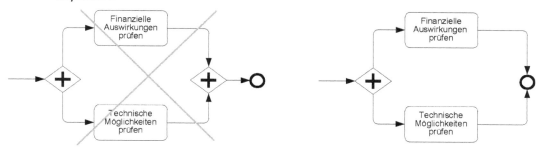

Abbildung 6-16: Die parallele Zusammenführung in allgemeine Endereignisse erfolgt ohne Gateway.

Offizielle Regeln der BPMN 2.0

Ein Modell darf keine offiziellen Regeln der BPMN 2.0-Spezifikation brechen. Dieses Prinzip ist so offensichtlich, dass es eigentlich gar keiner Erwähnung bedarf. Wir haben zu Beginn des Kapitels bereits darüber gesprochen und erläutert, warum verschiedene Tools unterschiedliche Validierungsresultate für gleiche Modelle auswerfen. Nun führen wir einige der grundlegenden Regeln für die Palette der Ebene 1 auf. Eine umfassendere Liste wird dann in Kapitel 11 präsentiert.

21. *Sequenzflüsse dürfen keine Poolgrenzen überschreiten.*

Es ist zum Beispiel nicht erlaubt, das Endereignis von *Prozess 1* mit dem Startereignis von *Prozess 2* durch einen Sequenzfluss zu verbinden. Falls eine Verbindung notwendig ist, verwenden Sie einen Nachrichtenfluss.

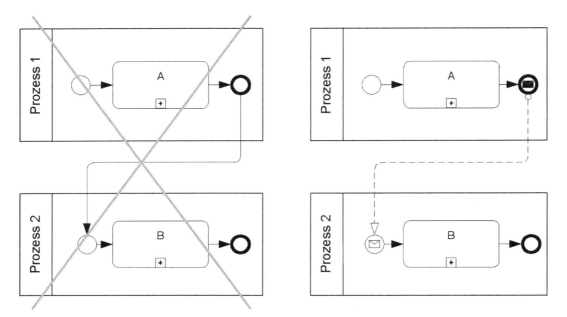

Abbildung 6-17: Ein Sequenzfluss darf keine Poolgrenzen überschreiten

22. *Sequenzflüsse dürfen nicht die Grenzen eines Unterprozesses überschreiten.*

Dieser Fehler geschieht Modellierern meistens, wenn sie ein Prozessfragment durch einen aufgeklappten Unterprozess umschliessen wollen. Das linke Diagramm von Abbildung 6-18 ist fehlerhaft, weil der Sequenzfluss nicht die Grenze eines Unterprozesses kreuzen darf. Alle Sequenzflüsse in der Erweiterung des Unterprozesses müssen sich komplett *innerhalb* des Unterprozessrahmens befinden.

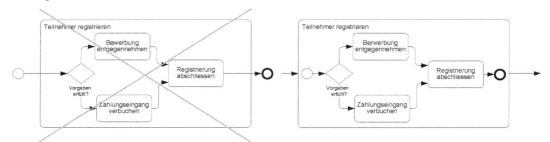

Abbildung 6-18: Ein Sequenzfluss darf keine Unterprozessgrenzen überschreiten

23. *Nachrichtenflüsse dürfen keine Knoten im selben Pool verbinden.*

Eine „Nachricht" in der BPMN ist nicht mit der Bedeutung des Wortes „Nachricht" im deutschen Sprachgebrauch gleichzusetzen. Eine E-Mail von einem Taskverantwortlichen an einen anderen innerhalb desselben Prozess stellt zum Beispiel keine Nachricht im Sinne der BPMN dar. Der Definition der BPMN gemäss wird eine Nachricht zwischen dem Prozess und einer Einheit ausserhalb des Prozesses ausgetauscht. Demzufolge dürfen sich Anfang und Ende des Nachrichtenflusses nicht im selben Pool befinden.

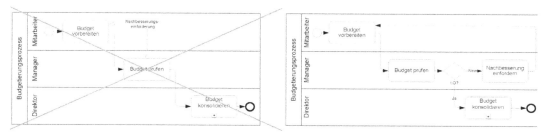

Abbildung 6-19: Ein Nachrichtenfluss darf keine Knoten im gleichen Pool verbinden

24. *Sequenzflüsse dürfen nur mit Aktivitäten, Gateways oder Ereignissen verbunden werden. Beide Enden müssen direkt mit diesen Elementen verbunden sein.*

Einen Sequenzfluss dürfen Sie weder mit einem Pool noch mit einem Datenobjekt oder einem weiteren Sequenzfluss verbinden.

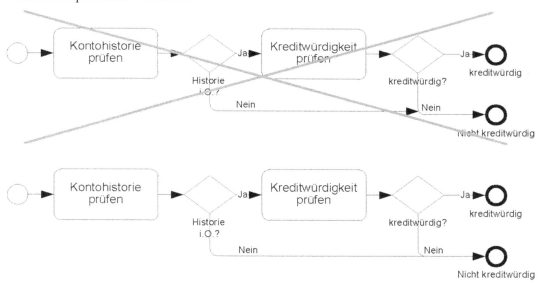

Abbildung 6-20: Ein Sequenzfluss darf nicht mit einem anderen Fluss verbunden werden, sondern nur mit einer Aktivität, einem Gateway oder einem Ereignis

25. *Ein Nachrichtenfluss darf nur mit einer Aktivität, einem Nachrichtenereignis, einem Mehrfachereignis oder einem Black-Box-Pool verbunden sein. Beide Enden des Flusses müssen direkt mit diesen Elementen verbunden werden.*

Sie dürfen einen Nachrichtenfluss also zum Beispiel nicht mit dem Rand eines Prozesspools, einem Datenspeicher oder einem Gateway verbinden. Ebenso darf kein Ende des Nachrichtenflusses frei schwebend, sozusagen unverbunden, bleiben.

TEIL III:
METHODE UND STIL – EBENE 2

KAPITEL 7

Ereignisse

Wenn Sie von Ebene 1 zu Ebene 2 übergehen, werden Sie feststellen, dass die grösste Herausforderung der Themenbereich *Ereignisse* sein wird. Die BPMN-Spezifikation definiert ein Ereignis als „etwas, das passiert". Es wäre wohl akkurater zu sagen, dass ein Ereignis in der BPMN beschreibt, *wie der Prozess auf ein Signal oder einen Hinweis dafür reagiert, dass etwas passiert ist*, oder – im Fall eines sendenden Ereignisses – *wie der Prozess ein Signal dafür ausgibt, dass etwas passiert ist*. Der Signaltyp wird bei empfangenden Ereignissen *Auslöser*, bei sendenden Ereignissen *Resultat* genannt und durch ein Symbol innerhalb des Kreises markiert.

Auf Ebene 1 wurde der jeweils nächste Schritt eines Prozesses immer durch das Abschliessen eines vorangehenden Schrittes, wie z.B. einer Aktivität, ausgelöst. Sobald die Aktivität beendet ist, initiiert der ausgehende Sequenzfluss den nächsten Schritt. Dies ist die übliche Form eines Prozessverlaufs. Durch Ereignisse lassen sich noch weitere Formen beschreiben. Der Prozess könnte zum Beispiel eine *Pause einlegen* und erst *fortfahren*, wenn ein bestimmtes Ereignis eintrifft. Wenn ein Ereignis eintritt, während eine Aktivität am Laufen ist, könnte die Aktivität auch sofort unterbrochen und eine alternative Aktivität zur Ausnahmebehandlung durchgeführt werden. Oder die Aktivität wird fortgeführt, während parallel dazu etwas Weiteres ausgelöst wird. BPMN stellt eine visuelle Sprache zur Beschreibung aller dieser Formen von ereignisbasiertem Verhalten zur Verfügung.

Wenn Sie gelegentlich hören, BPMN sei zu kompliziert für Geschäftsleute, ist damit meistens die umfangreiche Vielfalt an Ereignistypen gemeint. Diese sehen Sie in der Tabelle in Abbildung 7-1. Sie wurde direkt der BPMN-Spezifikation entnommen und umfasst 13 Reihen, eine für jeden Auslöser bzw. jedes Resultat, und acht Spalten. Insgesamt wären damit theoretisch 104 Kombinationen möglich, doch rund die Hälfte der Zellen sind leer, was bedeutet, dass diese Kombinationen nicht zur Verfügung stehen.

Wir stimmen zu, dass diese Tabelle zu kompliziert ist, um sie auswendig zu wissen. Glücklicherweise ist das auch nicht nötig. In Ebene 1 haben Sie etwas über allgemeine, Nachrichten- und zeitliche Startereignisse gelernt sowie über allgemeine, Nachrichten- und Terminierungsereignisse. Des Weiteren wurden mehrfache Ereignisse erwähnt, die, wie Sie sich erinnern mögen, keine eigenen semantischen Elemente darstellen, sondern nur mehrere Auslöser oder Resultate haben können. Die Palette der Ebene 2 enthält zusätzlich die Zwischenereignisse, die durch einen doppelrandigen Kreis dargestellt werden. Zusätzlich kommen in Ebene 2 einige weitere Auslöser dazu. Die analytische Unterklasse der BPMN 2.0, also die offizielle Palette von Ebene 2, integriert alle Auslöser aus der Ebene 1 und definiert zusätzlich die Ereignisstypen Fehler, Eskalation, Bedingung, Signal und Link. Wir werden uns auf die grossen drei Ereignistypen fokussieren: *Zeit*, *Nachricht* und *Fehler*. Diese kleine, übersichtliche Teilmenge müssen Sie unbedingt kennen (Abbildung 7-2). Danach erörtern wir kurz Eskalations-, Signal-, Bedingungs- und Link-Ereignisse sowie Ereignis-Unterprozesse. Eine Beschreibung von Abbruch- und Kompensationsereignissen verschieben wir auf Kapitel 10.

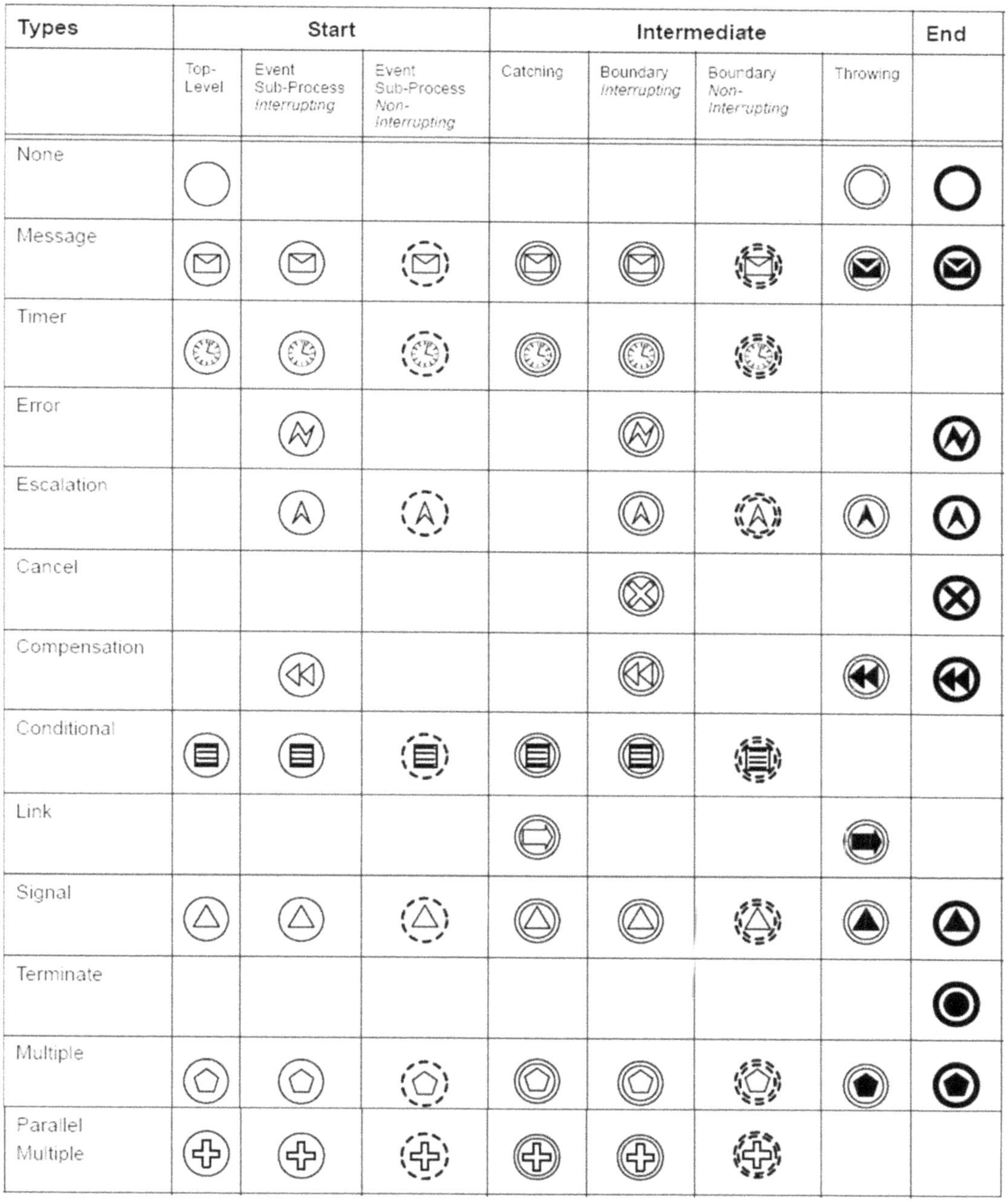

Types	Start			Intermediate				End
	Top-Level	Event Sub-Process interrupting	Event Sub-Process Non-Interrupting	Catching	Boundary Interrupting	Boundary Non-Interrupting	Throwing	
None	○						◯	○
Message	✉	✉	✉	✉	✉	✉	✉	✉
Timer	⏲	⏲	⏲	⏲	⏲	⏲		
Error		⊘			⊘			⊘
Escalation		Ⓐ	Ⓐ		Ⓐ	Ⓐ	Ⓐ	Ⓐ
Cancel					⊗			⊗
Compensation		⊲			⊲		◀◀	◀◀
Conditional	▤	▤	▤	▤	▤	▤		
Link				▱			▰	
Signal	△	△	△	△	△	△	▲	▲
Terminate								●
Multiple	⬠	⬠	⬠	⬠	⬠	⬠	⬟	⬟
Parallel Multiple	✚	✚	✚	✚	✚	✚		

Abbildung 7-1: Ereignisse von BPMN 2.0 - vollständiges Set

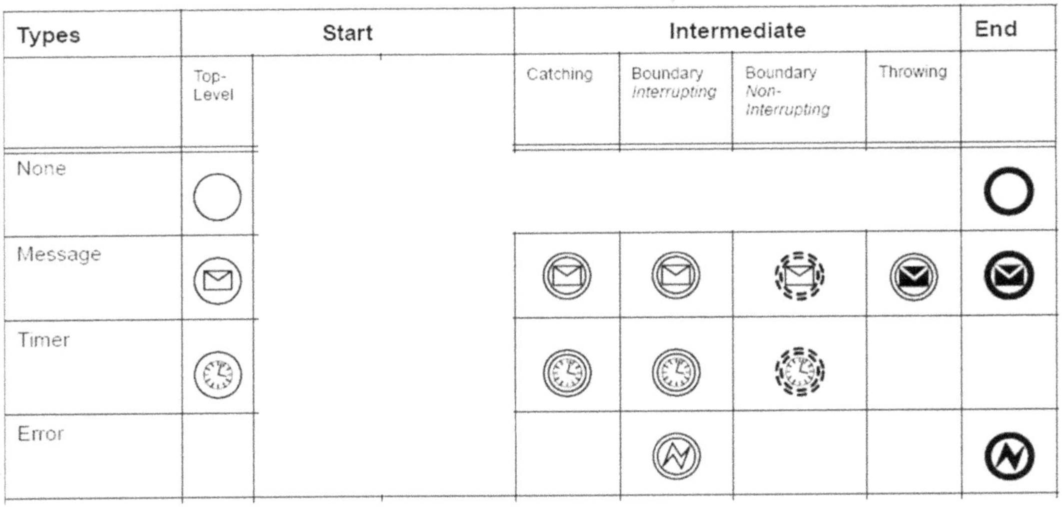

Types	Start		Intermediate				End
	Top-Level		Catching	Boundary interrupting	Boundary Non-Interrupting	Throwing	
None	◯						⬤ (bold circle)
Message	✉		✉	✉	✉ (non-interrupting)	✉ (throwing)	✉ (end)
Timer	⏱		⏱	⏱	⏱ (non-interrupting)		
Error				⚡ (boundary interrupting)			⚡ (end)

Abbildung 7-2: Ereignisse von BPMN 2.0 - die wichtigsten Elemente

Ereignisbasiertes Verhalten

Der Ausdruck „ereignisbasiertes Verhalten" bezieht sich auf Aktionen, deren Initiierung auf der Erkennung eines bestimmten Auslösesignals basiert. Ein Beispiel davon haben wir bereits in Ebene 1 gesehen: Ein Startereignis mit spezifiziertem Auslöser erstellt immer eine neue Prozessinstanz, sobald der Auslöser eintrifft. Ein Nachrichten-Startereignis generiert beispielsweise eine neue Prozessinstanz, wenn es die Nachricht entgegennimmt, die durch einen eingehenden Nachrichtenfluss repräsentiert wird. Ein zeitliches Startereignis kreiert immer dann eine neue Prozessinstanz, wenn der periodische, geplante Termin fällig wird. Die Instanziierung erfolgt *unmittelbar* nach Erfassung des Auslösesignals.

Mit der Ebene 2 wenden wir uns nun den *Zwischenereignissen* zu, welche mit einen doppelten Rand gezeichnet werden. Wie ihr Name bereits sagt, treten alle Zwischenereignisse immer nach dem Start einer Prozessebene und vor deren Ende auf. Für die genaue Bedeutung müssen das Symbol innerhalb der doppelrandigen Form sowie seine Platzierung im Diagramm interpretiert werden. Die vier Spalten der Zwischenereignisse in Abbildung 7-2 (plus die zwei Spalten für Startereignisse des Ereignis-Unterprozesses) zeigen, welche unterschiedlichen Auslöseverhalten ein Auslösertyp aufweisen kann.

- Ein *sendendes* Zwischenereignis (mit schwarz ausgefülltem Symbol) bedeutet, dass der Prozess selber das Auslösesignal *generiert*. Nur wenige Zwischenereignisse unterstützen dieses sendende Verhalten. Sobald der eingehende Sequenzfluss ankommt, erfolgt automatisch und sofort der Versand des Signals. Unmittelbar danach läuft der Prozess auf dem ausgehenden Sequenzfluss weiter. Bei einem nicht-automatisierten Prozess stellen wir uns der Einfachheit halber vor, dass diese Sequenz automatisch laufen würde. Zwischenereignisse vom Typ Nachricht erlauben solche sendende Verhaltensweisen, nicht aber jene vom Typ Zeit und Fehler.

- Das *empfangende* Zwischenereignis trägt ein nicht ausgefülltes Symbol und wird mit ein- und ausgehenden Sequenzflüssen gezeichnet. Es bedeutet, dass der Prozess auf das Eintreffen eines Auslösesignals *wartet*. Wenn dieses eintrifft, wird der Prozess auf dem ausgehenden Sequenzfluss weiterverfolgt. Die meisten Typen von Zwischenereignissen unterstützen dieses Verhalten, zum Beispiel Nachrichten- und Zeitereignis, nicht aber das Fehlerereignis. Mit anderen Worten: Ein Prozess kann zwar auf eine Nachricht oder einen Termin warten, auf einen Fehler hingegen nie.

Abbildung 7-3: Empfangendes (links) und sendendes (rechts) Nachrichtenereignis

- Ein empfangendes Zwischenereignis, das auf dem Rand einer Aktivität liegt, wird *angeheftetes Ereignis* genannt. Hier wartet der Prozess nicht auf das Signal, sondern sein Verhalten könnte besser mit *horchen* beschrieben werden: Der Prozess horcht, ob ein spezifisches Signal ausgelöst wird. Falls das Signal vor dem Ende der Aktivität auftritt, wird der aus dem Ereignis hinausführende Ausnahmepfad beschritten. Wenn die Aktivität endet, ohne dass ein entsprechendes Signal ausgelöst worden ist, wird der Ausnahmefluss ignoriert. Der Prozess folgt dem *normalen Fluss*, also dem aus der Aktivität herausführenden Sequenzfluss.

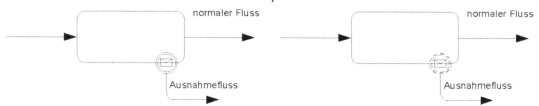

Abbildung 7-4: Unterbrechendes (links) und nicht-unterbrechendes (rechts) angeheftetes Nachrichtenereignis

Ein angeheftetes Ereignis erhält keinen eingehenden, aber genau einen ausgehenden Sequenzfluss (Ausnahmefluss). Hierbei existieren zwei Arten von angehefteten Ereignissen: *Unterbrechende* angeheftete Ereignisse werden als Kreise mit durchgezogenem Rand dargestellt. Sie bedeuten, dass die Aktivität abgebrochen wird, sobald das Auslösesignal eintrifft. Der Prozess wird somit nicht auf dem normalen Fluss, sondern auf dem Ausnahmefluss weiterverfolgt. Nachrichten-, Zeit- und Fehlerereignisse können als angeheftete unterbrechende Ereignisse verwendet werden.

Ein *nicht-unterbrechendes* Ereignis wird als gestrichelter, doppelrandiger Kreis dargestellt und bricht die Aktivität nicht ab, sondern diese wird wie vorgesehen fortgeführt. Und wenn sie beendet ist, fährt der Prozess auf dem normalen Fluss weiter. Zusätzlich wird über einen Ausnahmepfad allerdings ein neuer, paralleler Fluss instanziiert, zum normalen Fluss werden also zusätzliche Massnahmen eingeleitet. Nicht-unterbrechende Ereignisse wurden mit der BPMN 2.0 neu eingeführt und stellen mit die wertvollsten Elemente der analytischen Palette dar. Sie treten als angeheftete Nachrichten- und Zeitereignisse auf, nicht aber als angeheftete Fehlerereignisse. Letztere weisen immer ein unterbrechendes Verhalten auf.

Der korrekte Gebrauch von Zeit-, Nachrichten- und Fehlerereignissen ist für die Ebene 2 der BPMN entscheidend. Deshalb wollen wir sie Stück für Stück durcharbeiten.

Zeitereignis

Wartendes Zeitereignis

Ein empfangendes zeitliches Zwischenereignis mit ein- und ausgehenden Sequenzflüssen stellt eine Verzögerung des Prozessflusses dar. Es besagt entweder *warte [eine bestimmte Zeit]* oder *warte [bis zu einem bestimmten Zeitpunkt]*. Vielleicht müssen Sie in einem Prozess kurz warten, bevor eine bestimmte Aktivität wiederholt durchgeführt wird. Das könnte der Fall sein, wenn Sie auf eine Datenlieferung warten und in bestimmten Zeitabständen kontrollieren wollen, ob die Lieferung bereits auf einen Server hochgeladen wurde (Abbildung 7-5, oben). Sie können das empfangende Zeitereignis ebenfalls verwenden, um das Abwarten eines geplanten Zeitpunktes zu modellieren (Abbildung 7-5, unten).

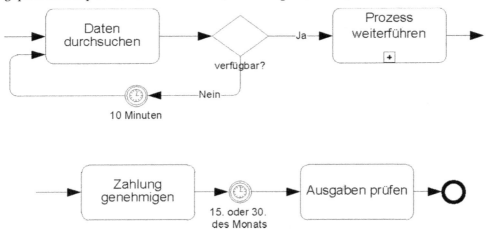

Abbildung 7-5: Verzögerung durch Zeitereignis

Ein empfangendes Zeitereignis bedeutet NICHT, dass auf etwas Bestimmtes, wie zum Beispiel eine Antwort, gewartet wird. Das Warten auf eine Antwort würde man mit einem Nachrichtenereignis modellieren. Verwenden Sie das Zeitereignis auch nicht, um zu zeigen, dass eine Aktivität „normalerweise" drei Tage dauert. Nur in einem bestimmten Anwendungsfall, den wir später eingehend besprechen, ist dies in Form eines angehefteten Zeitereignisses möglich.

BPMN sieht für das Zeitereignis bestimmte Attribute vor, durch welche die zeitliche Frist oder ein spezifisches Datum oder eine Uhrzeit angegeben werden können. Weil diese Attribute im Diagramm nicht sichtbar sind, wird die Frist bzw. das Datum/die Uhrzeit im Diagramm durch die Beschriftung des Zeitereignisses dargestellt.

Angeheftetes Zeitereignis

Das angeheftete Zeitereignis agiert wie eine Kombination aus Stoppuhr und Weckruf. Die Stoppuhr startet immer gleichzeitig mit der Aktivität, an die das Ereignis angeheftet ist. Der Start der Aktivität ist dabei unbedingt mit der Ankunft des eingehenden Sequenzflusses gleichzusetzen und nicht mit dem Moment, in dem der Taskverantwortliche die Arbeit aufnimmt. Falls die Aktivität nach Ablauf der im Zeitereignis vorgegebenen Dauer noch nicht abgeschlossen worden ist, wird ein Alarm ausgelöst. Denken wir noch einmal daran, dass die BPMN kein Mittel kennt, um zu bestimmen, wie lange eine Aktivität normalerweise dauert. Die BPMN lässt Sie jedoch bestimmen, was zu tun ist, wenn der Durchlauf der Aktivität zu lange dauert.

Was dann geschieht, hängt davon ab, ob es sich um ein unterbrechendes Ereignis handelt oder nicht. Ein unterbrechendes Zeitereignis bricht die Aktivität ab und lässt den Prozess auf einem Ausnahmepfad weiterlaufen. Ein nicht-unterbrechendes Zeitereignis hingegen stösst einen parallelen Fluss an, den so genannten Ausnahmepfad, ohne die Aktivität bzw. den normalen Fluss abzubrechen.

Im Beispiel (Abbildung 7-6) wird ein unterbrechendes Zeitereignis für ein Einstellungsverfahren verwendet. Es zeigt, dass die Suche nach internen Kandidaten abgebrochen werden soll, falls sie nicht innerhalb von zwei Wochen erfolgreich war, und ein externer Headhunter engagiert wird. Beachten Sie, dass hier Ausnahmefluss und normaler Fluss exklusive Alternativen darstellen. Deshalb dürfen sie bei *Bewerbungen überprüfen* ohne Gateway zusammengeführt werden.

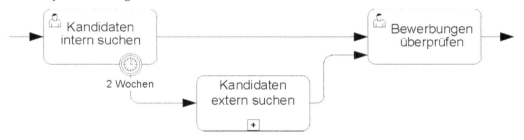

Abbildung 7-6: Unterbrechendes angeheftetes Zeitereignis

Das nicht-unterbrechende Zeitereignis wird etwas häufiger verwendet als das unterbrechende. Wenn die Ausführung einer bestimmten Aktivität zu lange dauert, soll diese oft nicht abgebrochen werden, sondern beispielsweise währenddessen ein wartender Kunde oder der Vorgesetzte über den Verlauf informiert und gleichzeitig zusätzliche Hilfe angefordert werden.

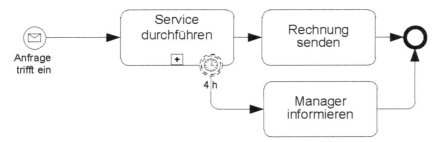

Abbildung 7-7: Nicht-unterbrechendes angeheftetes Zeitereignis

Wenn *Service durchführen* in Abbildung 7-7 länger als vier Stunden dauert, soll ein Vorgesetzter informiert, aber gleichzeitig weitergearbeitet werden. Genau vier Stunden nach dem Start von *Service durchführen* wird also der Ausnahmefluss aktiviert und die Aktivität selbst dabei fortgeführt. Sobald diese beendet ist, folgt *Rechnung senden*. Daraus ergibt sich, dass mit nicht-unterbrechenden Ereignissen sowohl der normale als auch der Ausnahmefluss parallel ausgeführt werden. Am Ende führen wir beide Pfade direkt in das Endereignis, weil ein Gateway bei der Zusammenführung in ein allgemeines Endereignis nicht notwendig ist.

Das zeitliche Zwischenereignis könnte selbstverständlich mehrmals angestossen werden, da die Aktivität nicht abgebrochen wird. Sie könnten beispielsweise eine Erinnerung oder Notifizierung modellieren, die bis zum Ende der Aktivität nach Ablauf jeder Stunde ausgelöst wird. In diesem Fall benennen Sie das Ereignis einfach *jede Stunde* oder *stündlich*.

Zeitintervall

In den besprochenen Beispielen haben wir gesehen, wie ein angeheftetes Zeitereignis die Zeit von Start bis Ende einer Aktivität misst. Wie aber wird ein Zeitintervall definiert, das sich über einen ganzen, aus mehreren Aktivitäten bestehenden Prozessteil erstreckt? Ganz einfach: Sie legen den betroffenen Teil des Prozesses in einen *Unterprozess* und heften an dessen Rand ein Zeitereignis.

Abbildung 7-8 illustriert dies anhand des Verkaufsprozesses in einer Fastfood-Kette. Nach Bestellung und Bezahlung werden alle bestellten Artikel parallel zubereitet. Sobald alles bereit steht, wird die Bestellung dem Kunden übergeben.

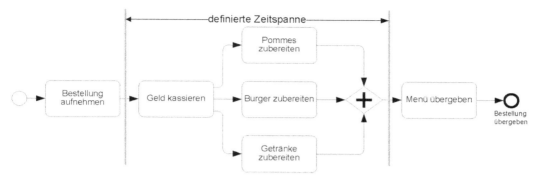

Abbildung 7-8: Um ein Zeitintervall über mehrere Aktivitäten hinweg zu setzen, ...

Nun möchten wir definieren, dass der Kunde sein Geld zurückerhält, sofern sein Essen nicht innerhalb von fünf Minuten nach Aufnahme der Bestellung bereitsteht. Mit anderen Worten: Wir definieren ein Zeitintervall, das sich über mehrere Aktivitäten erstreckt, etwa so wie in Abbildung 7-8. Mit BPMN setzen wir dies um, indem wir über das ganze Intervall einen Unterprozess legen und auf den Rand dieses Unterprozesses ein nicht-unterbrechendes Zeitereignis heften (Abbildung 7-9). In einer Inlinedarstellung sieht es dann wie folgt aus:

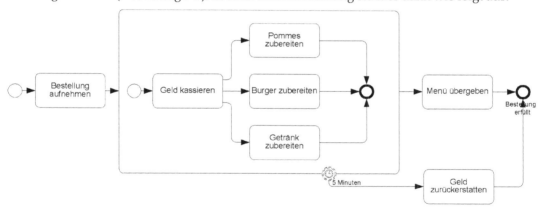

Abbildung 7-9: ...werden die Aktivitäten in einen Unterprozess gelegt und an dessen Rand ein Zeitereignis angeheftet.

Zeitereignis versus Gateway

Ein am Anfang häufig gesehener Fehler ist es, die Dauer einer Aktivität mit Hilfe eines auf die Aktivität folgenden Gateways überprüfen zu wollen. In dem Fall erreicht der Prozess das Gateway erst, wenn die Aktivität beendet ist. Zu diesem Zeitpunkt ist es aber bereits zu spät, um eine zusätzliche, eventuell unterstützende Massnahme einzuleiten. Der Vorteil eines angehefteten Ereignisses ist es, dass es unmittelbar nach Ablauf der Frist ausgelöst wird, also bevor die zeitlich kontrollierte Aktivität abgeschlossen ist. Dazu eine Illustration.

Betrachten Sie die zwei Diagramme in Abbildung 7-10. Beide versuchen darzustellen, wie ein Mobilfunkanbieter Anfragen zur Anpassung eines Telefonvertrages bearbeitet. Gewünschte zusätzliche Dienstleistungen sollten innerhalb einer Stunde zur Verfügung gestellt werden. Falls die Freischaltung länger dauert, wird der Kunde über den zu erwartenden Abschlusszeitpunkt informiert. Wird der Kunde in beiden Diagrammen zum selben Zeitpunkt informiert?

Abbildung 7-10: Tritt die Information des Kunden in beiden Diagrammen zur selben Zeit auf?

Die Antwort lautet nein. Im linken Diagramm mit Gateway wird der Kunde erst nach Abschluss der Freischaltung informiert, egal wie lange diese dauert. Dies entspricht sehr wahrscheinlich nicht der Vorstellung des Unternehmens. Im Diagramm rechts wird der Kunde nach genau einer Stunde über die Verspätung informiert, sofern der Auftrag noch nicht abgeschlossen ist. Auch wenn das Zeitereignis - in diesem Fall die Aktivität - nicht abbricht, wird sofort die Zusatzmassnahme eingeleitet. Es wird nicht erst das Ende der Aktivität abgewartet, und hier liegt der eigentliche Wert angehefteter Zeitereignisse.

Nachrichtenereignis

Bevor wir näher auf die Details von Nachrichtenereignissen eingehen, ist es hilfreich zu erläutern, was in der BPMN unter „senden" und „empfangen" verstanden wird.

Nachricht und Nachrichtenfluss

Die Begriffe *senden* und *empfangen* sind als Schlüsselbegriffe der BPMN zu verstehen, die speziell für das Senden und Empfangen von *Nachrichten* verwendet werden. Diese werden im Diagramm durch *Nachrichtenflüsse* dargestellt. Unter einer „Nachricht" wird in der BPMN jede Art von Kommunikation zwischen dem Prozess und einer externen Entität verstanden. Letztere kann ein Kunde, ein Dienstleister, ein anderer interner Prozess oder auch eine Software sein. Die Spezifikation von BPMN 2.0 definiert eine Nachricht als den Inhalt einer Kommunikation zwischen zwei Teilnehmern. Sie kann jede beliebige Form annehmen. Es muss sich nicht unbedingt um eine für ausführbare Prozesse typische SOAP- oder JMS-Nachricht handeln, sondern in den meisten Prozessmodellen geht es um Kommunikation zwischen Menschen, zum Beispiel durch Briefe, Faxmitteilungen, E-Mails oder Telefonanrufe. Die einzige Bedingung ist, dass es sich bei Absender und Empfänger um zwei verschiedene Teilnehmer handelt. Die beiden dürfen also nicht Teil des gleichen Prozesses sein.

Eine Nachricht kann in der BPMN sogar einen *materiellen Fluss* darstellen, wie zum Beispiel die Lieferung eines physischen Objekts. Das Metamodell der BPMN spezifiziert den Nachrichteninhalt, englisch „payload", in der Elementdefinition „item definition". Frühe Entwürfe von BPMN 2.0 enthielten dafür den Begriff „data definition" (Datendefinition). Dieser wurde später in „item definition" umbenannt, um zu verdeutlichen, dass Nachrichten (und Datenobjekte) sowohl als physische als auch als Informationsobjekte repräsentiert werden können.

Der Unterschied zwischen einem Signal - als weiterer möglicher Form der Kommunikation zwischen Prozessen - und einer Nachricht ist, dass die Nachricht an einen bestimmten Empfänger bzw. Prozess oder möglicherweise an eine bestimmte Prozessinstanz adressiert wird, während ein Signal an *irgendeinen* „horchenden" Prozess ausgestrahlt werden kann. Das Thema Signal wird später noch weiter erörtert. Aufgrund der Tatsache, dass ein Nachrichtenfluss immer einer bestimmten Aktivität oder einem Ereignis zugeordnet wird, kann eine Nachricht im Diagramm bei Bedarf durch mehr als einen Nachrichtenfluss dargestellt werden. Jeder Nachrichtenfluss würde dann den Empfang dieser Nachricht an einem anderen Punkt im Prozess repräsentieren.

Sende-Task und sendendes Nachrichtenereignis

Der Ausdruck *Senden* impliziert in BPMN eine Nachricht und somit einen Nachrichtenfluss. Eine Nachricht kann durch einen Black-Box-Pool, ein sendendes Nachrichtenereignis oder einen beliebigen Typ von Aktivität versandt werden.

Beachten Sie, dass der Nachrichtenfluss aus einer Aktivität (wie z.B. eine Benutzeraktivität) nur die Möglichkeit eines Nachrichtenversands darstellt. Die Nachricht wird also nicht mit Gewissheit versandt. Deshalb benötigen wir einen Weg, um anzuzeigen, dass in einem Prozessschritt *immer* eine Nachricht versendet werden soll. Diese Möglichkeit steht uns mit der Ebene 2 von BPMN in gleich zwei Varianten zur Verfügung. Die erste davon ist der *Sende-Task*, dargestellt durch einen schwarzen Briefumschlag (Abbildung 7-11, links). Ein Sende-Task kann nur eine einzige Tätigkeit ausführen: eine Nachricht versenden. Das Versenden geschieht definitionsgemäss sofort bei Ankunft des eingehenden Sequenzflusses, und gleich danach wird auf dem ausgehenden Sequenzfluss weitergefahren. Dies läuft implizit und automatisch ab und kann gleichsam für die zwischenmenschliche Kommunikation wie für das explizite Versenden einer Nachricht verwendet werden. Dieser Vorgang könnte natürlich auch bei einem Nachrichtenfluss aus einem Benutzer-Task gezeigt werden, indem eine Text-Anmerkung an den Nachrichtenfluss gehängt wird. Der Kommentar würde dann angeben, ob die Nachricht entweder in jedem Fall oder nur unter bestimmten Voraussetzungen versandt wird.

Abbildung 7-11: Sende-Task und sendendes Nachrichten-Zwischenereignis

Alternativ zum Sende-Task erfüllt ein *sendendes Nachrichten-Zwischenereignis* (Abbildung 7-11, rechts) denselben Zweck. Effektiv handelt es sich bei beiden um dasselbe. Auch hier wird eine Nachricht versandt, wenn der eingehende Sequenzfluss ankommt, und dann sofort auf dem ausgehenden Sequenzfluss weitergefahren. Sie fragen sich nun vielleicht, warum die BPMN zwei verschiedene Elemente für exakt dieselbe Funktion kennt.

Das liegt daran, dass es doch einen feinen Unterschied zwischen einem sendenden Nachrichtenereignis und einem Sende-Task gibt. Der Task ist eine Aktivität und es gibt somit einen Ausführenden, was beim Ereignis nicht der Fall ist. Sie können dem Task auch eine Markierung geben, welche die mehrmalige Ausführung der Aktivität bestimmt, also den Versand mehrerer Nachrichten. Ein Ereignis kann nicht auf diese Art spezifiziert werden. Zudem können Sie an den Rand eines Sende-Tasks ein Fehler-Zwischenereignis heften, um eine eventuell nötige Fehlerbehandlung einzuschließen, was bei Ereignissen auch nicht möglich ist. Inhaltlich stellen beide Elemente allerdings dasselbe dar.

Wird ein Prozess durch ein Nachrichten-Startereignis initiiert, zeigen wir den Endstatus gerne durch Nachrichten-Endereignisse an, und zwar einem pro Endstatus. In der IT-Sprache sagt man dazu, dass die Nachrichten mit Start- und Endstatus die „Signatur" oder „Schnittstelle" des Prozesses definieren. Ausserdem lässt sich das dadurch symmetrisch gestaltete Diagramm besser lesen. Im Falle eines ausführbaren Prozesses stehen die Nachrichten an Start und Ende effektiv für die Prozessschnittstelle, die beispielsweise durch WSDL (Web Service Description Language) definiert wird.

Zeichner von nicht-ausführbaren Modellen lässt die Tatsache, dass Ereignisse keinen Ausführenden haben, oft von deren Verwendung abhalten. Dies ist verständlich, wenn die Quelle der Nachricht im Modell identifiziert werden soll. Wir möchten hier zeigen, wie das gelöst werden kann.

Ein Weg führt über die Verwendung von Lanes. Diese identifizieren den Ausführenden gewöhnlich als Rolle oder Organisationseinheit. Technisch gesehen ist dem Ereignis kein Ausführender zugewiesen, was nahelegt, dass auch Lanes nicht für diesen Zweck verwendet werden können. Allerdings können Lanes in BPMN 2.0 zur Kategorisierung *jeglicher* Art von Element verwendet werden. Die Entscheidung liegt ganz einfach beim Modellzeichner. Wenn Sie also für Ihre Organisation eine interne Konvention vereinbaren möchten, welche besagt, dass die Lane eines Nachrichtenereignisses den Versandbeauftragten identifiziert, dann ist das absolut mit der BPMN konform.

Eine zweite Möglichkeit ist eher technischer Natur und findet vornehmlich bei E-Mails Anwendung. Auch wenn Sie Nachrichtenereignisse nicht bestimmten Rollen zuweisen können, bedeutet dies nicht, dass der Empfänger die Identität des Senders nicht kennt. Sie ist schliesslich Teil des Nachrichteninhalts. In einer E-Mail finden Sie ihn in der Absenderzeile. Trotzdem tun sich einige Modelldesigner schwer damit, ein Nachrichten-Endereignis in Lane A zu zeichnen, wenn der Sender eigentlich zu Lane B gehört. So etwas kommt vor, wenn mehrere Prozesspfade zu einem einzigen Endereignis in Lane A zusammengeführt werden, weil nur ein Endstatus vorgesehen ist. Trotz dieser Modellierung könnte der Sender zur Lane B gehören. Falls diese Lösung für Sie nicht klar genug ist, empfehlen wir, den Endstatus durch einen separaten *Task* zu versenden, einem pro Absender in jeder Lane. Nach diesen Tasks wird dann in ein einziges, allgemeines Endereignis zusammengeführt.

Senden innerhalb eines Prozesses

Ein oft gesehener Fehler ist, einen Sende-Task für die prozessinterne Nachrichtenvermittlung zu verwenden (Abbildung 7-12). Weil „Sender" und „Empfänger" Teil des gleichen Prozesses sind, benötigen Sie keine Nachricht. Deshalb ist auch ein Sende-Task unangebracht. Und weil „Senden" ohnehin zu einer Art Schlüsselbegriffe der BPMN gehört, sollte dieses Wort in der Beschriftung eines Benutzer-Tasks nicht einmal vorkommen!

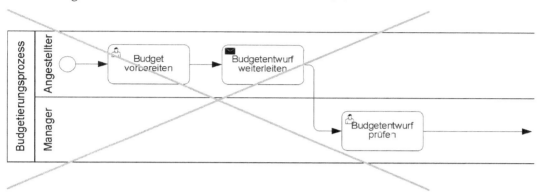

Abbildung 7-12: Zur Kommunikation innerhalb eines Prozesses keinen Sende-Task verwenden

Wie leiten Sie also eine Arbeit an den Verantwortlichen eines nachfolgenden Tasks weiter? Oder wie informieren Sie eine Vorgesetzte, welche sich in einer separaten Lane des Prozesses befindet?

Wenn es nur um die Weiterleitung von Arbeit an Personen mit nachfolgenden Tasks geht, dann modellieren Sie die Aktion des Sendens am besten gar nicht. Das wird bereits durch den Sequenzfluss *impliziert* (Abbildung 7-13). Im Falle eines automatisierten Workflows wird nicht nur über die anstehende Arbeit benachrichtigt. Vielmehr wird das gesamte Set an Instanz-Daten, welche an diesem Punkt im Prozess verfügbar sind, weitergeleitet. Unter diesen Instanz-Daten können Sie Dokumente, Formulare etc. verstehen. Wenn es in Ihrem Diagramm nicht unbedingt notwendig ist, der Bemühung des Sendens spezielles Gewicht beizumessen, dann empfehlen wir die Annahme, dass solche Verteilaktionen irgendwie – also nicht näher spezifiziert – erfolgen, auch in nicht-automatisierten Prozessen.

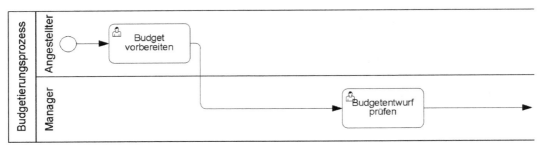

Abbildung 7-13: Der Sequenzfluss impliziert bereits einen Versand von Prozessinformationen an nachgelagerte Aktivitäten

Es kann sein, dass die Weiterleitung von Budgetmaterial an den Vorgesetzten nicht einfach durch das Anhängen eines Tabellenblatts an eine E-Mail geschieht. Sagen wir, dass ein ganzer Aktenschrank in zwei Ladungen zur Fedex gebracht werden muss. Zudem möchten Sie genau diesen Typ Leistung in Ihren SOLL-.Prozessen verbessern. Deshalb werden Sie aus dieser Aktion eher einen Task definieren, anstatt sie zu verbergen. Allerdings handelt es sich dann um einen Benutzer-Task, nicht um einen Sende-Task (Abbildung 7-14). Weil keine BPMN-Nachricht involviert ist verzichten Sie auch auf den Gebrauch des Verbs *senden*. Viel besser wählen Sie etwas wie *weiterleiten* oder *verpacken und liefern*. Und falls Sie dem gelieferten Material Beachtung schenken wollen, zeigen Sie das noch mit einem Datenobjekt an.

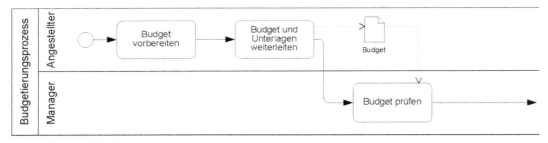

Abbildung 7-14: Ein Benutzer-Task kann die Sende-Arbeit innerhalb eines Prozesses repräsentieren

Mit Benachrichtigungen, d.h. wenn der Empfänger keine Aktion für den Fortlauf des Prozesses starten muss, verhält es sich etwas anders. In dem Fall werden Sie der Lane des Empfängers keinen Task hinzufügen. Das würde nämlich bedeuten, dass dieser aufgrund von der Meldung etwas leisten müsste. Stattdessen verwenden Sie in der Lane des Senders einen Benutzer-Task und identifizieren den Empfänger in der Task-Beschriftung (Abbildung 7-15).

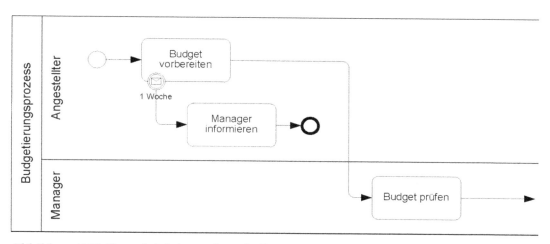

Abbildung 7-15: Benachrichtigung innerhalb eines Prozesses

Empfangen-Task und empfangendes Nachrichtenereignis

Eng verwandt mit dem Senden ist das *Empfangen*. Wiederum ist der Begriff nur für die Kommunikation mit externen Teilnehmern reserviert. Dass ein Nachrichten-Startereignis, welches eine Nachricht empfängt, eine neue Prozessinstanz erzeugt, haben wir bereits gesehen. Nachrichten können allerdings auch inmitten eines Prozesses empfangen werden. So wie bei der Sende-Variante gilt auch hier, dass eingehende Nachrichtenflüsse in einen Benutzertask nicht zwingend empfangen werden müssen.

Mit der BPMN steht uns ein spezieller Tasktyp zur Verfügung, welcher *einzig und allein* Nachrichten empfangen kann: der *Empfangen-Task*. Mehr als dieses Empfangen lässt sich damit nicht beschreiben. Wenn der eingehende Sequenzfluss ankommt pausiert der Prozess. Sobald die Nachricht eingeht, wird der Prozess auf dem ausgehenden Sequenzfluss weitergeführt. Ein Empfangen-Task, der unmittelbar auf ein allgemeines Startereignis folgt, kann als instanziierend definiert werden (das Nachrichten-Ikon in der linken oberen Ecke wird noch mit einem Kreis umfahren). Der Prozess wird also erst mit dem Eintreffen der Nachricht gestartet. Wenn Sie aber explizit zeigen wollen, dass der Prozess durch eine (Prozess-)externe Anfrage gestartet wird, ist es sinnvoll, den Start mit einem Nachrichten-Startereignis inklusive eingehendem Nachrichtenfluss zu modellieren. Denn das Konstrukt mit allgemeinem Startereignis und *nachfolgendem instanziierendem* Empfangen -Task ist visuell nur schwer von einem manuellen Start zu unterscheiden, welchem dann ein „Warten" auf eine Nachricht folgt (Empfangen Task).

Abbildung 7-16: Empfangen-Task und empfangendes Nachrichten-Zwischenereignis

Ein *empfangendes Nachrichten-Zwischenereignis* (Abbildung 7-16, rechts) bedeutet dasselbe wie ein Empfangen-Task. Beim Ereignis wird auf die Nachricht gewartet. Sobald diese eintrifft, fährt der Prozess fort. Wie beim Senden gibt es hier einen kleinen Unterschied zum Empfangen-Task. Sie können an den Task ein Zeitereignis anheften, was beim Ereignis unmöglich ist. Wir werden nachfolgend zeigen, dass genau diese Situation auch auf eine andere Art modellierbar ist.

Asynchrone und synchrone Nachrichtenvermittlung

Sende- und Empfangen-Tasks sowie sendende und empfangende Nachrichtenereignisse repräsentieren eine *asynchrone Kommunikation*. Sobald der Prozess die Nachricht versendet, fährt der Fluss auf dem ausgehenden Sequenzfluss fort. Eine ebentuelle Antwort wird nicht abgewartet. *Synchrone Kommunikation* bedeutet dagegen, dass der Prozess nach dem Versenden einer Nachricht auf eine Nachricht wartet, bevor er weiterfährt.

Der *Servicetask* ist ein Beispiel für synchrone Kommunikation. Sie erinnern sich bestimmt, dass der Servicetask eine automatisierte Tätigkeit darstellt. Im technischen BPMN-Metamodell ruft der Servicetask eine automatisierte Aktion in einem System auf und erhält daraus anschliessend eine Rückmeldung. Bei Aufruf und Rückmeldung handelt es sich effektiv um *Nachrichten*, doch normalerweise stellen wir sie im Diagramm nicht als Nachrichtenflüsse dar. Sie werden einfach impliziert. Ein Servicetask gilt nicht als beendet, solange er keine Rückmeldung vom aufgerufenen System erhält. Genau das ist unter synchroner Kommunikation zu verstehen.

In einem ausführbaren Prozess haben synchrone Tasks nur eine kurze Laufzeit. Sie werden innerhalb von Millisekunden abgeschlossen. Wenn ein automatisierter Task längere Zeit dauert, d.h. mehrere Minuten, Stunden oder sogar Wochen, dann wird er in BPMN mit einem asynchronen Aufruf modelliert. Dafür wird ein Sende-Task oder sendendes Nachrichten-ereignis verwendet und kein Service-Task. Während dieses Prinzip speziell in der Prozessausführung wichtig ist, so ist dessen Anwendung auch im Umfeld von nicht-ausführbaren Prozessen sehr dienlich. Deshalb verwenden Sie separate Sende- und Empfangen-Taskss (mit Nachrichtenflüssen), wenn eine automatisierte Funktion von langer Dauer ist. Den Servicetask reservieren Sie sich für kurzdauernde Aktionen (Abbildung 7-17).

Abbildung 7-17: Benutzen Sie einen Sende-Task für Services mit langer Laufzeit, Service-Tasks für solche mit kurzer Laufzeit.

Ereignisbasiertes Gateway

Abbildung 7-18 veranschaulicht die Verwendung von sendenden und empfangenden Nachrichten-Zwischenereignissen in einem Kreditkartenausgabeprozess. Falls im Kreditkartenantrag wichtige Informationen fehlen, versendet der Prozess eine Nachfrage und wartet die Antwort ab. Beachten Sie hier die Nachrichtenflüsse, welche bei Nachrichtenereignissen immer gezeichnet werden müssen.

Falls die Möglichkeit besteht, dass die Antwort nicht vor einer bestimmten Ablauffrist eintrifft, sollten Sie besser nicht mit einem „blossen" Nachrichtenereignis darauf warten, wie es in Abbildung 7-18 gezeigt wird. Sollte der Kunde sich dazu entscheiden nicht zu antworten, wird Ihre Prozessinstanz für immer am Punkt des empfangenden Nachrichtenereignisses warten. Reelle Prozesse funktionieren nicht auf diese Weise. Das passende Verhalten können Sie mit einem angehefteten Zeitereignis auf einem Empfangen-Task modellieren. Doch es gibt noch eine weitere Möglichkeit, dies zu tun.

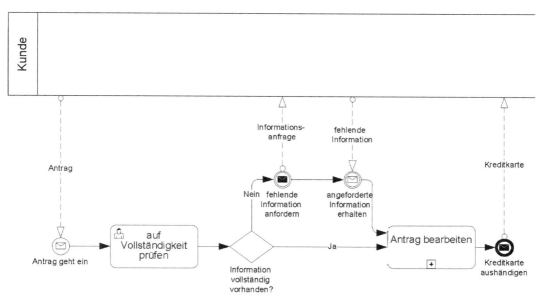

Abbildung 7-18: Sendende und empfangende Nachrichten-Zwischenereignisse

Abbildung 7-19 zeigt eine bessere Art, um auf eine Antwortnachricht zu warten. Sie wird *ereignisbasiertes Gateway* genannt. Das im Gateway liegende Symbol ist ein mehrfaches Zwischenereignis. An jedem ausgehenden Pfad liegt ein empfangendes Zwischenereignis, üblicherweise ein Nachrichten- und ein Zeitereignis. Sie könnten den einen Pfad auch mit einem Empfangen-Task ohne angeheftete Ereignisse bestücken, doch am besten verwenden Sie einfach ein Nachrichtenereignis.

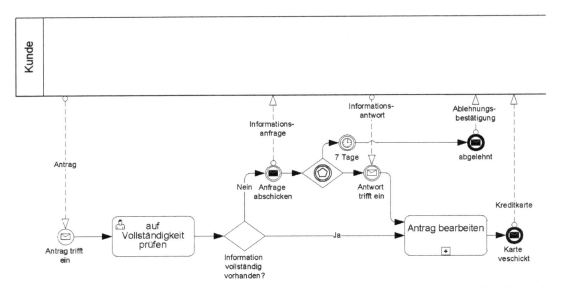

Abbildung 7-19: Dieses ereignisbasierte Gateway wartet auf eine Antwort oder den Ablauf einer Frist und reagiert auf das zuerst eintreffende Ereignis.

Wie ein normales XOR-Gateway stellt auch das ereignisbasierte Gateway eine exklusive Entscheidung dar, denn es wird nur ein Pfad weiterverfolgt. Doch die Wahl basiert nicht auf bestehenden Prozessdaten. Hier ist es das *zuerst* eintreffende Ereignis, das den Pfad aktiviert, auf dem es liegt. Ein ereignisbasiertes Gateway kann zwei und mehr solcher Pfade haben. Jeder steht mit einem Ereignis in Verbindung, das mit den anderen um die Auslösung konkurriert. Diesen Wettlauf zwischen erwarteter Antwort und ablaufender Frist veranschaulicht Abbildung 7-19. Wenn die *Informationsantwort*-Nachricht innerhalb von sieben Tagen eingeht, wird der Pfad des Nachrichtenereignisses aktiviert. Die Instanz geht demnach zu *Antrag bearbeiten* weiter. Wenn sie vor Ablauf der sieben Tage nicht eingeht, wird der Pfad des Zeitereignisses aktiviert und dessen Pfad zum Endstatus *abgelehnt* verfolgt.

Mit einem BPMN-Werkzeug müssen Sie das ereignisbasierte Gateway Stück für Stück aufbauen: Erst setzen Sie das Gateway und dann an jeden Pfad die Ereignisse. Trotz dieser Einzelteile verstehen Sie das ereignisbasierte Gateway am besten als ganzes Konstrukt.

Das ereignisbasierte Gateway können Sie auch für das Abwarten von *alternativen Nachrichten* verwenden. Indem Sie zum Beispiel *Bestätigung* und *Ablehnung* als separate Nachrichten zeichnen, können sie auf zwei eigenen Pfaden nach einem ereignisbasierten Gateway weitergehen (Abbildung 7-20). Natürlich können Sie *Bestätigung* und *Ablehnung* genauso gut als differenzierten Inhalt einer einzigen Antwort zeigen. Dann testen Sie den Wert der Nachricht mit einem XOR-Gateway, das auf den Nachrichtenempfang folgt (Abbildung 7-21).

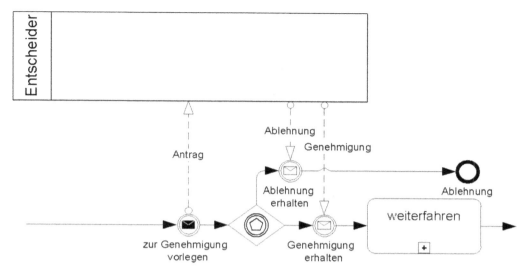

Abbildung 7-20: Verzweigung aufgrund unterschiedlicher Nachrichten mittels Ereignis-Gateway.

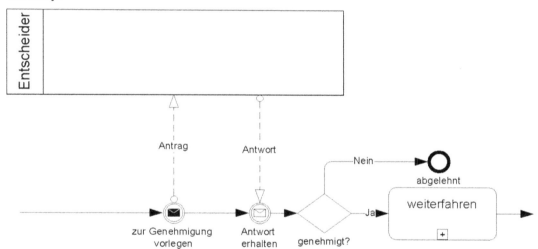

Abbildung 7-21: Verzweigung aufgrund von empfangenen Nachrichten mittels XOR-Gateway.

Die Unterscheidung zwischen Abbildung 7-20 und Abbildung 7-21 ist lediglich darstellerischer Art und in geschäftlichem Umfeld nicht signifikant. Tatsächlich könnten beide Nachrichtenflüsse in Abbildung 7-20 technisch (in XML) auf dasselbe Nachrichten-element zeigen. Wenn aber *Bestätigung* und *Ablehnung* nicht aus einem Black-Box-Pool, sondern von separaten Endereignissen kommen, dann müssten Sie die Variante aus Abbildung 7-20 anwenden.

Angeheftetes Nachrichtenereignis

Normalerweise nehmen Sie in einem Prozess eine Nachricht entgegen, wenn zuvor aus dem Prozess eine Anfrage gestellt wurde. Sie erwarten also die Antwortnachricht. BPMN bietet Ihnen zudem die Möglichkeit, Nachrichten aufzufangen und auf diese zu reagieren, auch wenn diese nicht explizit erwartet werden. Die Nachricht ist dann als Intervention durch einen externen Prozessteilnehmer zu verstehen. Der Prozess legt keine Pause ein, um auf die Nachricht zu warten, sondern hört lediglich auf ein mögliches Signal von aussen, während die aktuelle Aktivität normal weitergeführt wird. Ein *angeheftetes Nachrichtenereignis*, welches am Rand einer Aktivität angebracht ist, empfängt eine solche Nachricht und leitet eine Ereignisverarbeitung ein. Im Fall eines *angehefteten unterbrechenden Nachrichtenereignisses* wird die darunterliegende Aktivität angehalten. Die Ereignisverarbeitung stellt deshalb einen exklusiven Pfad dar. Beim *angehefteten nicht-unterbrechenden Ereignis* wird die Aktivität fortgesetzt und parallel dazu der vom Ereignis initiierte Sequenzfluss verfolgt. Falls die Aktivität abgeschlossen wird, ohne dass eine Nachricht eingeht, wird auch kein Ausnahmepfad verfolgt. Der Prozess folgt dann seinem *normalen Pfad* über den ausgehenden Sequenzfluss.

Abbildung 7-22: Unterbrechendes (links) und nicht-unterbrechendes (rechts) angeheftetes Nachrichtenereignis

In Abbildung 7-22 links storniert ein Kunde seine Bestellung, während diese bereits bearbeitet wird. Dazu terminiert ein unterbrechendes Nachrichtenereignis, das an die Aktivität *Bestellung bearbeiten* angeheftet ist, die Aktivität sofort und aktiviert den Ausnahmefluss (Abbildung 7-22, rechts). Wenn der Kunde während der Bestellbearbeitung jedoch lediglich seine Lieferdaten aktualisieren möchte, soll die Aktivität nicht unterbrochen, sondern eine zusätzliche Aktion gestartet werden. Ein Beispiel wäre die Meldung weiterer Bestellinformationen. Diese Tätigkeit erfolgt auf dem parallelen Ausnahmefluss. Sobald *Bestellung bearbeiten* beendet ist, fährt der Prozess auf dem normalen Fluss fort. Auf diese Weise werden bei nicht-unterbrechenden Ereignissen sowohl der normale wie auch der Ausnahmefluss parallel verfolgt.

Eine einzige physische Nachricht kann im Modell durch mehr als ein angeheftetes Nachrichtenereignis repräsentiert werden. Jedes Ereignis stellt dann ein separat ausgelöstes Verhalten dar, abhängig vom Status des Prozesses zum Zeitpunkt des Nachrichtenempfangs. In unserem Beispiel würde es einen wesentlichen Unterschied ausmachen, ob die Stornierung unmittelbar nach Bestelleingang oder erst kurz vor dem Versand eintrifft.

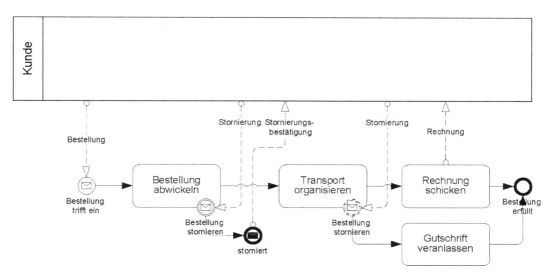

Abbildung 7-23: Dieselbe Nachricht kann von mehreren angehefteten Ereignissen empfangen werden

Eine Umsetzung davon sehen wir in Abbildung 7-23: Falls die Nachricht eintrifft, bevor *Transport organisieren* gestartet wird, wird der Prozess abgebrochen und eine *Stornierungsbestätigung* an den Kunden zurückgemeldet. Trifft aber die Nachricht erst während *Transport organisieren* ein, so kann der Prozess nicht mehr abgebrochen werden. Während des Versandes wird demnach eine neue Aktivität *Gutschrift veranlassen* initiiert. Danach wird *Rechnung schicken* gestartet. Also werden beide Pfade verfolgt, der normale wie der Ausnahmefluss.

Zur Abbildung 7-23 sind ein paar stilistische Hinweise hinzuzufügen. Zeichnen Sie zu den angehefteten Nachrichtenereignissen immer die entsprechenden Nachrichtenflüsse und beschriften Sie beide Teile. Weil die beiden separaten Ereignisse dieselbe Nachricht verarbeiten, geben Sie den Ereignissen und den Flüssen am besten auch gleich denselben Namen. Ob das eine unterbrechend und das andere nicht-unterbrechend ist, spielt dabei keine Rolle. Die Semantik hat in dem Fall auf die Beschriftung keinen Einfluss.

Sollte die Behandlung der eingehenden Nachricht in jeder Situation gleich aussehen, modellieren Sie die Verarbeitung etwas einfacher. Statt jeder betroffenen Aktivität ein Nachrichtenereignis anzuheften, umschliessen Sie diese Aktivitäten durch einen Unterprozess und bringen das Zwischenereignis an dessen Rand an (Abbildung 7-24).

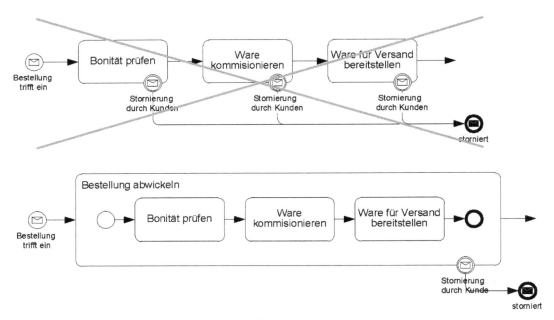

Abbildung 7-24: Wenn die Ereignisbehandlung in allen Aktivitäten gleich aussieht, ist ein angeheftetes Zwischenereignis auf einem umschliessenden Unterprozess zu verwenden

Fehlerereignis

Als letzten der drei wichtigsten Ereignistypen behandeln wir das Fehlerereignis. Dieses stellt den *Ausnahme-Endstatus* einer Prozessaktivität dar. Fehlerereignisse können nur in zwei Arten modelliert werden: Als unterbrechendes angeheftetes Ereignis und als Fehler-Endereignis. Es ist nicht möglich, mit einem Zwischenereignis auf ein Fehlersignal zu warten, und es gibt auch kein Fehler-Startereignis (mit Ausnahme des Ereignis-Unterprozesses, den wir später erläutern).

In der englischen ersten Ausgabe dieses Buches wurde empfohlen, Fehlerereignisse ausschliesslich für das Anzeigen möglicher technischer Ausnahmen zu verwenden. Ausnahmen im geschäftlichen Kontexts wurden mit einer Statusprüfung durch Gateways dargestellt. Diese Handhabung führte zu einigen Diskussionen und schliesslich zur Änderung dieser Praxis: Fehlerereignisse werden zur Modellierung von Ausnahmen eingesetzt, egal ob sie technischer Natur oder auf den Geschäftskontext bezogen sind. Semantisch existiert keine Unterscheidung zwischen einer Prüfung des Endstatus mittels Gateway und dem Gebrauch eines Fehlerereignisses, ausser Sie legen für sich selbst eine entsprechende Regel fest.

Das Fehlerereignis auf dem Rand eines Tasks reflektiert ganz einfach einen Ausnahme-Endstatus dieses Tasks. Wenn der Task erfolgreich beendet werden kann, wird der normale Fluss aktiviert, dargestellt durch einen direkt vom Task ausgehenden Sequenzfluss. Andernfalls kommt der Ausnahmefluss über das Fehlerereignis zum Einsatz. Dessen

Bedeutung ist identisch mit einem Gateway direkt nach dem Task, welches über einen Pfad für das erfolgreiche Ende und einen für den Ausnahme-Endstatus verfügt.

Abbildung 7-25: Ein angeheftetes Fehler-Zwischenereignis ist äquivalent zum Testen des Endstatus mittels Gateway

Um unterschiedliche Ausnahmen zu repräsentieren, können Sie auf dem Rand einer Aktivität auch mehr als nur ein Fehlerereignis platzieren. Doch wenn alle Ausnahmeflüsse den gleichen Verlauf nehmen, dann bedenken Sie, dass es übersichtlicher und einfacher ist, alle Ausnahmen durch ein einziges Fehlerereignis darzustellen.

Was, wenn die Aktivität *Bonität prüfen* in Abbildung 7-25 nicht ein Task, sondern ein Unterprozess ist? Wie beim Task würde ein angeheftetes Ereignis *nicht kreditwürdig* bedeuten, dass die Aktivität einen entsprechenden Ausnahme-Endzustand *nicht kreditwürdig* kennt. Doch anders als der Task kann ein Unterprozess seine Endstatus explizit durch Endereignissen darstellen. „Methode und Stil" schreibt das sogar vor. Ein angeheftetes Fehlerereignis *nicht kreditwürdig* impliziert also, dass in der untergeordneten Detaillierungsebene ein mit *nicht kreditwürdig* beschriftetes Endereignis vorhanden ist. An dieser Stelle fordert die BPMN-Spezifikation, dass dieses Endereignis als Fehler typisiert wird.

Ein Fehlerereignis innerhalb eines Unterprozesses sendet ein Ausnahmesignal auf den Rand des Unterprozesses. Dort wird es vom angehefteten Fehlerereignis aufgenommen und an den Ausnahmefluss weitergegeben. Dieses Muster nennen wir *Fehler senden-empfangen*. Es dient dazu, Fehler bzw. Ausnahmesignale von einer untergeordneten auf eine übergeordnete Ebene zu übertragen.

In Abbildung 7-26 wird gezeigt, wie der Fehler *nicht kreditwürdig* vom Endereignis auf der untergeordneten Ebene zu einem angehefteten empfangenden Fehlerereignis auf der übergeordneten Ebene gesendet wird. Im BPMN-Metamodell referenzieren beide, das Fehler-Endereignis sowie das angeheftete Fehlerereignis, dieselbe *Fehlerereignis-Definition*. Damit wird konstatiert, dass die beiden ein Paar bilden. Allerdings sind diese Ereignisdefinitionen nicht im Diagramm sichtbar. Deshalb wenden wir das Methode-und-Stil-Prinzip an, welches eine identische *Beschriftung* der beiden Elemente vorschreibt. In der Abbildung wird der Fehler nach einer Ausnahmebehandlung auf der Ebene *Kundendaten aktualisieren* durch das Fehler-senden-empfangen-Muster auf die übergeordnete Ebene weitergeführt. was eine weiterführende Fehlerbehandlung (*Kunde kontaktieren* und Prozess beenden) einleitet.

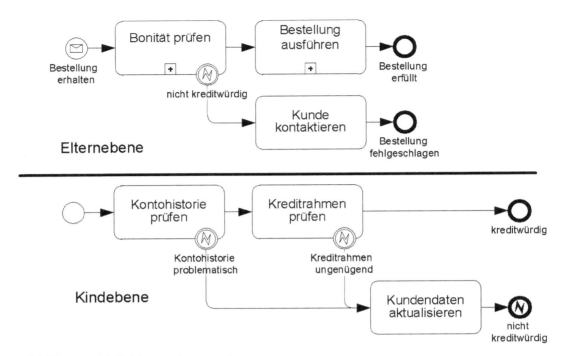

Abbildung 7-26: Fehler senden-empfangen

Wenn Sie dieses Muster für Ausnahmebehandlungen im geschäftlichen, nicht im technischen, Kontext verwenden, handelt es sich lediglich um eine sinngleiche Notationsvariation. Denn Abbildung 7-27 mit einer Endstatus-Prüfung durch ein Gateway und Abbildung 7-26 bedeuten exakt dasselbe. Auch die Statusprüfung mittels Gateway kann Ausnahmen von untergeordneten auf übergeordnete Ebenen weitergeben.

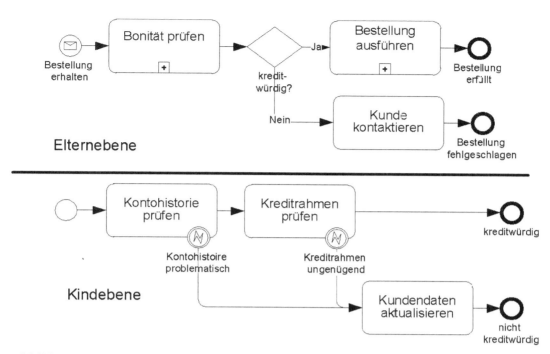

Abbildung 7-27: Endstatus testen mittels Gateways

Die bisherigen Beispiele haben das Muster der Fehler-Weiterleitung in Fällen gezeigt, in denen die untergeordnete Ebene mit dem Erreichen des Ausnahme-Endstatus bereits komplett abgeschlossen wurde. Der „unterbrechende" Charakter des angehefteten Fehlerereignisses hatte daher gar keine grosse Bedeutung – es war ja bereits alles unterbrochen. Es ist jedoch möglich, dass in einer untergeordneten Ebene parallele Pfade mit separaten Endereignissen beschritten werden. Wenn eines dieser Endereignisse ein Fehler- und das andere ein allgemeines Endereignis ist, wirkt sich Fehler-senden auf dem Rand des Unterprozesses wie ein Terminierungsereignis aus: Das unterbrechende angeheftete Fehlerereignis unterbricht alle laufenden Aktivitäten innerhalb des Unterprozesses. Bei parallelen Pfaden in einem Unterprozess wirkt sich das Fehler-senden-empfangen-Muster also wie eine Endstatus-Prüfung mittels Gateway aus, wobei der Ausnahme-Endstatus durch ein Terminierungsereignis dargestellt wird und nicht durch ein allgemeines Endereignis.

Weitere Ereignisse der Ebene 2

Die analytische Subklasse von BPMN 2.0, die wir die Palette der Ebene 2 nennen, enthält noch ein paar Ereignistypen mehr. Möglicherweise werden Sie diese nicht benötigen. Trotzdem möchten wir sie hier kurz beschreiben.

Eskalationsereignis

Eskalation ist ein weiterer Begriff, dem in der BPMN eine spezielle Bedeutung zukommt, und auch hier unterscheidet sich die Bedeutung von jener, die wir aus dem Geschäftsalltag oder dem Geschäftsprozessmanagement kennen. In der BPMN stellt die Eskalation das nicht-unterbrechende Pendant zum Fehler dar. Ein angeheftetes Eskalationsereignis bedeutet ganz einfach eine *nicht-unterbrechende Ausnahme innerhalb einer Aktivität*. Bei der Aktivität kann es sich wiederum um einen Task oder einen Unterprozess handeln.

Ein gebräuchliches Beispiel für das angeheftete Eskalationsereignis auf einem Benutzer-Task ist eine *Ad-hoc-Aktion* durch den Benutzer. Das heisst, der Taskverantwortliche kann parallel einen weiteren Aktionspfad einschlagen, *während* mit der Ausführung beschäftigt ist . Weil BPMN das Innenleben von Tasks nicht vorgibt, ist die Logik des Benutzers hier unsichtbar. Somit ist die Auslösung des nicht-unterbrechenden Ausnahmeflusses effektiv als ad-hoc zu bezeichnen. Wenn in Abbildung 7-28 während der Bestelleingabe ein Konfigurationsproblem auftritt, muss das Verkaufspersonal einen ersten Spezialisten zu Rate ziehen, bevor er den Task beenden kann. Das Eskalationsereignis auf einem Task impliziert nicht, dass der Ausnahmefluss zwingend verfolgt werden *muss*. Es besagt nur, dass dieser aktiviert werden *kann*.

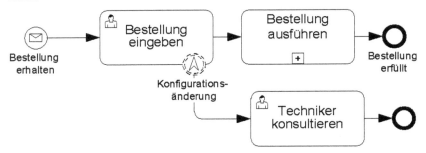

Abbildung 7-28: Ad-hoc-Aktionen durch Benutzer mittels Eskalationsereignis

Der ausgelöste Ausnahmefluss wird parallel zur ursprünglichen Aktivität ausgeführt, möglicherweise sogar parallel zu nachfolgenden Aktivitäten, die über den normalen Fluss ausgelöst worden sind. Abbildung 7-28 macht fachlich nur dann Sinn, wenn nach *Bestellung eingeben* immer auf das Ende von *Techniker konsultieren* gewartet wird, bevor *Bestellung ausführen* startet. Aus technischer Sicht könnte *Bestellung ausführen* auch beginnen, bevor der Einsatz des Spezialisten beendet worden ist. Wenn Sie dies ausschliessen möchten, wäre es besser, *Bestellung eingeben* und *Techniker konsultieren* durch einen Unterprozess zu umschliessen, wie in Abbildung 7-29 gezeigt.

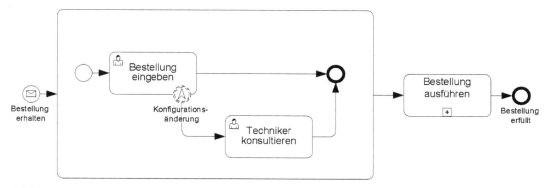

Abbildung 7-29: Zusammenführung von nicht-unterbrechenden Ausnahmefluss und normalem Fluss mit Hilfe eines Unterprozesses

Wichtig zu beachten ist, dass die Aktion mitten in der Ausführung des Benutzer-Tasks gestartet wird und nicht erst am Ende. Einen parallelen Aktionspfad, der erst am Ende des Tasks initiiert wird, modellieren Sie besser mit einem OR-Gateway nach dem Task. Die OR-Gateways werden wir in Kapitel 9 noch näher beleuchten. Vielleicht ist Ihnen aufgefallen, dass diese Empfehlung nicht mit der Handhabung von Fehlerereignissen kongruiert. Dort haben wir gesagt, dass ein Fehler-senden-empfangen dem Endstatustest durch ein Gateway gleichkommt. Nur wenige Tools unterstützen allerdings Eskalationsereignisse; diese wurden erst mit der Version 2.0 der BPMN eingeführt. Von den Diagrammentwicklern verstehen noch weniger, was die Ereignisse bedeuten. Deshalb ist es am besten, wenn Sie sich Eskalationsmodellierung für Fälle vorbehalten, in denen sie wirklich benötigt wird.

Ein Eskalations-Endereignis kann aus der Detailebene eines Unterprozesses ein Signal an ein empfangendes Eskalationsereignis senden, das am Rand des Unterprozesses haftet. *Eskalation senden-empfangen* funktioniert auch, wenn das Signal von einem Zwischenereignis versendet wird. Dies ist mit Fehlerereignissen nicht möglich. Ein angeheftetes Eskalationsereignis kann entweder unterbrechend oder nicht-unterbrechend sein. Doch weil das unterbrechende Eskalationsereignis semantisch gleichbedeutend mit dem Fehlerereignis ist, empfehlen wir im unterbrechenden Fall den Gebrauch des Fehlerereignisses.

Genau wie bei der Fehlermodellierung verlangt auch das an den Rand eines Unterprozesses geheftete Eskalationsereignis ein korrespondierendes Eskalationsereignis auf der Detaillierungsebene. Und im Gegensatz zum Fehlerereignis stellen der normale und der Ausnahmepfad nicht alternative, sondern parallele Flüsse dar.

Signalereignis

Sowohl Nachrichten-, Fehler- wie auch Eskalationsereignisse müssen in der Beziehung zwischen Sender und Empfänger eine strikte Bedingung einhalten: Ein Fehler oder eine Eskalation kann nur an den Rand eines übergeordneten Unterprozesses gesendet werden. Eine Nachricht muss an einen anderen Pool versendet werden. Um die vorgenannten Einschränkungen der anderen Ereignisse zu umgehen, wurden mit der Version 1.1 der BPMN die Signalereignisse eingeführt. Besonders Aktivitäten auf parallelen Pfaden konnten zum Beispiel nicht miteinander kommunizieren.

Dem Signal wurde noch eine zweite, komplett neue Eigenschaft hinzugefügt: Es wird *ausgestrahlt*, und nicht wie eine Nachricht an einen bestimmten Prozess oder eine Prozessinstanz versendet. Ein Signal auszustrahlen hat gegenüber der direkten Adressierung den Vorteil, dass Sender und Empfänger nicht fix miteinander verknüpft sein müssen. Die damit verbundene Möglichkeit, *Meldungen* des Signals zu *abonnieren*, erlaubt es einem Prozess, eine Information zu verbreiten, ohne über alle Prozesse Bescheid zu wissen, die mit dieser Information ausgelöst werden. *Jeglicher* Prozess, der auf diese spezifische Information wartet, kann durch ein Signal-Startereignis eine neue Prozessinstanz erzeugen (Abbildung 7-30).

Abbildung 7-30: Durch das Signal-Startereignis wird das Abonnieren von Meldungen integriert

Die beiden Eigenschaften des Signals bringen ein konzeptionelles Problem mit sich: Die Intra-Prozess-Kommunikation verlangt nach der direkten Adressierung einer bestimmten Prozessinstanz, das Signal soll nur innerhalb derselben Instanz verarbeitet werden. Abonnieren hingegen bedeutet, auf jede Art von Meldung des Signals zu warten, unabhängig von Prozessinstanzen und den damit verbundenen Instanzinformationen. Die BPMN-Spezifikation ignoriert dieses Problem ganz einfach. Deshalb nehmen wir an, dass das Signal bei der Kommunikation innerhalb des Prozesses zusammen mit den benötigten Instanzinformationen verbreitet wird.

Das Signal kann entweder von einem sendenden Zwischen- oder Endereignis ausgehen. Für den Empfang kann ein Startereignis, ein empfangendes Zwischenereignis (auch zusammen mit dem ereignisbasierten Gateway) oder ein angeheftetes Ereignis verwendet werden. Diese Flexibilität ist einer der zentralen Vorteile des Signals. Zuvor haben wir gesehen, wie Terminierungs- oder Fehlerereignisse für den Abbruch von parallelen Pfaden innerhalb einer Prozessebene verwendet werden können. Während damit die ganze Ebene sofort beendet wird, zeigt sich das Muster mit dem Signal etwas flexibler. Wie Abbildung 7-31 zeigt, können wir *Spezifikation ausarbeiten* stoppen, wenn die Verhandlungen missglücken, ohne direkt den ganzen Prozess abzubrechen.

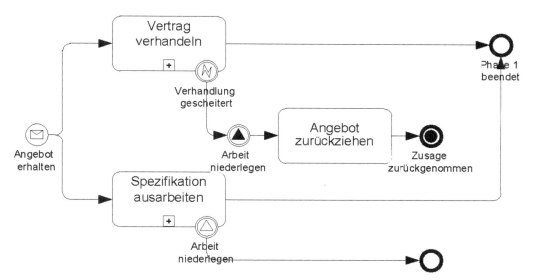

Abbildung 7-31: Das Senden-empfangen-Muster mit Signalereignissen erweist sich als um einiges flexibler als ein einfaches Terminierungsereignis

Es ist nicht richtig, am Signalereignis einen Nachrichtenfluss anzubringen. Auf die Verbindung zwischen Sender und Empfänger wird durch übereinstimmende Beschriftungen hingewiesen. Oft tritt sogar nur eine Hälfte des Senden-empfangen-Paares auf. Deshalb wird empfohlen, das Signal nur zu verwenden, wenn die Modellierung mit Nachrichten-, Fehler- oder Eskalationsereignissen nicht funktioniert.

Bedingungsereignis

Das Bedingungsereignis steht für eine Bedingung, die kontinuierlich überprüft wird. Die Bedingung selbst ist ein datenbasierter Ausdruck. Sobald sie erfüllt ist, wird das Ereignis ausgelöst. Mit einem Bedingungs-Startereignis kann zum Beispiel das Wiederauffüllen eines Warenbestands ausgelöst werden, wenn der Lagerbestand zu gering wird (Abbildung 7-32).

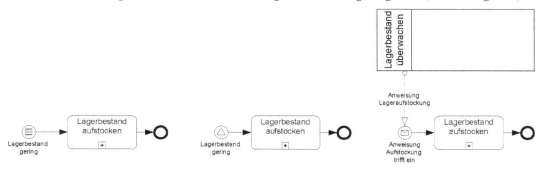

Abbildung 7-32: Ein Bedingungsereignis (links) steht für eine überwachte Datenbedingung. Signal- oder Nachrichtenereignisse können oft dieselbe Funktion übernehmen.

In allen drei Diagrammen von Abbildung 7-32 geschieht dasselbe. Bei ihrer Interpretation sind nur kleine Unterschiede auszumachen. Mit dem Bedingungsereignis (links) wird eine überwachte Datenbedingung definiert. Das Signal- oder Nachrichten-Startereignis zeigt, dass die Feststellung des geringen Lagerbestands von einem System oder einer Datenbank übernommen wird. Beim Signalereignis wird das Signal *Lagerbestand gering* gemeldet, während das Nachrichten-Startereignis einen spezifisch adressierten Aufruf eines externen Systems aufnimmt.

Das Bedingungsereignis kann sowohl als empfangendes Zwischen- und angeheftetes Ereignis wie auch als Startereignis eingesetzt werden. Die überwachte Bedingung zeigen Sie in der Beschriftung an.

Linkereignis

Das Linkereignis ist mehr eine Zeichenhilfe als ein wahres Ereignis. Es sendet oder empfängt im Grunde kein Auslösesignal, und es kann nur als sendendes oder empfangendes Zwischenereignis modelliert werden. Es existiert keine Start-, End- oder angeheftete Version. Ein *Link-senden-empfangen-Paar* ist lediglich die visuelle Abkürzung eines Sequenzflusses, der zwischen sendendem und empfangendem Linkereignis liegen würde. Es darf nur dort verwendet werden, wo der BPMN zufolge auch ein Sequenzfluss eingesetzt werden könnte. Das Ereignis kann also keine Unterprozess- oder Poolgrenzen überschreiten.

Ein Einsatz des Linkereignisses geschieht als *Lesehilfe für fortgesetzte Seiten*, wenn eine Prozessebene nicht auf eine einzige Diagrammseite passt. Als Verbindungsstück zwischen Seiten von über- und untergeordneten Ebenen ist es nicht gedacht. Die beiden Seiten bzw. verbunden Diagrammteile müssen derselben Prozessebene angehören. Linkereignispaare tauchen mehrheitlich in flach modellierten BPMN-Modellen auf, die nur eine Prozessebene besitzen. Hierarchische Modelle werden meistens auf eine Seite passend gezeichnet.

Ein zweiter Verwendungszweck ist die Verbindung des Prozessflusses auf derselben Seite, um sich überschneidende Sequenzflüsse zu vermeiden. Das Linkereignis wird oft in Werkzeugen verwendet, die das Layout des Prozessflusses automatisch generieren, beispielsweise IBM Blueworks Live. Mit Werkzeugen, die eine manuelle Generierung des Layouts erlauben, z.B. Process Modeler for Microsoft Visio, können Sie die Sequenzflüsse so exakt arrangieren, dass Kreuzungen minimiert werden. Auto-Layout-Werkzeuge sind dafür weniger geeignet.

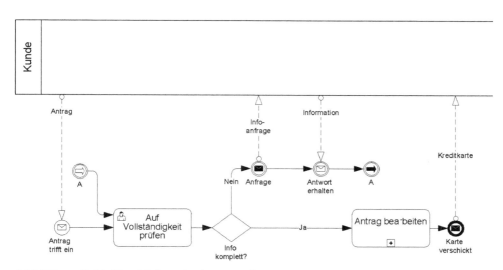

Abbildung 7-33: Das Linkereignis-Paar als Intra-Seiten-Konnektor

In Abbildung 7-33 bedeuten die mit *A* beschrifteten Linkereignisse, dass aus dem empfangenden Linkereignis führende Sequenzfluss eine Fortsetzung jenes Sequenzflusses ist, der in das sendende Linkereignis führt. Ob die im Beispiel gezeigte Verwendung von Linkereignissen besser ist als ein querender Sequenzfluss, ist Interpretationssache.

Ereignis-Unterprozess

In Ebene 2 der BPMN bezeichnen wir die Aktionen auf dem Ausnahmefluss nach einem angehefteten Ereignis als Ereignisbehandlung. In der BPMN 2.0 wurde mit dem *Ereignis-Unterprozess* eine zweite Variante der Ereignisbehandlung eingeführt. In BPEL können Ereignis-Unterprozesse viel leichter als angeheftete Ereignisbehandlungen abgebildet werden. Anders als ihr angeheftetes Pendant können sie darüber hinaus auf den Kontext eines Prozesses (z.B. Daten und Zustandswerte) zugreifen. Damit befinden wir uns eher im Gebiet der Softwareentwickler und der ausführbaren BPMN, also ausserhalb der Ebene 2. Ereignis-Unterprozesse stellen allerdings auch für die nicht-ausführbare Modellierung sehr brauchbare Konstrukte dar.

Ein Ereignis-Unterprozess wird in einer bestimmten Prozessebene definiert, entweder in der Hauptprozessebene oder in einem normalen Unterprozess. Sein Verhalten gleicht dem des angehefteten Ereignisses. Trifft der Auslöser während der Durchführung der Prozessebene ein, in der sich der Ereignis-Unterprozess befindet, wird dieser gestartet. Anders als ein normaler Unterprozess hat der Ereignis-Unterprozess weder eingehende noch ausgehende Sequenzflüsse. Stattdessen und ebenfalls im Unterschied zur regulären Variante besitzt er ein typisiertes Startereignis. Er wird also beispielsweise durch das Eintreffen einer Nachricht, eines Zeitpunkts oder auch eines Fehlers ausgelöst. Weil der Auslöser nur dann aktiv ist, wenn die umschliessende Prozessebene läuft, verhält sich das Startereignis eher wie ein Zwischenereignis als wie ein normales Startereignis. So kann ein Ereignis-Unterprozess in der unterbrechenden wie auch in der nicht-unterbrechenden Variante auftreten. Visuell werden die Varianten durch den Rand des Startereignisses differenziert: Ein durchgezogener Rand für den unterbrechenden, ein gestrichelter für den nicht-unterbrechenden Unterprozess – genauso wie beim angehefteten Ereignis.

Im Diagramm wird der Ereignis-Unterprozess von der normalen Variante visuell klar unterschieden. Der zusammengeklappte Ereignis-Unterprozess trägt einen *gepunkteten Rand* und ein *Auslöse-Symbol* in der linken oberen Ecke (Abbildung 7-34, links). Die Erweiterung kann entweder inline, mit einem vergrösserten, abgerundeten Rechteck, oder hierarchisch auf einem separaten Diagrammblatt geschehen (Abbildung 7-34, rechts).

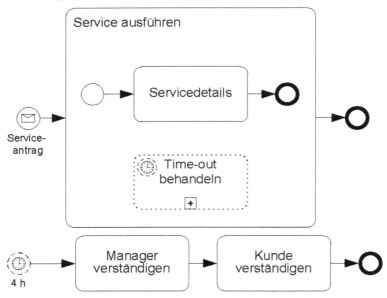

Abbildung 7-34: Der Ereignis-Unterprozess *Time-out behandeln* ist innerhalb des normalen Unterprozesses *Service ausführen* (links) definiert; hierarchische Erweiterung von *Time-out behandeln* (rechts)

In Abbildung 7-34 wird der Ereignis-Unterprozess *Time-out behandeln* innerhalb des normalen Unterprozesses *Service ausführen* definiert. Sein Auslöser ist ein nicht-unterbrechendes Zeitereignis. Das Symbol mit dem gestrichelten Rand wird im zusammengeklappten Ereignis-Unterprozess oben links (links) und ebenso auf der untergeordneten Ebene zum Start des Flusses (rechts) angezeigt. Die Semantik ähnelt jener des angehefteten Ereignisses. Wenn die Ausführung von *Service ausführen* mehr als vier Stunden in Anspruch nimmt, wird nicht unterbrochen, sondern parallel dazu der Ereignis-Unterprozess angestossen.

Wenn ein nicht-unterbrechender Ereignis-Unterprozess gestartet wird, gilt die umschliessende Prozessebene solange als nicht beendet, bis beide, der normale untergeordnete Prozess (*Servicedetails...*) sowie der Ereignis-Unterprozess, zu Ende geführt worden sind. Danach folgt der Prozess auf dem normalen Fluss, der aus dem regulären Unterprozess führt.

Ein unterbrechender Ereignis-Unterprozess funktioniert in derselben Weise. Einziger Unterschied ist, dass der normale Fluss abgebrochen wird, sobald der Ereignis-Unterprozess gestartet worden ist. Mit der Beendigung des Ereignis-Unterprozesses wird der aus dem normalen, umschliessenden Unterprozess ausgehende Sequenzfluss aktiviert.

Bei einer Ausnahme erfolgt der Prozessfortlauf jedoch nicht auf dem normalen Pfad aus dem umschliessenden Unterprozess: Wenn ein Fehler- oder Eskalations-Endereignis innerhalb des Ereignis-Unterprozesses ein Signal zu seinem Pendant auf dem Rand des umschliessenden Unterprozesses sendet (Achtung: nicht zum Rand eines Ereignis-Unterprozesses). In diesem Fall folgt der Prozess natürlich dem Ausnahmefluss aus dem angehefteten Ereignis. Mit einer nicht-unterbrechenden Eskalation folgt der Prozess parallel dem normalen und dem Ausnahmepfad. Dieses Verhalten wird in der Spezifikation zwar nicht genau erklärt, wir haben es jedoch mit anderen Mitgliedern des technischen Komitees von BPMN 2.0 diskutiert und sind zu einem Konsens über den eben erklärten Sachverhalt gekommen.

KAPITEL 8

Iterationen und Instanzen

Die BPMN bietet eine Möglichkeit, Aktivitäten (Tasks oder Unterprozesse) so zu definieren, dass sie mehrmals durchlaufen werden müssen, bevor sie als abgeschlossen gelten. Genauer gesagt sind es zwei Möglichkeiten. Das damit beabsichtigte Abgleichen von Aktivitätsinstanz und Prozessinstanz gelingt jedoch nicht in allen Fällen. Wie unterschiedliche Iterationsvarianten in Prozessmodellen aussehen können, ist Thema dieses Kapitels.

Schleifenaktivität

Eine *Schleifenaktivität* wird durch einen kreisförmigen Pfeil am unteren Rand des Aktivitätssymbols markiert (Abbildung 8-1, links). Im Programmierjargon entspricht sie der „Do-While"-Schleife und bedeutet dasselbe wie eine Rückführung des Prozessflusses zum Beginn der Aktivität über ein Gateway (Abbildung 8-1, rechts):

Führe die Aktivität einmal durch. Dann evaluiere die *Schleifenbedingung*, die als boolescher Ausdruck vorliegen muss. Wenn die Bedingung wahr ist, führe die Aktivität ein zweites Mal durch. Danach prüfe die Schleifenbedingung erneut.

Wenn Sie keine Höchstgrenze festsetzen, kann diese Iteration unendlich weitergehen. Sobald die Schleifenbedingung falsch ist, wird dem ausgehenden Sequenzfluss gefolgt.

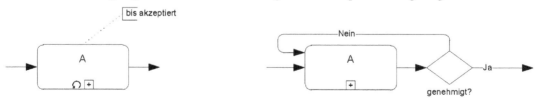

Abbildung 8-1: Die Schleifenaktivität A (links) bedeutet dasselbe wie die normale Aktivität A mit Rückschleife.

Benutzen Sie die Rückführung über das Gateway und die Schleifenmarkierung nie zusammen. Das würde eine Schleife innerhalb einer Schleife bedeuten – was vermutlich eher nicht Ihrer Absicht entspricht. Die Schleifenmarkierung stellt eine kompaktere Darstellung dar als die Variante mit Gateway, allerdings ist die Schleifenbedingung nicht ersichtlich. Deshalb ist es wichtig, dass Sie mit einer Text-Anmerkung auf die Bedingung hinweisen. Merken Sie sich: Eine Schleifenbedingung der Form *„solange, bis X wahr ist"* im Task entspricht der Schleifenbedingung *„falls X nicht wahr ist"* im nachgelagerten Gateway. Sobald X wahr ist, ist *nicht X* falsch und die Schleife endet.

Mit Schleifenaktivitäten werden Iterationen immer sequentiell durchgeführt. Sie können also die zweite Iteration erst beginnen, wenn die erste abgeschlossen und die Schleifenbedingung „wahr" ist. Die Anzahl der Iterationen ist zum Zeitpunkt des Starts der Schleife somit unbekannt. Die Schleife wird immer erst am Ende ausgewertet und dann unterbrochen, wenn die Bedingung wahr ist. Meistens wird der Gegenstand der Prüfung innerhalb der Aktivität verändert, so dass er sich mehr und mehr dem Kriterium X der Bedingung annähert. Also hängt die Anzahl der Iterationen davon ab, wie schnell sich der Gegenstand in Richtung X verändert.

Mehrfachaktivität

Die *Mehrfachaktiviät* (kurz MI-Aktivität, wobei MI für das englische „multi-instance" steht) wird mit drei parallelen Strichen am unteren Rand des Aktivitätssymbols markiert. Dies wäre in der Programmierung als „For-Each" zu interpretieren und bedeutet die Abarbeitung einer Liste von oben nach unten. Die Aktivität wird für jeden Eintrag in der Liste einmal durchgeführt. Eine Prozessinstanz entspricht einem Mehrfachen der Aktivitätsinstanz. Für jede dieser Aktivitätsinstanzen gibt es einen Eintrag in der Liste. Diese Liste ist eine Datensammlung der Prozessinstanz, die man mit einer Bestellliste vergleichen könnte. Sie verleiht einer Mehrfachaktivität ihren Sinn. In einem Bestellabwicklungsprozess zum Beispiel bedeutet die MI-Aktivität *Warenbestand prüfen*, dass für jeden bestellten Artikel die Verfügbarkeit überprüft wird.

Nicht bei jeder Bestellung ist die Zahl der bestellten Artikel gleich. Doch sobald die Aktivität *Warenbestand prüfen* beginnt, wird klar, wie viele Iterationen notwendig sind, nämlich genau so viele, wie es Artikel in der Bestellliste gibt. Oft verrät schon die Aktivitätsbezeichnung, was für eine Liste abzuarbeiten ist. Falls dies nicht klar ist, wird sie am besten mit einer Text-Anmerkung angedeutet, wie beispielsweise *für jedes X*. Einer der fundamentalen Unterschiede zwischen Mehrfach- und Schleifenaktivitäten ist, dass die Zahl der Iterationen bei der Mehrfachaktivität im Voraus bekannt ist. Ein weiterer Unterschied ist die Möglichkeit, Instanzen von Mehrfachaktivitäten parallel laufen zu lassen. Dies wird durch drei vertikale Striche markiert. Müssen die Instanzen sequenziell durchgeführt werden, wird das durch drei horizontale Striche angezeigt. Auch die Schleifenaktivität verarbeitet Instanzen sequenziell. Deshalb müssen Sie aufpassen, dass sequenzielle Mehrfachaktivitäten nicht mit Schleifenaktivitäten verwechselt werden.

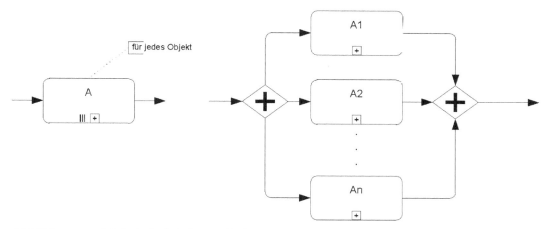

Abbildung 8-2: Mehrfachaktivität A (links) bedeutet dasselbe wie n parallele Instanzen der normalen Aktivität A gefolgt von einer Zusammenführung (rechts).

Die Mehrfachaktivität in Abbildung 8-2 (links) bedeutet dasselbe wie die n parallelen, normalen Aktivitäten (rechts). Die MI-Aktivität läuft so lange, bis alle Instanzen vollständig abgeschlossen worden sind. Die Spezifikation erlaubt theoretisch noch andere Abschlussbedingungen, die wir in der Praxis jedoch noch nie gesehen oder benötigt haben. Ausserdem sind sie im Diagramm nicht von der normalen Abschlussbedingung zu unterscheiden. Mit BPMN 2.0 können Sie zum Beispiel definieren, dass ein Signalereignis generiert wird, sobald eine Instanz abgeschlossen ist. Dies kann für jede Instanz oder nur für eine geschehen. Danach würde dieses Signal am Rand der MI-Aktivität empfangen.

Es ist vielleicht nur eine Konvention des Methode-und-Stil-Ansatzes, aber wir erachten es als sinnvoll, wenn bei MI-Aktivitäten *alle* Instanzen abgeschlossen werden müssen, bevor die ganze MI-Aktivität als beendet gilt. Dies entspricht meistens auch der Absicht des Modellautors. Durch ein Terminierungs-Ereignis oder ein angeheftetes, unterbrechendes Ereignis würde die ganze MI-Aktivität unterbrochen, d.h. alle laufenden Instanzen würden abrupt beendet.

Verwendung von sich wiederholenden Aktivitäten

In unseren BPMN-Schulungen verwenden wir als Beispiel für sich wiederholende Aktivitäten einen Einstellungsprozess. In diesem Prozess stellt eine offene Stelle eine Instanz dar. Der Prozess startet damit, dass eine Stelle definiert, bewilligt und ausgeschrieben wird. Dann werden die Bewerbungen evaluiert und Interviews durchgeführt, und als letztes wird ein Kandidat eingestellt. Vielen von uns ist dieser Prozess bestens bekannt, und die meisten würden intuitiv ein Diagramm wie in Abbildung 8-3 entwerfen:

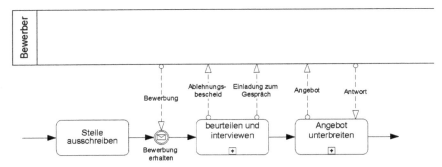

Abbildung 8-3: Ein üblicher Fehler

Hier versteckt sich ein Problem. Versuchen Sie, es zu finden.

Jede Prozessinstanz steht für jeweils eine offene Stelle. Wie viele Bewerbungen können nun in jeder Instanz bewältigt werden? In Abbildung 8-3 ist es genau eine! Mit der ersten eingegangenen Bewerbung führt die Instanz weiter zu *beurteilen und interviewen*, aber nichts wartet auf die nächste Bewerbung. Wir müssen also anzeigen, dass mehrere Bewerbungen pro Instanz eingehen können. Vielleicht hilft uns eine wiederholende Aktivität.

Wie viele Bewerbungen liegen vor? Das ist uns nicht bekannt. Weil uns zu Beginn keine Liste über alle Bewerbungen vorliegt, können wir keine MI-Aktivität verwenden. Stattdessen setzten wir eine Schleifenaktivität ein. Das einfachste wäre, das Nachrichtenereignis und *beurteilen und interviewen* durch einen Schleifen-Unterprozess zu umschliessen und als Schleifenbedingung *bis Angebot gemacht werden kann* zu setzen.

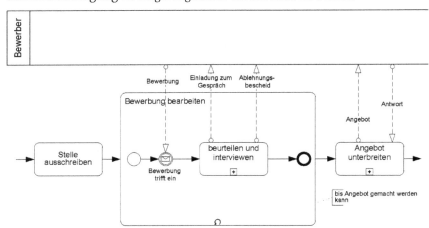

Abbildung 8-4: Eine gültige, jedoch unpraktische Lösung

Diese Lösung funktioniert zwar semantisch, doch wir schaffen uns damit ein praktisches Problem. Die zweite Iteration kann nicht starten, bis die erste komplett abgeschlossen worden ist. Der ganze Interviewprozess muss also zu Ende geführt werden, was einige Wochen dauern kann. Wenn wir bei jeder Iteration zwei Wochen warten, bevor wir uns die nächste

Bewerbung nur einmal ansehen, wird der Prozess mit Sicherheit nicht zum gewünschten Ziel führen. Die Schleife müsste wesentlich schneller durchlaufen werden.

Etwas praxisnäher wäre eine kurze Schleife *entgegennehmen und sichten*, gefolgt von einem Unterprozess *Interview*. In *entgegennehmen und sichten* werden die in Frage kommenden Kandidaten ausgelesen. So könnte die Schleifenbedingung zum Beispiel *bis 5 geeignete Kandidaten* lauten. *Interview* kann dann als MI abgewickelt werden, weil eine genaue Liste vorliegt. Alle fünf Interviews können parallel durchgeführt werden. Sobald alle beendet sind, wird zu *Angebot unterbreiten* übergegangen. Im Diagramm sieht das wie folgt aus:

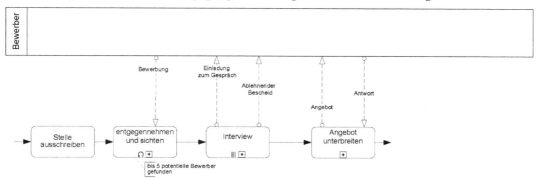

Abbildung 8-5: Ein der Praxis etwas näheres Prozessmodell

Abbildung 8-5 zeigt eine praktische, doch immer noch nicht optimale Lösung. Das Hauptproblem hier ist, dass *entgegennehmen und sichten* und *Interview* sich nicht überschneiden können. Wir können keines der Interviews starten, bevor nicht fünf geeignete Kandidaten gefunden worden sind. Und sobald die Interviews gestartet worden sind, kann keine Bewerbung mehr empfangen werden. Das könnte zwar einem realen Einstellungsprozess entsprechen, doch die meisten von uns würden vermutlich sagen, dass der erste geeignete Kandidat sobald wie möglich interviewt werden sollte, dann aber trotzdem noch Bewerbungen entgegengenommen werden.

Dieser Anforderung können wir mit wiederholenden Aktivitäten nicht genügen. Vielmehr ist es gar nicht möglich, das mit einem einzelnen BPMN-Prozess darzustellen. Deshalb benötigen wir mehr als einen Prozess.

Verwendung von Mehrfach-Pools

Im Ansatz „Methode und Stil" empfehlen wir, einen End-to-End-Geschäftsprozess nur mit einem BPMN-Prozess zu modellieren – wenn es möglich ist. Manchmal ist es das schlichtweg nicht. Der Grund dafür liegt darin, dass die Instanzen der verschiedenen Aktivitäten nicht über den ganzen Prozess hinweg zusammenpassen. In solchen Fällen kann es angebracht sein, einen End-to-End-Prozess durch mehrere Pools zu modellieren, also mit Hilfe mehrerer BPMN-Prozesse. Unser Einstellungsprozess illustriert das sehr gut.

Sie haben gesehen, dass das Nachrichten-Startereignis die magische Fähigkeit hat, bei Eintreffen einer Nachricht eine neue Prozessinstanz zu generieren. Dabei ist nicht wichtig zu wissen, wie viele Nachrichten eingehen werden. Für jede eintreffende Nachricht wird ganz einfach eine neue Instanz generiert. Und diese Instanzen können sich sogar zeitlich überlappen. So bildet ein Hauptprozess eine Kombination aus den besten Teilen von Schleifen- und Mehrfachaktivität und kommt ohne deren Beschränkungen aus.

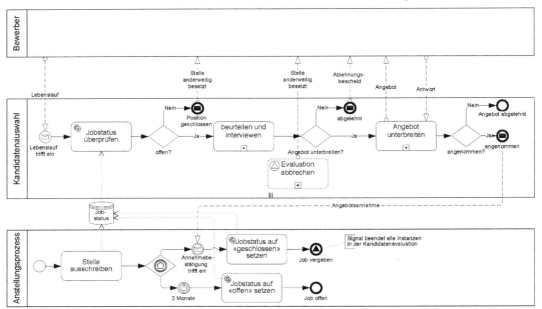

Abbildung 8-6: Mehrere Pools: die Lösung für den Einstellungsprozess

Eine alternative Lösung für den Einstellungsprozess wird in Abbildung 8-6 gezeigt. Entscheidend ist die Unterteilung des Prozesses in zwei Pools. Nicht, dass hier zwei unterschiedliche Teilnehmer vorlägen, wir haben es bei der Rekrutierungsabteilung und Personalabteilung mit denselben Personen zu tun. Der Grund ist vielmehr, dass die jeweiligen Instanzen nicht eins zu eins aufeinander passen. Wir sehen zwei Pools, weil effektiv zwei unterschiedliche BPMN-Prozesse vorliegen.

Im *Einstellungsprozess* korrespondiert die Instanz jeweils mit einer einzelnen Vakanz, genau wie im Beispiel mit den wiederholenden Aktivitäten. In *Kandidatenauswahl* entspricht die Instanz jedoch einem einzelnen Kandidaten. Sobald die Nachricht *Lebenslauf* eintrifft, wird eine neue Instanz von *Kandidatenauswahl* erzeugt. Die Instanzen dieser beiden Pools können zeitlich in beliebiger Art und Weise überlappen. Zudem wissen wir nicht, wie viele solcher Instanzen es geben wird.

Beachten Sie, dass die Markierung von *Kandidatenauswahl* wie jene der parallelen Mehrfachaktivitäten aussieht. Durch sie wird ein Mehrfach-Teilnehmer angezeigt. Diese Markierung macht nur im Zusammenhang mit Kollaborationen zwischen Pools Sinn. Sie weist darauf hin, dass mehrere Instanzen dieses Pools mit jeder Instanz eines anderen Pools korrespondieren können. Abbildung 8-6 zeigt somit, dass mehrere Instanzen von *Kandidatenauswahl* auf jede Instanz von *Einstellungsprozess* passen, also mehrere Kandidaten pro Vakanz auftreten.

Unter dieser Struktur wartet der *Einstellungsprozess*, bis eine Nachricht von *Kandidatenauswahl* eintrifft, die besagt, dass ein Kandidat ausgewählt worden ist und das Angebot angenommen hat. Dafür setzen wir eine Zeitbeschränkung mittels ereignisbasiertem Gateway ein. Dort wird für drei Monate auf eine Nachricht gewartet. Jede Durchführung von *Kandidatenauswahl* könnte mehrere Wochen in Anspruch nehmen. Und anders als mit einer simplen Schleifenaktivität in Abbildung 8-4 können sich hier die Instanzen von *Kandidatenauswahl* zeitlich überlappen.

Die Lösung mit Mehrfach-Pool umgeht die Limitationen von sich wiederholenden Aktivitäten, ist allerdings für viele nicht wirklich verständlich. Zudem müssen die Status der zwei Pools untereinander abgestimmt sein. Die Struktur zeigt zwar unabhängige Prozesse, die technisch gesehen einfach Partnerprozesse sind, tatsächlich ist der Einstellungsprozess aber übergeordnet. Sobald die Vakanz publiziert worden ist, muss er *Kandidatenauswahl* auslösen und dann wieder deaktivieren, wenn die Stelle besetzt worden ist.

In Abbildung 8-6 sehen wir zwei Alternativen, um die Status zu synchronisieren. In einem Fall kommt ein Datenspeicher zum Einsatz, in dem der Status der Stelle festgehalten wird. Der *Einstellungsprozess* ändert diesen Datensatz, sobald die Stelle eröffnet, besetzt oder gestrichen wird. *Kandidatenauswahl* ruft die Daten unmittelbar nach Prozessstart ab. Wenn die Stelle einmal besetzt wurde, erhalten neue Bewerber einfach eine Nachricht *Stelle anderweitig besetzt*. Um gleichzeitig die Terminierung laufender Instanzen von *Kandidatenauswahl* sicherzustellen, wird ein Signalereignis gesendet (ein Nachrichtenereignis würde die Aufgabe wahrscheinlich auch erfüllen). Weil wir einem Hauptprozess kein Ereignis anheften können, verwenden wir einen unterbrechenden Ereignis-Unterprozess. Dieser bricht *Kandidatenauswahl* bei eingehendem Signal ab und führt ein paar bereinigende Aktionen wie *Position geschlossen* durch.

Batch-Prozesse

Die Variante mit mehreren Pools mag Ihnen etwas verwirrend erscheinen, doch wenn Sie End-to-End-Prozesse modellieren, werden Sie öfters auf ein solches Design zurückgreifen müssen. Eine übliche Anwendung treffen wir bei Stapelverarbeitungen an. Dabei wird ein Teil des Prozesses periodisch gestartet, um bis zu einem geplanten Zeitpunkt mehrere Verarbeitungsobjekte zu sammeln, bevor diese dann abgearbeitet werden. Die angesammelten Objekte stellen den Stapel dar. In unserem Bestellverarbeitungsprozess steht eine Instanz für eine einzelne Bestellung. Bei einer End-to-End-Bearbeitung wird somit eine Bestellung pro Prozessdurchlauf abgewickelt. In realen Bestellverarbeitungsprozessen hingegen trifft man oft Stapelverarbeitungsprogramme an, die einmal oder gar mehrmals pro Tag alle neu eingetroffenen Bestellungen verbuchen. Es wäre nun nicht korrekt, dafür mitten im Prozess eine Aktivität *Stapel verarbeiten* einzugliedern, die als Instanz effektiv nur eine einzelne Bestellung verarbeitet. Damit würde *Stapel verarbeiten* für jede einzelne Bestellung wiederholt.

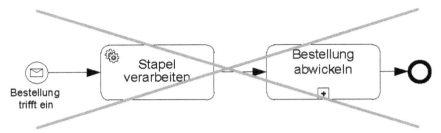

Abbildung 8-7: Nicht zusammenpassende Instanzen zwischen Aktivität und Prozess

Stapel verarbeiten wird viel besser als unabhängiger Hauptprozess dargestellt, der durch ein Zeitereignis gestartet wird. Damit erhalten wir einen periodischen, mit dem Bestellabwicklungsprozess interagierenden Prozess. Am Beispiel des Einstellungsprozesses haben wir gesehen, dass es zwei Möglichkeiten gibt, diese Interaktion zu modellieren: Datenspeicher (Abbildung 8-8) und Nachrichten- (oder Signal-) Ereignisse (Abbildung 8-9).

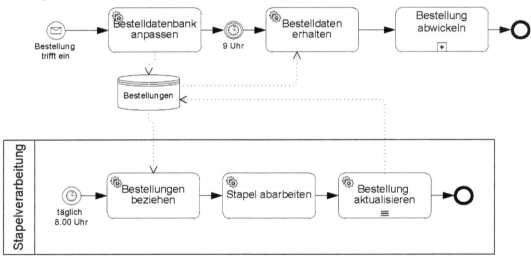

Abbildung 8-8: Zwei über einen Datenspeicher interagierende Pools

In Abbildung 8-8 schreibt der *Bestellprozess* die Daten jeder Bestellung in eine Bestelldatenbank. Dabei werden einmal pro Tag alle neuen Bestellungen abgerufen und in der Datenbank verbucht. Unterdessen wartet der *Bestellprozess*, bis die Verbuchung der Bestelldaten abgeschlossen ist. Danach ruft er die Daten der aktuellen Bestellung aus der Datenbank ab und fährt mit der Bestellabwicklung fort.

In Abbildung 8-9 sieht die tägliche Sammelverarbeitung identisch aus. Allerdings wird hier der Abschluss der Datenverbuchung durch eine Nachricht an den Bestellabwicklungsprozess gemeldet. Der Prozess wartet also auf die Nachricht und fährt erst bei deren Eingang fort. Wenn Sie eine Struktur wie in Abbildung 8-8 oder wie in Abbildung 8-9 zeichnen, müssen Sie die Prozesslogik von nicht zeigen, wenn Sie darauf abzielen, den *Bestellabwicklungsprozess* zu modellieren. Sie könnten die Stapelverarbeitung genauso gut als Black-Box-Pool darstellen. Doch merken Sie sich, dass Sie die Verarbeitung eines solchen Stapels auf keinen Fall innerhalb des *Bestellabwicklungsprozesses* darstellen dürfen.

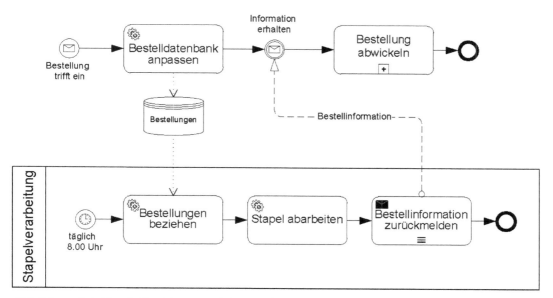

Abbildung 8-9: Zwei über Datenspeicher und Nachricht interagierende Pools

Angleichung von Instanzen

Auch ausserhalb des Bereichs der soeben beschriebenen, automatisierten Stapelverarbeitungen ist eine solche Struktur mit mehreren Pools von grossem Nutzen. In vielen Diagrammen dieses Buchs bekommt der Kunde zum Beispiel für jede Bestellung separat eine Rechnung. Bei Stammkunden ist es jedoch nicht unüblich, monatlich eine Rechnung zuzustellen. Auch in diesem Fall können Sie nicht einfach eine Aktivität *Monatsrechnung senden* in den Bestellabwicklungsprozess integrieren, sondern diese muss Teil eines separaten *Fakturierungsprozesses* sein, der jeden Monat einmal abläuft.

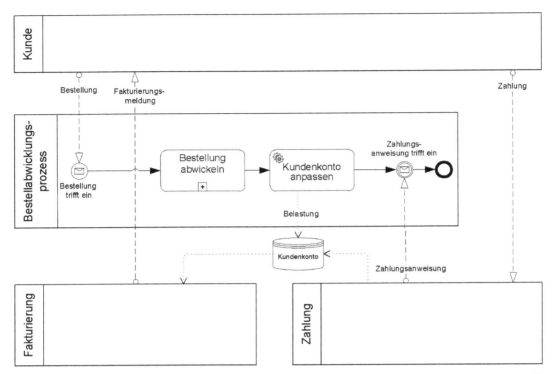

Abbildung 8-10: Fakturierung und Zahlung wurden als separate Pools ausgelagert, weil deren Instanz nicht durch eine Bestellung ausgelöst wird.

Die Kunden werden nicht jede Bestellung separat begleichen, und auch nicht zwangsläufig einmal pro Monat. Die Debitorenbuchhaltung muss deshalb pro Zahlung eine Prozessinstanz im Prozess *Zahlung* eröffnen. Wenn der *Bestellabwicklungsprozess* erst bei Eintreffen der Zahlung abgeschlossen sein soll, werden somit mehrere interagierende Pools benötigt.

KAPITEL 9

Prozesse verzweigen und zusammenführen

Die meisten Vorgehensweisen bei der Verzweigung und Zusammenführung paralleler und alternativer Pfade haben wir bereits behandelt:

- Exklusive Verzweigung aufgrund von Datenbedingung mit Hilfe des XOR-Gateways
- Exklusive Verzweigung aufgrund des ersten eintreffenden Ereignisses mit Hilfe des ereignisbasierten Gateways
- Nicht bedingte parallele Verzweigung durch ein UND-Gateway oder mehreren ausgehenden Sequenzflüssen
- Zusammenführung von exklusiven Pfaden direkt in eine Aktivität oder ein Ereignis
- Zusammenführung von parallelen Pfaden durch ein UND-Gateway

In diesem Kapitel werden Sie ein paar weitere Verfahren zur Verzweigung und Zusammenführung kennenlernen.

Bedingt paralleler Fluss

Das parallele (UND-) Gateway stellt eine *nicht bedingte, parallele Verzweigung* dar. Mit seiner Hilfe wird jede Prozessinstanz in zwei oder mehr parallele Pfade geteilt, einen für jedes Gate. Doch wie modellieren Sie eine nur bedingt parallel verlaufende Verzweigung? Anders gefragt: Möchten Sie darstellen, dass für jeden Pfad individuell entschieden wird, ob er durchlaufen wird oder nicht? Dieser Fall kommt vielleicht nicht sehr oft vor, doch Sie können ihn mit BPMN darstellen, und zwar auf zwei unterschiedliche Arten.

Verzweigung durch ein ODER-Gateway

Das *inklusive Gateway*, auch ODER-Gateway genannt, stellt eine bedingt parallele Verzweigung dar. Es wird mit einem O innerhalb des Rhombus dargestellt. Wie das exklusive (XOR-) Gateway trägt jeder ausgehende Pfad eine boolesche Bedingung, diese Bedingungen sind allerdings voneinander *unabhängig*. Es könnte mehr als eine davon erfüllt (WAHR) sein, und jede erfüllte Bedingung aktiviert das betreffende Gate. Falls zwei oder mehr aktiviert werden, liegt ein paralleler Fluss vor.

In Abbildung 9-1 folgt nach *Vertrag entwerfen* immer *finanzielle Überprüfung durchführen*. Doch *technische Überprüfung durchführen* erfolgt nur, wenn es sich um einen technischen Vertrag handelt. Sofern wir beide Aktivitäten ausführen, erfolgen diese parallel. Das ODER-Gateway verlangt eine Bedingung an jedem ausgehenden Sequenzfluss. Wenn ein Pfad immer aktiviert werden soll, beschriften Sie ihn einfach mit *immer*.

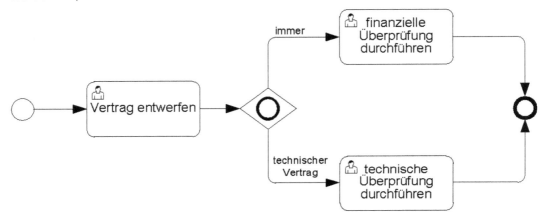

Abbildung 9-1: Bedingte Verzweigung mit ODER-Gateway

Abbildung 9-2 zeigt einen etwas anderen Sachverhalt. Hier wird nur dann eine finanzielle Prüfung ausgeführt, wenn die Kosten $10'000 übersteigen, und nur dann eine technische Prüfung, wenn es sich um einen technischen Vertrag handelt. Der unten abgebildete Sequenzfluss mit umgekehrtem Schrägstrich wird *Standardfluss* genannt. Damit ist in BPMN nicht gemeint, dass dieser immer oder gegebenenfalls öfters durchlaufen wird, sondern *sonst*, das heisst, *wenn nichts anderes zutrifft*. Der Standardfluss wird demzufolge nur dann aktiviert, wenn kein anderer Pfad mit einer Prozessinstanz angestossen wird. Im vorliegenden Beispiel wird *Schnellprüfung planen und durchführen* nur durchgeführt, wenn die Kosten $10'000 *nicht* übersteigen und es sich *nicht* um einen technischen Vertrag handelt.

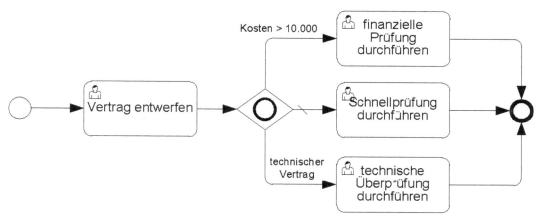

Abbildung 9-2: Standardfluss bedeutet *sonst (wenn nichts anderes zutrifft)*

Bedingter Sequenzfluss

In Abbildung 9-3 wird die zweite Möglichkeit gezeigt, einen bedingt parallelen Fluss zu modellieren. Dabei handelt es sich um *bedingte Sequenzflüsse*, die ohne Gateway direkt aus der vorangehenden Aktivität hinausführen. Anstelle des Gateway wird am Startpunkt der Flüsse ein kleiner Rhombus gezeichnet, der anzeigt, dass für diesen Pfad eine Bedingung erfüllt sein muss. Die Verwendung eines Sequenzflusses mit Rhombus ist nur dann erlaubt, wenn der Sequenzfluss direkt aus einer Aktivität herausführt. In der zugrundeliegenden XML sind die Sequenzflüsse aus einem XOR-Gateway ebenfalls als bedingt definiert, doch grafisch werden sie ohne Rhomben gezeigt. Der Standardfluss mit dem umgekehrten Schrägstrich hat dieselbe Bedeutung wie bei der Verwendung mit einem Gateway: *andernfalls*. Auch hier wird der Fluss nur aktiviert, wenn kein anderer Sequenzfluss beschritten werden kann.

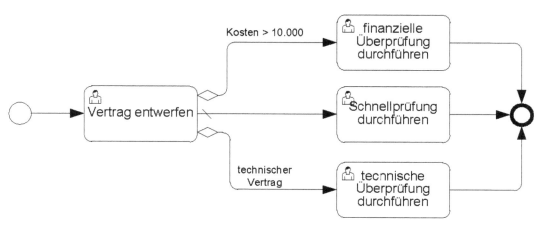

Abbildung 9-3: Bedingter Sequenzfluss

Bedingte Sequenzflüsse heben Sie sich am besten für den Fall auf, wenn Sie bedingte, parallele Pfade ausführen wollen. Exklusive Alternativen modellieren Sie besser mit einem XOR-Gateway. Die Darstellung in Abbildung 9-4, links impliziert, dass *genehmigt* und *abgelehnt* gleichzeitig erfüllt werden könnten, was natürlich falsch ist. Das mittlere Diagramm ist zwar technisch korrekt, es funktioniert aber nur mit zwei ausgehenden Sequenzflüssen. Erfahrungsgemäss beabsichtigt der Modellverfasser normalerweise eine exklusive Wahl, wenn er zwei bedingte Sequenzflüsse und einen Standardfluss zeichnet - was falsch ist. Um eine Zweideutigkeit zu vermeiden, verwenden Sie in exklusiven Fällen ein XOR-Gateway (Abbildung 9-4, rechts).

Abbildung 9-4: Verwenden Sie keinen bedingten Sequenzfluss, wenn eine exklusive Wahl vorliegt.

Sequenzflüsse zusammenführen

Die saubere Modellierung von Zusammenführungen mehrerer Sequenzflüsse in einem hängt von zwei Faktoren ab:

1. ob die Flüsse exklusive Alternativen darstellen, unbedingt parallel oder bedingt parallel sind

2. welches Verhalten bei der Zusammenführung beabsichtigt wurde

Alternative Pfade zusammenführen

Wenn die zu vereinigenden Pfade *exklusive Alternativen* darstellen, führen Sie sie direkt zusammen (Abbildung 9-5, links). Um sich zu vergewissern, dass es sich um exklusive Pfade handelt, verfolgen Sie den Prozessfluss rückwärts bis zu dem Punkt, an dem die Verzweigung sichtbar wird. Wurde durch ein XOR-Gateway, ein ereignisbasiertes Gateway oder einen Ausnahmepfad über ein angeheftetes Ereignis verzweigt, dann handelt es sich um exklusive Alternativen.

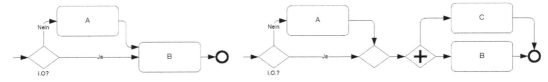

Abbildung 9-5: Führen Sie alternative Pfade direkt in eine Aktivität zusammen. Verwenden Sie ein XOR-Gateway, um in ein anderes Gateway zu führen.

Ob Sie alternative Pfade mit oder ohne XOR-Gateway zusammenzuführen, ist syntaktisch irrelevant – es ist dasselbe. Das XOR-Gateway lässt jeden eingehenden Sequenzfluss einfach passieren. Wenn Sie exklusive Pfade also in einer Aktivität zusammenführen wollen, dann erweist sich dieses Gateway als redundant – am besten vermeiden Sie es. Sie sollten es aber umgekehrt einsetzen, um alternative Pfade in ein anderes Gateway zu führen. Das Verhalten eines Gateways mit mehreren ein- und gleichzeitig ausgehenden Sequenzflüssen ist nämlich schwer zu interpretieren, wenn überhaupt (Abbildung 9-5, rechts).

Parallele Pfade durch UND-Gateway zusammenführen

Nicht bedingte, parallele Pfade werden nach parallelen Tätigkeiten oft wieder zusammengeführt (Abbildung 9-6, rechts). Eine *parallele Zusammenführung* wird durch ein UND-Gateway mit mehreren ein- und einem ausgehenden Sequenzfluss modelliert. Es wartet, bis *alle* eingehenden Sequenzflüsse angekommen sind, bevor der ausgehende Fluss aktiviert wird. Für die Zusammenführung in ein allgemeines Endereignis wird ein vorangestelltes Gateway nicht benötigt, für parallele, in eine Aktivität mündende Pfade dagegen schon.

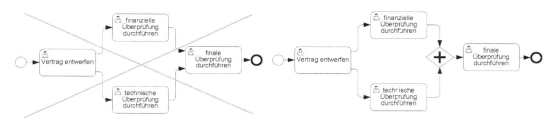

Abbildung 9-6: Parallele Pfade durch ein UND-Gateway in eine Aktivität zusammenführen

Mehrfach-Zusammenführung

Während das parallele Gateway für Verzweigungen optional ist, müssen Sie es bei einer Zusammenführung unbedingt verwenden (Abbildung 9-5, links). Die Spezifikation erlaubt zwar das Weglassen des parallelen Gateways aus technischer Sicht – dies wird eine *Mehrfach-Zusammenführung* (engl. *multi-merge*) genannt – doch das bedeutet, dass die Aktivität nach der Zusammenführung (*finale Überprüfung durchführen*) mehrmals ausgelöst wird, nämlich einmal pro eingehendem Sequenzfluss. Auch ein XOR-Gateway erfüllt hier nicht den beabsichtigten Zweck, sondern funktioniert, als ob gar kein Gateway gesetzt wäre: Jeder Sequenzfluss wird ohne Überprüfung durchgelassen. Somit läge ebenfalls eine so genannte Mehrfach-Zusammenführung vor. Weil ein solches Verhalten praktisch nie Ihrer Absicht entspricht, empfehlen wir, diese Modellierungsvariante ganz einfach zu vermeiden.

Zusammenführung durch ODER-Gateway

Wenn Sie parallele Pfade zusammenführen möchten, die zum Teil nur *bedingt* durchgeführt werden, dann bietet sich das ODER-Gateway an. Verwenden Sie in diesem Fall kein UND-Gateway. Die Zusammenführung durch ein ODER-Gateway gleicht einer parallelen

Zusammenführung durch ein UND-Gateway, mit der Ausnahme, dass nicht aktive eingehende Sequenzflüsse ignoriert werden. Das heisst, das ODER-Gateway wartet im Gegensatz zum UND-Gateway nicht auf inaktive Sequenzflüsse.

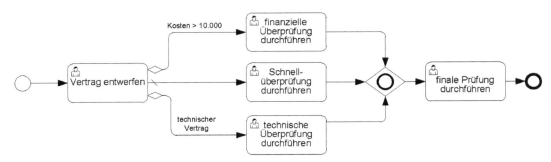

Abbildung 9-7: Zusammenführung von bedingten Sequenzflüssen mittels ODER-Gateway

In Abbildung 9-7 zum Beispiel könnte jeder Sequenzfluss einzeln oder es könnten zwei zusammen aktiviert werden. Das ODER-Gateway ignoriert ganz einfach alle Flüsse, die nicht in der jeweiligen Prozessinstanz aktiviert worden sind. Beachten Sie, dass wir in Abbildung 9-3 kein ODER-Gateway benötigt haben, weil eine parallele Zusammenführung vor einem allgemeinen Endereignis immer implizit angenommen wird.

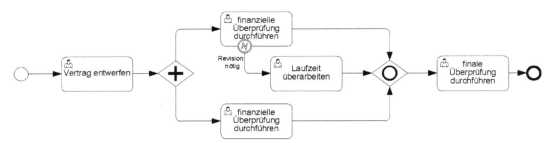

Abbildung 9-8: Ein weiterer Anwendungsfall für die Zusammenführung mittels ODER-Gateway.

In Abbildung 9-8 sehen wir ein weiteres Beispiel. Trotz der unbedingt parallelen Verzweigung können nur zwei der drei Sequenzflüsse je Prozessinstanz beim Gateway eingehen. Ein UND-Gateway würde auf alle drei Flüsse warten, während das ODER-Gateway die „toten" Flüsse einer Prozessinstanz ignoriert.

Ein drittes Beispiel für die sinnvolle Verwendung eines ODER-Gateways wäre die Zusammenführung des normalen Pfades mit einem Ausnahmepfad, der durch ein angeheftetes, nicht-unterbrechendes Ereignis ausgelöst wird. Der normale Pfad wird immer aktiviert, während der Ausnahmepfad nur bei Auslösung des Ereignisses durchlaufen wird. Weil die beiden Flüsse also nur bedingt parallel sind, könnten sie nicht durch ein UND-Gateway zusammengeführt werden.

Diskriminatormuster

Es gibt noch ein weiteres Muster der Zusammenführung, das es lohnt kurz zu betrachten. Es wird *Diskriminatormuster* genannt und verwendet ein *komplexes Gateway*. Ein komplexes Gateway erkennt man am Asterisken-Symbol im Rhombus. Es deutet jedoch nicht in jedem Fall auf ein *Diskriminatormuster* hin, sondern es zeigt nur an, dass ein benutzerdefiniertes Verhalten zur Anwendung kommt, welches weder mit einem UND-, noch mit einem ODER- oder einem XOR-Gateway zu modellieren ist. Solche Fälle treten selten auf, und wenn überhaupt, dann wird meistens das *Diskriminatormuster* benötigt.

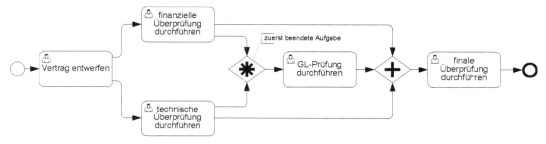

Abbildung 9-9: Diskriminatormuster

Das Diskriminatormuster lässt den *ersten* eingehenden Sequenzfluss passieren und stoppt alle danach eingehenden Flüsse. Werden mehrere Dinge parallel abgewickelt, kann mit diesem Muster die nächste Tätigkeit gestartet werden, sobald eine der parallelen Aktivitäten abgeschlossen ist. Und sobald eine dieser Tätigkeiten beendet wurde, startet eine nächste Arbeitssequenz. In Abbildung 9-9 könnten wir dem Muster folgend *GL-Prüfung durchführen* entweder mit den Informationen aus der finanziellen oder denen aus der technischen Überprüfung – abhängig davon, welche zuerst abgeschlossen ist. Das ist ein Diskriminator, er führt zu einem *Ausscheiden* infolge der vorgelagerten Bedingung. Wenn vor *GL-Prüfung durchführen* kein Gateway läge, würde diese Aktivität zweimal angestossen (Mehrfach-Zusammenführung), was wir ja nicht wollen.

Weil das komplexe Gateway nicht selbsterklärend ist, benötigen Sie zur Verdeutlichung des beabsichtigten Verhaltens eine Text-Anmerkung. Zudem ist dieses Gateway *nicht* Teil der Palette von Ebene 2, also der analytischen Unterklasse von BPMN 2.0.

KAPITEL 10

Transaktionen

Das Thema Transaktionen geht etwas über die analytische Palette der Ebene 2 hinaus, doch wir möchten an dieser Stelle dennoch darüber sprechen, weil wir es als sehr wertvoll erachten. Die BPMN bietet ein eigenes Set von Elementen zur Modellierung von Transaktionen.

Der Ausdruck *Transaktion* bezieht sich dabei auf die koordinierte Ausführung mehrerer Aktivitäten unter Beachtung der Regel, dass entweder alle Aktivitäten erfolgreich abgeschlossen werden oder das ganze System in den Anfangszustand zurückgefahren wird. Ein Beispiel aus dem Alltag ist die elektronische Übertragung von Geldbeträgen bei einer Bank. Die Transaktion belastet das eine Konto und schreibt den Betrag auf einem anderen Konto gut, was auch in zwei verschiedenen Finanzinstituten geschehen kann. Auf jeden Fall bedarf dies eines zwischen zwei Datenbanken oder sogar zwei unabhängigen Systemen koordinierten Buchungsverlaufs. Falls Gutschrift und Belastung nicht simultan ausgeführt werden können, sollte keine von beiden ausgeführt werden, denn auf keinen Fall darf das eine Konto belastet werden, ohne dass die Gutschrift auf das andere erfolgt (und umgekehrt).

ACID-Transaktionen

Das soeben erläuterte Beispiel und ähnliche Fälle von verteilten Datenbankoperationen werden in der Informatik als *ACID-Transaktionen* bezeichnet. ACID steht dabei für:

- Atomic (atomar) – Die Transaktion ist nicht aufteilbar, sie weist ein Alles-oder-nichts-Verhalten auf.

- Consistent (konsistent) – Ein inkonsistenter Systemzustand, wie eine Gutschrift ohne korrespondierende Belastung, wird verhindert.

- Isolated (isoliert) – Die Transaktion kann während der Ausführung nicht von anderen Transaktionen beeinflusst werden, insofern sind die zu bearbeitenden Objekte oder Datensätze nur für die eine Transaktion reserviert.

- Durable (dauerhaft) – Der Zustand der interagierenden Systeme wird in einer Datenbank aufgezeichnet und kann so bei einem Absturz wiederhergestellt werden.

In IT-Systemen werden ACID-Transaktionen typischerweise durch ein so genanntes *Commit-Protokoll*, dem „Zwei-Phasen-Commit", implementiert. Eine Transaktionsmanager genannte Software ruft dabei in einer ersten Phase alle Teilnehmer auf, die an der Transaktion beteiligt sind (*commit request*). Dabei versichert sich der Transaktionsmanager, dass diese für die Transaktion verfügbar sind. Die Teilnehmer bereiten währenddessen die Aktivitäten vor und reservieren die notwendigen Ressourcen. In der zweiten Phase erfolgt die Transaktion, allerdings nur dann, wenn alle Teilnehmer ihre Bereitschaft zurückgemeldet haben (*commit*). Andernfalls werden sie zurückgesetzt (*rollback*).

Geschäftstransaktionen

Die BPMN hat eine ähnliche Idee für Geschäftsprozesse implementiert. In der BPMN bedeutet die Einstufung eines Unterprozesses als *transaktional*, dass entweder alle Aktivitäten erfolgreich abgeschlossen sein müssen oder der Unterprozess in den Anfangszustand zurückgesetzt wird. Geschäftstransaktionen genügen jedoch oft nicht den Anforderungen an ACID-Transaktionen, weil sie an der erforderlichen Isolation scheitern. Um die benötigten Ressourcen für die Transaktion zu reservieren (bzw. sperren) muss die Transaktion von kurzer Durchlaufzeit im Bereich von Millisekunden sein. Geschäftstransaktionen dauern meistens länger, und die benötigten Ressourcen können während der Ausführung nicht gesperrt werden. Stattdessen wird jede zur Transaktion gehörende Aktivität ganz normal abgewickelt. Wenn jedoch die Transaktion als Ganzes nicht erfolgreich abgeschlossen werden kann, wird jede bereits ausgeführte Aktivität zurückgefahren, indem speziell definierte *Kompensationsaktivitäten* ausgeführt werden.

Beispiele für das Zurückrollen von Transaktionen durch Kompensation kennen wir aus dem Alltag. Stellen Sie sich vor, Sie kaufen online eine Ware und bezahlen diese mit Ihrer Kreditkarte. Unglückerweise stellt sich dann heraus, dass die gewünschte Ware nicht mehr verfügbar ist. Beim Abschluss des Kaufes wurde bereits ein Betrag von Ihrer Kreditkarte abgebucht, weshalb derselbe Betrag wieder kompensiert werden muss. Auf der Kreditkartenabrechnung werden Sie deshalb die Belastung und eine nachfolgende Gutschrift sehen. Die Gutschrift spiegelt die Kompensationsaktivität für die Belastung wider. Dies entspricht nicht einer ACID-Transaktion, welche die Ware zuerst im Lager reservieren würde, bevor sie die Kreditkarte belastet. In dem Fall würden Sie auf dem Kreditkartenauszug weder eine Belastung noch eine Gutschrift sehen, denn die Transaktion wäre nie freigegeben worden.

Zur Modellierung von Geschäftstransaktionen bietet BPMN dedizierte Elemente an. Eine *Transaktion* wird durch einen Unterprozess mit doppeltem Rand (Abbildung 10-1) gekennzeichnet. Aktivitäten innerhalb der Transaktion, die zurückgefahren werden müssen, falls die Transaktion fehlschlägt, werden im BPMN-Diagramm durch angeheftete Kompensationsereignisse mit den dazugehörigen Kompensationsaktivitäten verbunden.

Ausserdem bietet die BPMN zusätzliche Ereignistypen, die das Scheitern einer Transaktion und die Initiierung der Kompensation signalisieren.

Abbildung 10-1: Transaktionaler Unterprozess

Eine Behandlung der Ausnahme, welche die Transaktion zum Scheitern bringt, ist in der Kompensation nicht enthalten. Sie hat lediglich zum Ziel, den ursprünglichen Zustand des Systems wiederherzustellen, indem jene Teile kompensiert respektive rückgängig gemacht werden, die vor dem Defekt ausgeführt wurden. Sobald die Kompensation abgeschlossen ist, kann die Ausnahmebehandlung auf dem normalen Weg fortgesetzt werden.

Angeheftetes Kompensationsereignis und Kompensationsaktivität

Das angeheftete Kompensationsereignis wird zur Verknüpfung einer Aktivität mit ihrer Rückführung bzw. Kompensationsaktivität verwendet. Es handelt sich hier jedoch nicht um ein normales angeheftetes Ereignis, denn es gibt keinen ausgehenden Sequenzfluss. Stattdessen wird die dazugehörige *Kompensationsaktivität* durch eine gerichtete *Assoziation* mit der Aktivität verbunden (Abbildung 10-2).

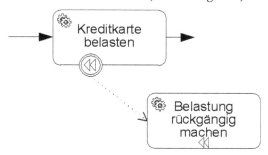

Abbildung 10-2: Angeheftetes Kompensationsereignis mit dazugehöriger Kompensationsaktivität

Anders als das normale angeheftete Zwischenereignis kann das Kompensations-Zwischenereignis nur ausgelöst werden, *nachdem* die darunterliegende Aktivität erfolgreich beendet worden ist. Falls die Aktivität noch nicht gestartet wurde, immer noch läuft oder gar abgebrochen werden musste, wird die Kompensationsaktivität bei Transaktionsabbruch nicht durchgeführt.

Alternativ kann auch der Kompensations-Ereignisunterprozess als Kompensationsaktivität verwendet werden. Er wird durch einen Ereignisunterprozess mit einem Kompensations-Startereignis dargestellt.

Abbruchereignis

Das durch ein X-Symbol gekennzeichnete *Abbruchereignis* stellt eine spezielle Art von Fehlerereignis dar, das nur im Zusammenhang mit transaktionalen Unterprozessen verwendet wird (Abbildung 10-3). Es wird eingesetzt, wenn die Ursache des Transaktionsabbruches *innerhalb* des transaktionalen Unterprozesses liegt, und nicht nach dessen Abschluss. Das Abbruchereignis weist einige Gemeinsamkeiten mit dem Fehlerereignis auf: Es unterstützt das gleiche „Senden-Empfangen-Verhalten": Ein Endereignis in einem transaktionalen Unterprozess oder in einem Ereignisunterprozess sendet das Abbruchsignal hin zu einem angehefteten Ereignis. Darüber hinaus ist das Abbruchereignis in seiner angehefteten Form immer unterbrechend; es gibt keine nicht-unterbrechende Variante. Seine Bedeutung ist mit dem Fehlerereignis identisch abgesehen davon, dass das Abbruchereignis die Kompensation implizit startet, noch bevor der Ausnahmefluss initiiert wird.

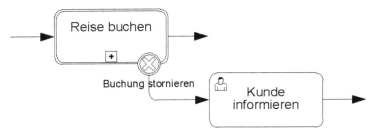

Abbildung 10-3: Angeheftetes Abbruchereignis auf einem transaktionalen Unterprozess

Falls eine Transaktion abgebrochen wird, werden alle dazugehörigen und erfolgreich ausgeführten Aktivitäten, die eine Kompensationsaktivität definieren, zurückgerollt, indem diese Kompensationsaktivität ausgeführt wird. Sobald die Kompensation beendet ist, startet die Fehlerbehandlung über den Ausnahmefluss oder den Ereignisunterprozess, der mit dem Abbruchereignis verbunden ist.

Jeder andere Typ von unterbrechendem Ereignis, zum Beispiel vom Typ Fehler, der an einen transaktionalen Unterprozess geheftet ist, bricht die Transaktion ab, *ohne die Kompensation* zu initiieren.

Kompensation senden und empfangen

Ausser über ein Abbruchereignis können Kompensationen auch auf anderem Weg initiiert werden. Dies geschieht durch das Setzen eines *Kompensations-Zwischenereignisses* oder eines *Kompensations-Endereignisses*.

Sollte eine Transaktion *nach* ihrem Abschluss kompensiert werden, kann das sendende und empfangende Kompensationsereignis verwendet werden. Die folgenden Beispiele veranschaulichen die Verwendung von Abbruch- und Kompensationsereignissen deutlicher.

Kompensationen verwenden

Um eine Kompensationsaktivität sauber zu definieren, müssen Sie sich darüber klar werden, an welchen Stellen die Transaktion innerhalb des transaktionalen Unterprozesses oder danach fehlschlagen kann. Zusätzlich müssen Sie sich überlegen, welche abgeschlossenen Aktivitäten rückgängig gemacht werden müssen, falls die Transaktion fehlschlägt.

Stellen Sie sich vor, Sie müssen für einen Kunden eine Reise buchen. Die Transaktion würde aus zwei Aktivitäten bestehen: Erst wird der Flug gebucht, dann die Kreditkarte belastet (Abbildung 10-4). Der einzige Grund für eine Kompensation der Transaktion wäre das Fehlschlagen der Kreditkartenbelastung. In diesem Fall müsste die Buchung durch eine Kompensationsaktivität rückgängig gemacht werden. Falls die Buchung nicht durchgeführt werden kann, weil beispielsweise keine Plätze mehr verfügbar sind, gibt es keine erfolgreich abgeschlossenen Aktivitäten rückgängig zu machen. Obschon eine Kompensationsaktivität definiert wurde, wird diese nicht ausgeführt, solange die ursprüngliche Aktivität nicht abgeschlossen werden konnte. Zudem muss keine Kompensationsaktivität für die Belastung definiert werden, denn falls diese erfolgreich durchgeführt werden kann, war die Transaktion als Ganzes erfolgreich.

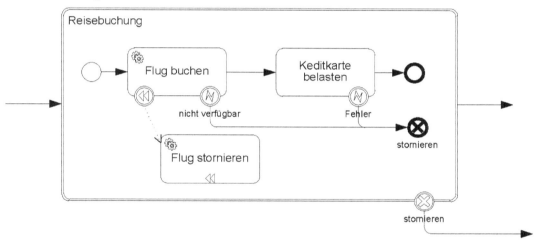

Abbildung 10-4: Kompensation einer Transaktion, einfacher Fall

Nun möchten wir einen etwas komplexeren Fall betrachten, in dem für die Reise mehrere Flüge und Hotels gebucht werden müssen (Abbildung 10-5). Die Reihenfolge der Buchungen, Hotel und Flug, ist nicht vorgegeben. Falls eine der Buchungen nicht erfolgreich durchgeführt werden kann, gilt die Transaktion als fehlgeschlagen. Wenn alle Buchungen abgeschlossen werden können, wird die Kreditkarte belastet. Sollte die Belastung fehlschlagen, gilt die Transaktion ebenfalls als fehlgeschlagen.

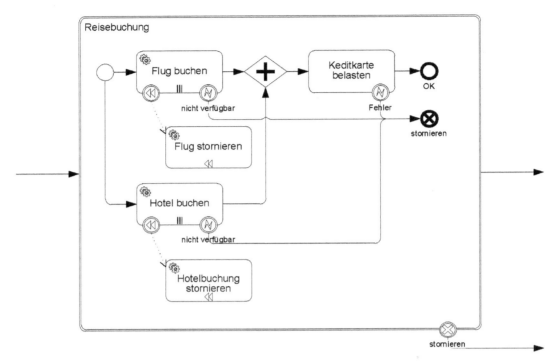

Abbildung 10-5: Kompensation einer Transaktion, komplexer Fall

Mit dieser Zahl an potentiellen Fehlermöglichkeiten bei der Transaktion lässt sich der Nutzen der Kompensation leicht erkennen. Es ist nicht möglich, den jeweiligen Status der individuellen Buchungen vorauszusehen, falls die Transaktion fehlschlägt. Stellen Sie sich vor, Sie müssten alle möglichen Kombinationen von Ausfällen mit Ausnahmepfaden versehen, die beschreiben, in welchem Status welche Behandlung notwendig ist – das Diagramm würde nahezu unlesbar. Bei Kompensationsaktivitäten wendet BPMN eine einfache Regel an: Ist die Aktivität zum Zeitpunkt der Kompensation erfolgreich abgeschlossen, führe die Kompensationsaktivität aus. Andernfalls wird die Kompensationsaktivität nicht durchlaufen.

Wenn zum Beispiel in Abbildung 10-5 eine der Buchungsaktivitäten misslingt – d.h. auch nur eine Instanz der Mehrfachaktivitäten Hotel buchen und Flug buchen –, dann leitet das sendende Abbruchereignis nur die Rückführung jener Instanzen ein, welche bereits erfolgreich ausgeführt worden sind. Wenn alle Buchungsinstanzen ausgeführt sind, die Kreditkartenbelastung aber misslingt, stösst das Abbruchereignis die Rückführung aller Buchungen ein.

Nun gehen wir einen Schritt weiter. Stellen Sie sich vor, die Transaktion wurde zwar erfolgreich ausgeführt, aus unerfindlichen Gründen entscheidet sich der Kunde jedoch, seine Reise zu stornieren. In der Realität würde dies nicht als Teil ein- und desselben Prozesses modelliert, doch zur Veranschaulichung möchten wir dies als Beispiel verwenden. Die Transaktion *Reisebuchung* ist ausgeführt, doch wie wird sie rückgängig gemacht? Hier finden wir einen nützlichen Anwendungsfall für das Senden-Empfangen-Muster mit dem Kompensationsereignis. Das Abbruchereignis leistet uns hier keinen Dienst, weil ein gesendeter Abbruch von innerhalb des transaktionalen Unterprozesses kommen muss.

Nehmen wir an, das Reisebüro verlangt vor der Belastung der Kreditkarte vom Kunden eine finale Bestätigung (Abbildung 10-6)[12]. Das Reisebüro wartet 24 Stunden auf eine etwaige Stornierung, bevor die Stornierungsgebühr abgebucht wird. Um 24 Stunden auf eine Nachricht zu warten, verwenden wir ein ereignisbasiertes Gateway. Sollte die Stornierung eintreffen, können wir die Buchungen immer noch mit den zuvor definierten Kompensationsaktivitäten rückgängig machen. Ein Abbruchereignis kann nicht mehr angewendet werden, weil der transaktionale Unterprozess bereits abgeschlossen ist. Hingegen können wir mit einem sendenden Kompensationsereignis *Reisebuchung stornieren* den transaktionalen Unterprozess *Reisebuchung* ansteuern und damit alle kompensierenden Aktivitäten innerhalb des Unterprozesses ausgelöst.

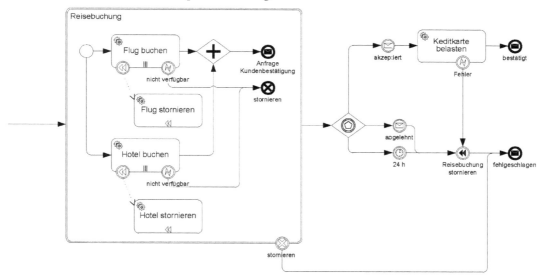

Abbildung 10-6: Sendendes Kompensationsereignis

Beachten Sie, dass die Kompensation keine Ausnahmebehandlung durchführt. Sie rollt lediglich die Transaktion in den Anfangszustand zurück. Die Benachrichtigung des Kunden oder die Verrechnung einer Stornierungsgebühr müssen über den Ausnahmefluss geschehen.

---

[12] An der Stelle verwenden wir eine UND-Zusammenführung, bevor die Bestätigung mit dem Nachrichten-Endereignis versandt wird. Denn die Anfrage soll nur einmal gesandt werden. Wenn Sie *Flug buchen* und *Hotel buchen* direkt mit dem Endereignis verbinden, würde die Anfrage zweimal versendet.

KAPITEL 11

Die Regeln von BPMN

Bevor wir die Modellierung der analytischen Ebene abschließen, wollen wir nochmals auf das Thema des BPMN-Stil eingehen. Letztendlich geht es nur darum, den Regeln der BPMN-Spezifikation und den Stilregeln zu folgen. Die meisten Modelle wären weniger verwirrend, zweideutig oder schlicht unverständlich, wenn der Modellierer einfach die Regeln beachten würde. Das ist in der Praxis leichter gesagt als getan. Denn die Modellentwickler verlassen sich auf ihre Modellierungswerkzeuge, welche die Modelle validieren und Regelverstöße melden. Die Werkzeughersteller wiederum stützen sich auf die BPMN-Spezifikation, um die Validierungsregeln zu definieren. Und hier, bei der Spezifikation, beginnt eben gerade das Problem.

Die Quellen der Wahrheit der BPMN

Dass die Spezifikation von BPMN 2.0, welche mehr als 500 Seiten umfasst, seine Regeln nicht explizit aufzählt oder durchnummeriert ist schon erstaunlich. Ein Anhang mit einer Liste aller Regeln würde bereits ausreichen, doch danach sucht man vergebens. Ein Mitglied der „BPMN 2.0 Finalization Task Force" meinte, dass so eine Liste vorgesehen war, doch am Ende die Zeit nicht mehr für so etwas gereicht hätte. Man würde wohl erwarten, dass in den sieben Jahren, in welchen man an der Spezifikation gearbeitet hat, eine solche Liste hätte erstellt werden können.

Darüber hinaus ist in der Spezifikation auch keine Eindeutigkeit zu finden. Nach unserer Zählung sind drei wesentliche Quellen auszumachen und deren Aussagen sind nicht in jedem Fall deckungsgleich. Die erste Quelle ist das BPMN-Metamodell, das in UML-*Klassendiagrammen* und der dazugehörigen Serialisierung im Format *XML Metadata Interchange (XMI)* der OMG ausgedrückt wird. Die zweite Quelle ist das *Schema*, eine alternative Formulierung des Metamodells in „normaler" XML, also basierend auf der Sprache *XML Schema Definition (XSD)*.

Beide, das Metamodell und das entsprechende XSD, definieren die verschiedenen BPMN-Elemente, deren Attribute und die Beziehungen zwischen ihnen. Das XSD und die XMI-Serialisierung des Metamodells sind nominell äquivalent. Doch die Unterschiede in den zwei Sprachen führen trotzdem zu Unstimmigkeiten. Zum Beispiel sagt das Metamodell, dass ein Sequenzfluss nur mit einem *„Flusselement"* verbunden werden darf, also mit einer Aktivität, einem Gateway oder einem Ereignis. Das XSD aber erlaubt Verbindungen zu jeglichen BPMN-Elementen. Damit kann die Regel, dass ein Sequenzfluss nur mit einer „Flow Node" verbunden werden darf, nicht mit einer Validierung gegen das Schema geprüft werden. Trotzdem bleibt dies aber eine BPMN-Regel.

Die „Model Driven Architecture" der OMG betont den Wert der XMI, während allerdings die XSD durch Software-Werkzeuge und bei Entwicklern weit verbreitet ist. Denn dieses ist die Basis von XML-Standards und die Voraussetzung für Modellaustauschbarkeit, SOA und Web Services. Deshalb stützen sich die Erörterungen im Handbuch für die Prozessautomatisierung mehrheitlich auf die XSD.

In dem Fall definieren beide – XMI und XSD – nur die die Grundregeln für jede BPMN-Elementklasse als Ganzes und nicht die spezifischen Regeln einzelner Elemente (also z.B. angeheftete Fehler-Ereignisse). Die meisten Regeln für diese individuellen Elementtypen sind über die 500 Seiten Prosa und Tabellen der Spezifikation verstreut. Manchmal werden damit die Grundregeln des Metamodells verfeinert, manchmal wird den Regeln aber auch ganz einfach widersprochen. Somit begründet die Prosa der Spezifikation die dritte Quelle, welche gelegentlich in sich zweideutig ist. Einige Regeln gehen deutlich aus dem Text hervor, andere müssen abgeleitet werden.

Dass sich die Spezifikation auf die *semantischen Elemente* von BPMN und nicht auf die Formen und Symbole bezieht, macht die Sache noch verwirrender. Größtenteils sind damit keine Probleme verbunden, weil die meisten semantischen Elemente zu einer einzelnen Form bzw. einem Symbol gehören. Doch einige Formen haben kein korrespondierendes semantisches Element. Es existiert zum Beispiel kein semantisches Element *Mehrfachereignis*, obwohl es dafür eine eigene Form gibt. Ein Mehrfachereignis ist ganz einfach ein Ereignis, welches mehr als eine Ereignis-Definition des semantischen Modells beinhalten kann.

Letztendlich werden in der Spezifikation „Anforderungen" an Prozessmodelle erläutert. Davon sind jedoch nur einige für ausführbare Modelle anwendbar. Sie beinhalten technische Details, welche in den meisten BPMN-Modellen ausgelassen und in der Notation gar nicht gezeigt werden.

Aus diesen Gründen ist *jedes BPMN-Werkzeug dazu gezwungen, seine eigene Liste von Validierungsregeln aufzusetzen*. Und auch wenn gewisse Werkzeuge eine Regel inhaltlich gleich interpretieren, so wird sich die Regel dennoch textuell unterscheiden. Denn es gibt ganz einfach keine offizielle Liste von BPMN-Regeln.

BPMN-Regeln für die Modellierung mit der analytischen Palette

Wenn also die OMG keine Liste von Regeln zur Verfügung stellt, so werden wir hier eine publizieren. Unten finden Sie die Liste der wichtigsten offiziellen Regeln für die nicht-ausführbare Modellierung mit der analytischen Palette. Einige Leser mögen bei einzelnen Regeln sagen, sie würden das nicht in der Spezifikation finden. Auf diese Kritik gibt es zwei Antworten: Erstens werden viele Regeln durch verschiedene Teile der Spezifikation impliziert. Zweitens, falls sie damit besser leben können, dürfen sie die Regeln ganz einfach als Stilregel betrachten. Unter einer guten BPMN verstehen wir, dass sowohl die offiziellen wie auch die Stilregeln eingehalten werden.

Sequenzfluss

1. Ein Sequenzfluss muss an beiden Enden mit einem Knoten (Aktivität, Gateway, Ereignis) verbunden werden. Keines der beiden Enden darf unverbunden bleiben.

2. Alle Knoten außer Startereignisse, angeheftete Ereignisse und empfangende Linkereignisse müssen einen eingehenden Sequenzfluss haben, falls die Prozessebene Start- oder Endereignisse enthält. [Ausnahmen, nicht Teil der analytischen Palette sind: Kompensationsaktivität und Ereignis-Unterprozess]

3. Alle Knoten außer Endereignisse und sendende Linkereignisse müssen einen ausgehenden Sequenzfluss haben, falls die Prozessebene ein Start- oder Endereignis enthält. [Ausnahmen, nicht Teil der analytischen Palette sind: Kompensationsaktivität und Ereignis-Unterprozess]

4. Ein Sequenzfluss darf keine Poolgrenze (Prozessgrenze) überschreiten.

5. Ein Sequenzfluss darf die Grenze einer Prozess-(Unterprozess-)Ebene nicht überschreiten.

6. Ein bedingter Sequenzfluss darf nicht verwendet werden, falls er der einzige ausgehende Sequenzfluss ist.

7. Sequenzflüsse aus einem parallelen Gateway oder einem ereignisbasierten Gateway dürfen nicht bedingt sein. [Beachten Sie: Bei Sequenzflüssen, welche aus einem Gateway kommen, ist die Typisierung als „bedingt" nicht sichtbar, der Rhombus beim Start des Sequenzflusses wird unterdrückt]

8. Eine Aktivität oder ein Gateway darf höchstens einen Standardfluss haben.

Nachrichtenfluss

9. Ein Nachrichtenfluss darf nicht mit Knoten innerhalb desselben Pools (Prozesses) verbunden werden.

10. Die Quelle eines Nachrichtenflusses muss entweder ein Nachrichtenereignis, ein Mehrfachereignis, ein sendendes Zwischenereignis, eine Aktivität oder ein Black Box Pool sein.

11. Das Ziel eines Nachrichtenflusses muss entweder ein Nachrichtenereignis, ein Mehrfachereignis, ein empfangendes Zwischenereignis, ein angeheftetes Ereignis, eine Aktivität oder ein Black Box Pool sein. [Ausnahmen, nicht Teil der analytischen Palette sind: Ereignis-Unterprozess und mehrfaches Startereignis]

12. Beide Enden eines Nachrichtenflusses müssen korrekt verbunden sein. Kein Ende darf unverbunden bleiben.

Startereignis

13. Ein Startereignis darf keinen eingehenden Sequenzfluss haben.

14. Ein Startereignis darf keinen ausgehenden Nachrichtenfluss haben.

15. Der Auslöser eines Startereignisses mit einem eingehenden Nachrichtenfluss darf nur Nachricht oder Mehrfach sein.

16. Der Auslöser eines Startereignisses darf nicht *Fehler* sein. [Ausnahme, nicht Teil der analytischen Palette ist: Startereignis des Ereignis-Unterprozesses]

17. Der Auslöser eines Startereignisses in einem Unterprozess muss Allgemein sein. [Ausnahme, nicht Teil der analytischen Palette ist: Startereignis des Ereignis-Unterprozesses]

Endereignis

18. Ein Endereignis darf keinen ausgehenden Sequenzfluss haben.

19. Ein Endereignis darf keinen eingehenden Nachrichtenfluss haben.

20. Das Ergebnis eines Endereignisses mit ausgehendem Nachrichtenfluss muss Nachricht oder Mehrfach sein.

Angeheftetes Ereignis

21. Ein angeheftetes Ereignis muss genau einen ausgehenden Sequenzfluss haben. [Ausnahme, nicht Teil der analytischen Palette ist: Kompensation]

22. Der Auslöser eines angehefteten Ereignisses kann nur Nachricht, Zeit, Signal, Fehler, Eskalation, Bedingt oder Mehrfach sein. [Ausnahme, nicht Teil der analytischen Palette sind: Fehler, Kompensation, Mehrfach-parallel]

23. Ein angeheftetes Ereignis darf keinen eingehenden Sequenzfluss haben.

24. Ein auf dem Rand eines Unterprozesses angeheftetes Fehlerereignis bedarf eines entsprechenden sendenden Fehlerereignisses.

25. Ein angeheftetes Fehlerereignis darf nicht nicht-unterbrechend sein.

26. Ein auf dem Rand eines Unterprozesses angeheftetes Eskalationsereignis benötigt ein korrespondierendes sendendes Eskalationsereignis.

Sendendes oder empfangendes Zwischenereignis

27. Ein Zwischenereignis mit einem eingehenden Nachrichtenfluss muss als empfangend definiert werden und sein Auslöser muss Nachricht oder Mehrfach sein.

28. Ein Zwischenereignis mit ausgehendem Nachrichtenfluss muss als sendend definiert werden und sein Auslöser muss Nachricht oder Mehrfach sein.

29. Der Auslöser eines sendenden Zwischenereignisses darf nur Nachricht, Signal, Eskalation, Link oder Mehrfach sein. [Ausnahme, nicht Teil der analytischen Palette ist: Kompensation]

30. Der Auslöser eines empfangenden Zwischenereignisses darf nur Nachricht, Signal, Zeit, Link, Bedingt oder Mehrfach sein.

31. Ein sendendes Linkereignis darf keinen ausgehenden Sequenzfluss haben.

32. Ein empfangendes Linkereignis darf keinen eingehenden Sequenzfluss haben.

Gateway

33. Ein Gateway darf keinen eingehenden Nachrichtenfluss haben.

34. Ein Gateway darf keinen ausgehenden Nachrichtenfluss haben.

35. Ein verzweigendes Gateway muss mehr als einen ausgehenden Pfad haben.

36. Die ausgehenden Pfade eines ereignisbasierten Gateways dürfen nur empfangende Zwischenereignisse oder Tasks vom Typ Empfangen enthalten.

Prozess (Pool)

37. Ein Prozess muss mindestens eine Aktivität enthalten.

38. In einem Pool dürfen nur Elemente von höchstens einem Prozess enthalten sein.

39. Ein Pool darf keinen weiteren Pool enthalten. Falls die untergeordnete Ebene eines Unterprozesses von einem Pool umrandet wird, dann muss dieser Pool sich auf denselben Teilnehmer und denselben Prozess referenzieren, wie der Pool der Hauptebene.

Stilregeln für die Modellierung mit der analytischen Palette

Die Modellierung nach den offiziellen Regeln der Spezifikation verhindern nicht, dass ein Diagramm zwar gültig aber dennoch zweideutig sein kann. Stilregeln sind Methode-und-Stil-*Konventionen*, welche mit den offiziellen Regeln konsistent sind. Die Stilregeln sind dafür gedacht, dass die Prozesslogik alleine aus dem Diagramm klar lesbar ist. Die wichtigsten Stilregeln werden unten aufgeführt.

Beschriftung

Die Beschriftung von einem Element im Diagramm korrespondiert immer mit dem Attribut *Name* des semantischen Elements.

Eine Aktivität sollte idealerweise mit SUBSTANTIV-VERB beschriftet werden.

1. Zwei Aktivitäten im selben Prozess dürfen nicht gleich beschriftet werden, außer wenn es sich bei beiden um Aufruf-Aktivitäten handelt.

2. Die Beschriftung von einem Startereignis mit definiertem Auslöser (nicht Allgemein) sollte die Auslösebedingung wiedergeben.

   a. Ein Nachrichten-Startereignis sollte mit dem Muster „[Nachrichtenname] empfangen" beschriftet werden.

   b. Ein zeitliches Startereignis sollte mit dem geplanten Prozessstart bezeichnet werden.

   c. Ein Signal-Startereignisses sollte auf das Signal hinweisen.

   d. Die Beschriftung eines bedingten Startereignisses sollte auf die Auslösebedingung hinweisen.

3. Ein angeheftetes Ereignis sollte beschriftet werden.

4. Die Beschriftung eines Fehlerereignisses, welches an einem Unterprozess angeheftet ist, muss mit der Beschriftung eines Fehlerereignisses in der Unterprozessebene korrespondieren.

5. Die Beschriftung eines Eskalationsereignisses, welches an einem Unterprozess angeheftet ist, muss mit der Beschriftung eines Eskalationsereignisses in der Unterprozessebene korrespondieren.

6. Ein sendendes Zwischenereignis muss beschriftet werden.

7. Ein empfangendes Zwischenereignis muss beschriftet werden.

8. Zusammengehörige Linkereignisse müssen korrespondierende Beschriftungen haben.

9. Sendende und empfangende Ereignisse, welche dasselbe Ereignis (dieselbe Ereignis-Definition) betreffen, müssen korrespondierende Beschriftungen haben, sofern sie in demselben Modell aufgeführt werden.

10. Ein Endereignis muss mit dem Namen des Endstatus beschriftet werden.

11. Ein verzweigendes XOR-Gateway darf höchstens einen nicht beschrifteten, ausgehenden Sequenzfluss haben.

12. Ein verzweigendes exklusives oder inklusives Gateway muss beschriftet werden, falls einer der ausgehenden Sequenzflüsse nicht beschriftet ist.

13. Die Seitenbeschriftung einer Unterebene, auf welcher ein Unterprozess ausmodelliert wird, sollte mit dem Namen des Unterprozesses übereinstimmen.

Endereignis

14. Zwei Endereignisse innerhalb ein und derselben Prozessebene sollten nicht gleich beschriftet werden. Falls sie für denselben Endstatus stehen, führen Sie diese zusammen. Andernfalls vergeben Sie unterschiedliche Namen

15. Wenn ein Ja/Nein Gateway einem Unterprozess folgt sollte mindestens eines der Endereignisse des Unterprozesses mit dem Namen des Gateways benannt werden.

Aufklappen eines Unterprozesses

16. In einem Unterprozess sollte nur ein Startereignis verwendet werden, außer es handelt sich um eine Parallel-Box.

17. Das Diagramm einer Unterprozess-Ebene sollte nicht in einen aufgeklappten Unterprozess eingebettet werden, falls über- und untergeordnete Ebene in separaten Diagrammen gezeigt werden.

Nachrichtenfluss

18. Ein Nachrichtenfluss muss direkt mit dem Namen einer Nachricht beschriftet werden.

19. Ein Sende-Task muss einen ausgehenden Nachrichtenfluss haben.

20. Ein Empfangen-Task muss einen eingehenden Nachrichtenfluss haben.

21. Ein Nachrichten-Startereignis muss einen eingehenden Nachrichtenfluss haben.

22. Ein empfangendes Nachrichtenereignis muss einen eingehenden Nachrichtenfluss haben.

23. Ein sendendes Nachrichtenereignis muss einen ausgehenden Nachrichtenfluss haben.

24. Ein Nachrichtenfluss aus einem zusammengeklappten Unterprozess muss auf der Unterprozess-Ebene repliziert werden.

25. Ein Nachrichtenfluss aus einem zusammengeklappten Unterprozess muss auf der Unterprozess-Ebene repliziert werden.

26. Ein eingehender Nachrichtenfluss in einer Unterprozess-Ebene muss auf der übergeordneten Ebene repliziert werden.

27. Ein ausgehender Nachrichtenfluss in einer Unterprozess-Ebene muss in der übergeordneten Ebene repliziert werden.

Validierung des Modells

Es ist wesentlich einfacher, die Regeln von BPMN einzuhalten, wenn Ihr Werkzeug die Modelle auf Regelkonformität überprüfen kann und Ihnen eine Liste mit allen Verstößen liefert. Viele BPMN-Werkzeuge verfügen über eine Art Modellüberprüfung anhand der offiziellen BPMN-Regeln. Doch da ist nur ein Werkzeug, welches die Stilregeln implementiert hat: Der Process Modeler für Visio von itp commerce.

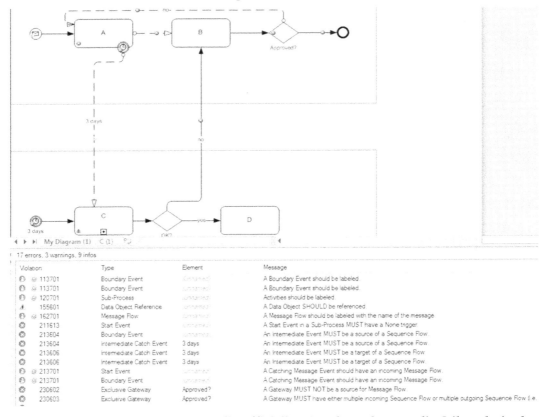

Abbildung 11-1: Validierung gegen die offiziellen Regeln und gegen die Stilregeln in der Software Process Modeler für Microsoft Visio der itp commerce ag.

Abbildung 11-1 zeigt die Validierung eines stark fehlerbehafteten Modells in der Software der itp-commerce. Die Elemente mit Regelverstößen werden im Diagramm mit Symbolen markiert. – ein x-Symbol für Verstöße gegen die Spezifikation und ein i-Symbol für Verstöße gegen Stilregeln. Sie können ganz leicht vom ausgewählten Element zur betreffenden Validierungsmeldung navigieren oder von der Meldung innerhalb der Liste hin zum betroffenen Element im Modell navigieren.

Modellvalidierung ist zu vergleichen mit der Rechtschreib- und Grammatikprüfung in einem Textverarbeitungsprogramm. Viele Verstöße sind das Äquivalent von Schreibfehlern, die sich aus Versehen und Unachtsamkeit einschleichen. Sie müssen nicht ständig validieren, während Sie ein Modell entwerfen. Doch es empfiehlt sich, ein Modell zu validieren und die publizierten Meldungen abzuarbeiten, bevor Sie ein Modell zur Freigabe an andere Personen weitergeben.

Wenn Ihr Werkzeug ein Modell ins BPMN 2.0-XML-Format exportieren kann, dann steht Ihnen ein Online-Werkzeug zur Verfügung, welches gegen Spezifikations- und Stilregeln validieren kann. Sie laden das XML einfach auf die Webseite und das Werkzeug gibt Ihnen einen Validierungsreport zurück. Weitere Details sehen Sie auf der Webseite dieses Buches, www.bpmnstyle.com.

KAPITEL 12

BPMN 2.0 Metamodell und Schema

Anmerkung:
Das BPMN-Handbuch für die Prozessautomatisierung beinhaltet viele technische
Ausdrücke und Terme. Aufgrund des engen Bezuges zu der IT werden in diesem Handbuch
die englischen Fachbegriffe nicht konsequent in die deutsche Sprache übersetzt.

Das allgemeine Verständnis der BPMN ist, dass es sich um eine grafische Notation für die Prozessmodellierung handelt. Genau dies traf auf die BPMN 1.2 zu. Aber seit der Version 2.0 hat die OMG das Akronym für die BPMN in *Business Process Model and Notation* geändert. In der Tat hatte das wenigste der Arbeit für die Version 2.0 mit den Formen und Symbolen zu tun, welche beinahe unverändert aus der Version 1.2 übernommen wurden. Die Änderungen beinhalteten die Definition eines *Metamodells* für die BPMN, also eine formale Spezifikation der Semantik der Elemente, welches die Beziehungen der Elemente in einem BPMN-Modell beschreibt. Jedes valide BPMN-Modell muss also mit der Spezifikation konform sein.

Elemente des Metamodells sind definiert als *Objektklassen* mit definierten vorgeschriebenen oder optionalen Attributen. Einige Klassen sind Unterklassen anderer und erben deren Attribute, respektive können zusätzliche Attribute aufnehmen. Ein Modell-Element kann auch eine Unterklasse von einer oder mehreren Klassen sein und erbt deren Attribute. Einige Klassen wie beispielsweise *Root Element* oder *Base Element* sind reine abstrakte Klassen und werden nicht direkt in BPMN-Modellen verwendet. Ihr Zweck besteht darin, eine einzige Definition bestimmter Attribute zu bilden, welche an die Unterklassen vererbt werden.

In der BPMN 2.0-Spezifikation[13] wird das Metamodel durch UML-Klassendiagramme repräsentiert, bereichert mit Tabellen und erklärenden Texten. Zum Beispiel zeigt die Abbildung 12-1 das *Definitions*-Klassendiagramm. Die Klassen sind in sogenannten *Paketen* strukturiert. Zwecks Erweiterbarkeit sind diese Pakete geschichtet, wobei jede Schicht die unterliegende erweitert. Einige Elemente der vier Basispakete werden von allen drei BPMN-Techniken, den Prozess-, Kollaborations- und Choreographie-Diagrammen, gemeinsam verwendet. In diesem Buch werden wir uns nur mit den Prozess- und Kollaborationsdiagrammen beschäftigen.

Das Metamodell wurde in zwei verschiedenen Formaten in der Spezifikation definiert, im OMG XML Metadata Interchange Format (XMI) und in der W3C XML Schema Definition (XSD)[14]. Die beiden Modelle stellen formal identische Repräsentationen des BPMN-Metamodells dar, wenngleich XSD einige Beziehungen der UML, wie z.B. Mehrfachvererbung, nicht darstellen kann. Auf der andern Seite ist XSD die übliche Sprache im Zusammenhang mit XML, welche oft im Web, SOA und bei der Entwicklung von Anwendungen verwendet wird. Es ist auch die Sprache, in welcher die meisten BPMN-Werkzeughersteller den Modellaustausch ermöglichen. Aus diesem Grund werden wir in diesem Buch den Fokus auf die XSD-Repräsentation des BPMN-Metamodells legen.

---

[13] Das Spez. Dokument finden Sie unter http://www.omg.org/spec/BPMN/2.0/PDF.

[14] Das XSD und das XMI können Sie von http://www.omg.org/spec/BPMN/20100501 downloaden.

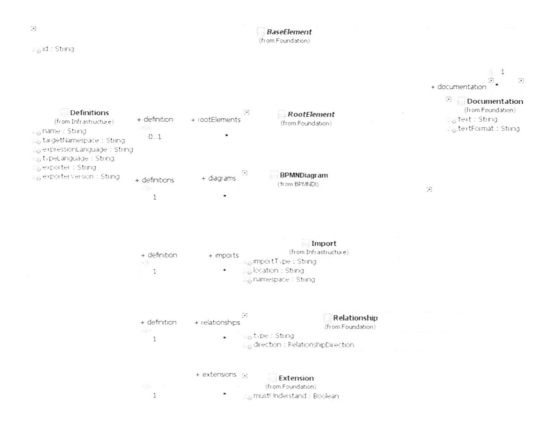

Abbildung 12-1: *Definitions* **Klassendiagramm (Quelle: OMG)**

XSD-Grundlagen

Eine vollständige Erklärung der XSD-Sprache[15] ist nicht das Ziel dieses Buches, aber für den nicht allzu kundigen Leser wollen wir hier eine kurze Einführung geben, damit Sie die Erklärungen und Diskussionen rund um die BPMN Modell-Serialisierung besser verstehen.

Ein XML-Schema ist selber ein in XML formuliertes Dokument. Sie können dieses Dokument direkt als Text bearbeiten (XML-Tags), doch es gibt schon einige gute Werkzeuge, welche das Dokument grafisch darstellen und dadurch ein besseres Verständnis über die Struktur des Dokumentes erlauben. Abbildung 12-2 zum Beispiel zeigt ein Fragment einer textuellen und

---

[15] Eine gute Referenz zum Thema findet sich in Priscilla Walmsley, *Definitive XML Schema*, Prentice Hall PTR, 2002

grafischen Darstellung des BPMN-Basiselements *definitions* im Werkzeug „XML Spy der Firma Altova[16]", welches wir verwenden.

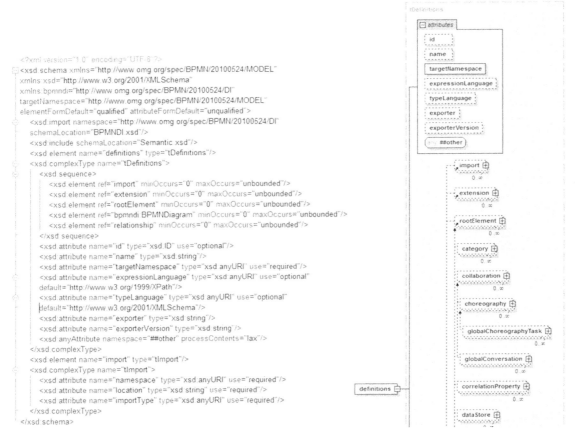

Abbildung 12-2: Textuelle und grafische Darstellung des BPMN Schemas mit dem Werkzeug XML Spy

Das XSD definiert die Elementnamen und Datentypen, ihre Attribute und Kindelemente. Ein BPMN 2.0-Modell ist per Definition solange inkorrekt, bis seine Instanz ein *valides* Schema aufweist. Die meisten XML-Werkzeuge verfügen über eine automatische Schemavalidierung, um das BPMN-Modell mit einem Mausklick zu überprüfen. Einige Werkzeuge erlauben es, BPMN-Modelle zu speichern, selbst wenn sie nicht valide sind, andere wiederum erlauben dies nicht. Werkzeuge, die XML-Manipulationen zulassen, wie z.B. XSLT-Editoren, erwarten einen schemakonformen Input, um korrekt arbeiten zu können. Folglich ist die schemavalide Erstellung von BPMN XML eine unbedingte Anforderung an jeden Entwickler. Nicht alle

---

[16] http://www.altova.com/xmlspy.html

Regeln der BPMN können durch reine Schema-Validierung überprüft werden, aber Schema-Konformität ist die absolut minimale Anforderung für eine korrekte BPMN.

Bitte beachten Sie, dass in der Abbildung 12-2 der Name jedes Tags aus zwei Teilen besteht, ein Präfix, gefolgt von einem Doppelpunkt und dem lokalen Namen. Das Präfix ist eine Kurzbezeichnung für den sogenannten *XML-namespace* (XML-Namensraum), welcher normalerweise als URL definiert wird. Üblicherweise werden alle Namensräume des Schemas durch das Attribut *xmlns* des Root-Elements *xsd:schema* deklariert. Zum Beispiel repräsentiert das Präfix *xsd* den Namensraum *http://w3.org/2001/XMLSchema*, welcher wiederum als Namensraum für die XSD-Sprache dient. Allenfalls werden Sie in einem Schema-Dokument auch das Präfix *xs* antreffen, oder sogar beide zusammen, *xsd* und xs. Es spielt keine Rolle, ob das Präfix z.B. mit *qwp* benannt wurde, was letztlich zählt ist die zum Präfix korrespondierende und deklarierte URL für den Namensraum.

Das Attribut *targetNamespace* des Basiselements *xsd:schema* identifiziert den Namensraum, welcher mit dem spezifischen Schema assoziiert wurde. In unserem Beispiel bedeutet der Namensraum *http://www.omg.org/spec/BPMN20100524/MODEL* im Grunde genommen dasselbe wie der BPMN 2.0-Namensraum. Alle BPMN 2.0-Modelle müssen diesen Namensraum referenzieren.

Eine andere wichtige Randerscheinung in Abbildung 12-2 ist, dass gewisse grafische Elemente wie beispielsweise *category* oder *collaboration* scheinbar in der textuellen XML-Repräsentation fehlen. Diese sind aber in einer anderen XSD-Datei definiert, welche typischerweise *inkludiert* oder *importiert* wurde. Die links stehende textuelle Darstellung repräsentiert nur die *BPMN 2.0.xsd*-Datei, *inkludiert* aber zusätzlich die Datei *Semantics.xsd* und *importiert* eine dritte Datei, benannt mit *BPMNDI.xsd*. *Inkludieren* bedeutet, dass die andere XSD-Datei denselben *targetNamespace* erhält wie die BPMN20.xsd-Datei. Import bedeutet dann, dass die importierte Datei einen anderen *targetNamespace* erhält, in diesem Fall *http://www.omg.org/spec/BPMN20100524/DI*. Im Gegensatz zur textuellen Darstellung zeigt die grafische Darstellung die Originaldatei mit all seinen inkludierten und importierten Elementen.

Das Tag *xsd:sequence* definiert eine Liste von Kindelementen, für welche die Anzahl (*order*) im vorliegenden Dokument definiert wird. Das Attribut *minOccurs* definiert, ob das Element erforderlich ist oder nicht. In der Darstellung von XML-Spy haben optionale Elemente (*minOccurs="0"*) einen gepunkteten Rand, erforderliche Elemente einen durchgehenden. Das Attribut *maxOccurs* definiert, ob das Element wiederholt werden darf. Wenn eine XML-Instanz ein erforderliches Element weglässt oder an der falschen Stelle aufführt, gilt das als Verstoß gegen die Schema-Definition.

Die Reihenfolge der Attribute eines Elements ist unerheblich. Die Attribute können erforderlich oder optional sein, nie aber wiederholend. Wenn ein Attribut einen definierten Standardwert (*default value*) aufweist, bedeutet eine Auslassung dieses Attributs dasselbe, wie wenn es mit dem Standardwert vorbelegt worden wäre.

Jedes Element und Attribut im Schema hat einen definierten Datentyp, genannt *type*. Die XSD-Sprache definiert eine große Anzahl von Basistypen. Zusätzliche und erweiterte Datentypen können im Schema selbst definiert werden. In der textuellen Ansicht der Abbildung 12-2 wird das Element *definitions* dem Datentyp *tDefinitions* zugewiesen, welcher im Schema gerade unterhalb des Elements *definitions* definiert wurde.

Schließlich beachten Sie bitte in der grafischen Darstellung der Abbildung 12-2 den gepunkteten vertikalen Pfeil zum *rootElement*, ausgehend von *category*, *collaboration*, *dataStore* und weiteren Elementen. Das bedeutet, dass diese Elemente Untertypen des Elements *rootElement* sind. Diesen sagt man in der XSD-Sprache *subsitutionGroup* (Substitutionsgruppen). Substitutionsgruppen kommen den UML-Unterklassen am nächsten. In XSD kann ein Element nur eine *subsitutionGroup* aufweisen, während in UML einem Element eine Unterklasse, bestehend aus mehreren verschiedenen Klassen, zugewiesen werden kann.

Grundlagen des BPMN-Schemas

XSD-Dateien

Das BPMN 2.0-Schema wird als ein Set von fünf XSD-Dateien ausgeliefert: *BPMN20.xsd*, *Semantics.xsd*, *BPMNDI.xsd*, *DI.xsd* und *DC.xsd*. Softwarehersteller speichern diese Dateien normalerweise in demselben Ordner ab. *BPMN20.xsd* ist die führende (Top-Level) Datei. Sie inkludiert *Semantics.xsd* und importiert *BPMNDI.xsd*, welche wiederum *DI.xsd* und *DC.xsd* importiert.

BPMN20.xsd repräsentiert das sogenannte Infrastruktur-Paket des BPMN-Metamodellkerns. Es beinhaltet nur gerade zwei Elemente: *definitions* und *import*. Ein einzelnes *definitions*-Element steht immer an der Wurzel einer jeden BPMN XML-Dokument-Instanz. Das *import*-Element erlaubt, ein BPMN-Modell in mehrere BPMN XML-Dokumente (Dateien) aufzuteilen. Dies erlaubt die Unterstützung von unabhängig voneinander verwalteten globalen Tasks und Prozessen.

Semantische und graphische Modelle

Im BPMN XSD wird die grafische Information bezüglich des Layouts der Formen wie Position, Größe und Verbindungpunkte gänzlich vom semantischen Modell getrennt. Das semantische sowie das grafische Modell sind in ein einziges *definitions*-Element eingeschlossen. Das grafische Modell seinerseits, das sogenannte BPMNDI, spezifiziert keinerlei semantische Informationen, sondern definiert nur, dass Formen mit einer bestimmten Dimension irgendwo auf dem Blatt existieren. Es ist also nicht möglich, aus dem grafischen Modell ohne weiteres zu bestimmen, ob eine Form für eine Aktivität oder ein Ereignis steht, außer Sie verfolgen das *bpmnElement*-Attribut über seine *id* bis zum Element im semantischen Modell. Ein valides BPMN-Modell kann durchaus auch auf ein grafisches BPMNDI-Modell verzichten. Umgekehrt ist das semantische Modell eine zwingende Anforderung, weil ein BPMNDI-Modell ohne Semantik bedeutungslos ist.

IDs und ID-Referenzen

Die meisten Elemente in der BPMN 2.0 XSD haben ein Attribut *id* mit dem Typen *xsd:ID*. Dieser Typ ist in der XSD-Sprache definiert und kann nur als Attribut verwendet werden. An ID-Typen gelten spezielle Anforderungen. Deren Werte müssen entweder mit einem *Buchstaben* oder einem Unterstrich (*underscore* „_") beginnen und dürfen auch nur Buchstaben, Unterstriche, Zahlen, Bindestrich oder Punkte enthalten. Das Wichtigste ist aber, dass deren Werte innerhalb einer XML-Instanz eindeutig sein müssen, unabhängig vom Attributnamen. Mit andern Worten, es kann höchstens ein Element in einem BPMN-Modell mit dem Wert _12345 geben.

Die Eineindeutigkeit der Elemente ist ein kritischer Faktor, weil über deren *IDs* die Beziehungen zwischen den Elementen innerhalb eines BPMN-Modells definiert werden. Zum Beispiel muss das Attribut *sourceRef* eines Sequenzflusses mit der *id* des Vorgänger-Elements, welches am Sequenzfluss angeheftet ist, übereinstimmen. Elemente und Attribute, deren Namen die Buchstaben „Ref", enthalten, sind typischerweise vom Typ IDREF, einem Zeiger auf ein Attribut vom Typ ID. Ein XML-Instanz-Dokument wird solange nicht schemakonform sein, wie Elemente oder Attribute vom Typ IDREF auf eine nicht-definierte *id* verweisen oder *id*-Werte mehrfach im Dokument vorkommen.

Import, targetNamespace und RemoteID Referenzen

Erinnern wir uns, dass BPMN-Instanz-Dokumente andere BPMN-Instanz-Dokumente *importieren* können. Dies ist nicht dasselbe wie XSD-Dokumente, die andere XSD-Dokumente importieren, doch die Funktionsweise ist ähnlich. Eines der Dokumente repräsentiert die Wurzel (Top-Level), während alle Dokumente zusammen das gesamte BPMN-Modell bilden. Die Import-Funktion ist das Schlüsselkonzept, um Modularisierung und Wiederverwendung in der BPMN zu beschreiben.

Ein *wiederverwendbarer Unterprozess* zum Beispiel sei als *Hauptprozess* in einem eigenen BPMN-Dokument definiert. Benennen wir ihn mit *Verrechnung*. Der *Verrechnungsprozess* kann beispielsweise über eine *Aufrufaktivität* aus einem andern BPMN-Instanz-Dokument angesprochen werden. Das BPMN-Dokument, welches die aufgerufene Aktivität beinhaltet muss das Dokument *importieren*, welches den *Verrechnung*sprozess beschreibt. Dies erlaubt dann den *Verrechnung*sprozess, welcher wiederum durch verschiedene End-To-End-Prozesse verwendet werden könnte, unabhängig von dessen Aufrufer zu verändern. In einer ausgereiften BPM-Umgebung ist die Forderung nach einer solchen Modularisierung eher die Regel als die Ausnahme, aber noch immer haben nur wenige Werkzeughersteller deren Auswirkung bei der Modell-Serialisierung erkannt.

Wenn ein BPMN-Dokument ein anderes importiert, werden automatisch einige „Ref"-Elemente auf die *id*-Attribute in den anderen Dokumenten verweisen. Nehmen wir zum Beispiel an, dass ein importierter Prozess ohne Kenntnis über die anderen BPMN-Dokumente definiert wurde. Nun besteht die Gefahr, dass die verschiedenen *id*'s mehrfach in den importierten oder im importierenden Dokument vorkommen. Somit ist nicht wirklich definiert, ob es sich dabei um eine Schemaverletzung handelt oder nicht, weil die Regeln für *id*'s besagt, dass eine *id* nur innerhalb seines BPMN-Instanz Dokumentes eindeutig sein muss. In diesem Fall stellt sich die Frage, was bei einer Mehrdeutigkeit zwischen IDREF und *id*'s im Dokument geschieht. Auf welches Element wurde ursprünglich verwiesen?

Hierzu definiert die BPMN-Spezifikation etwas eher Ungewöhnliches. Um diese potentielle Gefahrenquelle von Zeigern und mehrfachen *id*'s zu umgehen, erfordert das BPMN XSD-Schema einige „Ref"-Elemente und -Attribute nicht als IDREF-Typen, sondern als *QName*-Typen. In XSD wird *QName* üblicherweise als qualifizierter Name eines Namensraum-Präfixes (engl. namespace prefix) verstanden, doch die BPMN benutzt dieses als qualifizierten *id*-Wert in einem Namensraum-Präfix. Der Namensraum ist dann durch *targetNamespace* definiert und wird im Modell durch das *definitions*-Element deklariert.

Dies ist in der Tat sehr ungewöhnlich. In der BPMN 2.0 XSD ist das Attribut *targetNamespace* ein erforderliches Attribut des Basiselements *definitions*. Normalerweise ist in XML für ein Schema ein Namensraum definiert. Nur hier reden wir davon, dass ein Namensraum für eine BPMN-Dokument-Instanz definiert wird, also einem spezifischen BPMN-Modell. Dies nicht dem eigentlichen Zweck. Der einzige Grund ist, *id*-Referenzen von importierten Dokumenten über deren *targetNamespace*-Vorsilbe eindeutig identifizieren zu können. Im Gegensatz zu IDREF wird eine Schemavalidierung den *id*-Wert, welcher im referenzierten *QName* definiert wurde, nicht validieren können.

Hierzu ein Beispiel: Das Attribut *sourceRef* eines Nachrichtenflusses stellt möglicherweise eine Referenz auf ein importiertes BPMN-Element dar. Somit muss dieses Element in der XSD als ein *QName* definiert sein. Sagen wir, dass die Quelle des importierten Nachrichtenflusses ein Task mit der *id* Task001 aus dem importierten *Verrechnung*sprozess-Modell ist und der *targetNamespace* aus dem Verrechnungsprozess Modell mit dem Präfix *Verrechnung* definiert wurde. In diesem Fall darf der *sourceRef*-Wert nicht bloß mit *Task001* bezeichnet werden, sondern muss dessen Vorsilbe tragen, also *Verrechnung:Task001*. Dies löst dann implizit allfällige mehrfach vorkommende *id*'s wie *Task001* im *Verrechnungsprozess* und dem *id*-Wert *Task001* in den aufrufenden Prozessen aus.

In einem Modell, in welchem nichts importiert wurde oder das importierende und importierte Dokument denselben Namensraum (targetNamespace) haben, ist es durchaus zu akzeptieren, dass die Vorsilbe in den *QName*-Referenzen weggelassen wird, was der hauptsächlichen Verwendung entspricht.

Die meisten Werkzeughersteller, welche einen BPMN 2.0 XML-Export anbieten, erzeugen in allen zu exportierenden BPMN-Modellen einen festen Wert für deren Namensraum, welcher den Hersteller oder das Werkzeug bezeichnet und nicht das spezifische Modell. Doch das könnte sich als großer Nachteil erweisen. Die Spezifikation bezweckt nämlich, dass die Hersteller den erzeugten Namensraum mit einem eindeutigen Wert belegen, welcher das BPMN-Modell identifiziert.

Die Benutzung eines fixen Namensraumes ist dann in Ordnung, wenn das Werkzeug eine Eineindeutigkeit all ihrer *id*-Werte über alle Dokumente hinweg garantiert, also nicht bloß für eine Dokument-Instanz. Werkzeuge, die ein Verfahren anwenden, um weltweit eindeutige id's zu erzeugen (*globally unique ID* oder auch *GUID* genannt) können problemlos einen fixen Wert für den Namensraum definieren. Werte solcher Werkzeuge erkennen Sie daran, dass die Werte eine zufällige und lange Folge von Ziffern und Buchstaben darstellen. Werkzeuge, welche simple Werte wie Task001 erzeugen, müssen eindeutige Namensräume für jedes BPMN-Instanz-Dokument erzeugen, wenn sie nicht in das Problem der mehrfachen *id*'s laufen wollen. Zurzeit lösen die meisten Hersteller das Problem noch damit, dass sie einfach keine „Imports" unterstützen. Dies dürfte vorerst ein noch temporäres Problem des noch nicht ganz reifen BPMN 2.0-Marktes darstellen. Jedes seriöse und professionelle Werkzeug muss den Modell-Import unterstützen und das Problem der entfernten *id*-Referenzen lösen, weil exakt diese Funktionen für die Task- und Unterprozess-Wiederverwendung zwingend erforderlich sind.

KAPITEL 13

Konformitätsunterklassen Prozessmodellierung

Folgendes wird in der BPMN 2.0-Spezifikation über Konformität[17] ausgesagt:

> „Software kann die Einhaltung oder Konformität zur BPMN 2.0 nur erfüllen, wenn die Software die Konformität zur Spezifikation auch vollständig einhält. Software, welche die geltende Spezifikation nur teilweise implementiert, kann nicht als spezifikations-konform bezeichnet werden, allenfalls kann man von „basierend auf der Spezifikation" sprechen. Die Spezifikation beschreibt vier Konformitätsklassen, benannt mit Prozessmodellierungs-, Prozessausführungs-, BPEL Prozessausführungs- und Choreographie-Konformität...

Die Hersteller, welche Prozessmodellierungskonformität unterstützen wollen, müssen folgende BPMN-Pakete vollständig unterstützen:

- Die BPMN Basiselemente, welche in den Infrastruktur-Paketen *Foundation*, *Common* und *Service* definiert sind.
- Prozessdiagramme, welche die Elemente *Prozess*, *Activities*, *Data* und *Human* Pakete inkludieren.
- Kollaborationsdiagramme, welche Pools und Nachrichtenflüsse inkludieren
- Konversationsdiagramme, welche Pools, Konversationen und Konversationenlinks inkludieren"

Als eine Alternative zu der vollständigen Prozessmodellierungskonformität können drei Prozessmodellierungskonformitäts-*Unterklassen* definiert werden:

- Deskriptiv
- Analytisch
- Allgemein ausführbar

---

[17] http://www.omg.org/spec/BPMN/2.0/PDF, page 1.

Ohne die in letzter Minute hinzu gefügte Definition der Prozessmodellierungs-Konformitätsklassen, wäre es wohl zweifelhaft, dass wir jemals eine Software bekommen würden, welche den Ansprüchen der BPMN Konformität genügen würde. Einige der Pakete, welche für die vollständige Konformität erforderlich sind, enthalten Elemente, die nur in der allgemein ausführbaren Unterklasse definiert wurden, darüber hinaus enthalten einige davon verwirrende und nur selten benutze Elemente. Wir können uns kaum vorstellen, dass ein Werkzeughersteller diese wirklich unterstützen wird.

Doch am Ende wird sich der gesunde Menschenverstand durchsetzen. Die deskriptive und die analytische Unterklasse wurden als explizit nicht ausführbare definiert und *beinhalten nur Informationen, welche auch wirklich im Diagramm sichtbar sind*. Das kommt Ihnen bekannt vor? Ja, das sollte es, denn diese Unterklassen basieren auf den im *Methode-und-Stil*-Teil definierten Paletten der Ebene 1 und Ebene 2!

Die deskriptive Unterklasse

Die deskriptive Unterklasse korrespondiert voll mit der Palette der Ebene 1. Die Elemente und Attribute in der nachfolgenden Tabelle sind gemäß ihren XSD-Namen in der XML wie folgt definiert, wobei einige wenige Attribute in der Abbildung 13-1 aktuell Elementen in der XSD entsprechen (die Tabelle wurde bewusst englischer Sprache belassen):

Element	Attributes
participant (pool)	id, name, processRef
laneSet	id, lane with name, childLaneSet, flowElementRef
sequenceFlow	id, name, sourceRef, targetRef
messageFlow	id, name, sourceRef, targetRef
exclusiveGateway	id, name
parallelGateway	id, name
task (None)	id, name
userTask	id, name
serviceTask	id, name
subProcess	id, name, flowElement
callActivity	id, name, calledElement
dataObject	id, name
textAnnotation	id, text
Association	id, name, sourceRef, targetRef, associationDirection
dataAssociation	id, name, sourceRef, targetRef
dataStoreReference	id, name, dataStoreRef
startEvent (None)	id, name
endEvent (None)	id, name
messageStartEvent	id, name, messageEventDefinition
messageEndEvent	id, name, messageEventDefinition
timerStartEvent	id, name, timerEventDefinition
terminateEndEvent	id, name, terminateEventDefinition
documentation	Text
Group	id, categoryValueRef

Abbildung 13-1: Die Elemente und Attribute der deskriptiven Unterklasse

Bitte beachten Sie, dass die Elemente in der linken Kolonne exakt den Elementen der Palette der Ebene 1 aus dem Kapitel 4 dieses Buches entsprechen. Interessanter ist allerdings die rechte Kolonne, welche die Details eines jeden Elements definiert, welche ein Werkzeug unterstützen muss, um die Anforderungen der deskriptiven Unterklasse vollständig zu erfüllen. Es ist im Wesentlichen nur der *Name* (die Bezeichnung des Elements im Diagramm), die *id*, die *id-Referenz* und einige Attribute, welche das Aussehen des Elements durch das setzen eines Markers beeinflussen wie zum Beispiel *messageEventDefinition* – in andern Worten, es sind nur Attribute aufgeführt, welche das Aussehen der Elemente bestimmen.

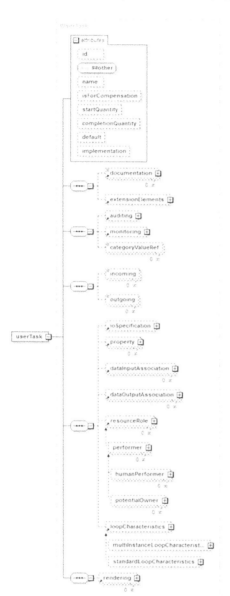

Dies ist nur ein kleiner Bruchteil der Elemente und Attribute welche im XSD definiert wurden. Abbildung 13-2 stellt eine zusammengefasste Sicht des Schemas für einen *userTask* dar. Als zusammengefasst bezeichnen wir sie deshalb, weil jeder Knoten mit einem [+] – und das sind beinahe alle – weiter aufgeklappt werden kann und seine weiteren Elemente und Attribute zu erkennen sind.

So langsam ist zu erkennen, warum die deskriptive und analytische Unterklasse so wichtig für den Austausch von Diagrammen zwischen den verschiedenen Werkzeugen ist. Vollständige Konformität mit der Spezifikation würde von einem Werkzeug abverlangen, dass es sämtliche Elemente unterstützen muss, diese exportieren und importieren und zusätzlich deren Sinn erkennen kann. Heute ist das ganz einfach nicht realistisch. Konformität mit der deskriptiven Unterklasse würde demzufolge also nur definieren, dass ein Werkzeug die Attribute *Documentation*, *id* und *name* unterstützen müsste. Es gibt durchaus noch einige mehr, zum Beispiel im Zusammenhang mit den Datenfluss-Verbindungen, aber selbst dies stellt auch nur einen winzigen Bruchteil des vollen Schemas dar.

Abbildung 13-2: Schema eines Benutzer Tasks

Die analytische Unterklasse

Die analytische Unterklasse ist deckungsgleich mit der Palette der Ebene 2. Genau wie die deskriptive Unterklasse definiert die analytische Unterklasse nur Elemente, welche im

Diagramm grafisch dargestellt werden können. Details bezüglich einer möglichen Automation und Ausführung der Prozesse sind in dieser Ebene nicht definiert. Die analytische Unterklasse definiert alle Elemente der deskriptiven Unterklasse plus alle Elemente und Attribute wie in Abbildung 13-3 abgebildet.

Elemente	Attribute
sequenceFlow	conditionExpression, default
sendTask	id, name
receiveTask	id, name
Looping activity	standardLoopCharacteristics
Multi-instance activity	multiinstanceLoopCharacteristics
exclusiveGateway	Default
inclusiveGateway	id, name, default
eventBasedGateway	id, name, eventGatewayType
Link event pair	id, name, linkEventDefinition/@name
Signal start/end event	id, name, signalEventDefinition
Signal throw/catch intermediate event	id, name, signalEventDefinition
Signal boundary event	id, name, signalEventDefinition, attachedToRef, cancelActivity
Message throw/catch intermediate event	id, name, messageEventDefinition
Message boundary event	id, name, messageEventDefinition, attachedToRef, cancelActivity
Timer catching event	id, name, timerEventDefinition
Timer boundary event	id, name, timerEventDefinition, attachedToRef, cancelActivity
Error boundary event	id, name, errorEventDefinition, attachedToRef
Error end event	id, name, errorEventDefinition
Escalation throw intermediate event	id, name, escalationEventDefinition
Escalation end event	id, name, escalationEventDefinition
Escalation boundary event	id, name, escalationEventDefinition, attachedToRef, cancelActivity (false only)
Conditional start event	id, name, conditionalEventDefinition
Conditional catch intermediate event	id, name, conditionalEventDefinition
Conditional boundary event	id, name, conditionalEventDefinition, attachedToRef, cancelActivity
Message	id, name
Message flow	messageRef

Abbildung 13-3: Elemente und Attribute der analytischen Unterklasse

Die allgemein ausführbare Unterklasse

Die Spezifikation definiert eine dritte Konformitäts-Unterklasse, genannt *Allgemeine ausführbare Unterklasse*. Diese Palette siedelt sich zwischen der deskriptiven und analytischen Unterklasse an und enthält zusätzliche Attribute, welche für die Ausführung benötigt werden. Wir werden diesen Sachverhalt in Kapitel 19 tiefer diskutieren.

KAPITEL 14

BPMN
Serialisierungsgrundlagen

Das Element *definitions*

Das Basiselement einer jeden BPMN-Prozessmodell-Instanz ist das Element *definitions*. In diesem Buch verwenden wir die Begriffe BPMN-*Dokument* und BPMN-*Datei* gleichwertig und austauschbar. Ein BPMN-Dokument kann andere *importieren*, das heißt ein BPMN-Model kann aus mehreren BPMN-Dokumenten zusammengesetzt sein. In diesem Fall ist eines der Dokumente das Basisdokument der Hierarchie, also die Wurzel des Dokumentenbaums. Die Hierarchie darf natürlich keine zirkulären Imports aufweisen. Jedes Dokument muss ein *definitions*-Element aufweisen.

```
<xsd:element name="definitions" type="tDefinitions"/>
<xsd:complexType name="tDefinitions">
    <xsd:sequence>
        <xsd:element ref="import" minOccurs="0" maxOccurs="unbounded"/>
        <xsd:element ref="extension" minOccurs="0" maxOccurs="unbounded"/>
        <xsd:element ref="rootElement" minOccurs="0" maxOccurs="unbounded"/>
        <xsd:element ref="bpmndi:BPMNDiagram" minOccurs="0" maxOccurs="unbounded"/>
        <xsd:element ref="relationship" minOccurs="0" maxOccurs="unbounded"/>
    </xsd:sequence>
    <xsd:attribute name="id" type="xsd:ID" use="optional"/>
    <xsd:attribute name="name" type="xsd:string"/>
    <xsd:attribute name="targetNamespace" type="xsd:anyURI" use="required"/>
    <xsd:attribute name="expressionLanguage" type="xsd:anyURI" use="optional"
default="http://www.w3.org/1999/XPath"/>
    <xsd:attribute name="typeLanguage" type="xsd:anyURI" use="optional"
default="http://www.w3.org/2001/XMLSchema"/>
    <xsd:attribute name="exporter" type="xsd:string"/>
    <xsd:attribute name="exporterVersion" type="xsd:string"/>
    <xsd:anyAttribute namespace="##other" processContents="lax"/>
</xsd:complexType>
```

Abbildung 14-1: Definitionsschema

Abbildung 14-1 zeigt das XML-Schema des *definitions*-Elements. Die Attribute *id* und *name* sind optional und werden an dieser Stelle nicht sehr oft benutzt. Letzteres repräsentiert den Namen eines ganzen BPMN-Modells.

Der Zielnamensraum (targetNamesapce)

Das Attribut *targetNamespace*, welches wir später behandeln, ist zwingend erforderlich. Der Datentyp ist *anyURI*, welcher üblicherweise eine *URL* ist. Es ist keine Datei oder Webseite für diese URL erforderlich, sie definiert einfach einen Namensraum. Die meisten Werkzeuge verwenden zurzeit dieselbe URL für alle BPMN-Modelle: irgendein Wert, der das Werkzeug oder den Hersteller identifiziert. Wie zuvor in diesem Buch diskutiert funktioniert dies nur, wenn global eindeutige *id*'s zur Identifikation der Elemente verwendet werden, um dem Risiko von doppelten *id*'s entgegen zu wirken falls BPMN-Dateien importiert werden. Generell kann gesagt werden, dass es besser ist, einen modellspezifischen *targetNamespace* zu definieren, der allenfalls Bezug auf den Modell-*Namen* nimmt.

Die Attribute expressionLanguage und typeLanguage

Die Attribute *expressionLanguage* und *typeLanguage* sind optional. Das Erste identifiziert die Sprache, welche für die Auflösung der Ausdrücke wie zum Beispiel Gateway-Bedingungen (gateway expression) verwendet wird. Wenn das Attribut weggelassen wird, wird als Standard XPath 1.0 (siehe *http://www.w3.org/1999/XPath*) angenommen. Die generell gesetzte *expressionLanguage* kann durchaus durch Setzen der *expressionLanguage* in den spezifischen Elementen überschrieben werden. *typeLanguage* identifiziert die Sprache, welche für die Definition von Datentypen der Modell-Elemente verwendet werden soll. Der Standardwert ist die XSD-Sprache. Der generelle Wert kann durch Setzen in den spezifischen Elementen überschrieben werden.

Diese beiden Attribute gehören nicht in die analytische Unterklasse und sind daher für analytische Modelle auf ihre Standardwerte eingestellt.

Die Attribute exporter und eporterVersion

Die Attribute *exporter* und *exporterVersion* sind vom Typ Text (String) und identifizieren das Werkzeug und dessen Version, welches für die XML-Serialisierung verwendet wurde. Die Attribute sind in der XSD optional, aber wir empfehlen deren Verwendung, wenn der generierte XML-Quellcode mit andern Werkzeugen interoperabel sein soll.

Generelle Namensraum-Deklarationen

Wenn das *definitions*-Attribut das Basiselement in einem Dokument darstellt, sollte es eine Namensraum-Deklaration für alle Namensräume im Dokument darstellen. Namensräume können durchaus in lokalen Elementen deklariert werden. Empfohlen ist aber eine generelle Deklaration für alle Namensräume im BPMN-Dokument. Namensraum-Deklarationen sind Attribute mit der Ausprägung *xmlns[:prefix]="[namespace URI]"*. Der Standardwert für den

Namensraum ist gewöhnlich auf die BPMN 2.0-Namensraum-Deklaration gesetzt, zum Beispiel auf *xmlns="http://www.omg.org/spec/BPMN/20100524/MODEL"*. Zusätzlich müssen aber die XSD- und die BPMNDI-Namensräume, sowie die Namensräume aller importierten Dokumente in jedem Fall korrekt deklariert werden.

Das Attribut schemaLocation

Das *xsi:schemaLocation* Attribut wird von den diversen XML-Werkzeugen benutzt, um das Modell gegen das BPMN 2.0 XSD zu verifizieren. Der Wert dieses Attributes liegt darin, den Namensraum mit einem Dateipfad oder einer URL, lediglich durch einen Leerschlag getrennt, zusammenzuhängen. Das Präfix *xsi* des Attributes bezeichnet den XML Schemainstanz-Namensraum, welche für die Schema-Lokation benutzt werden kann.

Ein Beispiel:

xsi:schemaLocation="http://www.omg.org/spec/BPMN/20100524/MODEL schemas/BPMN20.xsd " definiert, dass die Schema-Lokation für den BPMN 2.0-Namensraum unter dem Pfad *schemas/BPMN20.xsd* (relativ zum BPMN-Dateipfad) zu finden ist. Anstelle des lokalen Dateipfades kann auch einfach auf das offizielle Schema im Web unter folgender Adresse verwiesen werden: *http://www.omg.org/spec/BPMN/20100501/BPMN20.xsd*.

Das Element import

Das Element *import* identifiziert ein anderes XML-Dokument, welches in das vorliegende Dokument importiert wird. Das Element ist optional und kann eine beliebige Anzahl Elemente importieren. Die meisten Werkzeuge unterstützen den Import von externen XMLs, weil das Attribut *import* notwendig ist für die BPMN 2.0-Konformität. Die BPMN 2.0 unterscheidet namentlich drei Typen des *import*, die unterstützt werden müssen: BPMN-Dokumente, XSD- und WSDL-Dateien, weitere sind erlaubt.

- importType: Der Wert (eine absolute URI) MUSS zwingend auf *http://www.w3.org/2001/XMLSchema* gesetzt werden, wenn ein XML-Schema 1.0-Dokument importiert wird, auf *http://www.w3.org/TR/wsdl20/*, wenn ein WSDL 2.0 Dokument importiert wird und auf *http://www.omg.org/spec/BPMN/20100524/MODEL*, wenn ein BPMN 2.0-Dokument importiert wird. Andere Dokumenttypen können unterstützt werden.

- *location*: Der Wert vom Typ Text repräsentiert eine URL, welche auf die zu importierenden Dokumente zeigt.

- *namespace*: Der Wert wird mit einer absoluten URL ausgedrückt und muss mit dem Zielnamensraum *targetNamespace* der zu importierenden Dateien übereinstimmen.

Das Element extension

Das Kindelement *extension* (optional, nicht begrenzt) erlaubt den BPMN-Unterstützern gemäß Spezifikation, zusätzliche Attribute und Elemente zu Standard- und existierenden BPMN Elementen hinzuzufügen.

- *definition*: Eine QName-Referenz auf ein importiertes XSD-Element
- *mustUnderstand*: Ein boolescher Wert (wahr/falsch)

Das *extension*-Element in *definition* bindet die importierte Datendefinition global an das Modell. Wir haben allerdings dieses Konstrukt noch nie in der Praxis gesehen. Meist wiegen die proprietären Erweiterungen vor, welche oftmals *extensionElements* mit einem speifischen Element im Modell zusammen benutzen.

Das Element rootElement

Das Kindelement *rootElement* von *defintions* repräsentiert die wiederverwendbaren Elemente des semantischen BPMN-Modells. Dies beinhaltet die Basistypen *process*, *collaboration* und *choreography*, sowie einige andere globale und wiederverwendbare Elemente wie z.B. Tasks, Ereignisse, Datenspeicher und Nachrichten. In der XSD wird das Basiselement als *abstract* bezeichnet, was bedeutet, dass sie nie ein mit *rootElement* bezeichnetes Element in der BPMN-Instanz sehen sollten. Konkrete Basiselemente, welche *rootElement* als ihre *substitionGroup* bezeichnen, erben die Eigenschaften der Basiselement-Klasse des Metamodells. Zum Beispiel können nur die Basiselemente eines BPMN-Dokumentes von anderen BPMN-Dokumenten referenziert werden, welche vom Ersten importieren. Als Beispiel kann das aufgerufene Element einer Aufruftaktivität auf einen importierten Prozess (Basiselement *process*), aber nicht auf einen Unterprozess (*subProcess*, kein Basiselement) zeigen. Es gibt auch keine vorgeschriebene Reihenfolge für Basiselemente. Die Basiselemente werden in der Datei *Semantics.xsd* definiert.

Das Element BPMNDiagram

Das Element *bmndi:BPMNDiagram*, ebenfalls ein Kindelement von *defintions*, beinhaltet das grafische Modell, welches die Lokalisierung, die Größe und die Organisation der Formen auf dem Diagramm spezifiziert. Jedes *BPMNDiagram*-Element repräsentiert eine unterschiedliche Seite oder gar ein Diagramm im Modell. Das Element wird mit einem Präfix angegeben, weil es in einem separaten Namensraum vorkommt. Wir werden das grafische Modell in Kapitel 17 vertiefen.

Das Element relationship

Durch das Kindelement *relationship* wird ein zusätzlicher BPMN-Erweiterungsmechanimus angeboten, um benutzerdefinierte Beziehungen zwischen *source*- und *target*-Modell-Elementen zu definieren, also die Beziehung zwischen IST- und SOLL-Prozessen zu beschreiben. Wir haben in der Praxis noch keine Anwendung solcher Beziehungen angetroffen.

Die Elemente *documentation* und *extensionElements*

Die meisten BPMN-Modell-Elemente beinhalten die Kindelemente *documentation* und *extensionElements*.

- Das Kindelement *documentation* ist Teil der deskriptiven sowie der analytischen Unterklasse. Es verfügt nicht über eine grafische Repräsentation im Diagramm. Es erlaubt die Einbettung irgendeiner Dokumentation in das XML-Prozessmodell.

- *extensionElements* ist nicht Teil der analytischen Unterklasse, stellt aber den üblichen Ort dar, wo BPMN-Werkzeuge proprietäre Informationen wie beispielsweise Simulationsparameter, die nicht Bestandteil der BPMN sind, in das Modell eingebracht werden können. Kindelemente von *extensionElements* sollten den Namensraum des Werkzeugs oder des Herstellers als Präfix voranstellen.

Das Element *collaboration*

Was in der BPMN 1.2 als *Business Process Diagram* bezeichnet wurde, nennt sich nun in der BPMN 2.0 Kollaborationsmodel (*collaboration model*). Ein solches Diagramm beinhaltet einen oder mehrere Prozesse welche über Nachrichtenflüsse interagieren. Im semantischen Modell definiert das Basiselement *collaboration* lediglich die Prozessteilnehmer, die Nachrichtenflüsse und die Artefakte. Jeder Prozess, welcher durch einen Teilnehmer (*participant*) referenziert wird, wird als eigenes Basiselement verstanden. (Technisch gesehen enthalten Kollaborationen also eine Anzahl von Elementen, welche mit den Choreographie und den Konversations-Modellen verknüpft sind. Diese Thematik wird in diesem Buch nicht weiter behandelt).

Das Element participant

Ein Pool in einem Diagramm referenziert eigentlich einen Teilnehmer (*participant*) im semantischen Modell. In der Methode-und-Stil-Sektion dieses Buches haben wir ausgeführt, dass ein Pool den Behälter für einen Prozess darstellt, so wie es in der BPMN 1.2 schon definiert wurde und nur an zweiter Stelle einen Partnerrolle oder eine Entität darstellt, die in eine Business-to-Business-Interaktion eingebunden ist. Das Zweite entspricht aber der grundsätzlichen Definition in der BPMN 2.0-Spezifikation. Durch die Gleichsetzung von Pool und Teilnehmer in der BPMN 2.0-Spezifikation trübt sich allenfalls ein wenig das Wasser. Aber effektiv ändert sich wenig, und dies aus einem einfachen Grund: Ein Teilnehmer-Element kann entweder mit *keinem Prozess*, dann nennen wir ihn Black-Box-Pool, oder mit einem *einzelnen Prozess* referenziert werden. Innerhalb eines BPMN-Modells kann ein Teilnehmer nur mit einem Prozess assoziiert werden. Dadurch wird in der Realität die Unterscheidung von Teilnehmer und Prozess unsinnig (mit Ausnahme des Black-Box-Pools), weil sie letztlich dasselbe bezeichnen.

An dieser Stelle gibt es auch noch das Problem mit existierenden BPMN 1.2-Diagrammen. In BPMN 1.2 war es üblich, einen Pool um einen einfachen Prozess zu zeichnen, selbst wenn keine anderen Prozesse oder Teilnehmer auf dem Diagramm zu finden waren. Wenn nun ein Pool einen Teilnehmer oder eine Geschäftseinheit darstellt, welche in einer Kollaboration stehen, wären dann Diagramme mit bloß einem Pool noch korrekt? Tatsächlich wurden in den ersten Entwürfen der BPMN 2.0-Spezifikation mindestens gemäß XSD-Definition *zwei* Pools erwartet. Glücklicherweise wurde diese Anforderung dann später wieder eliminiert.

Das *participant*-Element definiert drei Attribute in der analytischen Unterklasse:

- *id*: Dieses Attribut muss mit einem Wert belegt sein, wenn Sie einen Pool im Diagramm einzeichnen. Es wird mit einem eindeutigen Wert belegt, auf welchen aus dem *bpmnElement*-Attribut eines Pools im grafischen Model referenziert wird.

- *name*: Dies ist die Bezeichnung welche in der Zeichnung innerhalb des Pool-Symbols angezeigt wird. Im Methode-und-Stil-Teil dieses Buches haben wir empfohlen, die Bezeichnung eines Prozess-Pools mit derjenigen des Prozesses gleichzusetzen. In der BPMN XML wird dieser Wert auf den *Namen des Teilnehmers* gesetzt. Im grafischen Modell der BPMN 2.0 gibt es keine darstellbare Form für das semantische Element *process*. Ein Pool, also ein Prozessteilnehmer, ist das Beste was wir verwenden können. Wir empfehlen, die Pool-Bezeichnung im *name*-Attribut des Teilnehmers und des Prozesses zu verwenden.

- *processRef*: Dies ist ein QName-Zeiger auf ein *process*-Element. Es wird als QName bezeichnet, weil das *process*- und das *collaboration*-Element in verschiedenen BPMN-Dateien auftauchen kann. Wird dieses Attribut weggelassen, wird damit angezeigt, dass es sich um einen Black-Box-Pool handelt, also kein Prozess. Wenn das Attribut gesetzt ist, kann es nur auf einen Prozess zeigen.

Wenn vorhanden, wird das Kindelement *participantMultiplicity* durch die Markierung für Mehrfach-Teilnehmer visualisiert, näher diskutiert in Kapitel 8.

Das Element *messageFlow*

Das semantische Element *messageFlow* hat fünft wichtige Attribute:

- *id*: Ist optional falls kein grafisches Modell angegeben wurde, wird aber als *bpmnElement*-Referenz für grafische Verbinder erwartet.

- *name*: Dies ist die Bezeichnung der Nachricht auf dem Pfeil des Nachrichtenflusses.

- *sourceRef* und *targetRef*: Dies sind benötigte QName-Referenzen zum semantischen Element am Pfeilstart und an der Spitze. Diese Quellen und Ziele für Nachrichten müssen valide sein, wie wir das in Kapitel 7 diskutiert haben.

- *messageRef*: Wir tendieren dazu, dieses Attribut nicht zu benutzen, es ist aber Teil der analytischen Unterklasse. Wenn die Nachricht auf einem Nachrichtenfluss eingezeichnet wurde (Briefsymbol), ist *messageRef* der QName-Zeiger zum

Basiselement *message*, welches im ausführbaren Modell die Bezeichnung und die technischen Details der Nachricht definiert.

Die Position und die Eckpunkte der Nachrichtfluss-Verbinder sind im grafischen Modell und nicht im semantischen Element *messageFlow* definiert.

Das Element *process*

Das Basiselement *process* beschreibt einen BPMN-Prozess, der als sogenannte Orchestrierung bezeichnet wird. Wir haben das im Kapitel 2 diskutiert. Attribute dieses Elements sind:

- *id*: Wird benötigt als Ziel für das Teilnehmer-Attribut *processRef*. Wenn gesetzt, zeigt es einen White-Box-Pool an.

- *name*: Eigentlich ist das *name*-Attribut die nicht sichtbare Bezeichnung des Prozesses. Wenn Sie allerdings der Methode-und-Stil-Konvention folgen, dann setzen Sie den Teilnehmer und den Prozess gleich. Ein guter Grund, dieser Konvention zu folgen ist es, wenn *Aufrufaktivitäten* benutzt werden. Obwohl das aufgerufene Element in der Aufrufaktivität die Prozess-ID im XML Dokument ist, wird in einem BPMN-Werkzeug meist der Prozessname verwendet, um die Referenz herzustellen.

- *processType* (nicht Teil der analytischen Unterklasse): Das optionale Aufzählungs-Textattribut *processType* spezifiziert, ob ein Prozess öffentlich oder privat definiert wurde. Ein öffentlicher Prozess (*public*), in der BPMN 1.2 vormals als abstrakter Prozess bezeichnet, beinhaltet nur Elemente, welche mit umliegenden Entitäten über Nachrichten kommunizieren. Im Gegensatz dazu beinhaltet ein privater Prozess die gesamte Flusslogik der Aktivitäten im Prozess. *None*, der Standardwert für *processType*, beschreibt einen undefinierten Status.

- *isExecutable* (nicht Teil der analytischen Unterklasse): optionales boolesches Attribut für private Prozesse. Wenn dieses Attribut nicht gesetzt wird, ist der Prozess *implizit nicht ausführbar*. Gewisse Regeln in der BPMN-Spezifikation beziehen sich nur auf die ausführbaren Prozesse.

Beispiel: Einfaches Prozessmodell

Das vorliegende einfache Prozessmodell wird in der Abbildung 14-2 in serlialiserter Form dargestellt.

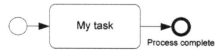

Abbildung 14-2: Ein einfaches Prozessmodel

```
<definitions targetNamespace="http://www.itp-commerce.com"
    xmlns="http://www.omg.org/spec/BPMN/20100524/MODEL"
    xmlns:itp="http://www.itp-commerce.com/BPMN2.0"
    xmlns:xsi="http://www.w3.org/2001/XMLSchema-instance"
    xsi:schemaLocation="http://www.omg.org/spec/BPMN/20100524/MODEL schemas/BPMN20.xsd"
    exporter="Process Modeler 5 for Microsoft Visio" exporterVersion="5.2742.13663 SR6"
    itp:name="My Diagram" itp:version="1.0" itp:author="bruce" itp:creationDate="8/3/2011 2:42:47 PM"
    itp:modificationDate="8/3/2011 3:07:20 PM"
    id="_4adb855a-76f3-4539-8a1d-60102f3b12e7">
    <process id="_4188bfa1-cb2f-4f72-a84f-9f4f70b41a6b" name="My Process" processType="None">
        <startEvent id="_3f808752-02dd-42d5-b4aa-2015031c7cc7"/>
        <task id="_0532502d-31db-4fa5-920b-65c173652055" name="My task"/>
        <endEvent id="_7986530a-fb47-4918-83fb-ad6c4f7d7656" name="Process complete"/>
        <sequenceFlow id="_6e913629-e553-47bf-875a-ce53cc167bdc" sourceRef="_3f808752-02dd-42d5-
            b4aa-2015031c7cc7" targetRef="_0532502d-31db-4fa5-920b-65c173652055"/>
        <sequenceFlow id="_bfcb1cad-0c47-40df-9bd3-0e744bfe5bd2" sourceRef="_0532502d-31db-4fa5-
            920b-65c173652055" targetRef="_7986530a-fb47-4918-83fb-ad6c4f7d7656"/>
    </process>
</definitions>
```

Abbildung 14-3: Serialisierung eines einfachen Prozessmodells

Mehrere Dinge sind erwähnenswert bezüglich der Serialisierung, welche durch den Process Modeler für Microsoft Visio der Firma itp commerce ag generiert wird:

- *id*'s für sämtliche Elemente werden durch das Werkzeug global und eindeutig generiert.

- Die *targetNamespace*-Deklaration ist nicht modelspezifisch aber identisch für alle Modelle, welche durch das Werkzeug generiert werden. Das ist akzeptabel, weil das Werkzeug global gültige *id*'s generiert.

- Der Standard-Namensraum (ohne Präfix) ist als derjenige der BPMN 2.0 deklariert, also *http://www.omg.org/spec/BPMN/20100524/MODEL*. Einige Werkzeuge nutzen an dieser Stelle ihr eigenes Präfix für den Namensraum.

- Zwei andere Namensräume sind im *definitions*-Element deklariert über das Präfix *xsi*, um das *schemaLocation*-Attribut zu referenzieren, und das Präfix *itp*, um werkzeug-spezifische Elemente und Attribute zu referenzieren.

- Das *xsi:schemaLocation* Attribut zeigt an, dass das Instanz-Dokument gegen das BPMN 2.0-Schema validiert wird, welches sich an der relativen Datei-Adresse *schemas/BPMN20.xsd* befindet.

- Das *exporter*- und das *exporterVersion*-Attribut identifiziert das Werkzeug und dessen Version, welche für die Kreierung der XML-Serialisierung verwendet wird.

- Herstellerspezifische Attribute in welchen das *itp*-Präfix genutzt wird, werden verwendet, um nicht zum Standard gehörende Informationen wie Modellname, Autor, Kreierungsdatum und Modifikationsdatum zu definieren.

- Das Element *process* hat den Wert *None* im *processType* Attribut gesetzt. Weil dieses Attribut standardmäßig mit diesem Wert vorbelegt ist, kann es weggelassen werden.

- Das Attribut *name* des *task-* und *endEvent*-Elements stimmen mit der im Diagramm gesetzten Bezeichnung überein.

- Die Attribute *sourceRef* und *targetRef* des Elements *sequenceFlow* stimmen mit den Quell- und Zielknoten überein (Pfeilstart und Endspitze).

Beispiel: Einfaches Kollaborationsdiagramm

Abbildung 14-4 illustriert ein einfaches Kollaborations-Modell, serialisiert in Abbildung 14-5: Serialisierung eines einfachen Kollaborations-Modells

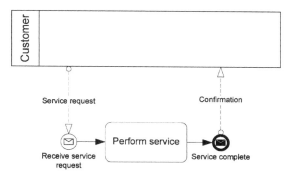

Abbildung 14-4: Einfaches Kollaborations-Modell

```
<definitions targetNamespace="http://www.itp-commerce.com"
    xmlns="http://www.omg.org/spec/BPMN/20100524/MODEL"
    xmlns:itp="http://www.itp-commerce.com/BPMN2.0"
    xmlns:xsi="http://www.w3.org/2001/XMLSchema-instance"
    xsi:schemaLocation="http://www.omg.org/spec/BPMN/20100524/MODEL schemas/BPMN20.xsd"
    exporter="Process Modeler 5 for Microsoft Visio" exporterVersion="5.2742.13663 SR6"
    itp:name="My Diagram" itp:version="1.0" itp:author="bruce" itp:creationDate="8/3/2011 3:41:57 PM"
    itp:modificationDate="8/3/2011 3:47:47 PM" itp:createdWithVersion="5.2742.13663 SR6"
    id="_1f2848e9-2fd8-49ab-96ae-1411838c1e70">
    <process id="_98663b88-a518-493a-96f4-e1b2b7c3aace" name="Main Process" processType="None">
        <startEvent id="_d028c241-0061-4c86-99a4-b8e9ab4e3a54" name="Receive service request">
            <messageEventDefinition />
        </startEvent>
        <task id="_94aa77d8-a54d-4000-aaf0-b00cfbbb652d" name="Perform service">
        <endEvent id="_94f1e4b4-d44e-4fc8-8d02-fd9320c4ace0" name="Service complete">
            <messageEventDefinition />
        </endEvent>
        <sequenceFlow id="_006c73de-346f-4111-8824-e687db8210c6" sourceRef="_94aa77d8-a54d-4000-aaf0-
            b00cfbbb652d " targetRef="_94f1e4b4-d44e-4fc8-8d02-fd9320c4ace0"/>
         <sequenceFlow id="_3d9765f0-4006-4998-a5ec-438ffa29aa3a" sourceRef="_d028c241-0061-4c86-99a4-
            b8e9ab4e3a54" targetRef="_94aa77d8-a54d-4000-aaf0-b00cfbbb652d "/>
    </process>
```

```
<collaboration id="_fd9acbee-264b-44dc-bae0-d3d33e74f751">
    <participant id="_8eea715d-f551-4487-9a64-6226dea487cd" name="Customer"/>
    <participant id="p_98663b88-a518-493a-96f4-e1b2b7c3aace " name="Main Process"
        processRef="_98663b88-a518-493a-96f4-e1b2b7c3aace"/>
    <messageFlow id="_e817a1b2-f0dd-4a49-b33d-25da322872ae" name="Service request"
        sourceRef="_8eea715d-f551-4487-9a64-6226dea487cd" targetRef="_d028c241-0061-4c86-99a4-
        b8e9ab4e3a54"/>
    <messageFlow id="_566cf079-8ac8-4ca4-9b01-a0dac679962d" name="Confirmation"
        sourceRef="_94f1e4b4-d44e-4fc8-8d02-fd9320c4ace0" targetRef="_8eea715d-f551-4487-9a64-
        6226dea487cd"/>
</collaboration>
</definitions>
```

Abbildung 14-5: Serialisierung eines einfachen Kollaborations-Modells

Abbildung 14-3 enthält folgende nennenswerte Abweichungen:

- Zusätzlich zum *process*-Element existiert ein *collaboration*-Element. Das *process*-Element ist nicht Bestandteil der Kollaboration, stellt aber ein zusätzliches Basiselement dar.

- Die Kollaboration definiert zwei Teilnehmer. Einer, bezeichnet mit *Customer*, besitzt kein *processRef*-Attribut, was auf einen Black-Box-Pool hinweist. Der Name des Teilnehmers wird von der Pool-Bezeichnung genommen. Der zweite Teilnehmer hat keine Pool-Form, welche den Namen liefern könnte. In diesem Fall wird standardmäßig der Name des Prozesses verwendet. In unserem Beispiel wurde kein expliziter Prozessname gesetzt, weshalb das Werkzeug den Namen *Main Process* vergeben hat. Der Teilnehmer übernimmt denselben Namen. Die *processRef* des Teilnehmers zeigt auf die *id* des Prozesses.

- Das leere Kindelement *messageEventDefinition* definiert das Start- und das Endereignis als Typ Nachricht (Message).

- Die Attribute *sourceRef* und *targetRef* des Elements *messageFlow* zeigen auf ein Nachrichtenereignis auf der einen und auf den spezifischen Teilnehmer *Customer* auf der anderen Seite.

Beispiel: Einfacher Import

Abbildung 14-6 illustriert, wie ein wiederverwendbarer Prozess mittels einer Aufrufaktivität den Prozess *My Process* aufruft. Der aufgerufene Prozess ist derselbe wie in Abbildung 14-2 grafisch und in Abbildung 14-3 serialisiert dargestellt. Um *My Process* zu referenzieren, muss der aufgerufene Prozess als Erstes die BPMN-Datei des aufgerufenen Prozesses importieren.

Abbildung 14-6: Einfacher Prozess mit Aufrufaktivität

```
<definitions targetNamespace="http://www.itp-commerce.com"
```

```
xmlns="http://www.omg.org/spec/BPMN/20100524/MODEL"
xmlns:itp="http://www.itp-commerce.com/BPMN2.0"
xmlns:xsi="http://www.w3.org/2001/XMLSchema-instance"
xsi:schemaLocation=http://www.omg.org/spec/BPMN/20100524/MODEL schemas/BPMN20.xsd
 exporter="Process Modeler 5 for Microsoft Visio" exporterVersion="5.2742.13663 SR6"
itp:name="My Diagram" itp:version="1.0" itp:author="bruce" itp:creationDate="8/4/2011 11:02:21 AM"
itp:modificationDate="8/4/2011 11:07:18 AM" itp:createdWithVersion="5.2742.13663 SR6"
itp:conformanceSubClass="Full"
 id="_c66bdce7-22fb-4b94-ac58-c28d0fc76c16">
<import namespace="http://www.itp-commerce.com" location="C:\Users\Bruce\Documents\book\draft\14-
    2.bpmn" importType="http://www.omg.org/spec/BPMN/20100524/MODEL"/>
<process id="_c7781df5-3926-40fc-81fd-1bb409bc5c91" name="Main Process" processType="None">
    <startEvent id="_708b45b8-bd58-4a33-b629-ee96e4a785f0"/>
    <callActivity id="_0c280062-dd03-4f62-ae45-db61a2b5cb93" name="Call 'My Process'"
        calledElement="_4188bfa1-cb2f-4f72-a84f-9f4f70b41a6b" itp:isCollapsed="true"/>
    <sequenceFlow id="_8843eef9-faeb-4bbe-aba0-214831acc38b" sourceRef="_708b45b8-bd58-4a33-b629-
        ee96e4a785f0" targetRef="_0c280062-dd03-4f62-ae45-db61a2b5cb93"/>
    <endEvent id="_800e79a2-ed8e-4f69-8fab-c4cc4d38b53c"/>
    <sequenceFlow id="_33364eeb-f363-40f5-b543-8335095abca0" sourceRef="_0c280062-dd03-4f62-ae45-
        db61a2b5cb93" targetRef="_800e79a2-ed8e-4f69-8fab-c4cc4d38b53c"/>
</process>
</definitions>
```

Abbildung 14-7: Serialisierung von Aufrufaktivitäten und zugehörige Imports

Es gibt an dieser Stelle einiges aus Abbildung 14-7 zu beachten:

- Die importierte Datei ist in der XML-Serialisierung nicht enthalten. Das bedeutet, dass die Anweisung *import* die zu importierende Datei nicht in das Zieldokument einbettet, sondern lediglich auf dieses zeigt.

- Das Attribut *targetNamespace* im Element *import* definiert den Namensraum der importierten BPMN-Datei. Zur Erinnerung: Das Werkzeug Process Modeler für Microsoft Visio der Firma itp-commerce benutzt einen fixen und vordefinierten Namensraum für alle Modelle, was aufgrund der konsequenten Benutzung von globalen Identitäten (*id*'s) eine korrekte Serialisierung darstellt.

- Das Attribut *location* im Element *import* zeigt auf den relativen Pfad der zu importierenden BPMN XML-Datei (.bpmn)

- Das Attribut *importType* im Element *import* identifiziert die zu importierende Datei als eine BPMN 2.0-Datei.

- Das Attribut *calledElement* des Elements *callActivity* muss mit der *id* des importierten BPMN-Prozesses übereinstimmen. Dieser ist in Abbildung 14-3 dargestellt. Wenn die importierte Datei einen unterschiedlichen Zielnamensraum (Attribut *targetNamespace*) ausgewiesen hätte, müsste das aufgerufene Element (Attribut *calledElement*) ein Präfix aufweisen.

Da wir nun die Serialisierung der XML-Basisstruktur des semantischen BPMN-Modells kennengelernt haben, können wir uns im nächsten Kapitel der Serialisierung der Flusselemente eines Prozesses zuwenden.

KAPITEL 15

Prozesselemente serialisieren

Die Elemente *flowElement* und *flowNode*

Das Element *flowElement* ist ein optionales und nicht beschränktes Kindelement des Elements *process*, welches die abstrakte Basisklasse (im XSD als *substitionGroup* bezeichnet) für alle Elemente repräsentiert, die zu einem Prozess gehören. Dies beinhaltet *sequenceFlow*, *dataObject*, *dataObjectReference*, *dataStoreReference* und alle *flowNode*-Elemente, namentlich *activity*, *gateway* und *event*.

Alle Instanzen der Klasse *flowElement* haben ein optionales Attribut *name*, welches im Diagramm die Bezeichnung des Symbols darstellt, sowie drei relativ selten benutzte Kindelemente: *auditiong*, *monitoring* und *categoryValueRef*. Die ersten beiden Kindelemente sind nicht in der analytischen Unterklasse definiert. Sie stellen nicht weiter definierte Platzhalter für zukünftige Erweiterungen in der BPMN-Spezifikation dar und es ist nicht klar, warum diese überhaupt in diese Version der Spezifikation aufgenommen wurden. Das Element *categoryValueRef* ist ein QName-Zeiger auf ein *categoryValue*-Element, welches ein Kindelement des Basiselements *category* darstellt. In der analytischen Unterklasse ist dessen einzige Aufgabe, die im Diagramm in einer Gruppe zusammengefassten Elemente mit einer spezifischen Kategorie zu assoziieren. Wir haben diese Verwendung bis dato in der Praxis noch nicht angetroffen.

Die Klasse *flowNode* addiert die zwei zusätzlichen optionalen und unbegrenzten Kindelemente *incoming* und *outgoing*. Dies sind QName-Zeiger auf die ein- respektive ausgehenden Sequenzflüsse. In diesem Sinn verwendet sind diese Elemente komplett redundant zu den *sourceRef*- und *targetRef*-Attributen der Sequenzflüsse selbst, welche gemäß XSD-Schema vorgeschrieben sind. Wir denken, dass es nicht korrekt ist, diese Elemente mit QNames (noch einmal) zu definieren, weil erstens ein Sequenzfluss nicht zu einem Element außerhalb des aktuellen BPMN-Dokumentes verbunden sein kann und zweitens die Attribute *sourceRef* und *targetRef* des Sequenzflusses lokale IDREF's und nicht QNames sind. Da diese offenbar keinen ersichtlichen Nutzen haben, empfehlen wir *incoming* und *outgoing* einfach wegzulassen.

Jeder einzelne Typ von Aktivitäten, Gateways und Ereignissen wird schließlich durch ein separates XSD-Element im semantischen Modell repräsentiert. Die Elemente *activity*, *gateway* und *event* ihrerseits sind abstrakte Klassen, welche nicht direkt im XML benutzt, aber von einigen die spezifischen Ableitungen verschiedenen Attribute und Kindelemente erben. Im BPMN-XML müssen die konkreten Unterklassen wie zum Beispiel *userTask* oder *exclusiveGateway* benutzt werden.

Das Element *activity*

Die abstrakte Basisklasse *acticity* addiert folgende Attribute und Kindelemente zu *flowNode*:

- Optionales IDREF Attribut *default* definiert einen ausgehenden Sequenzfluss aus einer Aktivität als sogenannten Standard Fluss. Das Attribut gehört zur analytischen Unterklasse.

- Das optionale boolesche Attribut *isForCompensation* (Standardwert ist *false*) kennzeichnet eine Aktivität als sogenannte Kompensationsaktivität. Das Attribut ist nicht Teil der analytischen Unterklasse.

- Das optionale Ganzzahlattribut *startQuantity* und *completionQuantity*, beide mit einem Standardwert von 1, werden nur in ausführbaren Prozessen benötigt. Diese Attribute sind nicht in der analytischen Unterklasse.

- Die optionalen Kindelemente *property*, *ioSpecification*, *dataInputAssociation* und *dataOutputAssociation* beziehen sich auf die Datenflüsse. Die letzten Drei sind effektiv Teil der deskriptiven und analytischen Unterklasse und werden benötigt, um Datenflüsse in der Ebene 1 und 2 Diagrammen zu serialisieren. Wir werden die Datenflussmodellierung in Kapitel 16 detaillierter behandeln.

- Das optionale Kindelement *resourceRole* und seine Subtypen *humanPerformer* und *potentialOwner* beziehen sich auf Zuweisungen von Benutzer-Tasks in ausführbaren Prozessen. Wir diskutieren dies tiefer in Kapitel 22.

- Das optionale Kindelement *multiInstanceLoopCharacteristics* definiert eine Mehrfachinstanz-Aktivität. Das boolesche Attribut *isSequential* zeigt an, ob die Markierung in der Aktivität horizontal (sequentiell) oder vertikal (parallel) dargestellt wird. Der Standardwert ist *false*, was bedeutet, dass das Standardverhalten bei weglassen des Attributs einer Mehrfachinstanz-Aktivität auf parallel gesetzt wird. Dies ist das einzige Detail des Elements *multiInstanceLoopCharacteristics*, welches in der analytischen Unterklasse vorgesehen ist. Es gibt einige zusätzliche Elemente und spezifische Attribute, welche das Verhalten einer komplexen Mehrfachinstanz-Aktivität in der ausführbaren BPMN beschreiben.

- Das optionale Kindelement *standardLoopCharacteristics* definiert eine Schleifen-aktivität, welche Teil der analytischen Unterklasse ist. Die folgend beschriebenen Details sind nicht Teil der analytischen Unterklasse. Das optionale boolesche Attribut *testBefore* mit Standardwert *false*, bestimmt ob die Prüfung der Schleifenbedingung vor oder nach der Ausführung der Aktivität gemacht werden soll. Das optionale Ganzzahlattribut *loopMaximum* erlaubt die Definition einer maximalen und festen Anzahl Iterationen. Das optionale Kindattribut *loopCondition* definiert die Bedingung (regulärer Ausdruck) zur Auswertung der Anzahl Durchläufe in der ausführbaren BPMN.

Das *activity*-Element ist eine sogenannte abstrakte Klasse und sollte nicht direkt verwendet werden. Stattdessen muss ein konkretes Element instanziiert werden, welches einen spezifischen Task oder Unterprozesstyp repräsentiert. Die nachfolgend aufgeführten Elementtypen sind in der analytischen Unterklasse definiert:

- Task (in der BPMN-Spezifikation *abstract task* genannt)
- Benutzer-Task (*userTask*)
- Service-Task (*serviceTask*)
- Sender-Task (*sendTask*)
- Empfangen-Task (*receiveTask*)
- Aufruf-Aktivität (*callActivity*)
- Unterprozess (*subProcess*, gemeint ist der eingebettete Unterprozess und nicht der transaktionale oder „adhoc"-Unterprozess)

Die folgenden Aktivitätstypen sind nicht in der analytischen Unterklasse definiert:

- Skript-Task (*scriptTask*)
- Geschäftsregel-Task (*businessRuleTask*)
- Manueller-Task (manualTask)
- Ad-hoc Unterprozess (*adHocSubProcess*)
- Transaktions-Unterprozess (transaction)

Wiederverwendbare Task-Definitionen, auch globale Tasks genannt, werden nicht innerhalb eines Prozesses definiert, sind aber Basiselemente wie die Prozesse selbst. Das XSD definiert folgende globale Tasktypen:

- Globaler Task (*globalTask,* auch abstrakter Task genannt)
- globaler Benutzer-Task (*globalUserTask*)
- globaler Skript-Task (*globalScriptTask*)
- Globaler manueller Task (*globalManualTask*)
- globaler Geschäftsregel-Task (*globalBusinessRuleTask*)

Die Elemente *serviceTask, sendTask* und *receiveTask* sind implizit wiederverwendbar, weshalb sie keine korrespondierenden globalen Tasktypen haben. Weil die Spezifikation keine Auskunft darüber gibt, ob globale Tasktypen der deskriptiven oder analytischen Unterklasse zugeordnet werden nehmen wir an, dass der globale Tasktyp derselben Klasse angehört wie sein Äquivalent.

Andere Attribute wie *documentation* und *loop/multi instance characteristics*, vererbt aus der Basisklasse *activity*, sind nicht Bestandteil der analytischen Unterklasse. Sie wurden eingeführt, um die ausführbaren Prozesse zu unterstützen und werden weiter in Teil V behandelt.

- Der *Benutzer-Task* hat das Attribut *implementation* mit den erlaubten Werten *##unspecified* (Standardwert), *##WebServices* oder einer URL, um eine konkrete Implementierung wie beispielsweise *WS-HumanTask (siehe auch http://docs.oasis-open.org/ns/bpel4people/ws-humantask/protocol/200803)* durchzuführen. Es verfügt zusätzlich über das optionale Kindattribut *rendering*. welches für die Definition einer Benutzerschnittstelle mittels *extensionElement* verwendet wird.

- Der *Service-Task* hat das Attribut *implementation* mit denselben vordefinierten Werten wie der Benutzer-Task unter der Ausnahme, dass *##WebService* der Standardwert ist. Das Attribut *operationRef* ist eine entfernte Referenz (*QName*) auf eine Webservice-Operation, welche normalerweise über eine WSDL-Datei importiert wird.

- Der *Sende-Task* hat dieselben *implementation-* und *operationRef*-Attribute und Standardwerte wie der Service-Task. Das zusätzliche Attribut *messageRef* ist ein *QName*-Zeiger auf ein *message*-Element, üblicherweise importiert aus einer XSD- oder WSDL-Datei.

- Der Empfangen-Task hat dieselben Attribute wie der Sende-Task mit einem zusätzlichen optionalen Attribut *instantiate* (Standardwert ist *false*). Das bedeutet, dass ein allgemeines Startereignis, welches unmittelbar vor einem Empfangen-Task steht mit dem Attribut *instantiate* und dem Wert *true* dieselbe Bedeutung hat, wie ein Nachrichten-Startereignis, welches mit dem Empfangen einer Nachricht den Prozess startet. Weil das Attribut *instantiate* im Diagramm nicht visualisiert werden kann, ist diese Konstruktion zweideutig. Dem Methode-und-Stil-Ansatz folgend empfehlen wir explizit die Verwendung des eindeutigen Nachrichten-Startereignisses.

- Die Aufrufaktivität hat ein optionales *QName*-Attribut *calledElement*, das ein Zeiger auf einen Prozess oder einen globalen Task ist.

Das Element *subProcess*

Das Element *subProcess* weist verglichen mit einer Standardaktivität zwei grundsätzliche Unterschiede auf. Das optionale Attribut *triggeredByEvent*, welches einen Ereignisunterprozess anzeigt, wenn es auf *true* gesetzt ist. Wert *false* definiert demzufolge einen regulären Unterprozess. Ereignisunterprozesse sind in der analytischen Unterklasse nicht definiert.

In der XML umschließt ein Unterprozess (*subProcess*) alle Flusselemente (*flowElements*) in seiner untergeordneten Prozessebene. Ein Unterprozesselement in einer untergeordneten Kindebene umschließt ihrerseits wieder alle Flusselemente ihrer Kindebene. Diese Verschachtelung kann beliebig tief definiert werden. Nur um es nochmals anzusprechen: Prozessebenen werden nicht durch Zeiger auf *id*'s der Elemente modelliert, sondern die Kindelemente werden vom Unterprozess-Element-Tag umschlossen. Während alle Elemente in einer Prozessebene physikalisch zu ihrem übergeordneten *subProcess* gehören, ist die BPMN von Natur aus hierarchisch.

An dieser Stelle ist es uns wichtig zu erwähnen, dass es nichts im semantischen Element Unterprozess gibt, das anzeigt, ob die Elemente der Kindebene innerhalb eines *aufgeklappten Unterprozesses* auf derselben Seite (Diagramm) und Prozessebene zu finden ist oder ob er hierarchisch modelliert wurde, wobei die Details in einem separaten Diagramm aufgeführt werden, das zu einem zugeklappten Unterprozesssymbol der übergeordneten Ebene verknüpft ist. Meinungen bezüglich aufgeklappter versus zugeklappter Unterprozess oder flacher versus hierarchischer Modellierungsstil sprechen Aspekte an, die lediglich auf dem grafischen Modell basieren. Die Serialisierung der Unterprozesselemente aus dem semantischen Modell ist immer dieselbe, unabhängige davon, wie sie gezeichnet wurden! In der BPMN 1.2 dachten viele Leute und sogar einige Werkzeughersteller irrtümlicherweise, eingebettete und aufgeklappte Unterprozesse wären dasselbe oder würden zumindest Hand in Hand gehen. Das BPMN 2.0-Schema löst diese Situation nun nachhaltig.

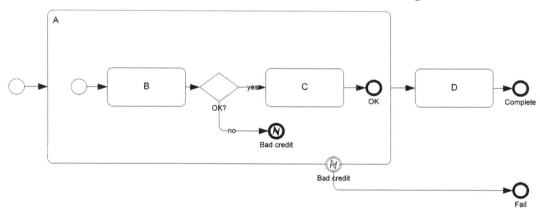

Abbildung 15-1: Prozess mit zwei Prozessebenen

Abbildung 15-1 zeigt ein Prozessmodell mit zwei Prozessebenen. Dessen Serialisierung, wie in Abbildung 15-2 dargestellt, zeigt die verschachtelten Elemente der Kindebene des Unterprozess-Elements.

```
<definitions targetNamespace="http://www.itp-commerce.com"
xmlns="http://www.omg.org/spec/BPMN/20100524/MODEL" xmlns:itp="http://www.itp-
commerce.com/BPMN2.0" xmlns:xsi="http://www.w3.org/2001/XMLSchema-instance"
xsi:schemaLocation="http://www.omg.org/spec/BPMN/20100524/MODEL schemas/BPMN20.xsd"
exporter="Process Modeler 5 for Microsoft Visio" exporterVersion="5.2742.13663 SR6" itp:name="My Diagram"
itp:version="1.0" itp:author="bruce" itp:creationDate="8/4/2011 12:17:24 PM" itp:modificationDate="8/4/2011
```

```xml
    1:57:52 PM" itp:createdWithVersion="5.2742.13663 SR6" itp:conformanceSubClass="Full" id="_1ae6a483-77a8-
4eed-be89-f1e343bf9bf6">
        <process id="_2fc66c01-1839-44ed-af36-5e67811891e1" name="Main Process" processType="None">
            <startEvent id="_3fbcb343-3a7c-4023-805f-d12f747fdeeb"/>
            <subProcess id="_e7df3b40-d626-4920-bc92-d006dad77502" name="A" itp:isCollapsed="false">
                <startEvent id="_89aa9447-1739-46d4-87eb-c7b459e6f06e"/>
                <task id="_3bc7dc56-15b0-4581-87d8-832427474fcb" name="B"/>
                <task id="_ca47d153-84f6-4f12-98a2-6bbc3269e3ae" name="C"/>
                <exclusiveGateway id="_b7941c03-aaa0-4afc-9c32-4d689aa440a8" name="OK?"
gatewayDirection="Diverging"/>
                <endEvent id="_efd84c60-db46-404d-822a-b08451799db0" name="OK"/>
                <endEvent id="_06abf31e-4092-43e3-af27-5a419d7b79ab" name="Bad credit">
                    <errorEventDefinition/>
                </endEvent>
                <sequenceFlow id="_ad57bdee-f5a2-4221-a9a6-be6f6692879c" sourceRef="_89aa9447-1739-
46d4-87eb-c7b459e6f06e" targetRef="_3bc7dc56-15b0-4581-87d8-832427474fcb"/>
                <sequenceFlow id="_2151821f-1c15-4143-8999-425c4a39876d" sourceRef="_3bc7dc56-15b0-
4581-87d8-832427474fcb" targetRef="_b7941c03-aaa0-4afc-9c32-4d689aa440a8"/>
                <sequenceFlow id="_677cc983-f5c5-47d6-98ff-221b56599a98" name="yes"
sourceRef="_b7941c03-aaa0-4afc-9c32-4d689aa440a8" targetRef="_ca47d153-84f6-4f12-98a2-6bbc3269e3ae">
                    <conditionExpression>test='yes'</conditionExpression>
                </sequenceFlow>
                <sequenceFlow id="_56128bff-1d44-4c19-a95b-3eba6ecfdaf3" sourceRef="_ca47d153-84f6-4f12-
98a2-6bbc3269e3ae" targetRef="_efd84c60-db46-404d-822a-b08451799db0"/>
                <sequenceFlow id="_db96d25e-ab43-407a-a0c6-de2a76fe4ffe" name="no"
sourceRef="_b7941c03-aaa0-4afc-9c32-4d689aa440a8" targetRef="_06abf31e-4092-43e3-af27-5a419d7b79ab">
                    <conditionExpression>test='no'</conditionExpression>
                </sequenceFlow>
            </subProcess>
            <boundaryEvent id="_2a05521f-e21f-4609-bc73-51e458f2f1a2" name="Bad credit"
cancelActivity="true" attachedToRef="_e7df3b40-d626-4920-bc92-d006dad77502">
                <errorEventDefinition/>
            </boundaryEvent>
            <endEvent id="_c81b1121-93e1-430a-a07d-8edc3c756301" name="Complete"/>
            <task id="_ac76b036-81f3-4adb-ad81-0be41e226d92" name="D"/>
            <endEvent id="_742c449d-0e13-41bc-83b4-dd29c633132d" name="Fail"/>
            <sequenceFlow id="_1814f042-9656-4987-bcad-cd326fa07b33" sourceRef="_3fbcb343-3a7c-4023-
805f-d12f747fdeeb" targetRef="_e7df3b40-d626-4920-bc92-d006dad77502"/>
            <sequenceFlow id="_4cbe984e-5584-4ac2-8d86-c9f31a0141f2" sourceRef="_2a05521f-e21f-4609-
bc73-51e458f2f1a2" targetRef="_742c449d-0e13-41bc-83b4-dd29c633132d"/>
            <sequenceFlow id="_e88e9485-01d4-4256-bcb6-49188bf40e9b" sourceRef="_e7df3b40-d626-4920-
bc92-d006dad77502" targetRef="_ac76b036-81f3-4adb-ad81-0be41e226d92"/>
            <sequenceFlow id="_37590ff4-87b7-4625-a30c-ac79852561a4" sourceRef="_ac76b036-81f3-4adb-
ad81-0be41e226d92" targetRef="_c81b1121-93e1-430a-a07d-8edc3c756301"/>
        </process>
</definitions>
```

Abbildung 15-2: Serialisierung eines Prozessmodells mit zwei Prozessebenen

Beachten Sie bitte, dass das Unterprozesselement im XML alle Elemente der Kindebene
umschließt. Weiter ist zu bemerken, dass das auf dem Rand liegende Ereignis „Bad Credit" in
der übergeordneten Ebene liegt und das gleichnamige Endereignis „Bad Credit" in der
untergeordneten Ebene zu finden ist.

Das Element Gateway

Die abstrakte Klasse *gateway* addiert zusätzlich zu den Standard-*flowNode*-Attributen und -Elementen das optionale Attribut *gatewayDirection*. Dieses Attribut definiert die Werte *Unspecified*, *Converging*, *Diverging* sowie *Mixed* und wird nur in ausführbaren Prozessen verwendet. Es ist nicht Teil der analytischen Unterklasse. Zudem scheint es redundant definiert zu sein, da das teilende versus vereinigende Verhalten des Gateways aus den ein- und ausgehenden Sequenzflüssen offensichtlich erkennbar ist.

Die Gateway-Bedingungen sind interessanterweise nicht im *gateway*-Element selbst definiert, sondern in den ausgehenden *Sequenzflüssen*, den sogenannten Gates.

Wie bei den anderen abstrakten Elementen ist das *Gateway*-Element nicht direkt im XML-Prozessmodell eingebunden. Dafür existiert für jeden Gateway-Typ ein eigenes XML-Element. Attribute und Kindelemente des typisierten Gateway-Elements folgen der *gateway*-Basisklasse bis auf die folgenden Ausnahmen:

- *exclusiveGateway* und *inclusiveGateway* verfügen zusätzlich über ein boolesches Attribut *default*, welches in Form eines IDREF-Zeigers den Standardfluss markiert. Diesem wird immer gefolgt, wenn keine andere Gatebedingung „wahr" ergibt.

- *parallelGateway* unterscheidet sich nicht mit dem Basisschema der Verzweigung.

- *complexGateway* definiert das Attribut *default* und verfügt zusätzlich über das Kindelement *activationCondition*, ein datenbasierter Ausdruck für die Bedingung.

- *eventBasedGateway* verfügt nicht über das *default*-Attribut, definiert aber zwei zusätzliche Attribute:

  Das optionale Attribut *instantiate* mit dem Standardwert *false* definiert, dass jeder Auslöser auf den Gates den Prozess startet. Wenn dieses Attribut mit *true* belegt wird, ändert das Aussehen innerhalb des Gateway-Symbols vom Zwischenereignis (doppelrandiger Kreis) auf ein Startereignis (einfacher Kreis). In diesem Fall muss das Gateway-Symbol das erste Element in einem Hauptprozess sein oder es muss unmittelbar auf ein allgemeines Startereignis folgen. Da die Semantik dieser Konstruktion dieselbe ist, wie bei mehrfachen Startereignissen und viele Werkzeuge den instanziierenden Gateway anbieten, empfehlen wir hier als Methode-und-Stil-Regel die Verwendung von mehrfachen Startereignissen.

  Das optionale Attribut *eventGatewayType* mit den definierten Werten *Exclusive* und *Parallel* zeigt an, dass das Gateway beim Auftreten des Ersten (*Exclusive*, ist der Standardwert) oder bei allen (*Parallel*) Auslösern schaltet. Der Wert *Parallel* ist äquivalent zum *empfangenden mehrfach-parallelen Zwischenereignis*, welches aber nicht in der analytischen Unterklasse ist. Wird dieses Attribut nicht gesetzt, so verhält sich das Gateway in der normalen und bevorzugten Art und Weise.

Das Element *event*

Die abstrakte Ereignisklasse addiert nur das Kindelement *property* zur Basisklasse *flowNode*. Wir werden das Element *property* im Kapitel 16 vertieft behandeln. Wie die anderen abstrakten Basisklassen wird das Element *event* nicht direkt im XML-Modell verwendet, sondern jeder Ereignistyp wird durch sein eigenes, davon abgeleitetes Element beschrieben.

Das Element *startEvent*

Das *startEvent*-Element repräsentiert das Startereignis eines Prozesses, Unterprozesses oder Ereignisunterprozesses.

- Das optionale boolesche Attribut *isInterrupting* mit dem Standardwert *true* hat nur im Ereignisunterprozess eine Bedeutung und darf andernorts nicht gesetzt werden. Es bestimmt, ob der Ereignisunterprozess unterbrechend oder nicht-unterbrechend ist. Ereignisunterprozesse gehören nicht zu der analytischen Unterklasse.

- Das optionale boolesche Attribut *parallelMultiple* mit Standardwert *false* definiert ein *mehrfach-paralleles Startereignis*. Das bedeutet, dass *alle* Ereignisse eintreffen müssen, bevor der Prozess oder Ereignisunterprozess gestartet wird. Der parallele und mehrfache Start ist nicht Bestandteil der analytischen Unterklasse. Somit wird dieses Attribut normalerweise weggelassen.

- Die Kindelemente *property*, *dataOutput*, *dataOutputAssociation* und *outputSet* beziehen sich auf die Datenflüsse und werden im Kapitel 16 vertieft behandelt.

- Die abstrakte Klasse *eventDefinition* definiert den Auslöser im Startereignis. In der XML-Repräsentation muss ein konkreter Untertyp *eventDefinition* als ein Kind des auslösenden Startereignisses verwendet werden. Dies sind *timerEventDefinition*, *messageEventDefinition*, *signalEventDefinition* und *conditionalEventDefinition*. Das Schema erlaubt andere Ereignisdefinitionen nur für Ereignisunterprozesse mit *errorEventDefinition*, *escalationEventDefinition*, *compensateEventDefinition* und *cancelEventDefinition*. Andere, wie *linkEventDefinition* und *terminateEventDefinition*, sind technisch gesehen schemakonform, werden für Startereignisse jedoch nicht erlaubt. Ein allgemeines Startereignis verfügt über keine *eventDefinition*. Ein Mehrfach-Startereignis wird durch mehr als eine *eventDefinition* beschrieben. Wenn dann noch das Attribut *parallelMultiple* auf *true* gesetzt wird, bedeutet dies ein *paralleles Mehrfach-Startereignis*. Jedes *eventDefinition*-Element hat Auslöser-spezifische Attribute und Kindelemente. Diese sind aber nur für die ausführbare BPMN von Bedeutung und gehören nicht zur analytischen Unterklasse. Für die analytische Unterklasse genügt ein leeres und nicht typisiertes *eventDefinition*-Element, um einen korrekten Auslöser zu definieren.

- Alternativ zur Einbettung einer *eventDefinition* als direktes Kindelement *eines Startereignisses* ist es auch möglich, auf ein wiederverwendbares *eventDefinition*-

Basiselement zu verweisen, welches mit einer *eventDefinitionRef* (QName) angegeben wird.

Das Element intermediateCatchEvent

Das *intermediateCatchEvent*-Element repräsentiert ein empfangendes Zwischenereignis im Kontrollfluss mit eingehenden und ausgehenden Sequenzflüssen und wird für angeheftete Zwischenereignisse nicht benutzt. Die Attribute und Kindelemente sind dieselben wie beim Startereignis (*startEvent*), mit folgenden Ausnahmen:

- Es gibt kein *isInterrupting* Attribut.

- Das XSD erlaubt dasselbe Set wie beim *eventDefinition*-Element aber die einzigen gültigen daraus sind in Abbildung 7-1 abgebildet. Dies sind: *messageEventDefinition*, *timerEventDefinition*, *conditionalEventDefinition*, *linkEventDefinition*, und *signalEventDefinition*. Weil kein empfangendes allgemeines Zwischenereignis in der Spezifikation definiert wurde, wird mindestens eines der oben aufgeführten *eventDefinition* Elemente benötigt.

Das Element intermediateThrowEvent

Das *intermediateThrowEvent* Element repräsentiert ein auslösendes Zwischenereignis. Seine Attribute und Kindelemente sind dieselben wie beim *intermediateCatchEvent* Element, mit den folgenden Ausnahmen:

- Es gibt kein *parallelMutiple* Attribut.

- Die mit einem Datenfluss in Beziehung stehenden Kindelemente sind *property*, *dataInput*, *dataAssociation* und *inputSet*. Diese werden wir in Kapitel 16 eingehender diskutieren.

- Das XSD erlaubt dasselbe Set von *eventDefinition*-Elementen, die einzigen gültigen sind aber in Abbildung 7-1 abgebildet. Dies sind: *messageEventDefinition*, *signalEventDefinition*, *compensateEventDefinition*, *linkEventDefinition*, und *escalationEventDefinition*. Mehr als ein *eventDefinition*-Element bedeutet ein auslösendes allgemeines Zwischenereignis, welches an dieser Stelle erlaubt ist. Es kann im Diagramm dazu verwendet werden, um einen bestimmten Zustand der Prozessinstanz zu kennzeichnen.

Fehler im Linkereignis

Linkereignisse werden im Kapitel 7 behandelt. Die BPMN 2.0-Spezifikation weist an dieser Stelle einen Fehler in der Definition der Serialisierung auf. Ein Linkereignis hat die optionalen Kindelemente *source* und *target*, jedes ein *QName*-Zeiger auf die andere Hälfte des Linkereignis-Pärchens. In der Tabelle 10.98 der BPMN 2.0-Spezifikation wird gesagt, dass *name*, *source* und *target* vorgeschriebenen sind. Dies ist ein offensichtlicher Fehler, da *source* und *target* gegenseitig exklusiv vorkommen müssen und dasselbe Linkereignis nicht beide

Kindelemente aufweisen kann. Wie auch immer, die XSD schreibt nun vor, dass das Textattribut *name* dafür zu verwenden ist. Dies bedeutet, dass ein *eventDefinition*-Element ohne Attribut *name* (Typ String) nicht schemakonform ist.

Elemente über ihren Namen zu verknüpfen ist schlechte Praxis. Wir denken, die ursprüngliche Idee war es, die Kindelemente *source* und *target* für die Verlinkung zu verwenden. Offenbar kam hier etwas durcheinander. Wir empfehlen deshalb, das *name*-Attribut einer *linkEventDefnition* mit der *id* seines Partners zu belegen, so wie es auch das itp-commerce-Werkzeug Process Modeler für Microsoft Visio macht. Für diesen Fall wird der Name (*name*-Attribut) nicht mit demjenigen des Partners übereinstimmen und dafür auf die *id* des Partner-Linkereignisses zeigen. Dies verbindet die Link-Paare eindeutig miteinander. Das heißt aber auch, dass die Bezeichnungen (*label*) der Linkereignisse gleich benannt, aber anders als das *name*-Element lauten müssen. Dies ist mit dem Rest der BPMN nicht konsistent.

Das Element boundaryEvent

Das *boundaryEvent*-Element beschreibt ein unterbrechendes oder nicht-unterbrechendes, am Rand einer Aktivität angeheftetes Zwischenereignis. Seine Attribute und Kindelemente sind dieselben wie beim Element *intermediateCatchEvent*, mit den folgenden Ausnahmen:

- Das Pflichtattribut *attachedToRef* zeigt auf die Aktivität, auf welcher das Ereignis liegt. Das erwähnte Attribut ist ein QName. Wir denken nicht, dass die referenzierte Aktivität in einer andern Datei liegen kann.

- Das optionale boolesche Attribut *cancelActivity* bestimmt, ob es sich um ein unterbrechendes (*true*) oder nicht-unterbrechendes (*false*) Ereignis handelt. Der Standardwert ist *true*. Damit sind Ereignisse, die dieses Attribut nicht gesetzt haben immer unterbrechend.

- Nochmals zu erwähnen gilt, dass die XSD alle *eventDefinition*-Elemente zulässt, aber nur die in Abbildung 7-1 abgebildeten Definitionen erlaubt sind. Dies sind: *messageEventDefinition*, *timerEventDefinition*, *errorEventDefinition* (nur unterbrechend), *escalationEventDefinition*, *cancelEventDefinition* (nur unterbrechend), *compensateEventDefinition*, *conditionalEventDefinition*, und *signalEventDefinition*. Weil kein angeheftetes allgemeines Zwischenereignis in der Spezifikation definiert wurde, wird mindestens ein *eventDefinition*-Element benötigt. Wird mehr als eines gesetzt, bedeutet dies, dass es sich um ein Mehrfach- oder Mehrfach-paralleles Ereignis handelt.

Das Element endEvent

Das *endEvent*-Element beschreibt ein Endereignis im Prozessfluss. Seine Attribute sind dieselben wie beim *intermediateThrowEvent*, mit folgenden Ausnahmen:

- Die XSD lässt alle *eventDefinition*-Elemente zu, jedoch sind nur die in Abbildung 7-1 abgebildeten Definitionen erlaubt. Dies sind: *messageEventDefinition*, *errorEventDefinition*, *escalationEventDefinition*, *cancelEventDefinition*, *compensateEventDefinition*, *terminateEventDefinition*, und *signalEventDefinition*. Das Weglassen der *eventDefinition* definiert ein allgemeines Endereignis. Wird mehr als eines gesetzt, bedeutet dies, dass es sich um ein Mehrfach-Endereignis handelt.

Das Element *sequenceFlow*

Das Element *sequenceFlow* gehört zur *flowElement*-Klasse und erbt deren Standard-Attribute und Kindelemente. Zusätzlich verfügt es über folgende Attribute und Kindelemente:

- *sourceRef* ist ein erforderliches IDREF-Attribut, dessen Inhalt auf einen *flowNode* am Startpunkt des Sequenzflusses verweist.

- *targetRef* ist ein erforderliches IDREF-Attribut, dessen Inhalt auf einen *flowNode* am Zielpunkt des Sequenzflusses verweist.

- Das optionale boolesche Attribut *isImmediate* definiert, ob der Übergang zur nächsten Aktivität unmittelbar nach dem Beenden der Vorgängeraktivität (*sourceRef*) gemacht wird. Dies ist eine nützliche, im Diagramm jedoch nicht sichtbare Information. Deshalb empfiehlt Methode und Stil, dieses Attribut wegzulassen. Es gibt keinen Standardwert für dieses Attribut.

- Das optionale Kindelement *conditionalExpression* des Typs *tExpression* wird im nachfolgenden Kapitel behandelt. Ist dieses Element vorhanden, bedeutet dies, dass der Sequenzfluss bedingt ausgeführt wird. Dies ist nur erlaubt, wenn die *sourceRef* auf eine Aktivität, einen exklusiven, einen inklusiven oder einen komplexen Gateway zeigt. Wenn das Attribut des *sourceRef* Knotens auf das *default* Attribut verweist, darf die *conditionExpression* nicht gesetzt werden.

Ausdrücke

Bedingte Ausdrücke (*expression*) an den ausgehenden Sequenzflüssen von exklusiven, inklusiven oder bedingten Sequenzflüssen repräsentieren die hauptsächlichste Verwendung des *tExpression*-Datentyps, welcher letztlich immer in einem booleschen Ausdruck repräsentiert wird. Dieser Datentyp wird zusätzlich für gewisse vereinigende Bedingungen in Gateways, Schleifenbedingungen in Aktivitäten, Abschlussbedingungen in Mehrfachinstanz-Aktivitäten und bei bedingten Ereignissen verwendet.

In der Spezifikation wird vorgeschlagen, dass in nicht-ausführbaren Prozessen die *tExpression* zur Definition einer Bedingung in Klarschrift, also in der natürlichen Sprache, verwendet werden soll. Für die ausführbaren Prozesse wird vorgeschlagen, dass die Modellierer die Unterklasse *tFormalExpression* mit einem berechenbaren Ausdruck, formuliert in einer strukturierten Ausdruckssprache, definieren sollen. Ein Indiz dafür, dass das Element ein formaler Ausdruck vom Typ *tFormalExpression* sein könnte, wird mit dem Attribut *xsi:type:"tFormalExpression"* ausgedrückt (siehe auch Abbildung 15-3).

In der XSD-Terminologie ist *tExpression* ein komplexer Typ mit gemischtem Inhalt. Das bedeutet, es gibt Textinhalt sowie strukturierte Attribute und Kindelemente im selben

Datentyp. (Die meisten XML Datentypen haben in der Regel entweder Textinhalt oder strukturierte Attribute und Kindelemente, aber selten beides). Vermutlich war die Idee, dass der Textinhalt von *tExpression* die in natürlicher Sprache formulierte Bedingung beinhalten sollte. Doch der Textinhalt eines Elements vom Typ *tExpression* entspricht nicht dem angezeigten Text im Diagramm. Was im Diagramm angezeigt wird ist der Name (*name*) des Sequenzflusses, des bedingten Ereignisses oder von anderen Objekten, für welche eine Bedingung definiert werden kann. Aus diesem Grund haben wir für nicht ausführbare Prozesse in der Methode-und-Stil-Konzeption definiert, dass die *conditionExpression* nicht für die Definition der Flusssteuerung in der natürlichen Sprache verwendet werden sollte. Stattdessen sollte die Bezeichnung (*name*) des Sequenzflusses allenfalls in Kombination mit der Bezeichnung (*name*) des Gateways verwendet werden.

Formale Ausdrücke

Die Beispiele in der BPMN-Spezifikation verweisen alle auf die Verwendung von *tFormalExpression*, die ihrerseits wieder *tExpression* mit zwei zusätzlichen optionalen Attributen erweitert.

- *language* beinhaltet eine URL, welche auf eine Ausdruckssprache verweist. Sie kann wenn nötig die Standardsprache, die in *definitions* gesetzt ist, überschreiben.

- *evaluateToTypeRef* ist ein QName und definiert den Datentyp der Auswertung des Ausdrucks, üblicherweise ein boolescher.

Die Benutzung eines formalen Ausdruckes ist in der BPMN-Spezifikation nicht klar definiert. Das nachfolgend aufgeführte Beispiel ist ein Stück ausführbare BPMN, übernommen und leicht modifiziert aus dem OMG-Dokument *BPMN 2.0 by Example v1.0*[18].

```
<exclusiveGateway name="Result?" gatewayDirection="Diverging" id="_1-128" />
<sequenceFlow sourceRef="_1-128" targetRef="_1-252" name="2nd level issue" id="_1-402">
        <conditionExpression xsi:type="tFormalExpression" language=""
evaluatesToTypeRef="xsd:boolean">
                ${getDataObject("TicketDataObject").status == "Open"}
        </conditionExpression>
</sequenceFlow>
<sequenceFlow sourceRef="_1-128" targetRef="_1-150" name="Issue resolved" id="_1-396">
        <conditionExpression xsi:type="tFormalExpression" language=""
evaluatesToTypeRef="xsd:boolean">
                ${getDataObject("TicketDataObject").status == "Resolved"}
        </conditionExpression>
</sequenceFlow>
```

Abbildung 15-3: Serialisieren von Gateway-Bedingungen mit formalen Ausdrücken

Das Fragment illustriert einen formalen Ausdruck für die ausgehenden Sequenzflüsse an einem exklusiven Gateway mit der Bezeichnung „*Result?*". Das *language*-Attribut zeigt durch

---

[18] http://www.omg.org/cgi-bin/doc?dtc/10-06-02.pdf

seinen URL auf die Java *Unified Expression Language (UEL)* und überschreibt den global gesetzten Wert der *expressionLanguage* in *definitions*. Das Attribut *evaluatesToTypeRef* definiert einen booleschen Standard-Datentypen aus der XSD-Sprache. Der Text mit dem *${ }*-Format ist direkt der formale Ausdruck. Die erweiterte BPMN-XPath-Funktion *getDataObject* kann allenfalls bei Nicht-XPath-Ausdrücken weggelassen werden.

In der nicht-ausführbaren Variante dieses Prozessmodells kann die Flusskontrolle im Modell vollwertig durch die Bezeichnung „Result?", kombiniert mit den Sequenzflussbezeichnungen *2nd level issue* und *issues resolved*, vollwertig spezifiziert werden. Technisch gesehen sollte eine *conditionalExpression* jedoch an jedem ausgehenden Sequenzfluss präsent sein, ob es wie in Abbildung 15-4 leer oder, wie in Abbildung 15-2 abgebildet, mit einem in natürlicher Sprache definierten Text beschrieben ist und aus der Gateway-Bezeichnung hergeleitet wird.

```
<exclusiveGateway name="Result?" gatewayDirection="Diverging" id="_1-128" />
<sequenceFlow sourceRef="_1-128" targetRef="_1-252" name="2nd level issue" id="_1-402">
        <conditionExpression />
</sequenceFlow>
<sequenceFlow sourceRef="_1-128" targetRef="_1-150" name="Issue resolved" id="_1-396">
        <conditionExpression/>
</sequenceFlow>
```

Abbildung 15-4: Serialisieren von Gateway-Bedingungen mit nicht-formalen Ausdrücken

Die Elemente *laneSet* und *Lane*

Prozesse und Unterprozesse können Lanes beinhalten. Lanes sind nicht bloß rein grafische Konstrukte und ihre Semantik ist nicht eindeutig. In traditionellen Flussdiagrammen wurden Lanes sehr oft mit dem Ausführenden oder Besitzer der in ihr eingelegten Aktivität, meist Benutzer-Tasks, gleichgesetzt. Die BPMN 2.0 generalisierte dieses Konzept zwecks Unterstützung für jegliche benutzerdefinierte Klassifikation der Flusselemente. Tatsächlich kann ein einfaches BPMN-Modell mehrere Klassifizierungen für dasselbe Set von Flusselementen definieren, sogenannte *laneSets*. Mehrfache *laneSets* werden wohl eher selten verwendet, wir haben noch nicht viele davon angetroffen, aber die Spezifikation lässt diese zu. Wenn nur eine Lane im Diagramm definiert wurde, muss diese und alle andern Lanes in ein *laneSet*-Element eingeschlossen werden.

In der BPMN 2.0 müssen Lanes und *laneSets* auf jeder Prozessebene unabhängig voneinander definiert werden. Jedes Lane-Element in einer Prozessebene beinhaltet eine Liste mit *flowNodeRefs*, welche auf *flowNodes* zeigen, die ihrerseits in der Lane liegen. Sequenzflüsse, Datenobjekte und alle Nicht-*flowNode*-Elemente sollten nicht aus der *flowNodeRef*-Liste referenziert werden.

Die BPMN 1.2 beinhaltete die Regel, dass Lanes innerhalb eines aufgeklappten Unterprozesses nicht gezeichnet werden dürfen. Diese Regel gibt es in der BPMN 2.0 nicht mehr. In der BPMN 2.0 sind Lanes und Unterprozesse sogenannte semantische Elemente, unabhängig ihrer grafischen Repräsentation. Je nach Modellierungswerkzeug kann es schwierig sein, eine Lane in einem aufgeklappten Unterprozess zu zeichnen. Das ist allerdings ein Werkzeug-Manko und nicht ein Problem der BPMN.

Innerhalb einer Prozessebene ist es möglich, Lanes zu verschachteln. Genauer ausgedrückt kann ein Lane-Element ein *childLaneSet* beinhalten. Das *childLaneSet* hat denselben Datentypen wie ein *laneSet*. Letzteres beinhaltet also Lanes, wobei jede mit einer *flowNodeRefs*-Liste und möglicherweise mehrfach rekursiv verschachtelten *childLaneSets* ausgestattet ist. Wenn verschachtelte Lanes in einem Diagramm verwendet werden, muss die XML-Serialisierung diese als *childLaneSets* exportieren.

Artefakte

Artefakt ist ein BPMN-Terminus für Elemente, welche im Diagramm grafisch vorkommen, aber keinen direkten Einfluss auf den Kontrollfluss oder die Nachrichtenflüsse haben. Es existieren zwei Typen von Artefakten, beide sind in der analytischen Unterklasse definiert: *textAnnotation*, welche einen benutzerdefinierten Freitext mit einem Assoziationsverbinder an andere Elemente anbindet, und die *group*. Artefakte können, wie weiter unten erklärt wird, zu einer Kollaboration oder einem Prozess gehören.

Das Element textAnnotation

Der Inhalt einer *textAnnotation*, also der Inhalt eines Kommentars, wird im Kindelement *text* definiert. Die Zuweisung einer *textAnnotation* zu einem Prozess oder einer Kollaboration geschieht über ihren Assoziationsverbinder (*association*) mit einem bestimmten Element im Diagramm.

Der Assoziationsverbinder ist nicht gerichtet. Dadurch muss das Attribut *associationDirection* auf *None* gesetzt oder weggelassen werden. Die Attribute *sourceRef* und *targetRef* des Elements *association* sind sogenannte Referenzen (QNames). Eines der Attribute zeigt auf die *textAnnotation*. Wenn die andere auf ein *flowElement* zeigt, gehören *textAnnotation* und *association* mit Verbinder und Text zum Prozess, andernfalls wird diese der Kollaboration zugeschlagen.

Das Element group

Normalerweise verfügt das Element *Gruppierung* nur über eine *id*, welche im grafischen Modell referenziert wird. Die analytische Unterklasse definiert zusätzlich noch das optionale Attribut *categoryValueRef*, welches ein QName auf ein (entferntes) Basiselement *category* respektive *categoryValue* darstellt. Das Element *category* ist jedoch nicht Teil der analytischen Unterklasse und ist zudem im grafischen Modell nicht sichtbar. Wir glauben, dass *categoryValueRef* demzufolge nicht zur analytischen Unterklasse gehören sollte.

KAPITEL 16

Datenfluss serialisieren

Daten und Datenflüsse sind in erster Linie ein Thema für die ausführbare BPMN. Allerdings sind *Datenobjekt, Datenspeicher* und *Datenassoziation* Teil der analytischen Unterklasse. Zudem werden sie oft in nicht-ausführbaren Prozessdiagrammen verwendet. Für eine saubere Serialisierung dieser Prozesselemente in nicht-ausführbare BPMN bedarf es der Elemente *dataInput, dataOutput* und weiterer damit zusammenhängender Elemente, welche in Abbildung 13-1 nicht aufgeführt sind. In diesem Kapitel schauen wir die Serialisierung des Datenflusses der nicht-ausführbaren Ebene 2 der BPMN an. Den Datenfluss für ausführbare BPMN werden wir in Kapitel 20 besprechen.

Nicht-ausführbarer Datenfluss

Abbildung 16-1 illustriert den Datenfluss in einem nicht-ausführbaren Modell. Das Datenobjekt *Contract[unsigned]* stellt den Datenfluss aus dem Startereignis zum Task *A* dar. Der Task *B* aktualisiert den Datenspeicher *Contracts database*. Die Verbinder mit gepunkteten Linien sind *direktionale Datenassoziationen*. Im Diagramm scheinen die Datenassoziationen direkt mit dem Startereignis und den Taskelementen verbunden zu sein. Im XML sind sie jedoch mit einem Daten-Input- und -Output-Element der gleichen Elemente verbunden.

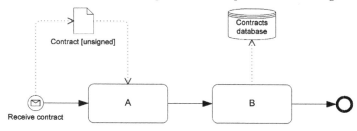

Abbildung 16-1: Nicht-ausführbarer Datenfluss

Das Element dataObject

Ein Datenobjekt stellt in BPMN eine lokale Instanzvariable dar. Sie ist nur innerhalb der gleichen Prozessebene, in welche sie definiert wurde, und deren untergeordneten Ebenen sichtbar. Die Variable verschwindet, wenn die Durchführung dieser Prozessebene abgeschlossen ist. Im Metamodell der BPMN 2.0 wird das Element *dataObject* einerseits als *flowElement* definiert, womit es zu einem *process* gehört und *id* und *name* besitzt. Gleichzeitig wird es in der Spezifikation auch als *Item-Aware-Element* bezeichnet (die Klasse heißt *ItemAwareElement*). Die Bezeichnung Item-Aware-Element lässt sich nur schwer als Begriff übersetzen, weshalb er unverändert aus dem englischen nachfolgend übernommen wird. Der Begriff *Item-aware* bedeutet, dass das bezeichnete Element sich auf ein Objekt aus der Realen- oder Vorstellungswelt bezieht. Der Begriff *Item* wiederum wird in der BPMN 2.0 sowohl für Daten (Informationsgegenstände) als auch für physische Gegenstände wie ein Brief oder eine Warenlieferung stehen. Weil die Lebensdauer eines *dataObject* auf eine Instanz der Prozessebene begrenzt ist, lässt sich nur schwer vorstellen, dass das Datenobjekt ein physikalisches Objekt repräsentieren könnte, obwohl dies theoretisch möglich wäre.

Das Basiselement *itemDefinition* wird eigentlich nur in ausführbaren Modellen verwendet. In diesem Fall zeigt das Attribut *itemSubjectRef* des Elements *dataObject* zu einer *itemDefinition*. Diejenige wiederum zeigt auf einen Datentypen, der normalerweise aus einer externen XSD-Datei importiert wird. Das optionale Attribut *isCollection* (mit Standardwert auf „false") zeigt, dass es sich beim *dataObject* um einen Array von Datenelement handelt. Ist der Wert des Attributs *isCollection* „wahr", dann trägt die Form des Datenobjekts die Mehrfach-Markierung mit den drei vertikalen Balken.

Ein Item-Aware-Element kann optional ein Kindelement *dataState* haben, welches ein Attribut *name* vom Datentyp Text mitliefert. In Abbildung 16-1 ist *Contract* der Name des *dataObject* und *unsigned* der Name des *dataState*. Im Diagramm werden die beiden in eine Beschriftung zusammengeführt, wobei der Name des *dataState* (falls vorhanden) in eckigen Klammern steht. Viele Werkzeuge würden den Namen des *dataObject* ganz einfach mit „*Contract [unsigned]*" beschriften, also speziellen Hinweis auf den *dataState*, was in der nicht-ausführbaren BPMN relativ unproblematisch ist.

Die Elemente dataInput und dataOutput

Während der Entwurfsphase der BPMN 2.0 diskutierte das technische Komitee eine Weile darüber, ob Datenassoziationen direkt mit einer Aktivität oder einem Ereignis verknüpft werden dürfen. Letzten Endes hat man sich dafür entschieden, dies nicht zuzulassen. Das Metamodell der BPMN sagt, dass Quelle und Ziel einer Datenassoziation jeweils *Item-Aware-Elemente* sein müssen. Ein *flowNode*-Element selber ist kein Item-Aware-Element, seine *dataInputs* und *dataOutputs* hingegen schon. Demnach muss ein Werkzeug diese Kindelemente in der XML aufführen, um eine korrekte Verbindung von Datenassoziation zu Aktivität oder Ereignis zu kreieren. Das ist etwas unglücklich. Denn *dataInput* und *dataOutput* werden normalerweise nicht im Diagramm gezeigt und sind deshalb nur für ausführbare

Modelle wichtig. Dass sie Pflichtelemente sind, führt dies zu einer ausführlicheren Serialisierung, welche dem Entwickler allerdings keine Probleme bereiten dürfte.

Tasks und Prozesse besitzen jeweils ein Kindelement *ioSpecification*, welches deren Anforderungen an Input- und Outputdaten definiert. Die *ioSpecification* enthält eine Liste von *dataInput* und *dataOutput*-Elementen, mindestens ein *inputSet*, das zu den benötigten *dataInputs* verweist, und mindestens ein *outputSet*, welches zu den benötigten *dataOutputs* verweist. Die *ioSpecification* ist optional. Wenn sie einbezogen wird, dann muss sie sowohl *inputSet* wie auch *outputSet* enthalten.

Ereignisse besitzen zwar keine *ioSpecification*. Trotzdem sind dort *dataInput* oder *dataOutput* vorhanden. Wenn ein nicht-ausführbares Prozessdiagramm Datenflüsse von oder zu einem Ereignis aufweist, dann müssen diese Elemente auch in der Serialisierung vorhanden sein.

Die Elemente dataInputAssociation und dataOutputAssociation

Die grafische Form der Datenassoziation sieht gleich aus wie jenes der normalen Assoziation für Textanmerkungen, außer dass die Datenassoziation *unidirektional* ist und mit einer Pfeilspitze gezeichnet wird. In der XML müssen sowohl *sourceRef* wie auch *targetRef* auf ein Item-Aware-Element zeigen. Damit zeigen sie nicht direkt zu einem *Task* oder *Ereignis*-Element, sondern zu einem dazugehörigen *dataInput* oder *dataOutput*-Element. Im XSD sind *dataInputAssociation* und *dataOutputAssociation* eigene Elemente. Das erste wird von einem Item-Aware-Element zu einem *dataInput* und das zweite von einem *dataOutput* zu einem Item-Aware-Element verbunden. Das Element *dataAssociation* kann in ausführbaren Modellen ein Mapping beinhalten.

Die Elemente dataStore und dataStoreReference

Ein *dataStore* ist ebenfalls ein Item-Aware-Element. Doch anders als das *dataObject* ist es persistent und von irgendeinem *process*-Element aufrufbar. Es wir im XSD als *Basiselement* definiert, womit es nicht einem bestimmten *process* oder *subProcess* zugeordnet wird. Die Datenspeicher-Interaktionen mit einem Prozesselement via Datenassoziation hingegen sind Teil eines spezifischen Prozesses. Für diese Interaktionen muss das Element *dataStoreReference* verwendet werden. Die *dataStoreReference* ist ein *flowElement* – also Teil eines *process*, das zu einem globalen *dataStore*-Element verweist. Das *dataStore*-Element wiederum zeigt in ausführbaren Prozessen zur *itemDefinition*.

Beispiel: nicht-ausführbarer Datenfluss

An dieser Stelle ist gut zu erkennen, dass die Serialisierung von Datenflüssen ein rechtes Stück Fleißarbeit darstellt, selbst wenn es nicht um ausführbare BPMN geht. Es müssen immer wieder Umwege in Kauf genommen werden und es sind sogar Elemente notwendig, die nicht im Diagramm sichtbar sind. Die Serialisierung eines einfachen Flusses wie in Abbildung 16-1 kann zum Beispiel wie folgt aussehen:

```
<definitions targetNamespace="http://www.itp-commerce.com"
```

```xml
xmlns="http://www.omg.org/spec/BPMN/20100524/MODEL" xmlns:itp="http://www.itp-
commerce.com/BPMN2.0" xmlns:xsi="http://www.w3.org/2001/XMLSchema-instance"
xsi:schemaLocation="http://www.omg.org/spec/BPMN/20100524/MODEL schemas/BPMN20.xsd"
exporter="Process Modeler 5 for Microsoft Visio" exporterVersion="5.2742.13663 SR6" itp:name="My Diagram"
itp:version="1.0" itp:author="bruce" itp:creationDate="8/5/2011 8:43:11 AM" itp:modificationDate="8/5/2011
10:17:52 AM" itp:createdWithVersion="5.2742.13663 SR6" itp:conformanceSubClass="Full" id="_a26428bb-9287-
4346-b659-1d89f5d41217">
    <process id="_5c311ebc-4ae3-41aa-a2f5-a7802720c773" name="Main Process" processType="None">
        <startEvent id="_c529a130-7805-4b9e-90b7-8d923e4813ca" name="Receive contract">
            <dataOutput id="do_c529a130-7805-4b9e-90b7-8d923e4813ca"/>
            <dataOutputAssociation id="_5f837dfc-d686-4e1c-bb9e-67123e59cadf">
                <sourceRef>do_c529a130-7805-4b9e-90b7-8d923e4813ca</sourceRef>
                <targetRef>_37bff1e7-a72c-434a-81b9-2873d11b8845</targetRef>
            </dataOutputAssociation>
            <messageEventDefinition/>
        </startEvent>
        <task id="_f2509706-84ef-4f59-8fdb-5f25b3102686" name="A">
            <ioSpecification>
                <dataInput id="di_f2509706-84ef-4f59-8fdb-5f25b3102686"/>
                <inputSet>
                    <dataInputRefs>di_f2509706-84ef-4f59-8fdb-5f25b3102686</dataInputRefs>
                </inputSet>
                <outputSet/>
            </ioSpecification>
            <dataInputAssociation id="_985c2eb0-3265-4f13-a295-e29778b1c973">
                <sourceRef>_37bff1e7-a72c-434a-81b9-2873d11b8845</sourceRef>
                <targetRef>di_f2509706-84ef-4f59-8fdb-5f25b3102686</targetRef>
            </dataInputAssociation>
        </task>
        <task id="_63b74f88-2f16-4808-a953-4a082d28bdb3" name="B">
            <ioSpecification>
                <dataOutput id="do_63b74f88-2f16-4808-a953-4a082d28bdb3"/>
                <inputSet/>
                <outputSet>
                    <dataOutputRefs>do_63b74f88-2f16-4808-a953-4a082d28bdb3</dataOutputRefs>
                </outputSet>
            </ioSpecification>
            <dataOutputAssociation id="_a9afd7e2-fe6e-41b7-9a7b-6ba39d2f63c8">
                <sourceRef>do_63b74f88-2f16-4808-a953-4a082d28bdb3</sourceRef>
                <targetRef>_474935d1-d1bf-4244-b5b2-3a3bffa9a4d5</targetRef>
            </dataOutputAssociation>
        </task>
        <endEvent id="_846d6306-9380-4e56-aee7-532d1ef96fc5"/>
        <dataObject id="_37bff1e7-a72c-434a-81b9-2873d11b8845" name="Contract [unsigned]"/>
        <sequenceFlow id="_88c3ac5d-877d-465e-9669-c7f6b2443105" sourceRef="_c529a130-7805-4b9e-
90b7-8d923e4813ca" targetRef="_f2509706-84ef-4f59-8fdb-5f25b3102686"/>
        <sequenceFlow id="_689e46f9-5213-49fd-8050-4649e6368cf1" sourceRef="_f2509706-84ef-4f59-8fdb-
5f25b3102686" targetRef="_63b74f88-2f16-4808-a953-4a082d28bdb3"/>
        <sequenceFlow id="_f2d060d3-2725-436b-99e3-6a2169b96365" sourceRef="_63b74f88-2f16-4808-
a953-4a082d28bdb3" targetRef="_846d6306-9380-4e56-aee7-532d1ef96fc5"/>
        <dataStoreReference id="_474935d1-d1bf-4244-b5b2-3a3bffa9a4d5" name="Contracts database"
dataStoreRef="_a3b16297-1657-497d-ab57-0f64e38f27a3"/>
    </process>
```

```
<dataStore id="_a3b16297-1657-497d-ab57-0f64e38f27a3" name="Contracts database"/>
</definitions>
```

Abbildung 16-2: Serialisierung eines nicht-ausführbaren Datenflusses

Beachten Sie folgende Punkte aus Abbildung 16-2:

- Aus dem Startereignis ist die *sourceRef* der *dataOutputAssociation* nicht das *startEvent* selbst, sondern sein *dataOutput*-Element. Dieses Element muss durch das Werkzeug generiert werden.

- Im Task A ist die *targetRef* der *dataInputAssociation* nicht der *task* selbst, sondern das *dataInput*-Element des *tasks*, also ein Kindelement der *ioSpecification*. Obwohl nur ein *dataInput* definiert ist, erfordert das XSD ein *inputSet*, welches den *dataInput* referenziert. Obwohl es keinen *dataOutput* gibt, benötigt das XSD ein leeres *outputSet*-Element. Ähnliche Überlegungen können zum Task B gemacht werden.

- Die *targetRef* der *dataOutputAssociation* von Task B ist die *dataStoreReference*, welche innerhalb des Prozesses definiert wird und nicht der *dataStore* selbst, welcher seinerseits wiederum ein Basiselement ist. Die grafische Form eines Datenspeichers muss also bei der Serialisierung beides generieren, ein *dataStore-* und ein *dataStoreReference*-Element.

- In einem ausführbaren Modell hätten die *dataStore-* und *dataObject*-Elemente je einen Zeiger zu den *itemDefinition*-Basiselementen. Diese wiederum würden auf ihre Datentypen-Definition verweisen. Diesen Punkt werden wir in Kapitel 20 nochmals betrachten.

Mehr über Daten-Input und Daten-Output

Zu gewissen Aspekten von *dataInput* und *dataOutput* herrscht in der Experten-Community der BPMN, bzw. sogar innerhalb des technischen Komitees der BPMN 2.0, eine gewisse Uneinigkeit. Das Thema wird in der Spezifikation etwas schwammig umschrieben und eine Zeit lang wurde rege darüber diskutiert. Am Ende konnte man sich genau zu einer Sache einigen, nämlich dass in der Spezifikation viel durcheinandergeraten war und dass in einer zukünftigen Version 2.1 der BPMN vieles bereinigt werden muss. Ein paar Zeilen lang möchten wir Ihnen unsere Meinung dazu erörtern:

Die Spezifikation sagt klar, dass *dataInput* und *dataOutput* die Anforderungen eines Tasks an Daten bzw. an deren Schnittstellen beschreiben. Dies steht im Widerspruch zum *dataObject*, welches einen gespeicherten Datenwert bzw. eine Variable darstellt. Der Wert eines *dataObject* wird über die *dataInputAssociation* gespeichert und einem Prozesselement, wie z.B. einem Task, derselben Ebene (oder einer Unterebene) zugeordnet. Auf der anderen Seite wird der Wert eines *dataInput* direkt durch das Element verwendet, in welchem es definiert worden ist. Es wird nicht gespeichert und für das Mapping oder die Kommunikation mit anderen Elementen in der entsprechenden Prozessebene verwendet.

Im semantischen Modell sagt die Spezifikation „Data-Inputs KÖNNEN *eingehende* Datenassoziationen haben". Wir haben bereits in Abbildung 16-2 Beispiele einer *dataInputAssociation* gesehen, welche sich auf einen *dataInput* richtet. Die Spezifikation sagt nicht gerade, dass ein Daten-Input *ausgehende* Datenassoziationen haben kann, doch sie schließt das auch nicht aus. Das trifft den Kern der Kontroverse über die Bedeutung und den Gebrauch eines *dataInput* in einem *process*. Nach der Ansicht der einen sollte der *dataInput* eines *process* nicht nur als Schnittstelle, sondern auch als gespeicherte Input-Variable wie ein *dataObject* unterhalten werden. Sie begründen, dass Metamodell und XSD erlauben, mit Datenassoziationen jedes Paar von Item-Aware-Elementen zu verbinden. Und eine solche Serialisierung können Sie sogar als Beispiele im nicht-normativen Zusatzdokument *BPMN 2.0 by Example* auf der OMG-Internetseite[19] finden.

Allerdings sind wir mit dieser Sicht nicht einverstanden. In der Tat ist die Spezifikation gespickt mit Fällen, in welchen der Prosatext Konstrukte verbietet, welche dem Schema entsprechen. Unsere Sicht ist, dass ein *dataInput* nur eine Schnittstelle darstellt und nicht ein gespeicherter Wert. Deshalb dürfte er *nur* eingehende und keine ausgehenden Datenassoziationen haben. Eine weitere Evidenz dafür liefert die Tatsache, dass beim *dataInput* eines *process*-Elements die Datenassoziationen nicht vom Prozessinnern kommen dürfen, sondern nur von außerhalb des Prozesses.

Der *dataInput* und der *dataOutput* eines *subProcess*-Elements sind ebenfalls etwas verwirrlich. Nach dem Wortlaut der Spezifikation darf ein *subProcess* keinen *dataInput* oder *dataOutput* haben, obwohl das XSD dies erlaubt. Natürlich macht das nur wenig Sinn, denn es gibt keine einleuchtende Differenz zwischen den Anforderungen an Daten-Inputs für einen Unterprozess und einen Task. Wenn nun *Task A* in Abbildung 16-1 ein *Subprocess A* wäre, dann gäbe es keine Möglichkeit, diesen Datenfluss zu serialisieren. Deshalb empfehlen wir, diese Aussage in der Spezifikation zu ignorieren.

Die Elemente *dataInput* und *dataOutput* können im Diagramm visuell repräsentiert werden. Die Form sieht aus wie jenes des Datenobjekts, nur dass es links oben einen weißen (*dataInput*) oder schwarzen (*dataOutput*) Pfeil hat (Abbildung 16-3). Die Spezifikation scheint diese grafische Darstellung auf *dataInput* und *dataOutput* eines *process* zu limitieren – ob Hauptprozess oder aufgerufener Prozess spielt hier keine Rolle. Der *dataInput* von einem Task wird also grafisch nicht dargestellt.

Data input   Data output

Abbildung 16-3: Daten-Input und Daten-Output

Zudem deutet die Spezifikation an, dass eine *dataInputAssociation* zum *dataInput* eines *Prozesses* nur in einer *expandierten Aufruf-Aktivität* dargestellt wird. Und sogar in diesem Fall

[19] http://www.omg.org/cgi-bin/doc?dtc/10-06-02.pdf

sollte das semantische Element, welches den *dataInput* enthält, die *callActivity* sein, und nicht der aufgerufene Prozess.

Lange Rede kurzer Sinn: Die Spezifikation ist in der aktuellen Fassung noch unpräzise und widersprüchlich wenn es um *dataInput* und *dataOutput* in einen und aus einem Prozess geht. Beim Datenfluss im Diagramm muss sich der Entwickler glücklicherweise nur um Daten-Input und Daten-Output bei Aktivitäten und Ereignissen kümmern, wo die Regeln einiges klarer sind.

Das grafische Modell BPMNDI

Bis jetzt haben wir uns nur mit der Serialisierung des *semantischen BPMN-Modells* befasst. BPMN 2.0 liefert jedoch auch ein XML-Schema für das *grafische Modell*, genannt das *BPMN Diagrammaustausch-Schema (engl. BPMN Diagram Interchange)*, oder kurz *BPMNDI*. Es beschreibt den Ort und die Größe der Formen und Verbinder sowie die Seitenstruktur der Diagramme.

Ein sauberes XML-Schema für die BPMNDI hat bis zur Finalisierungsphase der BPMN 2.0 nicht existiert. Die Forcierung der OMG für ein einziges Metamodell, welches jeden Diagrammtypen inklusive UML und BPMN unterstützen sollte, verhinderte die Definition eines sauberen XSD für das grafische Modell der BPMN. Das universelle grafische Metamodelle, in Anhang B der Spezifikation von BPMN 2.0 zu sehen, machte den Austausch von BPMN-Diagrammen über XML zwischen verschiedenen Modellierungswerkzeugen unpraktisch, wenn nicht sogar unmöglich. BPMNDI wiederum, so wie sie in der finalen Version der Spezifikation definiert wurde, macht nicht nur den Austausch von BPMN-Modellen möglich, sondern macht es jedem BPMN-Modell möglich, seine eigene Seitenstruktur in praktischer Art und Weise zu definieren.

Das grafische Modell kann in der BPMN nie alleine stehen. Es *muss* durch die semantische Modellinformation begleitet werden. Ein Beispiel: Die einzige Möglichkeit, wie das BPMNDI die Form eines Tasks von der Form eines angehefteten Zeitereignisses, oder die Form eines Sequenzflusses von der Form einer Datenassoziation unterscheiden kann, geht über das Attribut *bpmnElement* der Form selbst. Dieses Attribut ist ein Verweis auf das entsprechende semantische Element. Die Information wird nicht zwischen dem BPMNDI und dem semantischen Modell dupliziert sondern unterteilt. Der *Text* einer Beschriftung befindet sich beispielsweise im semantischen Modell, die Informationen über *Position* und *Schriftstil* hingegen sind im BPMNDI zu finden.

Es wird eher selten vorkommen, dass ein BPMN-Werkzeug ein grafisches Layout *exakt* so wiedergeben kann, wie es in einem anderen Werkzeug definiert und serialisiert wurde. Die meisten Werkzeuge verfügen über eigene grafische Bibliotheken, welche Größe, Seitenverhältnis und Beschriftungsposition für jede Form vorgeben. Über einen Import wird es nicht möglich sein, die Formen exakt dem originalen Diagramm anzugleichen. Doch BPMNDI bietet wenigstens Hand zur Annäherung an das ursprüngliche Layout. Zudem übermittelt das BPMNDI die Seitenstruktur des originalen Modells – zum Beispiel, ob ein untergeordneter Prozess innerhalb eines aufgeklappten Unterprozesses gezeichnet wurde oder als separates, verlinktes Diagramm.

Grundlagen zum BPMNDI

Das BPMNDI hat seine eigenen Namensräume –deren drei – und verwendet somit nicht den BPMN 2.0-Namensraum. Der erste, *http://www.omg.org/spec/BPMN/20100524/DI* (oft mit dem Präfix *bpmndi* bezeichnet), wird für die meisten BPMNDI-Elemente verwendet, inklusive dem obersten Element *BPMNDiagram*. Das Element *dc:Bounds*, welches Ort und Größe einer Form beschreibt, verwendet allerdings einen zweiten Namensraum, *http://www.omg.org/spec/DD/20100524/DC* (mit einem Präfix *dc*). Des Weiteren verwendet das Element *di:waypoint*, das die Verbindungspunkte eines Verbinders (z.B. Sequenzfluss oder Nachrichtenfluss) beschreibt, einen dritten Namensraum, *http://www.omg.org/spec/DD/20100524/DI* (mit einem Präfix *di*).

Das grafische Modell umfasst oft mehrere Seiten bzw. Diagramme. Jedes davon wird in BPMNDI mit einem Element *BPMNDiagram* und seinem Kindelement *BPMNPlane* serialisiert. Die Absicht, sowohl *BPMNDiagram* wie auch *BPMNPlane* einzusetzen, ist unklar weil jedes *BPMNDiagram*-Element exakt ein Kindelement *BPMNPlane* enthalten muss. Ungleich einer Seite in Visio hat ein Diagramm der BPMNDI keine Seitengröße. Die Ausdehnung eines Diagramms ist sozusagen halboffen, denn der Ursprung des hier verwendeten Koordinatensystems befindet sich links oben. Damit kann sich eine Seite vom Nullpunkt aus horizontal und vertikal ins Unendliche ausdehnen, während negative Koordinaten ausgeschlossen sind.

Das Element *location* einer Form wird als x und y-Koordinaten der linken oberen Ecke eines Recktecks definiert, welches die Form einfasst. Die *Größe* einer Form wird mit der Breite und der Höhe des umfassenden Rechtecks beschrieben. Die Werkzeuge müssen in ihrer internen Darstellungslogik nicht unbedingt das BPMN-Koordinatensystem verwenden. Zum Beispiel setzt das Koordinatensystem von Visio den Nullpunkt links unten auf einer Seite, während sich der Ort der Formen auf den Mittelpunkt des umfassenden Rechtecks beziehen. Das führt dazu, dass der Entwickler für den Export und Import von Diagrammen eine Konvertierung zwischen den nativen Koordinaten eines Werkzeugs und den BPMN-Koordinaten durchführen muss.

Jede Seite enthält eine Liste von zweidimensionalen Formen (*BPMNShape*) und Verbindern (*BPMNEdge*) einschließlich der Informationen über Ort und Größe für jedes Element. Die genaue Form oder der Verbinder wird dann durch das Attribut *bpmnElement* definiert, eine entfernte Referenz (QName) zur ID eines semantischen BPMN-Elements. Dieses Attribut wird zwingend für alle Formen und Verbinder gefordert, wenngleich diese Anforderung auch nicht durch das XSD erzwungen wird.

Prozessebenen und Seiten

Ein BPMN-Modell kann mehrere *process*-Elemente enthalten. Jedes davon repräsentiert einen BPMN-Hauptprozess, der entweder für sich alleine stehen kann oder durch eine *callActivity* als wiederverwendbarer Unterprozess initiiert werden kann. Jeder *Prozess* ist in sich eine hierarchische Struktur, welche mehrere *Prozessebenen* umfasst. Jede Prozessebene ist in der XML-Struktur in ein Element des Typs *Unterprozess* eingeschlossen, entweder ein *subProcess*, ein *adHocSubProcess*, eine *transaction* oder eine *callActivity*. Die Prozessebene, die dieses Element des Typs Unterprozess enthält, ist selber *Elternelement* jener Prozessebene, die den expandierten Aktivitätsfluss des Unterprozesses enthält.

Dieser untergeordnete Fluss kann grafisch entweder auf der *gleichen Seite* mit einem auf derselben Prozessebene liegenden *aufgeklappten Unterprozess* oder auf einer *separat verbundenen Seite* mit einem ebenfalls auf derselben Prozessebene liegenden *zugeklappten Unterprozess* dargestellt werden. Im ersten Teil des Buches haben wir die erste Variante mit Inline-Modellierung und die zweite mit hierarchischem Modellierungsstil bezeichnet. Dort haben wir eine Präferenz für den hierarchischen Stil ausgedrückt. Bei der Gelegenheit wollen wir nochmals explizit darauf hinweisen, dass die Variante sich *nur im BPMNDI* ausdrückt, und auf das semantische Modell keinen Einfluss hat.

Nun dazu, wie das BPMNDI diesen Unterschied festlegt. Eine kritische Größe ist das Attribut *bpmnElement* des Elements *BPMNPlane*. Dieses semantische Element wird von der *Seite* im grafischen Modell referenziert und ist eine zwingende QName-Referenz zu einem Element *process*, *collaboration* oder einem Element vom Typ Unterprozess (*subProcess*, *callActivity*, *transaction*, *adHocSubProcess*). Solche Referenzen für jedes *BPMNPlane* beschreiben die *Seitenstruktur* des grafischen Modells. Ein *BPMNPlane*, das zu einem semantischen Element des Typs Unterprozess verweist, ist per Definition die *Seite einer untergeordneten Ebene*. Jede andere Seite ist, ebenfalls per Definition, die *Seite einer Hauptebene*.

Zur Erhaltung der internen Konsistenz darf die Seite einer *untergeordneten Ebene* nur Flusselemente enthalten, die zum referenzierten Element des Typs Unterprozess gehören. Es kann also zum Beispiel nicht Elemente eines separaten *Hauptprozesses* beinhalten, der mit einem eigenen Pool („Prozess2") auf diese Seite platziert wurde. Wäre so etwas möglich, so würde der Bezug zwischen dieser Seite im BPMNDI und dem Prozess2 im semantischen Modell fehlen.

Auf der anderen Seite kann die Seite der Hauptebene Elemente von mehr als einem Prozess enthalten, so lange die Formen von höchstens einem Prozess und nicht von einem Pool umgeben sind. Sobald die Seite der Hauptebene Flusselemente von mehr als einem Prozess enthält, muss das Attribut *bpmnElement* von *BPMNPlane* auf eine *Kollaboration* verweisen. Sofern Elemente von nur einem Prozess vorhanden sind, kann *bpmnElement* entweder auf einen *Prozess* oder eine *Kollaboration* verweisen.

Das Element *BPMNDiagram*

Das Hauptelement der BPMNDI ist das *BPMNDiagram* und repräsentiert eine Seite. Ein Modell kann eine beliebige Anzahl von *BPMNDiagram*-Elementen enthalten. Ein ausschließlich semantisches BPMN-Modell enthält jedoch per Definition keine *BPMNDiagram*-Elemente. Jedes *BPMNDiagram* muss zwingend über ein Kindelement *BPMNPlane* verfügen, das als Container für die Formen und Verbinder auf der Seite dient. Ein *BPMNPlane* funktioniert nicht wie ein Layer in Visio oder AutoCAD, wo eine Seite mehrere Layer enthalten kann. Ein *BPMNDiagram* kann nur ein *BPMNPlane* enthalten und es gibt keine einleuchtende Begründung, warum ein weiteres *BPMNPlane* notwendig wäre. Das ist einfach nur die Art und Weise, wie das XSD funktioniert.

Beide, *BPMNDiagram* und *BPMNPlane* stehen effektiv für die Seite als Ganzes. Beide Elemente haben eine *id*, doch nur das *BPMNDiagram* verfügt über *name*.

- Das Attribut *name* eines *BPMNDiagram* sollte den Namen der Seite im BPMN-Werkzeug enthalten.

- Das Attribut *resolution* des *BPMNDiagram* ist eine Zahl, welche den Maßstab in *Pixel pro Inch* vorgibt. Dieses Attribut wird benötigt, um die Pixelwerte von Ort und Größe im BPMNDI in effektive Größenwerte auf der Seite umzuwandeln. Aus nicht bekannten Gründen gibt es keine alternative Definition der Auflösung wie zum Beispiel in Pixel pro Zentimeter.

- Anders als bei *documentation* im semantischen Modell (welches ein eigenes Element ist) gilt *documentation* von *BPMNDiagram* als Attribut.

Zusätzlich zum benötigten Kindelement *BPMNPlane*, besitzt *BPMNDiagram* ein Kindelement *BPMNLabelStyle* (optional, unbegrenzt), mit dem der Schriftstil der Beschriftungen auf der Seite anzugeben ist.

Das Element *BPMNPlane*

Das Element *BPMNPlane* enthält eine sortierte Liste der Kindelemente *BPMNShape* und *BPMNEdge,* welche die Formen und Verbinder auf der Seite darstellen. Die Reihenfolge der Formen und Verbinder innerhalb eines *BPMNPlane* determiniert die sogenannte Z-Ordnung, von hinten nach vorne, mit welcher die Darstellung einander überlappende Elemente gesteuert werden kann.

Das Attribut *bpmnElement* eines *BPMNPlane* definiert, wie zuvor beschrieben, die Seite entweder als Hauptebene oder als untergeordnete Ebene. Wenn sie auf ein Element des Typs Unterprozess verweist, dann gilt sie als Seite einer untergeordneten Ebene, andernfalls als Seite einer Hauptebene.

Das Element *BPMNShape*

Das Element *BPMNShape* repräsentiert die Visualisierung eines einzelnen semantischen BPMN-Elements, ausgenommen die des Verbinders.

- Das Attribut *bpmnElement* ist eine QName-Referenz zu einem semantischen BPMN-Element. Es ist der einzige Hinweis auf den Typ der dargestellten Form. Die prosaischen Ausführungen der Spezifikation erklären das Attribut als Pflicht, während es durch das XSD nicht erzwungen wird.

- Das optionale boolesche Attribut *isHorizontal* bezieht sich nur auf die Formen von Pools und Lanes. Ein Vorgabewert existiert nicht. Für die Form eines Pools verweist das Attribut *bpmnElement* auf einen *participant* im semantischen Modell.

- Das optionale boolesche Attribut *isExpanded* bezieht sich nur auf Elemente des Typs Unterprozess (*subProcess, transaction, adHocSubProcess* oder *callActivity*). Ein Vorgabewert existiert nicht. Ein *BPMNShape* mit einem Attribut *bpmnElement*, das zu einem Element des Typs Unterprozess verweist ist dann ein *zugeklappter Unterprozess*, wenn das Attribut *isExpanded* den Wert *false* trägt. Andernfalls handelt es sich um einen *aufgeklappten Unterprozess*.

- Das optionale boolesche Attribut *isMarkerVisible* gilt nur für Elemente der Art *exclusiveGateway*. Ein Vorgabewert existiert nicht. Der Wert *true* vermittelt, dass das X-Symbol im Gateway gezeigt wird.

- Das Element *dc:Bounds* ist ein vorausgesetztes Kindelement, welches die Koordinaten für Ort und Größe des umfassenden Rechtecks einer Form enthält. Um die Zahlen in Zentimeter umzuwandeln, müssen die Koordinatenwerte von *dc:Bounds* durch den Wert des Attributs *resolution* von *BPMNDiagram* geteilt und mit dem Faktor 2.54 (1 Inch = 2.54 cm) multipliziert werden. Die Positionskoordinaten *x* und *y* sind *vorgeschrieben*. Sie sind vom Typ *xsd:double* und legen die obere linke Ecke des umfassenden Rechtecks fest. Die Größenkoordinaten *width* und *height* sind ebenfalls vorgeschrieben und vom Typ *xsd:double*.

- Das optionale Kindelement *BPMNLabel* wird zum Festlegen von Ort und Schriftart der Beschriftungen verwendet. Der Beschriftungstext wird durch das korrespondierende semantische Element definiert. Die Attribute *labelStyle* ist eine QName-Referenz zum Kindelement *BPMNLabelStyle* von *BPMNDiagram*. Das Kindelement *dc:Bounds* definiert Ort und Größe der Beschriftungen.

Im grafischen Modell kann ein *BPMNShape*-Element kein anderes *BPMNShape*-Element enthalten, auch wenn darin eine Form gezeichnet wurde. Wenn zum Beispiel eine Task-Form innerhalb von einer Pool-Form gezeichnet wird, sind ihre *BPMNShape*-Elemente trotzdem Geschwister und Kinder des gleichen Elements *BPMNPlane*.

Das Element *BPMNEdge*

Ein Element *BPMNEdge* ist die grafische Repräsentation eines einzelnen BPMN-*Verbinders*.

- Das Attribut *bpmnElement* ist eine QName-Referenz zu einem semantischen Verbinder-Element. Dies ist der einzige Ort, wo der Typ des Verbinders angegeben wird. In der Prosa der Spezifikation wird das Attribut als verbindlich erklärt, während es durch das XSD nicht erzwungen wird.

- Die optionalen QName-Attribute *sourceElement* und *targetElement* sind Referenzen zu BPMNDI-Elementen. Laut Spezifikation sollen sie nur dann verwendet werden, wenn die referenzierten Formen NICHT mit jenen gleich sind, deren *bpmnElement*-Referenzen zur *sourceRef* und *targetRef* des semantischen Verbinders verweisen. Ein Beispiel dafür kann die grafische Kurzform sein, bei der im Diagramm ein Datenobjekt direkt mit einem Sequenzfluss verbunden wird, anstatt über Datenflüsse mit der erzeugenden und empfangenden Aktivität.

- Das optionale Attribut *messageVisibleKind* (nummerierte Werte *initiating, non-initiating*) gilt nur für Nachrichtenflüsse, welche auf eine Nachricht verweisen. Es sollte nur verwendet werden, wenn das *Nachrichten*symbol auf dem Nachrichtenfluss gezeigt wird. Der Wert *initiating* wird durch einen weißen Umschlag, der Wert *non-initiating* durch einen schattierten Umschlag dargestellt.

- Das geforderte Kindelement *di:waypoint* ist eine sortierte Liste von x,y-Koordinaten (Wegpunkte) von Quelle bis Ziel eines Verbinders. Mindestens zwei *di:waypoint*-Elemente sind für jedes *BPMNEdge* notwendig (Quelle und Ziel). Die Wegpunkte zwischen dem ersten und dem letzten Wegpunkt sind die Knickpunkte des Verbinders. Jeder *di:waypoint* muss die Kindelemente x und y vom Typ *xsd:double* haben.

- Das optionale Kindelement *BPMNLabel* ist identisch mit BPMNShape.

BPMNDI-Beispiele

Abbildung 17-1 stellt einen einfachen BPMN-Prozess dar. Die Serialisierung wird in Abbildung 17-2 gezeigt (inkl. BPMNDI).

Abbildung 17-1: Ein einfaches Prozessmodell

```
<definitions targetNamespace="http://www.itp-commerce.com"
xmlns="http://www.omg.org/spec/BPMN/20100524/MODEL" xmlns:itp="http://www.itp-
commerce.com/BPMN2.0" xmlns:xsi="http://www.w3.org/2001/XMLSchema-instance"
xsi:schemaLocation="http://www.omg.org/spec/BPMN/20100524/MODEL schemas/BPMN20.xsd"
exporter="Process Modeler 5 for Microsoft Visio" exporterVersion="5.2742.13663 SR6" itp:name="My
Diagram" itp:version="1.0" itp:author="bruce" itp:creationDate="8/11/2011 3:26:19 PM"
```

```
itp:modificationDate="8/11/2011 3:27:51 PM" itp:createdWithVersion="5.2742.13663 SR6"
itp:conformanceSubClass="Full" id="_a84f7a92-b55d-4de1-a18f-901ae69cfce7">
    <process id="_9c6890e1-cb48-4996-bbcc-93f7932018d8" name="Main Process" processType="None">
        <startEvent id="_3d4ea3bc-62fe-4db2-af78-565fff63f442"/>
        <task id="_a904e6fa-2864-4c6f-9bf3-806387908aaf" name="A"/>
        <endEvent id="_cbd876c6-f3a7-4ed5-a27d-48e75d5ced83" name="Process complete"/>
        <sequenceFlow id="_6ef08698-2d78-4357-a843-08eebc32b64d" sourceRef="_3d4ea3bc-62fe-
4db2-af78-565fff63f442" targetRef="_a904e6fa-2864-4c6f-9bf3-806387908aaf"/>
        <sequenceFlow id="_413a3714-a3dd-4cc2-8bbe-1f6c9448b7ec" sourceRef="_a904e6fa-2864-
4c6f-9bf3-806387908aaf" targetRef="_cbd876c6-f3a7-4ed5-a27d-48e75d5ced83"/>
    </process>
    <bpmndi:BPMNDiagram name="My Diagram (1)" resolution="72"
xmlns:bpmndi="http://www.omg.org/spec/BPMN/20100524/DI">
        <bpmndi:BPMNPlane id="_1" bpmnElement="_9c6890e1-cb48-4996-bbcc-93f7932018d8">
            <bpmndi:BPMNShape id="_8A224598-E150-4114-8679-BB572A629081"
bpmnElement="_3d4ea3bc-62fe-4db2-af78-565fff63f442" itp:label="(unnamed)"
itp:elementType="startEvent">
                <dc:Bounds x="209.763779527559" y="232.44094488189" width="17.007874015748"
height="17.007874015748" xmlns:dc="http://www.omg.org/spec/DD/20100524/DC"/>
            </bpmndi:BPMNShape>
            <bpmndi:BPMNShape id="_2A8B7F30-0E05-44B0-A282-B93B71A197AF"
bpmnElement="_a904e6fa-2864-4c6f-9bf3-806387908aaf" itp:label="A" itp:elementType="task">
                <dc:Bounds x="263.622047244095" y="219.685039370079" width="85.0393700787402"
height="42.5196850393701" xmlns:dc="http://www.omg.org/spec/DD/20100524/DC"/>
            </bpmndi:BPMNShape>
            <bpmndi:BPMNShape id="_D37840EE-7D36-4296-98D7-14A30BE6E5AE"
bpmnElement="_cbd876c6-f3a7-4ed5-a27d-48e75d5ced83" itp:label="Process complete"
itp:elementType="endEvent">
                <dc:Bounds x="396.850393700787" y="232.44094488189" width="17.007874015748"
height="17.007874015748" xmlns:dc="http://www.omg.org/spec/DD/20100524/DC"/>
            </bpmndi:BPMNShape>
            <bpmndi:BPMNEdge id="_AE5164CB-05B3-428F-94B6-BA3B272D7F75"
bpmnElement="_6ef08698-2d78-4357-a843-08eebc32b64d" itp:label="(unnamed)"
itp:elementType="sequenceFlow" >
                <di:waypoint x="226.771653543307" y="233.858267716535"
xmlns:di="http://www.omg.org/spec/DD/20100524/DI"/>
                <di:waypoint x="263.622047244095" y="233.858267716535"
xmlns:di="http://www.omg.org/spec/DD/20100524/DI"/>
            </bpmndi:BPMNEdge>
            <bpmndi:BPMNEdge id="_894F23B9-22F7-40B7-B767-96B01D48C677"
bpmnElement="_413a3714-a3dd-4cc2-8bbe-1f6c9448b7ec" itp:label="(unnamed)"
itp:elementType="sequenceFlow" >
                <di:waypoint x="348.661417322835" y="233.858267716535"
xmlns:di="http://www.omg.org/spec/DD/20100524/DI"/>
                <di:waypoint x="396.850393700787" y="233.858267716535"
xmlns:di="http://www.omg.org/spec/DD/20100524/DI"/>
            </bpmndi:BPMNEdge>
        </bpmndi:BPMNPlane>
    </bpmndi:BPMNDiagram>
</definitions>
```

Abbildung 17-2: Serialisierung eines einfachen Prozessmodells, inklusive BPMNDI

Beachten sind zu Abbildung 17-2 die folgenden Punkte:

- Das Attribut *name* von *BPMNDiagram* korrespondiert mit dem Seitennamen im Visio.

- Das Attribut *bpmnElement* von *BPMNPlane* verweist auf den Prozess, welcher auf einer Hauptseite liegt.

- Die Namensräume *di* und *dc* wurden nicht in *definitions* deklariert, sondern für jedes BPMNDI-Element. Das ist zwar erlaubt, mündet jedoch in einer umfangreichen XML.

- Private Attribute im Namensraum der *itp*, welche den Typ der Form und die Beschriftung identifizieren, sind für den Eigenbedarf des Werkzeugs da. Solche Erweiterungen sind im XSD erlaubt, für den Modellaustausch jedoch nicht notwendig.

Abbildung 17-3 zeigt das Hauptdiagramm eines hierarchischen Modells, während Abbildung 17-4 die Erweiterung der Aktivität *Process order* auf eine untergeordnete Ebene enthält. Die Serialisierung, inklusive BPMNDI, wird in Abbildung 17-5 dargestellt.

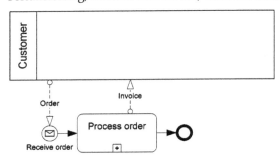

Abbildung 17-3: Ein einfaches hierarchisches Modell, Hauptebene

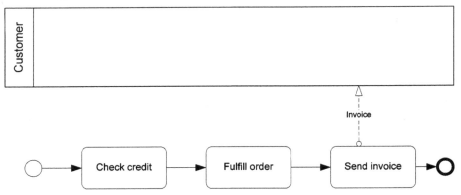

Abbildung 17-4: Ein einfaches hierarchisches Modell, untergeordnete Ebene

```
<definitions targetNamespace="http://www.itp-commerce.com"
xmlns="http://www.omg.org/spec/BPMN/20100524/MODEL" xmlns:itp="http://www.itp-
commerce.com/BPMN2.0" xmlns:xsi="http://www.w3.org/2001/XMLSchema-instance"
```

```
xsi:schemaLocation="http://www.omg.org/spec/BPMN/20100524/MODEL schemas/BPMN20.xsd"
exporter="Process Modeler 5 for Microsoft Visio" exporterVersion="5.2742.13663 SR6" itp:name="My
Diagram" itp:version="1.0" itp:author="bruce" itp:creationDate="8/11/2011 5:27:45 PM"
itp:modificationDate="8/11/2011 5:38:23 PM" itp:createdWithVersion="5.2742.13663 SR6"
itp:conformanceSubClass="Full" id="_f008c590-be03-4ed9-8923-a3c80b07121c">
    <process id="_ab4160fa-a43a-40bb-8c7e-b26919f97deb" name="Main Process"
processType="None">
        <startEvent id="_75454980-4128-4083-95d7-0ef85b52ecba" name="Receive order">
            <messageEventDefinition/>
        </startEvent>
        <subProcess id="_31f4992c-a912-4828-b67b-3c430d841189" name="Process order"
itp:isCollapsed="true" itp:logicalSheetId="f5203bf0-5def-4d91-91ae-1e25ae5e4403">
            <startEvent id="_7883fbf8-a2c9-469f-8084-2bab5e877326"/>
            <task id="_88e44689-8fed-476a-b4bc-42e894c23fab" name="Check credit"/>
            <task id="_817bf4cf-4ede-407c-8624-da8dc56d78c4" name="Fulfill order"/>
            <task id="_bd2d2300-de55-4aa0-baf3-f43398a36666" name="Send invoice"/>
            <endEvent id="_da813ae8-7300-4d0c-8cb3-032a84f4d77f"/>
            <sequenceFlow id="_f544e6ce-dbfe-4e01-a942-581ea7a76d17" sourceRef="_bd2d2300-
de55-4aa0-baf3-f43398a36666" targetRef="_da813ae8-7300-4d0c-8cb3-032a84f4d77f"/>
            <sequenceFlow id="_5c3838c3-1fa1-45b2-a4c6-a0f66d592f3f" sourceRef="_7883fbf8-a2c9-
469f-8084-2bab5e877326" targetRef="_88e44689-8fed-476a-b4bc-42e894c23fab"/>
            <sequenceFlow id="_6a7a06bb-bb53-4861-818c-8bb0f7a2a942" sourceRef="_88e44689-
8fed-476a-b4bc-42e894c23fab" targetRef="_817bf4cf-4ede-407c-8624-da8dc56d78c4"/>
            <sequenceFlow id="_fecb259c-2083-4d9f-919b-bec391354605" sourceRef="_817bf4cf-4ede-
407c-8624-da8dc56d78c4" targetRef="_bd2d2300-de55-4aa0-baf3-f43398a36666"/>
        </subProcess>
        <endEvent id="_5d9f3cba-4787-4420-b1b3-c7666f8a837d"/>
        <sequenceFlow id="_cf8bf2c6-c959-45f4-93e2-cdce3175850e" sourceRef="_75454980-4128-
4083-95d7-0ef85b52ecba" targetRef="_31f4992c-a912-4828-b67b-3c430d841189"/>
        <sequenceFlow id="_8dadf786-45a3-4594-a56a-02375207afd8" sourceRef="_31f4992c-a912-
4828-b67b-3c430d841189" targetRef="_5d9f3cba-4787-4420-b1b3-c7666f8a837d"/>
    </process>
    <collaboration id="_7fe9461f-f0b3-4beb-a664-b4034c8cf4da">
        <participant id="_357f89aa-eb8f-4014-9548-0928d47192a7" name="Customer"/>
        <participant id="p__ab4160fa-a43a-40bb-8c7e-b26919f97deb" name="Main Process"
processRef="_ab4160fa-a43a-40bb-8c7e-b26919f97deb"/>
        <messageFlow id="_36ae2e66-cbfe-451a-9a7b-52539da0702b" name="Invoice"
sourceRef="_bd2d2300-de55-4aa0-baf3-f43398a36666" targetRef="_357f89aa-eb8f-4014-9548-
0928d47192a7"/>
        <messageFlow id="_daf3f8e0-f6f5-491a-b04f-aa54caf62a39" name="Invoice"
sourceRef="_31f4992c-a912-4828-b67b-3c430d841189" targetRef="_357f89aa-eb8f-4014-9548-
0928d47192a7"/>
    </collaboration>
    <bpmndi:BPMNDiagram name="My Diagram (1)" resolution="72'
xmlns:bpmndi="http://www.omg.org/spec/BPMN/20100524/DI">
        <bpmndi:BPMNPlane id="_1">
            <bpmndi:BPMNShape id="_182647EF-1058-488D-9888-45945045C623"
bpmnElement="_75454980-4128-4083-95d7-0ef85b52ecba">
                <dc:Bounds x="90.7086614173228" y="226.771653543307" width="17.007874015748"
height="17.007874015748" xmlns:dc="http://www.omg.org/spec/DD/20100524/DC"/>
```

```
            </bpmndi:BPMNShape>
            <bpmndi:BPMNShape id="_126B2C02-E3E6-4E39-B9FF-2F33B3AA3004"
bpmnElement="_31f4992c-a912-4828-b67b-3c430d841189" isExpanded="false">
                <dc:Bounds x="128.976377952756" y="214.015748031496"
width="85.0393700787402" height="42.5196850393701"
xmlns:dc="http://www.omg.org/spec/DD/20100524/DC"/>
            </bpmndi:BPMNShape>
            <bpmndi:BPMNShape id="_614D8B4E-41C4-4055-9234-0601C778626F"
bpmnElement="_5d9f3cba-4787-4420-b1b3-c7666f8a837d">
                <dc:Bounds x="235.275590551181" y="226.771653543307" width="17.007874015748"
height="17.007874015748" xmlns:dc="http://www.omg.org/spec/DD/20100524/DC"/>
            </bpmndi:BPMNShape>
            <bpmndi:BPMNEdge id="_153BA773-386A-417A-83CC-729D21CAEFB7"
bpmnElement="_cf8bf2c6-c959-45f4-93e2-cdce3175850e" sourceElement="_75454980-4128-4083-95d7-
0ef85b52ecba" targetElement="_31f4992c-a912-4828-b67b-3c430d841189">
                <di:waypoint x="107.716535433071" y="228.188976377953"
xmlns:di="http://www.omg.org/spec/DD/20100524/DI"/>
                <di:waypoint x="128.976377952756" y="228.188976377953"
xmlns:di="http://www.omg.org/spec/DD/20100524/DI"/>
            </bpmndi:BPMNEdge>
            <bpmndi:BPMNEdge id="_FE03106D-C683-446A-8098-62E1C78F6D92"
bpmnElement="_8dadf786-45a3-4594-a56a-02375207afd8" sourceElement="_31f4992c-a912-4828-b67b-
3c430d841189" targetElement="_5d9f3cba-4787-4420-b1b3-c7666f8a837d">
                <di:waypoint x="214.015748031496" y="228.188976377953"
xmlns:di="http://www.omg.org/spec/DD/20100524/DI"/>
                <di:waypoint x="235.275590551181" y="228.188976377953"
xmlns:di="http://www.omg.org/spec/DD/20100524/DI"/>
            </bpmndi:BPMNEdge>
            <bpmndi:BPMNEdge id="_F56D4F86-0E68-4850-8B01-4CBEB99E2EEF"
bpmnElement="_8081ac38-cf1f-4114-9efe-3892f7c3e2db" sourceElement="_357f89aa-eb8f-4014-9548-
0928d47192a7" targetElement="_75454980-4128-4083-95d7-0ef85b52ecba">
                <di:waypoint x="106.299200433446" y="175.748031496063"
xmlns:di="http://www.omg.org/spec/DD/20100524/DI"/>
                <di:waypoint x="106.299203136775" y="226.771653543307"
xmlns:di="http://www.omg.org/spec/DD/20100524/DI"/>
            </bpmndi:BPMNEdge>
            <bpmndi:BPMNShape id="_6686DC43-2536-4761-8626-75633D08A530"
bpmnElement="_357f89aa-eb8f-4014-9548-0928d47192a7" isHorizontal="false">
                <dc:Bounds x="85.2698558897484" y="99.2125984251969"
width="254.887635238527" height="76.5354330708661"
xmlns:dc="http://www.omg.org/spec/DD/20100524/DC"/>
            </bpmndi:BPMNShape>
            <bpmndi:BPMNEdge id="_6686B787-328D-4A2A-9591-3374E546F057"
bpmnElement="_daf3f8e0-f6f5-491a-b04f-aa54caf62a39" sourceElement="_31f4992c-a912-4828-b67b-
3c430d841189" targetElement="_357f89aa-eb8f-4014-9548-0928d47192a7">
                <di:waypoint x="178.582681220347" y="214.015748031496"
xmlns:di="http://www.omg.org/spec/DD/20100524/DI"/>
                <di:waypoint x="178.582673110361" y="175.748031496063"
xmlns:di="http://www.omg.org/spec/DD/20100524/DI"/>
            </bpmndi:BPMNEdge>
```

```
        </bpmndi:BPMNPlane>
    </bpmndi:BPMNDiagram>
    <bpmndi:BPMNDiagram name="Process order (1)" resolution="72"
xmlns:bpmndi="http://www.omg.org/spec/BPMN/20100524/DI">
        <bpmndi:BPMNPlane id="_2" bpmnElement="_31f4992c-a912-4828-b67b-3c430d841189">
            <bpmndi:BPMNShape id="_E655BE81-98FE-43CE-AFA3-D2B6979C9117"
bpmnElement="_7883fbf8-a2c9-469f-8084-2bab5e877326">
                <dc:Bounds x="99.2125984251969" y="252.283464566929" width="17.007874015748"
height="17.007874015748" xmlns:dc="http://www.omg.org/spec/DD/20100524/DC"/>
            </bpmndi:BPMNShape>
            <bpmndi:BPMNShape id="_A665A671-D32B-4D77-B38C-BD1D1E070FC9"
bpmnElement="_88e44689-8fed-476a-b4bc-42e894c23fab">
                <dc:Bounds x="155.905511811024" y="239.527559055118"
width="85.0393700787402" height="42.5196850393701"
xmlns:dc="http://www.omg.org/spec/DD/20100524/DC"/>
            </bpmndi:BPMNShape>
            <bpmndi:BPMNShape id="_DF74DAE6-A83A-47F4-82D8-A8C86FE70CEB"
bpmnElement="_817bf4cf-4ede-407c-8624-da8dc56d78c4">
                <dc:Bounds x="280.629921259843" y="239.527559055118"
width="85.0393700787402" height="42.5196850393701"
xmlns:dc="http://www.omg.org/spec/DD/20100524/DC"/>
            </bpmndi:BPMNShape>
            <bpmndi:BPMNShape id="_C070AC5F-8CBF-4554-B705-C4092157AA28"
bpmnElement="_bd2d2300-de55-4aa0-baf3-f43398a36666">
                <dc:Bounds x="405.354330708661" y="239.527559055118"
width="85.0393700787402" height="42.5196850393701"
xmlns:dc="http://www.omg.org/spec/DD/20100524/DC"/>
            </bpmndi:BPMNShape>
            <bpmndi:BPMNShape id="_F7B71203-FF20-4EE5-801E-62568945CDB8"
bpmnElement="_da813ae8-7300-4d0c-8cb3-032a84f4d77f">
                <dc:Bounds x="511.653543307087" y="252.283464566929" width="17.007874015748"
height="17.007874015748" xmlns:dc="http://www.omg.org/spec/DD/20100524/DC"/>
            </bpmndi:BPMNShape>
            <bpmndi:BPMNEdge id="_DFC3ABB5-AF6F-496B-841E-7D3875A10AED"
bpmnElement="_f544e6ce-dbfe-4e01-a942-581ea7a76d17" sourceElement="_bd2d2300-de55-4aa0-baf3-
f43398a36666" targetElement="_da813ae8-7300-4d0c-8cb3-032a84f4d77f">
                <di:waypoint x="490.393700787402" y="253.700787401575"
xmlns:di="http://www.omg.org/spec/DD/20100524/DI"/>
                <di:waypoint x="511.653543307087" y="253.700787401575"
xmlns:di="http://www.omg.org/spec/DD/20100524/DI"/>
            </bpmndi:BPMNEdge>
            <bpmndi:BPMNEdge id="_F2B6D016-13A9-42C6-9AF0-BF3F47D4CC7B"
bpmnElement="_5c3838c3-1fa1-45b2-a4c6-a0f66d592f3f" sourceElement="_7883fbf8-a2c9-469f-8084-
2bab5e877326" targetElement="_88e44689-8fed-476a-b4bc-42e894c23fab">
                <di:waypoint x="116.220472440945" y="253.700787401575"
xmlns:di="http://www.omg.org/spec/DD/20100524/DI"/>
                <di:waypoint x="155.905511811024" y="253.700787401575"
xmlns:di="http://www.omg.org/spec/DD/20100524/DI"/>
            </bpmndi:BPMNEdge>
            <bpmndi:BPMNEdge id="_9681136E-B7EF-4F53-8441-24D921FE0034"
```

```
bpmnElement="_6a7a06bb-bb53-4861-818c-8bb0f7a2a942" sourceElement="_88e44689-8fed-476a-b4bc-
42e894c23fab" targetElement="_817bf4cf-4ede-407c-8624-da8dc56d78c4">
                <di:waypoint x="240.944881889764" y="253.700787401575"
xmlns:di="http://www.omg.org/spec/DD/20100524/DI"/>
                <di:waypoint x="280.629921259843" y="253.700787401575"
xmlns:di="http://www.omg.org/spec/DD/20100524/DI"/>
            </bpmndi:BPMNEdge>
            <bpmndi:BPMNEdge id="_EECB2D7E-44D3-498A-9E7C-F0D65C792C27"
bpmnElement="_fecb259c-2083-4d9f-919b-bec391354605" sourceElement="_817bf4cf-4ede-407c-8624-
da8dc56d78c4" targetElement="_bd2d2300-de55-4aa0-baf3-f43398a36666">
                <di:waypoint x="365.669291338583" y="253.700787401575"
xmlns:di="http://www.omg.org/spec/DD/20100524/DI"/>
                <di:waypoint x="405.354330708661" y="253.700787401575"
xmlns:di="http://www.omg.org/spec/DD/20100524/DI"/>
            </bpmndi:BPMNEdge>
            <bpmndi:BPMNEdge id="_19E735E6-DAB6-470C-8502-7A4790DB47FA"
bpmnElement="_36ae2e66-cbfe-451a-9a7b-52539da0702b" sourceElement="_bd2d2300-de55-4aa0-baf3-
f43398a36666" targetElement="_357f89aa-eb8f-4014-9548-0928d47192a7">
                <di:waypoint x="426.614173904179" y="239.527559055118"
xmlns:di="http://www.omg.org/spec/DD/20100524/DI"/>
                <di:waypoint x="426.614172552514" y="177.165354330709"
xmlns:di="http://www.omg.org/spec/DD/20100524/DI"/>
            </bpmndi:BPMNEdge>
            <bpmndi:BPMNShape id="_BFA2B743-E00A-46C7-BA20-8694F79E9742"
bpmnElement="_357f89aa-eb8f-4014-9548-0928d47192a7" isHorizontal="false">
                <dc:Bounds x="107.947032057394" y="96.3779527559055" width="420.71438526544"
height="80.7874015748032" xmlns:dc="http://www.omg.org/spec/DD/20100524/DC"/>
            </bpmndi:BPMNShape>
        </bpmndi:BPMNPlane>
    </bpmndi:BPMNDiagram>
</definitions>
```

Abbildung 17-5: Serialisierung eines einfachen hierarchischen Modells, inklusive BPMNDI

Hier stellen wir die XML etwas weniger ausgedehnt dar, indem wir die Werkzeugspezifischen BPMNDI-Attribute entfernt und die Namensraum-Deklarationen in den BPMNDiagram-Elementen konsolidiert haben. Beachten Sie zu Abbildung 17-5 die folgenden Punkte:

- Es gibt zwei *BPMNDiagram*-Elemente, was als zwei Seiten zu verstehen ist.

- Beide Seiten haben eine Auflösung von 72 Pixel pro Inch (ppi). Um die Koordinaten von Ort und Größe in Zentimeter umzuwandeln, werden die Pixelwerte durch 72 geteilt (womit der Wert in Inch erzeugt wird) und mit dem Faktor 2.54 multipliziert.

- Das *BPMNPlane* mit einer *id* gleich *_1* ist die *Seite einer Hauptebene*, weil dessen *bpmnElement* zu einem *collaboration*-Element verweist. Das *BPMNPlane* mit einer *id* gleich *_2* ist die *Seite einer untergeordneten Ebene*, weil sein *bpmnElement* zu einem *subProcess*-Element verweist. Ein Werkzeug sollte alle *BPMNPlane*-Elemente mit dem Attribut *bpmnElement* bestücken.

- Die Form des Elements *subProcess* ist *zusammengeklappt,* weil der Wert von *isExpanded* auf *false* gesetzt ist. Alle Formen, welche auf Elemente vom Typ Unterprozess referenzieren, sollten über das Attribut *isExpanded* verfügen. Verweist eine Seite (*BPMNPlane*) auf ein Element des Typs Unterprozess, dann muss dieses Element zugeklappt sein. Wenn *isExpanded* den Wert *true* trägt, dann müssen die semantischen Eltern- und Kindelemente auf derselben Seite dargestellt werden

- Im semantischen Modell werden zwei *participant*-Elemente aufgeführt, doch nur eines davon – *Customer* – wird im BPMNDI durch eine Pool-Form referenziert. Nicht alle semantischen Elemente haben eine korrespondiere Form im BPMNDI.

- Zwei Formen auf jeder Seite eine, verweisen auf denselben *participant* mit dem Namen *Customer,* was mit Pool-Formen zu verstehen ist. Der *participant* hat keine *processRef*, womit er als Black-Box-Pool zu interpretieren ist. Das von uns verwendete Werkzeug erlaubt es, beide Formen mit Namen *Customer* als Repräsentation desselben *participant*-Elements zu definieren. Das Werkzeug Process Modeler für Microsoft Visio setzt diesen Bezug automatisch, lässt aber auch eine manuelle Konfiguration zu.

- Für beide Pool-Formen wurde *isHorizontal* auf *true* gesetzt. Ein Werkzeug sollte den Wert dieses Attributs für Pools und Lanes immer setzen.

KAPITEL 18

BPMN-I

Der Austausch von Prozessmodellen war ein ausdrückliches Ziel der BPMN 2.0, doch bis zur Ausgabe dieses Buches wurde er in der Praxis noch nicht wirklich realisiert. Unglücklicherweise lassen die Regeln für XML-Serialisierung aus dem BPMN 2.0-XSD (das Metamodell) und den Ausführungen der Spezifikation immer noch sehr viele Freiheiten zu, was die Interoperabilität zwischen den Werkzeugen erschwert. Nicht einmal mit einer Beschränkung der Modelle auf die Elemente und Attribute der analytischen Unterklasse garantiert die Spezifikation eine einheitliche Serialisierung. Um den Modellaustausch in der Praxis zu ermöglichen, sind deshalb zusätzliche Konventionen und Validierungen derselben notwendig.

Idealerweise sollten diese detaillierten Regeln für den Modellaustausch in der BPMN-Spezifikation stehen. Aktuell ist dies leider nicht der Fall und das wird vermutlich noch längere Zeit so bleiben. Die Gründe dafür sind einleuchtend:

- Die Erstellung von BPMN 2.0 hat über drei Jahre gedauert. Erst ein volles Jahr nach der Finalisierung beginnen die Werkzeughersteller den Standard zu implementieren. Die Herausgabe einer neuen Version des Standards würde nochmals einige Jahre dauern.

- Die aktuelle Spezifikation enthält nicht einmal eine konsolidierte Liste von existierenden semantischen Regeln. Eine solche wäre zwingend nötig, bevor irgendwelche neuen Validierungsprüfungen in den Standard integriert würden.

- Der Fokus des „BPMN Technical Committee" der OMG lag auf der Semantik für ausführbare Modelle, nicht auf den nicht-ausführbaren Modellen der analytischen Unterklasse.

- Vom konsensgetriebenen Prozess für OMG-Standards ist nicht zu erwarten, dass die Werkzeuge so stark eingeschränkt werden, dass ein genereller Modellaustausch ermöglicht wird. Die Vermutung liegt nahe, dass es für viele Werkzeughersteller vorteilhafter ist, wenn die Modelle aus ihrem Werkzeug nur schwer auf andere zu übertragen sind. Die wahren Profiteure des Modellaustauschs sind die *Endanwender*, und diese haben nur wenig Einfluss auf die Standards.

Aus diesen Gründen gehen wir das Thema selber an. Die Initiative heißt *BPMN-I*, in Analogie zur WS-I, eine erfolgreiche Initiative zur Förderung der Interoperabilität von Web Services, indem ein *Basisprofil* definiert wurde, also Beschränkungen, welche über die offiziellen Web-Service-Standards hinausgingen. Während sich die WS-I mit der Interoperabilität zur Laufzeit beschäftigt, zielt die BPMN-I auf ein wesentlich einfacheres Problem: Austausch von nicht-ausführbaren BPMN-Modellen, welche nur Elemente und Attribute der analytischen Unterklasse enthalten, zur Zeit der Design-Phase. Wir laden BPMN-Entwickler aus allen Teilen der Welt dazu ein, mit uns in der Initiative mitzuarbeiten.[20]

Das Leitprinzip für die BPMN-I ist folgendes: *Jedes BPMN-Modell, welches der analytischen Unterklasse entspricht, sollte eine und nur eine XML-Serialisierung haben.* Damit werden zusätzliche Einschränkungen für die Serialisierung notwendig, welche über die BPMN 2.0-Spezifikation hinausgehen. Wir nennen dieses Set von Beschränkungen das *BPMN-I-Profil*.

In den BPMN-Schulungen haben wir gelernt, dass sich die Modellentwickler viel leichter auf Best-Practice-Konventionen einlassen, wenn diese als *Set von Regeln* vermittelt werden, welche wiederum *in einem Werkzeug validiert* werden. Das simple Präsentieren einer Liste von Regeln ist nicht halb so effektiv wie die Implementierung dieser Regeln in einem Werkzeug. Ein solches steht nun für das BPMN-I-Profil mit XSLT 2.0 zur Verfügung.[21] Die Evolution von Methode und Stil ausgehend von Best Practices bis hin zu Regeln, welche im Modellierungswerkzeug von itp-commerce implementiert sind, hat zu einer wesentlichen Verbesserung der Qualität der Übungsmodelle in unseren BPMN-Schulungen geführt. Wir erwarten, dass die BPMN-I-Validierung in ähnlicher Weise die Implementierung von austauschbarer BPMN durch die Werkzeughersteller fördern wird.

Das BPMN-I-Profil ist eine anhaltende Arbeit, deren Erfolg davon abhängig ist, dass sich Entwickler wie Sie daran beteiligen, die Regeln annehmen und stetig weiter verbessern. Im besten Fall wird das Profil in irgendeiner Form in einer zukünftigen Version des offiziellen BPMN-Standards integriert werden, genauso wie unsere Ebene 1 und Ebene 2 der Methode-und-Stil-Schulungen als deskriptive und analytische Unterklassen Einzug in BPMN 2.0 fanden.

Das BPMN-I-Profil ist in erster Linie als Set von Regeln gedacht, welche den *Export* von BPMN 2.0-konformer XML aus BPMN-Werkzeugen vorgibt. Mit dem zuvor erwähnten

---

[20] Kontakt: bruce@brsilver.com und stephan.fischli@itpearls.com

[21] Für mehr Informationen, besuchen Sie: www.bpmnstyle.com

Validierungstool kann die XML-Serialisierung eines BPMN 2.0-Modells gegen das BPMN-I-Profil überprüft und mittels einer Liste von Verstößen analysiert werden. *Verstöße gegen eine Regel des BPMN-I-Profils bedeuten nicht, dass das Modell gegen irgendwelche Regeln der BPMN-Spezifikation verstößt sondern nur, dass kein Austausch mit anderen Werkzeugen stattfinden kann, welche als BPMN-I-konform gelten.*

Das Ziel des BPMN-I-Profils ist es, den Modellentwickler eine Möglichkeit zu bieten, um im Voraus abschätzen zu können, ob Werkzeug A ein BPMN-Modell aus Werkzeug B korrekt und vollständig importieren kann. Ein BPMN-Werkzeug könnte sich somit dafür auszeichnen, dass es BPMN-I-konforme XML *importieren* kann, allenfalls mit Einschränkungen. Das komplette BPMN-I-Profil beinhaltet alle Elemente und Attribute der analytischen Unterklasse, den *Import* von externen BPMN-Dateien und QName-Referenzen, hierarchische Modellierung und BPMNDI.

Serialisierungsregeln des BPMN-I-Profils

Die BPMN-I-Serialisierungsregeln beziehen sich auf den *BPMN 2.0-Export* für alle Modelle der analytischen Unterklasse. Viele von diesen Regeln betreffen Elemente und Attribute, welche durch das exportierende Werkzeug erstellt werden. Einige wenige Regeln wiederum grenzen die Handlungsfreiheit der Modellentwickler ein, weil sonst Diagramme erstellt werden könnten, deren XML-Serialisierung nicht eindeutig bzw. nicht kompatibel mit andern Werkzeugen ist. *BPMN-I verlangt deswegen von einem Werkzeug, dass ein Modell vor dem Export einer Validierungsprüfung unterzogen wird und den Modellentwickler warnt, falls das Diagramm nicht gemäß dem BPMN-I-Profil serialisiert werden kann.*

Der Ausdruck *BPMN-Modell* ist als eine Sammlung von *BPMN-Dateien* zu verstehen, welche durch eines oder mehrere *import*-Elemente verbunden sind. In dem Fall wird *eine* der BPMN-Dateien als BPMN-Hauptdatei für das Modell betrachtet. Das erwähnte Validierungstool des BPMN-I-Profils wendet einen XSLT 2.0-Transform auf die Hauptdatei an, um einen Fehlerbericht zu generieren.

In der folgenden Liste von Regeln werden Attribute und untergeordnete Elemente mittels der XPath-Syntax identifiziert. Dort bedeute bspw. A/B, dass B ein untergeordnetes Element von A ist. A/@B heißt, dass B ein Attribut von A ist. Die Regelnummern in Klammern korrespondieren mit den Verstoßmeldungen, welche im Tool protokolliert werden.

Schema-Validierung

- [R0001] Es wird vorausgesetzt, dass alle BPMN-Dateien des Modells gegen die finale BPMN 2.0-XSD (*http://www.omg.org/spec/BPMN/20100501/BPMN20.xsd*) validieren. Um die Präsenz der vorgegebenen Elemente und Attribute und die Dokumentstruktur zu verifizieren, prüft die Schema-Validierung die Eineindeutigkeit aller Attribute vom Typus *xsd:ID* und kontrolliert, ob alle Elemente vorhanden sind, die durch Attribute oder Elemente des Typus *xsd:IDREF* referenziert werden.

- [R0003] Das BPMN-Modell muss mindestens ein *Prozess- oder Kollaborationselement* enthalten.

Das Element definitions

- [R0004] Der *targetNamespace* in jeglicher BPMN-Datei darf nicht gleich dem Namensraum der BPMN 2.0 sein.

- [R0005] *definitions/@exporter* müssen in jeder BPMN-Datei des Modells mitgeliefert werden. Der Wert sollte dem Namen des Werkzeugs entsprechen, mit welchem die Serialisierung durchgeführt wurde.

- [R0006] *definitions/@exporterVersion* müssen in jeder BPMN-Datei des Modells mitgeliefert werden. Der Wert sollte die detaillierte Versionsnummer sein, welcher sich meistens in einem „Hilfe/Info zu…"-Dialog des Werkzeugs befindet.

Das Element import

- [R0002] Eine BPMN-Datei, welche durch *import* referenziert wird, muss von der angegebenen *location* aus verfügbar sein.

Proprietäre Elemente und Attribute

- [R0007] Modellelemente, welche nicht durch das BPMN 2.0-XSD definiert sind, müssen innerhalb eines deklarierten Namensraums sein, nicht aber im BPMN 2.0-Namensraum oder dem *targetNamespace* von irgendeiner BPMN-Datei des Modells.

- [R0008] Modellelemente, welche nicht durch das BPMN 2.0-XSD definiert sind, müssen von einem *extensionElements*-Tag umschlossen sein.

- [R0009] Modellattribute, welche nicht durch das BPMN 2.0-XSD definiert sind, müssen innerhalb von einem deklarierten Namensraum sein, nicht aber im BPMN 2.0-Namensraum oder dem *targetNamespace* irgendeiner BPMN-Datei des Modells.

Entfernte (Remote-) Elementreferenzen

Die Schemavalidierung stellt zwar den Einsatz von lokalen Referenzen (IDREF) sicher. Nicht gewährleistet wird jedoch die Verfügbarkeit von Elementen, welche von entfernten BPMN 2.0-Referenzen des Typs *xsd:QName* angesteuert werden. Die BPMN-I-Validierung sichert die Verfügbarkeit von QName-Referenzen entlang der folgenden Regeln ab:

- Falls die entfernte Referenz keinen Doppelpunkt enthält, dann muss der *targetNamespace* der referenzierenden und referenzierten Elemente derselbe sein. Außerdem muss dann ein Element mit einer *id* im Modell existieren, welche dem Wert der Zeichenfolge der entfernten Referenz entspricht.

- Falls die entfernte Referenz einen Doppelpunkt enthält, dann muss der Namensraum, welcher dem Präfix entspricht, im Kontext des referenzierenden

Elements deklariert werden und dem *targetNamespace* des referenzierten Elements entsprechen. Außerdem muss die Zeichenfolge, welche dem Doppelpunkt folgt, der *id* des referenzierten Elements entsprechen.

Die nachfolgenden Teile der analytischen Unterklasse sind entfernte QName-Referenzen, für welche die BPMN-I-Validierung den Fehler „Element nicht gefunden" ausgibt.

- *flowNode/@default* [*flowNode* steht für jegliches Aktivitäts-, Gateway- oder Ereigniselement]

- *callActivity/@calledElement*

- *boundaryEvent/@attachedToRef*

- *participant/@processRef*

- *messageFlow/@sourceRef*

- *messageFlow/@targetRef*

- *messageFlow/@messageRef*

- *bpmndi:BPMNPlane/@bpmnElement*

- *bpmndi:BPMNShape/@bpmnElement*

- *bpmndi:BPMNEdge/@bpmnElement*

Seitenstruktur

Jede *Seite* im grafischen Modell wird durch ein separates *BPMNDiagram*-Element und dessen Kindelement *BPMNPlane* repräsentiert. Die *Seitenstruktur* eines BPMN-Modells wird durch ein *bpmnElement*-Attribut von *BPMNPlane* spezifiziert. Falls ein *BPMNPlane* ein Element vom Typ Unterprozess referenziert, dann handelt es sich um eine *untergeordnete Seite*, ansonsten um eine *Hauptseite*.

Link-Ereignis-Paare, welche als *Seiten-Konnektoren* verwendet werden, werden von BPMN-I nicht unterstützt, obwohl sie durch die BPMN 2.0-Spezifikation erlaubt sind.

- [R9001] Ein *BPMNPlane* muss wenigstens einen *BPMNShape* enthalten. Wenn zum Beispiel eine Visio-Seite nur erklärende Dokumentation enthält, dann sollte sie nicht als *BPMNDiagram* im grafischen BPMN-Modell exportiert werden.

- [R9002] Ein *BPMNDiagram* muss ein Attribut *name* haben. Dieses sollte den Namen oder Titel der Seite haben, welche im BPMN-Werkzeug erstellt wurde.

- [R9003] Ein *BPMNDiagram* muss eine *resolution* spezifizieren, also in pixel pro inch.

- [R9004] Ein *BPMNPlane* muss eine *id* haben. Im XSD muss sowohl das *BPMNDiagram* wie auch das *BPMNPlane* ein *id*-Attribut haben. In BPMN-I wird *BPMNPlane/@id* für die Identifikation der Seite verwendet.

- [R9005] Das *BPMNPlane/@bpmnElement* muss zu einem *subProcess-*, *callActivity-*, *process-* oder *collaboration*-Element zeigen (*transaction* und *adHocSubProcess* sind außerhalb der analytischen Unterklasse und sollten in BPMN-I-konformen Modellen nicht auftauchen).

- [R9006] Wenn *BPMNPlane/@bpmnElement* zu einer *collaboration* referenziert, dann muss die Seite Elemente des Typs *flowElements* von mehr als einem Prozess enthalten. Falls zu einem *process*-Element referenziert wird, dann kann die Seite *flowElements* von nur einem Prozess enthalten. In jedem Fall ist dieses *BPMNPlane* als *Hauptseite* zu verstehen.

- [R9007] Wenn das *BPMNPlane/@bpmnElement* auf eine *collaboration* referenziert, dann wird mindestens ein *process* auf der Seite nicht von einer Pool-Form eingeschlossen.

- [R9008] Wenn das *BPMNPlane/@bpmnElement* auf einen *subProcess* oder *callActivity* referenziert, dann müssen alle *flowElements* auf der Seite Kinder des referenzierten *subProcess* oder *callActivity* sein. In dem Fall steht das *BPMNPlane* für eine *untergeordnete Seite*.

- [R9009] Wenn das *BPMNPlane/@bpmnElement* auf einen *subProcess* oder eine *callActivity* referenziert, dann muss das *BPMNShape*, welches auf den *subProcess* oder die *callActivity* verweist, ein Attribut *isExpanded* mit dem Wert *false* haben.

- [R9010] Alle *flowElements* in einer Prozessebene müssen auf derselben Seite gezeigt werden. Das Link-Ereignis-Paar als Seiten-Konnektor wird vom BPMN-I-Profil nicht unterstützt.

- [R9011] *BPMNLabelStyle*, ein Kindelement des *BPMNDiagram*, wird durch BPMN-I nicht unterstützt und sollte deshalb nicht in Modellen gemäß BPMN-I-Profil verwendet werden.

Die Elemente participant und Pool

Unter *pool* wird per Definition jeder *BPMNShape* verstanden, der auf einen *participant* im semantischen Modell zeigt. Die Poolbeschriftung korrespondiert mit dem *participant/@name*.

- [R3001] Ein Modell kann nicht zwei oder mehr *participants* im gleichen *targetNamespace* mit demselben *name* enthalten. Das kann geschehen, wenn zwei oder mehr Seiten im Modell Pools mit der gleichen Beschriftung enthalten, das Werkzeug jedoch nicht erkennt, dass alle auf dasselbe semantische Element zeigen.

- [R3002] Falls vorhanden, muss *participant/@processRef* zu einem *process*-Element im Modell zeigen.

- [R3003] Ein *participant*-Element wird für jeden *process* gefordert, welcher einen *messageFlow* sendet oder empfängt – egal, ob *flowElements* des *process* von einem Pool umschlossen sind oder nicht.

- [R9031] Falls der Prozess einer *flowNode* von einer Pool-Form auf der Seite repräsentiert wird, dann muss die *flowNode* von einem Pool umschlossen sein. Mit anderen Worten müssen alle *flowNodes* im Prozess innerhalb des Pool-Elements gezeichnet werden.

- [R9120] Eine Pool-Form darf nicht mit einer anderen Pool-Form überlappen. Ein Pool darf nicht in einen andern Pool verschachtelt werden.

- [R9121] Eine Black-Box-Pool-Form darf weder *flowNode*-Shapes enthalten noch mit solchen überlappen – sie muss ganz leer sein. Ein Black-Box-Pool ist ein *BPMNShape*, dessen *bpmnElement* auf einen *participant* zeigt, der wiederum keine *@processRef* hat.

- [R9122] Ein Black-Box-Pool darf weder *lane*-Formen enthalten noch mit solchen überlappen.

- [R9123] Alle *flowNode*-Formen innerhalb eines Pools müssen zu semantischen *flowNodes* zeigen, die zum entsprechenden Prozess des *participants* gehören. Anders gesagt darf der Pool eines Prozesses keine *flowNode* eines anderen Prozesses umschließen.

- [R9124] Eine Pool-Form muss ein boolesches Attribut *isHorizontal* enthalten. Ist dieses *true* bedeutet das, dass der Pool die Breite des Diagramms um die Beschriftung am linken Rand erweitert; falls das Attribut *false* ist, heißt das, dass sich der Pool von oben nach unten erstreckt und die Beschriftung am oberen Ende liegt.

Kollaboration

- [R0500] Eine *collaboration* muss mindestens einen *participant* enthalten.

- [R0501] Die Attribute von *collaboration* werden durch BPMN-I nicht unterstützt, außer *id* und *name*, und sollten deswegen in nicht in Modellen vorkommen, welche dem BPMN-I-Profil entsprechen.

- [R0502] Keine Kindelemente von *collaboration* werden durch BPMN-I unterstützt, Außer *documentation*, *extensionElements*, *participant*, *messageFlow*, *association*, *group* und *textAnnotation*. Deswegen sollten sie auch nicht in Modellen erscheinen, welche dem BPMN-I-Profil entsprechen.

Das Element process

- [R1001] Ein Prozess (Element *process*) muss mindestens eine Aktivität enthalten. Einige Werkzeuge erzeugen einen „Hauptprozess", den sie aber leer lassen, falls der Modellentwickler *flowElements* in einen Pool setzt. Das wäre ein Verstoß gegen das BPMN-I-Profil.

- [R1002] Ein *process*-Element muss ein Attribut *name* enthalten. Beachten Sie, dass kein *BPMNShape/@bpmnElement* existiert, das zu einem *process-Element* zeigt. Deshalb kann das *process/@name* im Diagramm unsichtbar sein. Methode und Stil empfiehlt, *process/@name* mit *participant/@name*, also mit der Poolbeschriftung, zu bestücken.

- [R1003] Der *Prozessname* darf nicht gleich wie der *Name* eines anderen *subProcess* oder *callActivity* sein, welcher im Prozess enthalten ist.

- [R1004] *process/@processType* muss weggelassen werden oder gleich *None* sein.

- [R1005] *process/@isExecutable* muss weggelassen werden oder gleich *false* sein. Das BPMN-I-Profil richtet sich ausschließlich an nicht-ausführbare BPMN.

- [R1006] Ein *process*-Element muss mindestens einen *startEvent* enthalten.

- [R1007] Ein *process*-Element muss mindestens einen *endEvent* enthalten.

- [R1008] Für zwei *process*-Elemente im gleichen *targetNamespace* darf *name* nicht gleich sein.

Das Element laneSet und lane

- [R1102] Falls in einer Prozessebene ein *laneSet* verwendet wird, dann muss das Knoten-Set *laneSet/lane/@flowNodeRef* Verweise auf alle *flowNode*-Elemente in der gleichen Prozessebene enthalten. Falls also in einer Prozessebene Lanes verwendet werden, dann müssen im semantischen Modell alle *flowNodes* durch die eine oder andere *lane* referenziert werden.

- [R1103] *lane/@flowNodeRef* muss auf eine *flowNode* zeigen, also auf eine Aktivität, ein Gateway oder ein Ereignis. Sequenzflüsse, Datenobjekte und Textanmerkungen sind keine gültigen Ziele von *flowNodeRef*.

- [R1101] Die Formen aller *lanes* in einem *laneset* müssen auf derselben Seite angezeigt werden.

- [R9130] Eine *lane shape* sollte mit dem booleschen Attribut *isHorizontal* ausgestattet sein.

- [R9131] Eine *Lane-Form* kann nicht über den umliegenden Pool hinaus erweitert werden.

- [R9132] Ein *lane shape* sollte sich über die volle Länge des umfassenden Pools erstrecken. Das ist eine Anforderung der BPMN-Spezifikation. Allerdings herrscht dort Unklarheit über die Werte von *dc:Bounds* für die obere linke Ecke einer *lane*-Form. BPMN-I spricht genau diese Unklarheit an: Für horizontale Pools muss der Wert von *dc:Bounds/@x* einer *lane*-Form identisch mit jenem der Pool-Form sein. Einige BPMN-Werkzeuge setzen die linke obere Ecke einer Lane am rechten Rand der Beschriftungsbox des Pools an. BPMNDI bietet nichts zur Spezifikation der Größe dieser Beschriftungsbox an. Deshalb birgt die Verwendung dieser Box Gefahren. Aus dem Grund gibt BPMN-I vor, dass die Werte von *dc:Bounds/@x* für horizontale Lane- und Poolformen identisch sein sollten.

Das Element flowNode

Die abstrakte Klasse *flowNode* beinhaltet Aktivitäts-, Gateway- und Ereigniselemente. Die folgenden BPMN-I-Regeln gehören zu allen *flowNodes*.

- [R1200] Nur *flowNodes* der analytischen Unterklasse werden in BPMN-I-Profil konformen Modellen erlaubt. Dies beinhaltet *task, userTask, serviceTask, callActivity, subProcess [@triggeredByEvent="false()"], exclusiveGateway, inclusiveGateway, eventBasedGateway, startEvent, intermediateThrowEvent, intermediateCatchEvent, boundaryEvent* und *endEvent*.

- [R1201] Jegliche *flowNode* der analytischen Unterklasse, außer *startEvent, boundaryEvent*, empfangendes Linkereignis oder der Inhalt eines *subProcess* der Art „Parallele Box", muss einen eingehenden Sequenzfluss haben.

- [R1202] Jegliche *flowNode* der analytischen Unterklasse, außer *endEvent*, sendendes Linkereignis oder der Inhalt eines *subProcess* der Art „Parallele Box", muss einen ausgehenden Sequenzfluss haben.

- [R1203] *flowNode/incoming* und *flowNode/outgoing* sollten von der Serialisierung ausgeschlossen werden. Diese Elemente sind nicht Teil der analytischen Unterklasse. Außerdem sind sie redundant zu *sequenceFlow/@sourceRef* und *sequenceFlow/@targetRef*.

- [1204] Die einzigen *flowNodes*, welche mit dem Attribute *default* ausgestattet werden dürfen, sind die *activity*-Elemente sowie *exclusiveGateway* und *inclusiveGateway*.

- [1209] *flowNode/@default* müssen zu einem *sequenceFlow* zeigen, welcher von der *flowNode* hinausführt.

Das Element activity

- [R1300] Nur *activity*-Elemente der analytischen Unterklasse sind in Modellen erlaubt, welche dem BPMN-I-Profil entsprechen. Das beinhaltet *task, userTask, serviceTask, sendTask, receiveTask, callActivity* und *subProcess [@triggeredByEvent="false()"]*.

- [R1301] Eine *activity* muss eine Attribut *name* haben, welches als Beschriftung der Aktivitätsform angezeigt wird.

- [R1302] *activity/startQuantity* und *activity/completionQuantity* müssen für die Serialisierung weggelassen werden.

- [R1303] Kompensationsaktivitäten (*activity[@isForCompensation = „true()"]*) sind nicht Teil der analytischen Unterklasse und werden deshalb vom BPMN-I-Profil nicht erlaubt.

- [R1300] *callActivity/@calledElement* muss entweder zu einem *Prozess* oder *Globalen Task* zeigen.

Das Element startEvent

- [R1500] Nur *startEvents* der analytischen Unterklasse sind in BPMN-I-Profil-konformen Modellen erlaubt. Dies können entweder Startereignisse ohne Kindelement *eventDefinition* oder solche mit den Kindelementen *messageEventDefinition*, *signalEventDefinition* oder *conditionalEventDefinition* sein. Ein *startEvent* darf mehr als nur eines dieser Kindelemente besitzen, wobei das Attribut *@parallelMultiple = „true()"* nicht erlaubt ist. Mit anderen Worten ist das *Mehrfach-Startereignis* erlaubt, das *parallele Mehrfach-Startereignis* aber nicht.

- [R1501] Ein *startEvent* kann keine eingehenden Sequenzflüsse haben. Das Konstrukt, in welchem Startereignisse auf dem Rand von aufgeklappten Unterprozessen modelliert werden dürfen, wird vom BPMN-I-Profil explizit ausgeschlossen.

- [R1502] Ein *startEvent* darf keine ausgehenden Nachrichtenflüsse haben.

- [R1503] Ein *startEvent* mit einem eingehenden Nachrichtenfluss muss ein Kindelement *messageEventDefinition* beinhalten.

- [R1505] Ein *startEvent* in einem *subProcess* (nicht ein *Ereignis-Unterprozess*) muss vom Typ Allgemein sein. Damit darf der *startEvent* also kein Kindelement *eventDefinition* beinhalten.

- [R1506] Das Attribut *startEvent/@isInterrupting* ist nicht Teil der analytischen Unterklasse und sollte von Modellen, welche BPMN-I-Profil-konform sind, vermieden werden. So etwas wird nur in Ereignis-Unterprozessen verwendet, welche nicht Teil der analytischen Unterklasse sind.

Das Element boundaryEvent

- [R1600] Nur *boundaryEvents* der analytischen Unterklasse werden in Modellen gemäß BPMN-I-Profil erlaubt. Dies beinhaltet *boundaryEvents* mit den Kindelementen *messageEventDefinition*, *timerEventDefinition*, *errorEventDefinition*, *escalationEventDefinition*, *conditionalEventDefinition* oder *signalEventDefinition*. Ein *boundaryEvent* muss mindestens eines dieser Kindelemente haben, darf allerdings kein Attribut *@parallelMultile = „true()"* haben. Mit anderen Worten wird das *angeheftete Mehrfachereignis* erlaubt, nicht aber das *angeheftete parallele Mehrfachereignis*.

- [R1619] Das Attribut *attachedToRef* muss auf eine *Aktivität* in der gleichen Prozessebene zeigen.

- [R1620] Ein *boundaryEvent* muss exakt einen ausgehenden *sequenceFlow* haben.

- [R1622] Ein *boundaryEvent* darf keinen eingehenden *sequenceFlow* haben.

- [R1623] Ein *boundaryEvent* vom Typ Fehler auf einem *subProcess* benötigt ein korrespondierendes *endEvent* vom Typ Fehler in der untergeordneten Ebene, außer wenn der *subProcess* keine Kindelemente enthält.

- [R1624] Ein *boundaryEvent* vom Typ Fehler darf nicht von der Art nicht-unterbrechend sein. Damit darf es *@cancelActivity="false()"* nicht beinhalten.

- [R1630] Ein *boundaryEvent* vom Typ Eskalation auf einem *subProcess* benötigt ein korrespondierendes *intermediateThrowEvent* oder *endEvent* vom Typ Eskalation in der untergeordneten Ebene, außer wenn der *subProcess* keine Kindelemente enthält.

Die Elemente *intermediateCatchEvent* und *intermediateThrowEvent*

- [R1700] Nur *intermediateThrowEvents* der analytischen Unterklasse sind in Modellen gemäß dem BPMN-I-Profil erlaubt. Das beinhaltet entweder *intermediateThrowEvents*, die kein Kindelement *eventDefinition* beinhalten oder solche mit einem Kindelement *messageEventDefinition*, *signalEventDefinition*, *escalationEventDefinition* oder *linkEventDefinition*.

- [R1701] Nur *intermediateCatchEvents* der analytischen Unterklasse sind in Modellen gemäß dem BPMN-I-Profil erlaubt. Das beinhaltet nur *intermediateCatchEvents*, die ein Kindelement *messageEventDefinition*, *timerEventDefinition*, *signalEventDefinition*, *conditionalEventDefinition* oder *linkEventDefinition* enthalten.

- [R1744] Ein *intermediateThrowEvent* vom Typ Link darf keinen ausgehenden Sequenzfluss haben.

- [R1745] Das Ziel eines *intermediateThrowEvent* vom Typ Link muss ein *intermediateCatchEvent* vom Typ Link auf der gleichen Prozessebene sein. Infolge eines Fehlers im XSD der BPMN 2.0 wird das Ziel NICHT durch vom optionalen Kindelement *linkEventDefinition/target* identifiziert, sondern vom *Pflichtattribut linkEventDefinition/@name*. Obwohl dieses Attribut im XSD vom Typ *xsd:string* ist, fordert BPMN-I, dass der Wert gleich der *id* des Zielelements *intermediateCatchEvent* ist.

- [R1746] Ein *intermediateCatchEvent* vom Typ Link darf keinen eingehenden Sequenzfluss haben.

- [R1747] Die Quelle eines *intermediateCatchEvent* vom Typ Link muss ein *intermediateThrowEvent* vom Typ Link in der gleichen Prozessebene sein. Infolge eines Fehlers im XSD der BPMN 2.0 wird die Quelle NICHT durch vom optionalen Kindelement *linkEventDefinition/source* identifiziert, sondern vom *Pflichtattribut linkEventDefinition/@name*. Obwohl dieses Attribut im XSD vom Typ *xsd:string* ist, fordert BPMN-I, dass der Wert gleich der *id* des Zielelements *intermediateThrowEvent* ist.

Das Element *endEvent*

- [R1800] Nur *endEvents* in der analytischen Unterklasse werden in Modellen gemäß BPMN-I-Profil erlaubt. Das beinhaltet nur *endEvents*, welche ein Kindelement *messageEventDefinition*, *terminateEventDefinition*, *errorEventDefinition*, signalEventDefinition, escalationEventDefinition oder kein Kindelement in der eventDefinition-Klasse beinhalten. Ein *endEvent* darf mehr als nur eines dieser Kindelemente enthalten.

- [R1850] Ein *endEvent* darf keine ausgehenden Sequenzflüsse haben.

- [R1851] Ein *endEvent* darf keine eingehenden Nachrichtenflüsse haben.

- [R1852] Ein *endEvent* mit ausgehendem Nachrichtenfluss muss ein Kindelement *messageEventDefinition* enthalten.

Gateway

- [R1900] Nur Gateway-Elemente der analytischen Unterklasse sind in Modellen gemäß BPMN-I-Profil erlaubt. Dies beinhaltet nur *exclusiveGateway, inclusiveGateway, eventBasedGateway* und *parallelGateway*.

- [R1901] Das Attribut *gatewayDirection* ist nicht Teil der analytischen Unterklasse und sollte deshalb in der Serialisierung vermieden werden.

- [R1902] Das Attribut *default* bei *exclusiveGateway* oder *inclusiveGateway* muss auf einem Sequenzfluss zeigen, welcher aus dem Gateway hinausgeht.

- [R1903] Beim *eventBasedGateway* ist das Attribut *instantiate* nicht Teil der analytischen Unterklasse und deshalb auch nicht in Modellen gemäß BPMN-I-Profil erlaubt. Das Standard-Verhalten korrespondiert mit dem Wert *false()*.

- [R1904] Beim *eventBasedGateway* ist das Attribut *eventGatewayType* nicht Teil der analytischen Unterklasse und deshalb auch nicht in Modellen gemäß BPMN-I-Profil erlaubt. Das Standard-Verhalten korrespondiert mit dem Wert *false()*.

- [R1960] Ein Gateway darf keinen eingehenden Nachrichtenfluss haben.

- [R1961] Ein Gateway darf keinen ausgehenden Nachrichtenfluss haben.

- [R1962] Ein Gateway darf nicht gleichzeitig genau einen eingehenden und genau einen ausgehenden Sequenzfluss haben.

- [R1965] Jeder Ausgang eines *eventBasedGateway* muss entweder ein *intermediateCatchEvent* oder ein *receiveTask* sein.

Das Element sequenceFlow

- [R2000] *sequenceFlow/@sourceRef* muss auf eine *flowNode* in derselben Prozessebene zeigen.

- [R2001] *sequenceFlow/@targetRef* muss auf eine *flowNode* in derselben Prozessebene zeigen.

- [R2002] Das Attribut *isImmediate* ist nicht Teil der analytischen Unterklasse und sollte von Modellen gemäß dem BPMN-I-Profil nicht verwendet werden.

- [R2003] Die Werte von *sourceRef* und *targetRef* können nicht gleich sein, weil ein Sequenzfluss nicht eine *flowNode* mit sich selber verbinden darf.

- [R2004] Falls eine *flowNode* nur einen ausgehenden *sequenceFlow* besitzt, dann muss der *sequenceFlow* unbedingt (ohne Bedingung) sein und darf damit kein Kindelement *conditionExpression* enthalten.

- [R2005] Falls ein *sequenceFlow/@sourceRef* zu einem *parallelGateway* oder *eventBasedGateway* zeigt, dann müssen die *sequenceFlows* unbedingt sein. Damit dürfen sie also kein Kindelement *conditionExpression* beinhalten.

- [R2006] Falls ein *sequenceFlow* ein Kindelement *conditionExpression* beinhaltet, dann darf der *sequenceFlow* nicht von einem Attribut *default* auf einer Aktivität oder einem Gateway referenziert werden.

- [R2007] Wenn *sequenceFlow/@sourceRef* zu einem *exclusiveGaeway* oder *inclusiveGateway* zeigt, dann sollte dieser ein Kindelement *conditionExpression* beinhalten, außer wenn es sich um den *Standard*fluss handelt. In einer nicht-ausführbaren BPMN ist die *conditionExpression* oft ein leeres Element. Die Beschriftung der *sequenceFlow*-Form ist der *sequenceFlow/@name* und nicht der Inhalt der *conditionExpression*.

Das Element messageFlow

- [R3102] Die *messageFlow*-Attribute *source* und *target* dürfen nicht auf Elemente in demselben Prozess zeigen.

- [R3103] *messageFlow/@source* muss auf eine *activity*, *intermediateThrowEvent* mit Kindelement *messageEventDefinition*, *endEvent* mit Kindelement *messageEventDefinition* oder einen Black-Box-Pool zeigen (*participant(not[@processRef])*).

- [R3104] *messageFlow/@target* muss auf eine *activity*, *intermediateCatchEvent* mit Kindelement *messageEventDefinition*, *boundaryEvent* mit Kindelement *messageEventDefinition*, *startEvent* mit Kindelement *messageEventDefinition* oder einen Black-Box-Pool (*participant[(@processRef)]) zeigen*.

- [R3105] *messageFlow/@messageRef*, muss auf ein einziges *message*-Element im Modell zeigen, falls es vorhanden ist.

Die Elemente textAnnotation und association

Eine *textAnnotation* ist ein *Artefakt*. In der Serialisierung ist sie entweder das Kindelement eines *collaboration*- oder eines *process*-Elements. Die *textAnnotation* wird normalerweise durch eine *association* mit einem *flowElement* verbunden. Allerdings wird das von der Spezifikation nicht verlangt. Wenn die *association* eingesetzt wird, dann legt das gegenüberliegende Ende der Assoziation das übergeordnete Element der *textAnnotation*. Wenn die *textAnnotation* auf der Seite „schwebt" (d.h. ohne *association* gezeichnet ist), dann zeigt das *bpmnElement*-Attribut der gleichen Seite (*BPMNPlane*) auf das übergeordnete Element der *textAnnotation*. Falls *bpmnElement* auf ein Element des Typs Unterprozess zeigt, dann gilt der *process*, zu welchem das Element gehört, als direkt übergeordnetes Element der *textAnnotation*.

- [R4001] Wenn eine *textAnnotation* via *association* mit einem *flowElement* verbunden ist, dann ist das direkt übergeordnete Element der Prozess, zu welchem das *flowElement* gehört.

- [R4002] Wenn die *textAnnotation* durch eine *association* mit einem *participant* oder *messageFlow* verbunden ist, dann muss das direkt übergeordnete Element der *textAnnotation* die *collaboration* sein, zu welcher der *participant* oder der *messageFlow* gehört.

- [R4003] Wenn eine *textAnnotation* nicht mit einer *association* verbunden ist und auf der *Hauptseite* gezeichnet wird, dann ist das direkt übergeordnete Element der *textAnnotation* entweder ein *process* oder eine *collaboration*, welche durch das *bpmndi:BPMNPlane/@bpmnElement* referenziert wird.

- [R4004] Wenn eine *textAnnotation* nicht mit einer *association* verbunden wird und auf einer *untergeordneten Seite* gezeichnet wird, dann ist das direkt übergeordnete Element der *textAnnotation* der *process*, zu welchem das Unterprozesselement gehört, welches wiederum durch das *bpmndi:BPMNPlane/@bpmnElement* referenziert wird.

- [R4005] Eine *association*, welche mit einer *textAnnotation* verbunden ist, darf nicht direktional sein, also keine Pfeilspitz haben. Das Attribut *associationDirection* muss also entweder weggelassen oder auf *None* gesetzt werden.

Das Element group

Wie *textAnnotation* ist *group* ein Artefakt, welcher entweder zu einem *process* oder einer *collaboration* gehört.

- [R4500] Wenn eine *group* auf der *Hauptseite* gezeichnet wird, dann ist das direkt übergeordnete Element das *process*- oder *collaboration*-Element, welches durch das *bpmndi:BPMNPlane/@bpmnElement* referenziert wird.

- [R4501] Wenn eine Gruppierung auf einer *untergeordneten Seite* gezeichnet wird, dann ist das direkt übergeordnete Element der *process*, welcher das Element vom Typ Unterprozess enthält, das wiederum durch das *BPMNPlane/@bpmnElement* referenziert wird.

- [R4502] Das Attribut *categoryValueRef* wird durch BPMN-I nicht unterstützt und sollte deshalb in Modellen gemäß BPMN-I-Profil nicht erscheinen.

Datenfluss

- [R5001] Ein *dataObject*-Element wird durch das BPMN-I-Profil nur dann erlaubt, wenn im grafischen Modell eine Datenobjekt-Form darauf zeigt.

- [R5002] Nur *dataObject*-Attribute der analytischen Unterklasse sind in Modellen gemäß dem BPMN-I-Profil erlaubt. Das beinhaltet *id* und *name*.

- [R5003] Ein *dataStoreReference*-Element wird durch das BPMN-I-Profil nur dann erlaubt, wenn im grafischen Modell eine Datenspeicher-Form darauf zeigt.

- [R5004] Nur *dataStoreReference*-Attribute der analytischen Unterklasse sind in Modellen gemäß BPMN-I-Profil erlaubt. Das beinhaltet *id*, *name* und *dataStoreRef*.

- [R5005] *dataStoreReference/@dataStoreRef* muss auf ein *dataStore*-Element zeigen.

- [R5006] Ein *dataObject* oder ein *dataStoreReference* muss die *sourceRef* einer *dataInputAssociation* oder die *targetRef* einer *dataOutputAssociation* oder beides sein. Es darf jedoch nicht unverbunden bzw. frei schwebend sein.

- [R5007] Die *sourceRef* einer *dataInputAssociation* darf nur ein *dataObject* oder eine *dataStoreReference* sein.

- [R5008] Die *targetRef* einer *dataInputAssociation* darf nur *dataInput* sein.

- [R5009] Die *sourceRef* einer *dataOutputAssociation* darf nur *dataOutput* sein.

- [R5010] Die *targetRef* einer *dataOutputAssociation* darf nur ein *dataObject* oder eine *dataStoreReference* sein.

Das Element BPMNShape

- [R9030] Ein *BPMNShape* muss ein Attribut *bpmnElement* besitzen, welches zu einem semantischen Element im Modell zeigt.

- [R9101] Ein *BPMNShape* muss eine *id* besitzen.

- [R9102] Ein *BPMNShape* darf nicht auf einen Prozess referenzieren. Eine Pool-Form muss auf einen *participant* zeigen.

- [R9103] Ein *BPMNShape*, welcher einen *subProcess* oder eine *callActivity* referenziert, muss ein Attribut *isExpanded* enthalten.

- [R9104] Ein *BPMNShape*, welcher einen *participant* (Pool) oder eine *lane* referenziert, muss ein Attribut *isHorizontal* enthalten. Keine andere Form darf dieses Attribut enthalten.

- [R9105] *BPMNShape/@isMarkerVisible* wird nur beim *exclusiveGateway* angewendet. Keine andere Form darf dieses Attribut enthalten.

- [R9106] *BPMNShape/@isMessageVisible* wird nur bei *message* angewendet. Keine andere Form darf dieses Attribut enthalten.

- [R9107] Die Werte von *BPMNShape/dc:Bounds/@x* und *dc:Bounds/@y* dürfen nicht negativ sein.

- [R9108] Die Werte von *BPMNShape/dc:Bounds/@height* und *dc:Bounds/@width* dürfen nicht negativ sein.

- [R9109] Das Kindelement *bpmndi:BPMNLabel* von *BPMNShape* wird durch BPMN-I nicht unterstützt und darf in Modellen gemäß BPMN-I-Profil nicht erscheinen.

Das Element BPMNEdge

BPMNEdge ist die grafische Repräsentation der Elemente Sequenzfluss, Nachrichtenfluss, Assoziation und Datenassoziation. Die Kindelemente *di:waypoint* sind sortierte Listen von Koordinaten, welche die Quelle, die Knickpunkte und das Ziel des Konnektors angeben.

- [R9050] Ein *BPMNEdge* muss ein Attribut *bpmnElement* enthalten, welches zu einem semantischen Konnektor-Element im Modell zeigt.

- [R9051] Ein *BPMNEdge* muss eine *id* haben.

- [R9052] Die *BPMNEdge*-Attribute *sourceElement*, *targetElement* und *messageVisibleKind* und das Kindelement *BPMNLabel* werden durch BPMN-I nicht unterstützt und dürfen in Modellen gemäß BPMN-I-Profil nicht erscheinen.

- [R9053] Der erste *di:waypoint* eines *BPMNEdge* sollte auf oder innerhalb der Zeichen-Box eines *BPMNShape* liegen. Dieser repräsentiert das Element, welches durch die *sourceRef* des semantischen Konnektors referenziert wird.

- [R9054] Der letzte *di:waypoint* eines *BPMNEdge* sollte auf oder innerhalb der Zeichen-Box eines *BPMNShape* liegen. Dieser repräsentiert das Element, welches durch die *targetRef* des semantischen Konnektors referenziert wird.

KAPITEL 19

Was ist ausführbare BPMN?

Bis zu diesem Punkt haben wir uns auf *nicht-ausführbare BPMN* konzentriert. Damit beschreibt ein Prozessdiagramm die Prozesslogik in einer für Menschen verständlichen Art und Weise. Der Schwerpunkt liegt dabei auf dem Diagramm, also der visuellen Darstellung der Prozesslogik. Die XML-Serialisierung dient vor allem für den Modellaustausch zwischen Werkzeugen, aber auch dafür die Semantik zu präzisieren. Bei alldem ist jedoch der größte Aufwand in der Entwicklung der BPMN 2.0-Spezifikation für Elemente in Bezug auf *ausführbare Prozesse* betrieben worden. In einem ausführbaren Prozess automatisiert eine Software-Engine (oder auch Ausführungsumgebung) die Ausführung eines Modells von der Prozessinstanziierung bis zum Ende eines Prozesses. Dafür werden zusätzliche Details für jedes BPMN-Element benötigt. Konkret sind dies:

- Prozessvariablen

- Eingabe- und Ausgabe-Daten für Tasks und das Mapping der Daten auf Variablen

- Benutzeroberflächen für die Tasks und geführte Bildschirmmasken

- Geschäftslogik für die Taskausführung

- Formulierung von Bedingungen

- Ereignisdefinitionen

- Nachrichten

Diese Details sind im Diagramm nicht sichtbar. Doch BPMN 2.0 liefert XML-Element, um sie zu spezifizieren.

BPM-Suiten, welche auf BPMN 1.x basieren, werden seit einigen Jahren auf dem Markt angeboten. Sie unterstützen eine Ausführungslogik von BPMN. Allerdings entspricht diese Logik nicht dem, was wir hier als ausführbare BPMN bezeichnen. Der Grund dafür ist, dass die Prozesslogik in diesen Werkzeugen zwar der Semantik und den Regeln von BPMN folgen, die Details zur Modellausführung jedoch von jedem Werkzeug proprietär spezifiziert wurde. Deshalb war es ein ausdrückliches Ziel für BPMN 2.0, diese ausführungsbezogenen Details zu standardisieren.

Das bedeutet immer noch nicht, dass BPMN 2.0 eine Prozessausführungssprache wie BPEL (Business Process Execution Language) ist, in welchen die Sprache direkt auf der Ausführungsumgebung ausgeführt wird. Einige Hersteller mögen eine solche Umgebung implementieren. Doch aus unserer Sicht dient die ausführbare BPMN 2.0 eher als ein *Austauschformat*. Intern hat jedes Werkzeug sein eigenes Objektmodell, kann aber ausführungsbezogene Details mittels BPMN 2.0-XML *exportieren* und idealerweise auch *importieren*. Im Rahmen dieses Buches wird der Ausdruck „ausführbare BPMN" in Bezug auf die Fähigkeit eines Werkzeugs deshalb wie folgt gebraucht: Ausführungsbezogene Details, wie die oben aufgelisteten, sollen dem BPMN 2.0-Metamodell und dem Schema entsprechend spezifiziert und exportiert werden können.

Allgemeine ausführbare Unterklasse

Zusätzlich zur analytischen und deskriptiven Unterklasse für nicht-ausführbare BPMN zählt die Spezifikation die Elemente und Attribute auf, welche für die grundlegende ausführbare BPMN unterstützt werden. Dieses Set wird auch mit *„allgemeine ausführbare Unterklasse"* bezeichnet (*Common Executable Subclass*). Die darin enthaltenen Formen und Symbole entsprechen weitgehend der deskriptiven Unterklasse. Dazu gesellen sich weitere Kindelemente und Attribute, um ausführbare Details zu spezifizieren. Die allgemeine ausführbare Unterklasse zieht unterstützend das XML-Schema als Definitionssprache für Typen, WSDL als Definitionssprache für Serviceschnittstellen und XPath als die Sprache zur Referenzierung von Datenelementen bei.

Element	Attribute
sequenceFlow	id, name, sourceRef, targetRef, conditionExpression, default
exclusiveGateway	id, name, gatewayDirection, default
parallelGateway	id, name, gatewayDirection
eventBasedGateway	Id, name, gatewayDirection, eventGatewayType
userTask	id, name, rendering, implementation, resource, ioSpecification, dataInputAssociation, dataOutputAssociation, loopCharacteristics, boundaryEventRefs
serviceTask	id, name, implementation, operationRef, ioSpecification, dataInputAssociation, dataOutputAssociation, loopCharacteristics, boundaryEventRefs
subProcess	id, name, flowElement, loopCharacteristics, boundaryEventRefs
callActivity	id, name, calledElement, ioSpecification, dataInputAssociation, dataOutputAssociation, loopCharacteristics, boundaryEventRefs
dataObject	id, name, isCollection, itemSubjectRef
textAnnotation	id, text
dataAssociation	id, name, sourceRef, targetRef, assignment
startEvent (None)	id, name
endEvent (None)	id, name
Message startEvent	id, name, messageEventDefinition (ref or contained), dataOutput, dataOutputAssociation
Message endEvent	id, name, messageEventDefinition (ref or contained), dataInput, dataInputAssociation
Terminate endEvent	id, name, terminateEventDefinition
Message intermediateCatchEvent	id, name, messageEventDefinition, dataOutput, dataOutputAssociation
Message intermediateThrowEvent	id, name, messageEventDefinition, dataInput, dataInputAssociation
Timer intermediateCatchEvent	id, name, timerEventDefinition
Error boundaryEvent	id, name, attachedToRef, errorEventDefinition, dataOutput, dataOutputAssociation

Tabelle 1: Allgemeine ausführbare Unterklasse

Die allgemeine ausführbare Unterklasse enthält zusätzlich folgende unterstützenden Elemente:

Element	Attribute
standardLoopCharacteristics	id, loopCondition
multiInstanceLoopCharacteristics	id, isSequential, loopDataInput, inputDataItem
rendering	
resource	id, name
resourceRole	id, resourceRef, resourceAssignmentExpression
ioSpecification	id, dataInput, dataOutput
dataInput	id, name, isCollection, itemSubjectRef
dataOutput	id, name, isCollection, itemSubjectRef
itemDefinition	id, structure (complexType) or import
operation	id, name, inMessageRef, outMessageRef, errorRef
message	id, name, structureRef
error	id, structureRef

assignment	id, from, to (complexType)
messageEventDefinition	id, messageRef, operationRef
terminateEventDefinition	Id
timerEventDefinition	id, timeDate

Tabelle 2: Die unterstützenden Elemente der allgemeinen ausführbaren Unterklasse

Beachten Sie, dass einige Elemente der Deskriptiven Unterklasse in der ausführbaren Unterklasse fehlen: *Pool, Lane, messageFlow* und *dataStore*. Das korrespondiert mit dem Fakt, dass heute wenige BPM-Suiten Kollaborationsdiagramme in ihren BPMN-Werkzeugen unterstützen. Ebenso wird das Fehlerereignis als einziges in der angehefteten Form unterstützt. Außerdem wird dieses wahrscheinlich nur auf Tasks verwendet, denn das Fehler-Endereignis ist in dieser Unterklasse nicht enthalten. Das Kindelement *timeDuration* von *timerEventDefinition* wurde wohl eher aus Versehen weggelassen und sollte der Unterklasse hinzugefügt werden. Dennoch ist klar, dass die allgemeine ausführbare Unterklasse nur das notwendigste Minimum von Ausnahmebehandlungen enthält. Dennoch bietet sie alle notwendigen Elemente, um einen einfachen ausführbaren Prozess zu definieren. Wir werden in den nächsten Kapiteln schauen, wie das gemacht wird.

KAPITEL 20

Mapping von Variablen und Daten

Die Serialisierung des Datenflusses in nicht-ausführbaren Modellen wurde in Kapitel 16 erklärt. Diesen Modellen hat jedoch jegliche formelle Definition von Datenelementen, Ausdrücken und Mappings gefehlt. Prozessdaten stehen im Zentrum der ausführbaren BPMN. In diesem Kapitel werden wir sehen, wie solche Details in BPMN 2.0 definiert werden.

Beginnen wir mit einem kleinen Überblick:

1. Elemente für Prozessdaten referenzieren ihre Definitionen, indem sie auf ein *itemDefinition*-Element zeigen, welches wiederum auf ein Element oder einen komplexen Typen zeigt, was *außerhalb* des BPMN-Dokuments definiert und hinein *importiert* wurde. Die Unterstützung von XSD- und WSDL-Dateien wird durch die allgemeine ausführbare Unterklasse vorausgesetzt. Es ist auch erlaubt, Datentypen *innerhalb* des BPMN-Dokuments als komplexe XSD-Typen zu definieren und sie durch QName aus dem Attribut *structureRef* von *itemDefinition* zu referenzieren.

2. *Datenobjekte* stehen für Prozessvariable, welche durch die Ausführungsumgebung verwaltet werden. Ein Datenobjekt steht nur innerhalb derselben Prozessebene (und deren Kindelemente) zur Verfügung, in welcher es definiert wurde. Es existiert nur während der aktiven Zeit eines Prozesses oder Unterprozesses, in welchem es definiert wurde. Sobald dieser Prozess oder Unterprozess abgeschlossen ist, kann das Datenobjekt nicht länger verwendet werden.

3. *dataInputs und dataOutputs von Aktivitäten* sind Schnittstellenparameter, welche durch das *ioSpecification*-Element der Aktivität definiert werden. Sie werden mit den Datenobjekten über die *Datenassoziationen* verbunden. Die Mapping-Details werden mittels *Zuweisung* oder *Transformation* spezifiziert. Es ist auch möglich, für die Implementierung der Zuordnung erweiterter Daten *Skripttasks* zu verwenden.

4. *Ereignisse* mit zugeordneten *itemDefinition*, einschließlich Nachricht, Signal, Fehler und Eskalation, können auch Datenassoziationen haben, welche Ereignisdaten bestücken oder speichern. Empfangende Ereignisse besitzen lediglich eine *dataOutputAssociation*, sendende Ereignisse umgekehrt nur eine *dataInputAssociation*.

Lassen Sie uns nun etwas genauer hinschauen.

Das Element *itemDefinition*

In der nicht-ausführbaren BPMN werden Prozessdaten lediglich durch den *Namen* des *dataObject*- oder *dataStore*-Elements beschrieben. Falls die BPMN zur Beschreibung von fachlichen Anforderungen für eine Implementierung verwendet wird, werden in der ausführbaren BPMN vermehrt detaillierte Datenbeschreibungen benötigt. Die BPMN 2.0 unterstützt das mit dem *itemDefinition*-Element. Die *itemDefinition* ist ein Basiselement und darf durch jedes Element, welches *item-aware* ist, im Modell referenziert werden.

Beachten Sie, dass der *name* des Datenelements nicht ein Attribut der *itemDefinition* ist, sondern zu jenem Element gehört, welches *item-aware* ist.

BPMN liefert keine eigene Datenbeschreibungssprache (DDL). Datenstrukturen werden als extern definiert angenommen, für welche Standard-Datenbeschreibungssprachen und Werkzeuge verwendet werden und welche in das BPMN-Modell *importiert* werden. Das *typeLanguage*-Attribut des Basiselements *definitions* spezifiziert die Standardsprache zur Beschreibung von Datentypen für alle *itemDefinitions*; wird es weggelassen, so wird Datentypensprache des XSD übernommen.

Hier sorgt die Spezifikation wiederum für etwas Verwirrung. Das Metamodell (Abbildung 8.25 und Tabelle 8.47 in der BPMN 2.0-Spezifikation) gibt der *itemDefinition* ein zusätzliches Attribut *import*, welches auf ein Basiselement *import* im Modell zeigt. Dieses Attribut existiert jedoch im XSD nicht. Deshalb können wir es in der Serialisierung auch nicht verwenden. Es wird auch nicht wirklich benötigt, denn der importierte Schemaelementname muss innerhalb seines Namensraums eindeutig sein.

Die Attribute von *itemDefinition* beinhalten:

- *Id*, das Ziel von *itemSubjectRef* eines Elements, welches *item-aware* ist.

- *isCollection*, eine boolesche Variable (standardmäßig *false*) weist darauf hin, dass es sich um eine *collection* von Datenelementen handelt. Ein *dataObject*, welches eine *itemDefinition* referenziert, muss für *isCollection* denselben Wert tragen.

- *itemKind* ist eine Variable vom Typ Aufzählung, engl. enumerated type oder enum, mit einer vorgegebenen Liste an Werten (*information* oder *physical*, standardmäßig *information*). Sie weist demzufolge auf Daten oder physische Gegenstände hin.

- *structureRef* ist ein Zeiger der Art QName, welcher auf die Datenstruktur verweist. Diese wiederum muss ein einzelnes oder ein komplexer Typ in der spezifizierten *typeLanguage* sein. Falls das XSD (standardmäßig) die *typeLanguage* ist, dann zeigt *structureRef* typischerweise auf ein Element oder einen komplexen Typen in einer importierten XSD-Datei. Hier wird der Typ QName als wirklicher QName verwendet – also ein durch den Namensraum qualifizierter Elementname, nicht ein *id*-Wert mit Präfix.

Das Element *message*

Das Basiselement *message* gilt ebenfalls als *item-aware*. *messageRef* ist ein Attribut von *messageFlow, messageEventDefinition, sendTask* und *receiveTask*, welches auf ein *message*-Element zeigt.

Um die visuelle Nachrichtenform im Diagramm zu unterstützen, beinhaltet die analytische Unterklasse nur die *message*-Attribute *id* und *name*. In der ausführbaren BPMN ist das zusätzliche Attribut *itemRef* eine *id*-Referenz mit Präfix, die zu einer *itemDefinition* zeigt, welche die Nachrichtenstruktur detailliert. In dem Fall referenziert die *structureRef* der *itemDefinition* oft auf ein Element in einer importierten WSDL-Datei.

Definition der Import-Struktur

Wie das Basiselement *import* verwendet wird, um BPMN-Dateien in ein Modell zu importieren, haben wir bereits gesehen. Wird BPMN für die Ausführung oder detaillierte Beschreibung von Geschäftsanforderungen verwendet, so wird *import* auch zur Referenzierung von Nachrichten- und Datenstrukturen verwendet, welche in externen WSDL- und XSD-Dateien definiert sind. Andere Beschreibungssprachen werden durch BPMN 2.0 erlaubt. Doch die Spezifikation sagt, dass der WSDL- und XSD-Import zur Spezifikationskonformität ein Muss ist.

Wenn XSD-Dateien importiert werden, muss das Attribut *importType* von *import* auf *http://www.w3.org/2001/XMLSchema* gesetzt werden. Wenn WSDL 2.0-Dateien importiert werden, dann muss *importType* auf *http://www.w3.org/TR/wsdl20/* gesetzt sein. Das Attribut *location* gibt die URL oder den Dateipfad der importierten Datei an und das Attribut *namespace* spezifiziert den Zielnamensraum der importierten Datei.

Beispiel: Datenfluss mit importierten *itemDefinitions*

Um den Gebrauch von *itemDefinition* und *import* zu illustrieren gehen wir zurück zu einem simplen Beispiel zur Darstellung von Datenflüssen, dargestellt in Abbildung 20-1. Das Beispiel wird bewusst in englischer Sprache belassen.

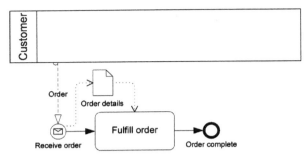

Abbildung 20-1: Einfacher Datenfluss mit importierten *itemDefinitions*

Die Serialisierung davon wird unten dargestellt:

```xml
<definitions targetNamespace="http://www.itp-commerce.com"
xmlns="http://www.omg.org/spec/BPMN/20100524/MODEL" xmlns:itp="http://www.itp-
commerce.com/BPMN2.0" xmlns:order="http://www.example.org/Order" xmlns:tns="http://www.itp-
commerce.com" xmlns:xsi="http://www.w3.org/2001/XMLSchema-instance" exporter="Process Modeler 5 for
Microsoft Visio" exporterVersion="5.2742.13663 SR6" id="_a26428bb-9287-4346-b659-1d89f5d41217"
xsi:schemaLocation="http://www.omg.org/spec/BPMN/20100524/MODEL schemas\BPMN20.xsd">
    <import importType="http://www.w3.org/2001/XMLSchema" location="Order.xsd"
namespace="http://www.example.org/Order"/>
    <import importType="http://www.w3.org/TR/wsdl20/" location="OrderProcess.wsdl"
namespace="http://www.example.org/Order"/>
    <itemDefinition id="item001" structureRef="order:OrderDetails"/>
    <itemDefinition id="item002" structureRef="order:OrderMsg"/>
    <message id="msg001" name="Order" itemRef="tns:item002"/>
    <collaboration id="_2ac611c8-fd55-46eb-8af3-1b3e8229a297">
        <participant id="_d4c94914-9ee4-402d-86d2-427956d26872" name="Customer"/>
        <participant id="p_5c311ebc-4ae3-41aa-a2f5-a7802720c773" name="Order Process"
processRef="_5c311ebc-4ae3-41aa-a2f5-a7802720c773"/>
        <messageFlow id="_1a70e302-c697-42fe-b612-d4d286891621" name="Order" sourceRef="_d4c94914-
9ee4-402d-86d2-427956d26872" targetRef="_a5ff783f-b313-46f4-997c-6a5f3bee18e0"
messageRef="tns:msg001"/>
    </collaboration>
    <process id="_5c311ebc-4ae3-41aa-a2f5-a7802720c773" name="Order Process" processType="None">
        <startEvent id="_c529a130-7805-4b9e-90b7-8d923e4813ca" name="Receive order">
            <dataOutput id="do_c529a130-7805-4b9e-90b7-8d923e4813ca" itemSubjectRef="tns:item001"/>
            <dataOutputAssociation id="_5f837dfc-d686-4e1c-bb9e-67123e59cadf">
                <sourceRef>do_c529a130-7805-4b9e-90b7-8d923e4813ca</sourceRef>
                <targetRef>_37bff1e7-a72c-434a-81b9-2873d11b8845</targetRef>
            </dataOutputAssociation>
            <messageEventDefinition messageRef="tns:msg001"/>
        </startEvent>
        <task id="_f2509706-84ef-4f59-8fdb-5f25b3102686" name="Fulfill Order">
            <ioSpecification>
                <dataInput id="di_f2509706-84ef-4f59-8fdb-5f25b3102686" itemSubjectRef="tns:item001"/>
                <inputSet>
                    <dataInputRefs>di_f2509706-84ef-4f59-8fdb-5f25b3102686</dataInputRefs>
                </inputSet>
                <outputSet/>
            </ioSpecification>
            <dataInputAssociation id="_985c2eb0-3265-4f13-a295-e29778b1c973">
```

```
            <sourceRef>_37bff1e7-a72c-434a-81b9-2873d11b8845</sourceRef>
            <targetRef>di_f2509706-84ef-4f59-8fdb-5f25b3102686</targetRef>
        </dataInputAssociation>
    </task>
    <endEvent id="_846d6306-9380-4e56-aee7-532d1ef96fc5" name="Order complete"/>
    <dataObject id="_37bff1e7-a72c-434a-81b9-2873d11b8845" name="Order details"
itemSubjectRef="tns:item001"/>
    <sequenceFlow id="_88c3ac5d-877d-465e-9669-c7f6b2443105" sourceRef="_c529a130-7805-4b9e-
90b7-8d923e4813ca" targetRef="_f2509706-84ef-4f59-8fdb-5f25b3102686"/>
    <sequenceFlow id="_689e46f9-5213-49fd-8050-4649e6368cf1" sourceRef="_f2509706-84ef-4f59-8fdb-
5f25b3102686" targetRef="_846d6306-9380-4e56-aee7-532d1ef96fc5"/>
    </process>
</definitions>
```

Abbildung 20-2: Serialisierung eines einfachen Datenflusses mit importierten *itemDefinitions*

Zur Serialisierung in Abbildung 20-2 beachten Sie bitte Folgendes:

- Es gibt zwei *import*-Elemente, eines für die Schemadatei *Order.xsd* und das andere für eine WSDL-Datei *OrderMsg.wsdl*. In diesem Fall gehören sie zum gleichen Namensraum, obwohl es recht üblich ist, separate Namensräume für XSD- und WSDL-Dateien zu verwenden.

- Der Namensraum für die importierten Dateien wird in *definitions* deklariert und mit dem Präfix *order* versehen.

- Ebenso wird in *definitions* das Präfix *tns* deklariert, welches für die BPMN-Datei *targetNamespace* steht. Dieser ist hier der gleiche wie der Standardnamensraum (ohne Präfix), deshalb benötigen wir es gar nicht. Doch weil die *id*-Werte von *itemDefinition* und *message* in dieser Serialisierung nicht als global eindeutig definiert sind, können QName-Referenzen zu diesen eindeutig mit dem Namensraum-Präfix bestimmt werden.

In diesem einfachen Beispiel referenzieren sowohl der *dataOutput* des Startereignisses, das *dataObjext* wie auch der *dataInput* des Tasks alle auf dasselbe Element *OrderDetails* in *Order.xsd*. Generell müssen diese nicht identisch sein, weil die Zuordnung über eine Datenassoziation gemacht werden kann.

Eigenschaften und Instanzattribute

Werte von Datenobjekten, Daten-Inputs und Daten-Outputs können über Mappings von Daten und Bedingungsausdrücken zugegriffen werden. Zusätzlich definiert BPMN für diese zwei weitere Datenelemente: die *property*- und *instance*-Attribute.

- Eine *property* ist ein Benutzerdefiniertes Datenelement eines Prozesses, einer Aktivität oder eines Ereignisses. Es hat keine grafische Repräsentation im Modell. Zum Beispiel könnte ein KPI als *property* definiert werden.

- Die Spezifikation definiert verschiedene Instanzattribute für einen Prozess, eine Aktivität oder ein Ereignis, womit Werte dargestellt werden, die je nach Instanz anders aussehen. Die aktuell zugewiesenen *Taskperformer*, *Taskpriorität* und die momentane *Schleifenanzahl* einer Schleifenaktivität sind Beispiele von Instanzattributen.

Mapping von Daten

Das *Mapping von Daten* ist in allen Aspekten der ausführbaren BPMN wichtig, egal, ob Datenflüsse im Diagramm visualisiert werden oder nicht. *dataInputs* und *dataOutputs* von gewissen Tasks im Prozessmodell werden bei der Implementierung definiert, andere spezifiziert der Benutzer. In beiden Fällen müssen die Daten zwischen den Prozessvariablen (*dataObjects*), den *properties* oder den *Instanzattributen* und den *dataInputs* und *dataOutputs* von Tasks abgeglichen werden. Dieses Mapping kann in der BPMN 2.0-XML auf verschiedene Arten ausgedrückt werden. Diese Varianten werden nachfolgend beschrieben.

Identity Mapping

Identity Mapping bedeutet, dass Quelle und Ziel von Datenassoziationen die gleichen Datenstrukturen referenzieren. In diesem Fall werden nur *sourceRef* und *targetRef* in der XML spezifiziert.

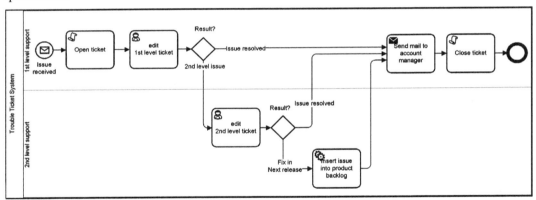

Abbildung 20-3: Incident-Management-Prozess (Quelle: OMG)

Das Beispiel *Incident Management* von der OMG-Webseite[22] (Abbildung 20-3) zeigt ein Identity Mapping eines *dataObject*, welches ein Geschäftsobjekt (engl. Business Object) darstellt, zum *dataInput* eines *serviceTask*, welcher den Namen *insert issue into product backlog* trägt:

```
...
<dataObject id="TicketDataObject" itemSubjectRef="tns:TicketItem" />
```

---

[22] http://www.omg.org/cgi-bin/doc?dtc/10-06-02.pdf

```
    ...
  <serviceTask name="Insert issue into product backlog"
    operationRef="tns:addTicketOperation" id="_1-325">
    <ioSpecification>
      <dataInput itemSubjectRef="tns:TicketItem" id="TicketDataInputOf_1-325" />
      <inputSet>
        <dataInputRefs>TicketDataInputOf_1-325</dataInputRefs>
      </inputSet>
      <outputSet />
    </ioSpecification>
    <dataInputAssociation>
      <sourceRef>TicketDataObject</sourceRef>
      <targetRef>TicketDataInputOf_1-325</targetRef>
    </dataInputAssociation>
  </serviceTask>
      ...
<itemDefinition id="TicketItem" isCollection="false" itemKind="Information"
  structureRef="com.camunda.examples.incidentmanagement.TroubleTicket" />
    ...
```

Abbildung 20-4: Beispiel für das Identity Mapping (Quelle: OMG)

Identity Mapping wird durch eine *dataInputAssociation* ohne Kindelement *assignment* angegeben. Wird dieses Mapping verwendet, müssen die *sourceRef-* und *targetRef-*Elemente denselben Datentypen haben. Das ist hier der Fall, denn sowohl bei *dataInput* wie auch bei *dataObject* zeigt *itemSubjectRef* zur selben *itemDefinition*. Die Details des *itemDefinition-*Datentypen werden in diesem OMG-Beispiel nicht mitgeliefert. Idealerweise referenziert das *structureRef-*Attribut auf ein Element oder einen komplexen Typen in einer importierten XSD-Datei.

Mapping der Elemente assignment/from und assignment/to

Falls Quellen- und Zieldatenelement nicht identisch sind, definiert das *assignment/from-* und *assignment/to-*Element einer Datenassoziation das Mapping. Die Elemente *assignment/from* und *assignment/to* sind *expressions* in der Standard-*expressionLanguage*, welche im Basiselement *definitions* spezifiziert wird, solange diese nicht durch das *language-*Attribut des *from* oder *to-*Element übersteuert wird. Im untenstehenden Fragment, welches ebenfalls aus dem Beispiel *Incident Management* der OMG stammt, ist die Standardbeschreibungssprache die Java Universal Expression Language (UEL). Zwar verlangt die allgemeine ausführbare Unterklasse von BPMN 2.0 die Unterstützung von XPath 1.0 als Beschreibungssprache, doch Java-basierte Werkzeuge könnten UEL für die Implementierung als einfacher erachten.

```
  <dataObject id="TicketDataObject" itemSubjectRef="tns:TicketItem" />
      ...
  <sendTask name="Send mail to account manager" messageRef="tns:AnswerMessage"
    operationRef="tns:sendMailToIssueReporterOperation" id="_1-150">
    <ioSpecification>
      <dataInput itemSubjectRef="tns:AnswerItem" id="AnswerData nputOfSendTask" />
      <inputSet>
```

```
    <dataInputRefs>AnswerDataInputOfSendTask</dataInputRefs>
   </inputSet>
   <outputSet />
 </ioSpecification>
 <dataInputAssociation>
   <sourceRef>TicketDataObject</sourceRef>
   <targetRef>AnswerDataInputOfSendTask</targetRef>
   <assignment>
     <from>${getDataObject("TicketDataObject").reporter}</from>
     <to>${getDataInput("AnswerDataInputOfSendTask").recipient}</to>
   </assignment>
   <assignment>
     <from>
       A ticket has been created for your issue, which is now in
       status ${getDataObject("TicketDataObject").status}.
     </from>
     <to>${getDataInput("AnswerDataInputOfSendTask").body}</to>
   </assignment>
 </dataInputAssociation>
</sendTask>
```

Abbildung 20-5: Mapping-Beispiel, welche *assignment*/*from* und *assignment*/*to* in UEL verwendet wird (Quelle: OMG)

Hier werden bestimmte Elemente vom *TicketItem*-Datenobjekt zum Datenobjekt des *dataInput* von *sendTask* zugeordnet, welcher mit *Send mail to account manager* benannt wird. Im Speziellen wird hier das Element *reporter* von *TicketItem* mit dem Element *body* des *dataInput* zugeordnet. Zudem wird eine Textfolge, welche das *status*-Element von *TicketItem* enthält, zum *body*-Element des *dataInput* zugeordnet. Beachten Sie, dass *from* und *zu*-Ausdrücke sich nicht direkt auf *dataObject* und *dataInput*, sondern die Zugriffsfunktion *getDataObject* und *getDataInput* verwenden. BPMN 2.0 definiert diese als *extension functions* für XPath-Ausdrücke, welche auf Elemente von Datenobjekten, Daten-Inputs und –Outputs, Eigenschaften und Instanzattribute zugreifen wollen. Im obigen Beispiel verwendet UEL dieselben Funktionen, obwohl sie nicht unbedingt notwendig sind. In XPath würde das Mapping wie folgt aussehen:

```
 <dataInputAssociation>
   <sourceRef>TicketDataObject</sourceRef>
   <targetRef>AnswerDataInputOfSendTask</targetRef>
   <assignment>
     <from>getDataObject("TicketDataObject")/tns:reporter</from>
     <to>getDataInput("AnswerDataInputOfSendTask")/tns:recipient</to>
   </assignment>
   <assignment>
     <from>
       concat("A ticket has been created for your issue, which is now in
       status", getDataObject("TicketDataObject")/tns:status)
     </from>
     <to>getDataInput("AnswerDataInputOfSendTask")/tns:body</to>
   </assignment>
```

```
    </dataInputAssociation>
  </sendTask>
```

Abbildung 20-6: Mapping-Beispiel, welches assignment/from und assignment/to in XPath verwendet

Mapping von Transformationen

Assignment/from und *assignment/to* vollzieht eine Stück-für-Stück-Zuordnung von Datenelementen. Alternativ kann ein einzelnes *transormation*-Element für die Zuordnung von einem *sourceRef*-Element zu einem *targetRef*-Element verwendet werden. Unglücklicherweise wird *transformation* in der Spezifikation als einfacher Ausdruck des Typs *tFormalExpression* definiert. Damit ist nicht klar, ob hier z.B. eine XSLT 2.0-Transformation verwendet werden könnte. XSLT ist nicht wirklich eine Beschreibungssprache. Es gibt auch keine Möglichkeit für *transformation*, um auf eine externe XSLT-Datei zu referenzieren. Die Inhalte des XSLT könnten als ein CDATA-Abschnitt in das *transformation*-Element kopiert werden.

Mapping von Skripttasks

Die Verwendung eines Skript-Task wäre ein praktischer Weg, um das Mapping von komplexen Daten in BPMN zu vollziehen. Ein *scriptTask*-Element stellt Code dar, der in die BPMN eingebettet und auf der Ausführungsumgebung durchgeführt wird. Genau das unterscheidet das *scriptTask-* vom *serviceTask*-Element, in welchem die Ausführungsumgebung die Funktion eines anderen Systems ausführt. Ein Skript ist ein Set von Anweisungen, also ein Programm und nicht nur ein simpler Ausdruck. Die unterstützen Skriptsprachen variieren je nach Ausführungsumgebung. Sie könnten Javascript oder Groovy enthalten. Die allgemeine ausführbare Unterklasse der BPMN 2.0 verlangt keine Unterstützung für irgendeine bestimmte Skriptsprache.

Das *scriptTask*-Element hat ein Attribut *scriptFormat*, welches die Skriptsprache als ein MIME-Type-String spezifiziert (also als *text/x-groovy* (Groovy) oder *application/x-javascript* (Javascript)). Ein Kindelement von *script* enthält den Skripttext. Dieser kann in einem CDATA-Abschnitt enthalten sein, womit das XML-Parsen des Skripts verhindert wird.

Das untenstehende Fragment des Beispiels *Incident Management* von der OMG illustriert die Bestückung eines *dataOutput* durch ein Groovy-Skript.

```
<scriptTask name="Open ticket" scriptFormat="text/x-groovy" id="_1-26">
    <ioSpecification>
      <dataInput itemSubjectRef="tns:IssueItem"
        id="IssueDataInputOfScriptTask" />
      <dataOutput itemSubjectRef="tns:TicketItem" id="TicketDataOutputOfScriptTask"/>
      <inputSet>
        <dataInputRefs>IssueDataInputOfScriptTask</dataInputRefs>
      </inputSet>
      <outputSet>
        <dataOutputRefs>TicketDataOutputOfScriptTask</dataOutputRefs>
      </outputSet>
    </ioSpecification>
```

```
<dataInputAssociation>
  <sourceRef>IssueDataInputOfProcess</sourceRef>
  <targetRef>IssueDataInputOfScriptTask</targetRef>
</dataInputAssociation>
<dataOutputAssociation>
  <sourceRef>TicketDataOutputOfScriptTask</sourceRef>
  <targetRef>TicketDataObject</targetRef>
</dataOutputAssociation>
<script><![CDATA[
  issueReport = getDataInput("IssueDataInputOfScriptTask")

  ticket = new TroubleTicket()
  ticket.setDate = new Date()
  ticket.setState = "Open"
  ticket.setReporter = issueReport.getAuthor()
  ticket.setDesctiption = issueReport.getText()

  setDataOutput("TicketDataOutputOfScriptTask", ticket)
]]></script>
</scriptTask>
```

Abbildung 20-7: Beispiel eines Data Mappings mittels Groovy-Skript (Quelle: OMG)

KAPITEL 21

Services, Nachrichten und Ereignisse

Services

Außer für Skripts, welche direkt in der XML eingebettet sind, setzt BPMN 2.0 voraus, dass ein automatisierter Task als *service* durch einen Prozess aufgerufen wird. Das Metamodell von BPMN 2.0 definiert die Basiselemente eines Service. Anders als bei BPEL wird mit BPMN die Implementierung des Web Services nicht verlangt. Hingegen wird gefordert, dass der Service eine *Schnittstelle* mit einer Anzahl *operations* hat, welche wiederum durch *Nachrichten* aufgerufen werden.

Schnittstelle

Eine Service*schnittstelle* (Element *interface*) ist ein Basiselement der BPMN XML, das *name* und eine oder mehrere *operation*-Elemente enthält. Das *interface*-Element besitzt zudem ein optionales Attribut *implementationRef*, welches auf einen konkreten Implementationsartefakt zeigt, der die Schnittstelle darstellt (z.B. ein *WSDL portType*).

In einer Kollaboration kann ein *participant* auf zahlreiche *interface*- oder *endPoint*-Elemente zeigen. Die aktuelle Definition der Serviceadresse ist außerhalb des Definitionsbereichs von BPMN 2.0. Der *endPoint* kann via WS-Adressierung oder ähnliches spezifiziert werden. Dafür sind die *extensionElements* zu verwenden.

Das Element operation

Eine *operation* definiert die *message*-Elemente, welche für Anfrage, Antwort und Fehler verwendet werden. Jede *operation* muss ein *name*-Element und genau eine *inMessageRef*, also ein Zeiger auf die Anfragenachricht (input) aufweisen. Das *name-Element* muss innerhalb des gleichen Namensraums eindeutig sein. Sollte die *operation* eine Antwort zurückgeben, müssen auch die *outMessageRef*, sowie kein oder mehrere *errorRef*-Elemente definiert werden. *errorRef* zeigt nicht auf eine *message* sondern zu einem Basiselement des Typs *error*. Zudem kann die *operation* eine *implementationRef* enthalten, welche zu einem konkreten Implementationsartefakt zeigt, welches die Operation repräsentiert (z.B. eine *WSDL-Operation*).

Nachrichten

Jede *Nachricht*, welche in einem ausführbaren Prozess verwendet wird, muss in einem Basiselement des Modells deklariert werden. Das *message*-Element liefert *name* und *itemRef* (mit Präfix), welches zu einer *itemDefinition* zeigt. Die *itemDefinition* wiederum besitzt ein *structureRef*, welches über dessen *name* zu einer Datenstrukturdefinition zeigt, also zu einem Element oder komplexen Typ in einem importierten XSD oder WSDL.

BPMN unterstützt eine Reihe von Nachrichtenimplementierungen. Generell wird angenommen, dass die Nachricht aus einem *Header* (Kopf der Nachricht) und einem *Payload* (Nutzdaten) besteht. Der *Header* wird für Themen wie Adressierung von Endpunkten (endpoints), Quality of Service und Sicherheitsaspekte verwendet. Der *Payload* enthält den eigentlichen Inhalt der Nachricht. Der *dataInput* und *dataOutput* von BPMN-Nachrichtenereignissen sowie Sende- oder Empfangen-Tasks beziehen sich nur auf den *Payload*, nie aber auf den *Header*.

Die BPMN-Spezifikation beschreibt einen *CorrelationKey*-Mechanismus, um während der Laufzeit eine Nachricht an eine spezifische Prozessinstanz zu binden. Allerdings wird die Verwendung davon auf die *Konversationsmodelle* beschränkt. Während wir in der Praxis nie Konversationsmodelle angetroffen haben, könnte man zumindest für ausführbare Prozesse die Identifikation von Zielprozessinstanzen für eine eingehende Nachricht als für universell notwendig bezeichnen. Das ist sogar für BPM-Suiten, die keine Unterstützung für Kollaborationen oder Nachrichtenflüsse bieten, der Fall. Also muss für diesen allgemeinen Fall jede BPM-Suite seine eigene Implementierung liefern. Dies erfolgt durch eine Instanz-ID, welche im Nachrichten-*Payload* integriert ist. Ein standardisierter Weg für die Implementierung von Nachrichtenkorrelationen außerhalb von Konversationsdiagrammen ist eine wesentliche Unterlassung der BPMN 2.0-Vorgaben aus der Spezifikation.

Automatisierte Tasks

Das Element serviceTask

Ein *serviceTask* ist ein Task, der automatisch die *operation* eines Service aufruft. Sein *implementation*-Attribut spezifiziert die Technologie, welche zum Versand der Aufrufnachricht und Versand der Antwort verwendet wird. Wird es weggelassen, dann wird ein Standardwert *##WebService* impliziert. Alternativ kann die *implementation* einen URI (Uniform Ressource Identifier) zur Spezifizierung einer anderen Nachrichtentechnologie enthalten oder aber *##unspecified* für das Offenlassen einer Implementierung.

Ein *serviceTask* hat einen einzigen *dataInput* mit einer *itemDefinition*. Letztere entspricht der *itemDefinition* der Nachricht, welche wiederum durch die *inMessageRef* der referenzierten *operation* definiert wird. Für den Output des Service hat das *serviceTask*-Element einen einzigen *dataOutput*, bei welchem die *itemDefinition* gleich jener der *message* ist, was wiederum durch die *operation outMessageRef* definiert wird. Zur Ausführungszeit kopiert die Prozessausführungsumgebung den Task *dataInput* auf den Input-Payload der *Nachricht*. Ebenso kopiert die Umgebung den zurückgegebenen Payload der ausgehenden *Nachricht* zum *dataOutput* des Tasks.

Wiederum bietet das Beispiel *Incident Management* der OMG eine simple Illustration dazu.

```
<process isExecutable="true" id="WFP-1-1">
    ...
    <dataObject id="TicketDataObject" itemSubjectRef="tns:TicketItem" />
    ...
    <serviceTask name="Insert issue into product backlog"
      operationRef="tns:addTicketOperation" id="_1-325">
      <ioSpecification>
        <dataInput itemSubjectRef="tns:TicketItem" id="TicketDataInputOf_1-325" />
        <inputSet>
          <dataInputRefs>TicketDataInputOf_1-325</dataInputRefs>
        </inputSet>
        <outputSet />
      </ioSpecification>
      <dataInputAssociation>
        <sourceRef>TicketDataObject</sourceRef>
        <targetRef>TicketDataInputOf_1-325</targetRef>
      </dataInputAssociation>
    </serviceTask>
    ...
</process>
<interface name="Product Backlog Interface"
  implementationRef="java:com.camunda.examples.incidentmanagement.ProductBacklog">
  <operation name="addTicketOperation" implementationRef="addTicket"
    id="addTicketOperation">
    <inMessageRef>tns:AddTicketMessage</inMessageRef>
  </operation>
</interface>
    ...
<message id="AddTicketMessage" name="addTicket Message" itemRef="tns:TicketItem" />
    ...
<itemDefinition id="TicketItem" isCollection="false" itemKind="Information"
  structureRef="com.camunda.examples.incidentmanagement.TroubleTicket" />
```

Abbildung 21-1: Service-Task-Definition von BPMN 2.0 (Quelle: OMG)

Der *serviceTask*, hier benannt mit *Insert issue into product backlog*, hat einen einzelnen *dataInput*, welcher die *itemDefinition TicketItem* referenziert. Die *operationRef* zeigt auf ein *operation*-Element, welches mit *addTicketOperation* bezeichnet ist. Diese *operation* besitzt als Eingangsnachricht *AddTicketMessage*. Beachten Sie, dass das Beispiel die *message* mittels *id* mit

Präfix statt mit einem eindeutigen Namen dargestellt. Sowohl *message*-Daten wie auch Task *dataInput* zeigen auf dasselbe *TicketItem*.

Das Element sendTask

Der *sendTask* funktioniert fast gleich wie der *serviceTask*, außer dass per Definition keine Antwortnachricht existiert. Eine missglückte *sendTask*-Operation kann dann einfach *errorRefs* zurückgeben. Die optionalen Attribute *implementation* und *operationRef* sind genau gleich spezifiziert wie beim *serviceTask*. Das optionale Attribut *messageRef* zeigt mittels *id* mit Präfix auf die *message*. Wird eine *operation* spezifiziert, dann muss der Datentyp jenem des *dataInput* des Tasks entsprechen.

Das Element receiveTask

Ein *receiveTask* wartet auf eine *message*, die durch das Attribut *messageRef* identifiziert wird. Er kann auch auf eine *operation* referenzieren, womit die Nachricht als Antwort auf einen asynchron aufgerufenen Service zu betrachten ist. In dem Fall muss der Payload-Datentyp der Nachricht jenem des *dataOutput* entsprechen. Das optionale boolesche Attribut *instantiate* wird nur erlaubt, wenn der *receiveTask* keine eingehenden Sequenzflüsse hat, woraus ein impliziter Startpunkt des Prozesses entsteht. Der Wert *true* bedeutet die Instanziierung des Prozesses, wenn die Nachricht eingeht. Für dieses Verhalten empfiehlt Methode und Stil die Verwendung eines *Nachrichten-Startereignisses* und damit den Verzicht auf die Verwendung des *instantiate* auf dem *receiveTask*.

Das Element businessRuleTask

Ein *businessRuleTask* ist dafür gedacht, eine automatisierte Entscheidung aus einer Business-Rules-Engine aufzurufen. Das mag nun als spezieller Einsatz eines *serviceTask* erscheinen. Anders als der *serviceTask* wird durch den *businessRuleTask* keine *operation* spezifiziert. Deshalb sind proprietäre *extensionElements* für den praktischen Einsatz notwendig.

Ereignisse

Nachrichtenereignisse

Ein *Nachrichtenereignis* besitzt eine *messageEventDefinition*, egal ob das Ereignis sendend oder empfangend ist. Das *messageEventDefinition*-Element hat die optionalen Attribute *messageRef* und *operationRef*, die im *sendTask* und *receiveTask* genau gleich funktionieren. Die *messageEventDefinition* wird normalerweise als Kindelement eines spezifischen Nachrichtenereignis-Elements definiert. Doch BPMN erlaubt es, eine einzelne *messageEventDefinition* wiederzuverwenden. Dafür wird es als Basiselement aufgenommen und dann darauf von einem *eventDefinitionRef*-Kind eines Mehrfach-Nachrichtenereignisses referenziert.

Signalereignisse

Ein *Signalereignis* enthält eine *signalEventDefinition*. Wie bei den Nachrichtenereignissen kann die *signalEventDefinition* für jedes Signalereignis oder mittels Referenz auf ein wiederverwendbares Basiselement spezifiziert werden. Die *signalEventDefinition* bietet nur einen *signalRef*-Zeiger auf ein *signal*-Basiselement. Dieses enthält die Attribute *id*, *name* und *structureRef*, wobei letztere durch ein *id*-Präfix zu einer *itemDefinition* zeigt. Gleich wie bei der Nachricht kopiert ein empfangendes Signalereignis den auslösenden *Payload* in einen *dataOutput* eines Ereignisses. Dies impliziert, dass der *dataOutput* vom selben Datentyp sein muss und ein sendendes Signalereignis den *dataInput* in den gesendeten Signal-Payload.

Fehler- und Eskalationsereignisse

Fehler- und Eskalationsereignisse funktionieren auf dieselbe Art und Weise. Eine *errorEventDefinition* oder eine *escalationEventDefinition* dient als Zeiger auf ein *error*- oder *escalation*-Basiselement, welches die Attribute *id*, *name*, *errorCode* oder *escalationCode* und *structureRef* anbietet. Die *structureRef* ist ein QName, welcher über die *id* zu einer *itemDefinition* zeigt. Hier mag ein Fehler im XSD vorliegen, denn: Die *itemDefinition* hat auch ein Attribut *structureRef*, welches zu einem importierten Element oder einem komplexen Typen über *name*, nicht *id*, zeigt. Der Zeiger von *id* auf *itemDefinition* sollte mit *itemRef* oder *itemSubjectRef* und nicht mit *structureRef* benannt sein.

errorCode und *escalationCode* sind einfache Zeichenketten, anhand welcher zusammengehörige Sende-Empfange-Paare identifiziert werden können. Während dieser Code bei sendenden Ereignissen ein Pflichtattribut ist, kann es bei angehefteten weggelassen werden. Diese Tatsache ist merkwürdig, weil *errorCode* zu den wiederverwendbaren *error*-Elementen gehört, nicht zu einem spezifischen Ereignis. Ein *boundaryEvent* vom Typ Fehler empfängt jedes *error*-Signal mit passendem *errorCode*, welches aus einer untergeordneten Ebene gesandt wurde. Dasselbe gilt für die Eskalation. Falls auf *errorCode* verzichtet wird, dann fängt das *boundaryEvent* jeden *error* aus der unterordneten Ebene auf.

Wenn eine *itemDefinition* referenziert wird, spezifiziert diese die Struktur des *error*- oder *escalation*-Payload. Der *dataInput* eines sendenden Fehlerereignisses wird bei einer Ausführung in den *error*-Payload kopiert und dann an den *dataOutput* des angehefteten *boundaryEvent* übertragen – genau wie bei Nachrichten- und Signalereignissen. Wiederum muss der Datentyp der *itemDefinition* von *error* mit jenem des *dataInput* oder *dataOutput* des Fehlerereignisses übereinstimmen.

Zeitereignisse

Zeitereignisse übertragen oder empfangen keine Daten. Deshalb besitzen sie weder *dataInput* noch *dataOutput*. Die *timerEventDefinition* spezifiziert über eines von drei Kindelementen den Endzeitpunkt, wobei alle vom Typ *tExpression* sind: *timeDate*, *timeDuration* oder *timeCycle* sind.

Der Wert des Ausdrucks *timeDate*, meistens eine Buchstabenfolge, muss den vorgegebenen Zeit- und Datumsformaten von ISO-8601 entsprechen. Das umfasst bereits eine ganze Menge von Formaten. Deshalb empfehlen wir für die Interoperabilität die Verwendung von *date-*, *time-* und *dateTime*-Typen des XSD.

Der Wert des Ausdrucks *timeDuration* muss den vorgegebenen ISO-8601-Formaten für Zeitintervalle entsprechen. Diese sind von der Art P[n]Y[n]M[n]D[n]TH[n]M[n]S oder P[n]W. Die Zeichenfolge [n] steht für die Anzahl Einheiten, welche durch den vorangehenden Buchstaben definiert werden. Ist dieser Wert Null, dann kann sowohl der Buchstabe wie auch die Anzahl [n] weggelassen werden. Der ganze Ausdruck wird immer mit P gestartet. Die Buchstaben Y, M und D stehen für Jahre, Monate und Tage. Der Buchstabe T leitet die Werte zur Angabe der Zeit ein. Darin stehen die Buchstaben H, M und S für Stunden, Minuten und Sekunden, W für Wochen. Als Beispiele stehen: P4M für vier Monate und PT4M für vier Minuten.

Der Ausdruck *timeCycle* kann nur in Verbindung mit wiederholenden Zeitspannen verwendet werden. Demzufolge wird er nur bei *startEvent* und nicht-unterbrechenden zeitlichen *boundaryEvents* eingesetzt. In BPMN 1.2 waren *durations* mit einem Attribut namens *timeCycle* ausgestattet, was in Zusammenhang mit BPMN 2.0 für Verwirrung sorgen kann. Der Wert des Ausdrucks *timeCycle* muss den wiederholenden Zeitspannen von ISO-8601 entsprechen. Wiederum lässt ISO-8601 viele Möglichkeiten für solche Intervalle offen. Alle beginnen mit R[]/. [n] steht für die Anzahl Wiederholungen; falls ausgelassen, wird unendliche Wiederholungen angenommen. Danach folgen entweder Start- und Endzeitpunkt, getrennt durch ein /, Startzeitpunkt mit Dauer, getrennt durch ein /, Dauer mit Endzeitpunkt, getrennt durch ein /, oder ganz einfach die Zeitdauer.

Als Beispiel würde demzufolge ein Zeitliches Startereignis, welches am 11. September 2011 (MEZ) und danach alle sieben Tage ausgelöst wird, mit folgendem *timeCycle* definiert werden:

    R/2011-09-07T14:00:00+07:00/P7D

KAPITEL 22

Tasks mit menschlicher Interaktion

In einem ausführbaren Prozess stellt der *userTask* einen Task mit menschlicher Interaktion dar, welcher durch eine Prozessausführungsumgebung administriert wird. Wir werden uns hier auf die Spezifizierung von *userTask* und seiner dazugehörigen *resource* beschränken.

Das Element *userTask*

Das Attribut *implementation* eines *userTasks* kann ein ##*WebService*, ##*unspecified* oder ein URI (Uniform Resource Identifier) sein, wobei mit letzterem auf eine andere Technologie oder ein anderes Koordinationsprotokoll verwiesen wird. Zum Beispiel bedeutet ein Wert von *http://docs.oasis-open.org/ns/bpel4people/ws-humantask/protocol/200803*, dass die Implementation mit einem WS-HumanTask erfolgt.

Das optionale Kindelement *rendering* bietet einen Anker, um via Werkzeug-spezifische Erweiterungen (*extensionElements*) die Details der Benutzerschnittstelle eines Tasks zu definieren. Input- und Output-Daten von einem *userTask*, wie auch für jeden andern Typ von Aktivität, werden im Element *ioSpecification* angegeben.

Zwei *Instanzattribute* eines *userTask* können über die XPath-Funktion *getInstanceAttribut* weiterverwendet werden:

- *actualOwner* (vom Typ *String*) bezeichnet einen eindeutigen Benutzer, der den Task ausführt bzw. für sich in Anspruch nimmt.

- *taskPriority* (vom Typ *Integer*) wird zur Priorisierung in einer Reihe von *userTask*-Instanzen verwendet.

Zuweisung von Ausführungsverantwortlichen

BPMN erlaubt dem Modellentwickler die Spezifizierung einer beliebigen Anzahl Basiselemente des Typs *resource*, welche durch eine Aktivität (interaktiv oder automatisiert) referenziert werden können. Jede *resource* stellt eine statische Liste von Benutzern dar, welche einer bestimmten Rolle oder Organisationseinheit angehören. Wie dieses Universum von Benutzern jeder *resource* zugeordnet wird ist nicht Teil von BPMN. Im Metamodell ist die *resourceRole* eine abstrakte Klasse. Sie besitzt eine einzige Unterklasse *performer*, die wiederum die Unterklasse *humanPerformer* hat, welche schließlich eine Unterklasse *potentialOwner* enthält. Jede Unterklasse stellt eine eigene Spezialisierung der Elternklasse dar. Und die Spezifikation ermuntert Entwickler dazu, ihre eigenen Unterklassen zu definieren. Indessen ist *potentialOwner* als einziges in der Spezifikation definiertes Element zur Bezeichnung einer Gruppe von Individuen vorgesehen, welche einen spezifischen *userTask* ausführen. Sobald eine Person aus dieser Gruppe den Task ausführt oder für sich beansprucht, dann wird die Instanzeigenschaft *actualOwner* dieses Tasks mit derjenigen Person gleichgesetzt.

Für die Zuweisung eines Tasks zum *potentialOwner* gibt es zwei Alternativen: durch eine *parametrisierte Abfrage* oder durch *Zuweisung mittels eines Ausdrucks*. Wenn jede *resource* als spezifische Rolle, Gruppe oder Leistung definiert wurde und der *potentialOwner* eines *userTask* für mehrere dieser drei steht, dann ist die Zuweisung mittels Ausdruck bequemer. Auf der anderen Seite eignet sich eine parametrisierte Abfrage, die Tasks einem Subset einer *resource* zuweisen kann, falls jede *resource* eine breite Gruppe von Benutzern repräsentiert, die sich in ihrer Rolle, Organisationseinheit oder Leistung unterscheiden.

Aufgabenzuweisung durch parametrisierte Abfragen

Eine parametrisierte Abfrage setzt voraus, dass jedes Mitglied einer *resource* ein Set von *parameter* zur Verfügung stellt. Das Basiselement *resource* muss ein *name*-Element und eine Liste von Kindelementen des Typs *resourceParameter* haben, welche für parametrisierte Abfragen benötigt werden. Jeder *resourceParameter* besitzt die Attribute *id, name, type* und das boolesche Attribut *isRequired*. Das Attribut *type* steht hier entweder für einen einfachen Typ oder einen Zeiger auf eine *itemDefinition*, welche den Datentypen des Parameters identifiziert.

Für die Selektion mittels parametrisierter Abfrage muss *potentialOwner* das Kindelement *resourcRef* enthalten, welche auf ein Element *resource* zeigt, das wiederum die *resourceParameters* inklusive einer Anzahl Kindelemente des Typs *resourceParameterBinding* (jedes einzelne ist ein formaler Ausdruck von *resourceParameters*) enthält. Falls keine *resourceParameterBindings* zur Verfügung gestellt werden, dann sind *alle* Mitglieder derselben *resource* auch gleich Mitglieder von *potentialOwner*.

Das folgende parametrisierte Abfrage-Szenario ist eine Erweiterung des Beispiels „Incident Management" der OMG.

```
...
<resource id="FirstLevelSupportResource" name="1st Level Support" />
        <resourceParameter id="product" isRequired="true" name="Product"
        type="xsd:string"/>
        <resourceParameter id="region" isRequired="true" name="Region" type="xsd:string"/>
</resource>
...
<process isExecutable="true" id="WFP-1-1">
```

```
...
<userTask name="edit 1st level ticket" id="_1-77">
  <ioSpecification>
    <dataInput itemSubjectRef="tns:TicketItem" id="TicketDataInputOf_1-77" />
    <dataOutput itemSubjectRef="tns:TicketItem" id="TicketDataOutputOf_1-77" />
    <inputSet>
      <dataInputRefs>TicketDataInputOf_1-77</dataInputRefs>
    </inputSet>
    <outputSet>
      <dataOutputRefs>TicketDataOutputOf_1-77</dataOutputRefs>
    </outputSet>
  </ioSpecification>
  <dataInputAssociation>
    <sourceRef>TicketDataObject</sourceRef>
    <targetRef>TicketDataInputOf_1-77</targetRef>
  </dataInputAssociation>
  <dataOutputAssociation>
    <sourceRef>TicketDataOutputOf_1-77</sourceRef>
    <targetRef>TicketDataObject</targetRef>
  </dataOutputAssociation>
  <potentialOwner>
    <resourceRef>tns:FirstLevelSupportResource</resourceRef>
     <resourceParameterBinding parameterRef="tns:product">
        getDataInput("TicketDataInputOf_1-77")/product
     </resourceParameterBinding>
     <resourceParameterBinding parameterRef="tns:region">
        getDataInput("TicketDataInputOf_1-77")/region
     </resourceParameterBinding>
  </potentialOwner>
</userTask>
    ...
</process>
```

Abbildung 22-1: Zuweisung von menschlichen Tasks durch parametrisierte Abfragen (Quelle: OMG)

Der *userTask 'edit 1st level ticket'* hat einen *potentialOwner/resourceRef*, welcher über die *id* zur *resource FirstLevelSupportResource* verweist, was wiederum eine Liste von allen First-Level-Support-Ressourcen ist. Dieses *resource*-Element benötigt die folgenden zwei Parameter, *product* und *region*. Das heißt, jedes Mitglied der Liste muss je einen Wert für *product* und *region* aufweisen. Nun möchten wir, dass der *potentialOwner* dieses spezifischen *userTasks* lediglich ein Spezialist des *product* ist, welches in *TicketItem* und in *region* des Anfragers referenziert wird. Die Elemente von *resourceParameterBinding* rufen Mitglieder der *resource* aus, die beide Abfragebedingungen erfüllen. Die Bedingungen selber sind XPath-Ausdrücke des *dataInput*-Elements von *TicketItem*.

Aufgabenzuweisung durch das Element expression

Das Element *potentialOwner* kann alternativ *resourceRef* und *resourceParameterBinding* mit dem Kindelement *resourceAssignmentExpression* ersetzen. Dieses wiederum enthält das Kindelement *expression*, welches ein formaler Ausdruck ist, der eine oder mehrere Ressourcen auswertet (z.B. durch Verkettung mittels einer ODER-Abfrage).

KAPITEL 23

Ausführbare BPMN in der Praxis

Aus den vorangehenden Beschreibungen erscheint die Vorstellung einfach, dass das Design eines ausführbaren Prozesses in der BPMN 2.0 mit dem Bestücken von Daten in einer XML-Struktur getan ist. Doch das ist nicht der Weg, wie es gemacht wird. Grafische Editoren der BPM-Suiten stellen Funktionen zur Verfügung, Prozessdaten zu definieren, Zuordnungen von Input- und Output-Parametern zu den Tasks sowie das Verbinden menschlicher Tasks mit den Ausführenden oder ähnliche Aspekte des ausführbaren Designs zu definieren. Die zuvor behandelte BPMN 2.0 XML stellt nur ein Austauschformat für das ausführbare Design dar. Das mühsame Zuordnen von Datenassoziationen, welches im XML notwendig ist – *inputSet* zu *dataInput*, *dataInput* zu *itemDefinition*, *itemDefinition* zu importiertem XSD-Element etc., wird automatisch durch die BPMS vollzogen. Der Modellentwickler muss sich gar nicht damit beschäftigen.

Wenn ein Werkzeug ausführbare Modelle im Sinne des BPMN 2.0-Schemas exportieren kann, dann nennen wir diese Modelle ausführbare BPMN 2.0. Wenn Sie eine BPMN-basierte BPM-Suite verwenden, fragen Sie Ihren Softwarehersteller einmal, wie mühsam das ist. Sie werden überrascht sein. Zum Zeitpunkt der Erstellung dieses Buches und mehr als ein Jahr nach der Publikation der finalen BPMN 2.0-Spezifikation haben kommerzielle BPM-Suiten dieses Ziel noch immer nicht ganz erreicht.

In diesem Kapitel besprechen wir einige Unterschiede zwischen der Art wie ausführbare Prozesse gestaltet werden und wie sie in der BPMN 2.0 serialisiert werden. Außerdem werden wir Beispiele sehen, wie das mit dem auf BPMN 2.0 basierenden Open-Source-BPMS Bonita Open Solution (BOS) von BonitaSoft[23] funktioniert.

---

[23] www.bonitasoft.com

Java-Daten verarbeiten

Die Spezifikation der BPMN 2.0 gibt klare Anforderungen und Beispiele für den Import, das Referenzieren und das Zuordnen von XML-Daten. Sie schweigt sich jedoch darüber aus, wie beispielsweise die Daten zu behandeln sind oder wie diese normalerweise von Entwicklern in Java oder ähnlichen Programmiersprachen definiert werden. Die Freiheiten, wie außerhalb der XML Typendefinitionen zu machen sind, sind in der Spezifikation klar definiert. Doch leider wird kein Wort darüber verloren, wie genau das zu tun ist.

Java Daten referenzieren

Wenn Sie eine Programmiersprache wie Java verwenden um die Prozessdaten zu definieren, werden Sie in der Praxis unweigerlich an die Konventionen des verwendeten Werkzeugs oder der IDE gebunden sein. Von Standardisierung kann hier nicht mehr gesprochen werden, im Gegensatz zu XML-Daten. Wie auch immer, das ausführbare Prozessdesign ist traditionellerweise die Domäne der Entwickler. Und es ist nicht ganz ungewöhnlich, dass BPM-Suiten Java-Typen und nicht XSD verwenden, um BPMN-Prozessdaten zu definieren.

Wie sollen in dem Fall die Daten im BPMN 2.0 XML referenziert werden? Die BPMN-Spezifikation überlässt es jedem Werkzeug, seine eigenen Konventionen zu definieren. Eine davon ist, das Präfix eines Pseudo-Namensraumes zu verwenden wie zum Beispiel *java:* womit Elemente des Java-Namensraums identifiziert werden. Darin könnten dann Java-Qualifizierungsregeln verwendet werden, um einen einfachen Datentypen, eine Java-Klasse oder eine verschachtelte Klasse zu referenzieren. Mit einem einfachen Datentypen wie

```
<itemDefinition id="item001" structureRef="java:float"/>
```

ist der Datentyp der *itemDefinition* aus dem BPMN XML klar. Doch bei komplexen Objekten verhält es sich nicht so:

```
<itemDefinition id="item002" structureRef="java:myClass.nestedClass"/>
```

Mit komplexen XML-Daten zeigt die *structureRef* zu einem Element oder einem komplexen Datentypen aus einer XSD-Datei, welche durch ein *import*-Element referenziert wird. Doch das ist bei Java-Daten normalerweise nicht der Fall. Das Beispiel *Incident Management* von der OMG, das wir in früheren Kapiteln angeschaut haben, hatte zum Beispiel keinen solchen *import*. Falko Menge von Camunda, der Autor dieses Beispiels, sagte dazu: „Diese *structureRefs* sind voll qualifizierte Java-Klassennamen, was dem Standardverfahren zur Identifikation von Java-Klassen entspricht. Eine Java-basierte Ausführungsumgebung ist in der Lage, unter Verwendung der Namen die Klassen zu laden. Ein Import wäre nur dann notwendig, wenn der Package-Name, z.B. *com.camunda.examples.incidentmanagement*, nicht spezifiziert wäre. Alle Java-basierten Ausführungsumgebungen, die wir kennen, benutzen nur voll qualifizierte Klassennamen. Beachten Sie, dass die XML, welche in *BPMN 2.0 by Example* gezeigt wird, kreiert wurde, bevor irgendeine Java-basierte Ausführungsumgebung existiert hatte. Deshalb ist diese XML nur als Vorschlag zu werten, wie Java-Code referenziert werden könnte." [24]

Für einen Entwickler in einer Java IDE stellen der Zugriff und die Überprüfung der im Modell verwendeten Klassen kein Problem dar, ob in der BPMN-Datei ein Import-Element vorhanden ist oder nicht. Das Problem ist, dass außerhalb eines solchen Werkzeugs die Definitionen der Prozessdaten unsichtbar sind. Obwohl das Modell tatsächlich ausführbar ist, scheint es dem Geist einer *transparenten*, standardbasierten Serialisierung zu widersprechen.

Um die Transparenz zu erhöhen könnten Sie immer Java-Klassen *importieren*. Die folgende Datei *Example.java* definiert die Daten,
```
package org.bonitasoft.bpmn;

    public class Example {
        public String att1;
        public int att2;
        public InternType att3;
        public class InternType{
        }
    }
```
während ein *import*-Element in der BPMN darauf referenziert:
```
< import importType="http://jcp.org/en/jsr/detail?id=270" location="Example.java'
    namespace="http://jcp.org"/>
```
Einmal importiert, kann eine Klasse durch die *itemDefinition* referenziert werden.
```
<itemDefinition id="itemX" structureRef="java:org.bonitasoft.bpmn.Example$InternType"/>
```
Mit größter Wahrscheinlichkeit wird das Referenzieren von Java-Daten in BPMN 2.0 implementationsspezifisch bleiben.

Neben dem Problem einer Definition von Prozessdaten in Java gibt es noch eine Frage, wie Daten in der Zuordnung von Datenassoziationen, Gateway-Bedingungen und anderen für das Prozessmodell benötigten Ausdrücken verwendet werden. Mit XML-Daten verwenden Element-Referenzen und Ausdrücke typischerweise XPATH 1.0, der Standard in der BPMN 2.0. Mit Java-Daten existiert kein generell akzeptierter Weg, um dies zu tun. Implementationen können Elemente referenzieren, indem die Java „Punkt"-Notation verwendet wird oder Sie benutzen etwas wie XPATH, wenn die Struktur in XML und die individuellen Elementtypen jedoch in Java formuliert werden sollen.

Für Ausdrücke, welche Java-Daten beinhalten, verwenden die BPMN 2.0-Werkzeuge oftmals entweder UEL oder Groovy.

---

[24] Falko Menge, private communication, September 29, 2011

UEL

Activiti[25] zum Beispiel verwendet UEL. Es steht für Unified Expression Language und ist Teil der Java EE6-Spezifikation[26]. UEL unterstützt zwei Typen von Ausdrücken: *Wert* und *Methode*. Abhängig von der Implementierung können beide für BPMN-Ausdrücke verwendet werden. Sie können zum Auflösen, Vergleichen von einfachen Datentypen, Beans, Listen, Arrays und Maps eingesetzt werden. Ein Wertausdruck wird in einen Wert aufgelöst. In UEL werden Variablen- und Bean-Eigenschaften mit der folgenden Syntax referenziert:

```
${myVar}
${myBean.myProperty}
```

Ein Ausdruck vom Typ Methode ruft eine, mit oder ohne Parameter bestückte, Funktion auf. Die Parameter können bloße Werte oder wiederum Ausdrücke sein. Die Syntax definiert sich wie folgt:

```
${printer.print()}
${myBean.addNewOrder('orderName')}
${myBean.doSomething(myVar, execution)}
```

Die folgenden Beispiele aus dem Activiti 5.6 User Guide[27] zeigen, wie UEL in Sequenzflüssen mit bedingten Ausdrücken, die aus einem XOR-Gateway ausgehen, verwendet wird. In diesem Beispiel,

```
<conditionExpression xsi:type="tFormalExpression">
 <![CDATA[${order.price > 100 && order.price < 250}]]>
</conditionExpression>
```

definiert die UEL einen Ausdruck vom Typ *Wert*, welcher Prozessvariablen referenziert.

Ein weiteres Beispiel,

```
<conditionExpression xsi:type="tFormalExpression">
 <![CDATA[${order.isStandardOrder()}]]>
</conditionExpression>
```

zeigt, wie UEL einen Ausdruck vom Typ Methode verwendet, der einen booleschen Wert zurückgibt.

---

[25] http://www.activiti.org/

[26] http://docs.sun.com/app/docs/doc/820-7627/gjddd?l=en&a=view

[27] http://www.activiti.org/userguide/index.html#conditionalSequenceFlowXml

Um XML-Prozessoren vom Parsen der UEL abzuhalten, ist es das Beste, sie in einer CDATA-Sektion des BPMN-Modells einzubetten (siehe Beispiel oben).

Groovy

BonitaSoft verwendet Groovy[28]. Dies ist eine objektorientierte Programmier- oder Skriptsprache für die Java-Plattform. Es ist eine dynamische Sprache mit Funktionalitäten, die ähnlich denen von Python, Ruby, Perl oder Smalltalk sind. Groovy wird dynamisch in der Java Virtual Machine (JVM) in Bytcode kompiliert und interoperiert dadurch mit anderem Java-Code und Java-Bibliotheken. Der meiste Java-Code ist also in Groovy syntaktisch gültig.

Groovy kann für Ausdrücke, aber auch für vollständige Skripte verwendet werden. Als Ausdruckssprache bietet es gegenüber purem Java einige Vorteile, wie im folgenden Beispiel der JasperForge-Webseite[29] dokumentiert wird:

Expression	Java	Groovy
Field	$F{field_name}	$F{field_name}
Sum of two double fields	new Double($F{f1}.doubleValue() + $F{f2}.doubleValue())	$F{f1} + $F{f2}
Comparision of numbers	new Boolean($F{f}.intValue() == 1)	$F{f} == 1
Comparision of strings	new Boolean($F{f} != null && $F{f}.equals("test"))	$F{f} == "test"

Abbildung 23-1: Ausdrücke von Java verglichen mit Groovy (Quelle: JasperForge)

Wie bei UEL können Groovy-Ausdrücke auch Methoden umfassen. Sie verwenden eine ähnliche ${ }-Notation und können spezielle Zeichen beinhalten. Wenn letzteres der Fall ist, sollten sie in eine CDATA-Sektion eingeschlossen werden. Das folgende Groovy-Beispiel von BonitaSoft beschreibt die Bedingung auf dem Sequenzfluss: „Falls die Variable mit dem Namen *available* den Wert *false()* trägt."

```
<conditionExpression xsi:type="tFormalExpression">
  ${!available }
</conditionExpression>
```

Braucht es Methoden für den Zugriff von XPATH-Daten?

Die BPMN 2.0-Spezifikation erlaubt XPATH nicht, direkt Item-Aware-Elemente (*dataObject*, *dataInput*, *property* etc.) zu referenzieren. Stattdessen verlangt sie spezielle *XPATH extension functions*, wie *getDataObject('[data object id]')*. Der wahrscheinlichste Grund dafür ist, dass der

---

[28] http://groovy.codehaus.org/

[29] http://jasperforge.org/uploads/publish/ireportwebsite/IR%20Website/iReport_groovy.html

Kontextknoten der XPATH-Referenz unverkennbar etabliert wird, obwohl es eher scheint, dass mit

dataObject[@id='data object id']

dasselbe erreicht wird. Die Spezifikation sagt nicht, ob solche Funktionen notwendig sind, wenn andere Ausdruckssprachen wie UEL oder Groovy verwendet werden. Wir nehmen an, es sei nicht so.

Der Prozess *Incident Management* im nicht-normativen Dokument *BPMN 2.0 by Example* der OMG, das wir bereits verschiedentlich angesprochen haben, verwendet diese Funktion für das Referenzieren von Java-Daten in UEL-Ausdrücken. Activiti, welches auch UEL zulässt, verwendet in ihren Beispielen auf der Webseite diese Funktionen allerdings nicht.

Die Überprüfung, ob die Funktionen wirklich benötigt werden oder nicht, führt uns zur ausführbaren Implementierung. Elemente des Typs *tFormalExpression* in der BPMN-XML sollten über die Werte verfügen, wie sie im ausführbaren Design benötigt werden. Wenn die Prozessausführungsumgebung für die ordentliche Ausführung kein *getDataObject()* benötigt, dann sollte das auch nicht in der *conditionExpression* erscheinen.

Services und Service-Adapter

Ein bedeutender Unterschied zwischen der BPMN 2.0 als ausführbare Design-Sprache und BPEL[30] (eine ältere Prozessausführungssprache und ein Standard von OASIS) ist, dass BPEL voraussetzt, alle Tasks, welche als *Web Services* implementiert werden, sind mit WSDL beschrieben und werden durch SOAP-Nachrichten aufgerufen, was die BPMN nicht tut. In der BPMN 2.0 kann ein *serviceTask* als SOAP-basierter Web Service implementiert werden, was jedoch nicht die einzige Möglichkeit ist. Es kann auch ein RESTful-Service, ein Remote-Prozeduraufruf von Java oder irgendeine Implementierung sein, welche durch eine Ausführungsumgebung unterstützt wird.

Im Speziellen stellen die meisten kommerziellen BPM-Suiten *Service-Adapter* (manchmal auch *Connectors* genannt) zur Verfügung, die ein konfigurierbares *Service-Interface* für jegliche Anzahl von Funktionen aus dem BPMS selber oder von anderen Systemen zulassen. Zum Beispiel sind Lesen und Schreiben einer Datei, Versenden einer E-Mail, einen Datenbankaufruf durchführen und einen neuen Kunden im ERP erfassen alles Funktionen, welche typischerweise von einem Service-Adapter übernommen werden.

In Sachen Architektur und Konfiguration von ihren Adaptern variieren BPM-Suiten recht stark. Bei deren Spezifikation setzt die BPMN 2.0 über das XML-Prozessmodell allerdings gewisse Web-Service-ähnliche Einschränkungen, wie sie in Kapitel 21 beschrieben wurden:

- Ein Service-Adapter muss ein *interface* mit einer oder mehreren *operations* spezifizieren.

---

[30] http://docs.oasis-open.org/wsbpel/2.0/wsbpel-v2.0.html

- Jede *operation* muss eine einzige Input-Nachricht und eine einzige Output-Nachricht spezifizieren.

- Ein *serviceTask* muss exakt eine dieser *operations* referenzieren.

- Ein *serviceTask* muss einen einzigen *dataInput* und (falls die *operation* eine Antwort liefert) einen einzigen *dataOutput* haben.

- Der *dataInput* von *serviceTask* muss vom selben Typ sein wie die Input-Nachricht der *operation*. Dasselbe gilt für den Output.

Obwohl also die Implementierung des Serviceadapters kein natives Konzept von Input und Output-Nachrichten beinhaltet, muss der Entwickler diese Konstrukte spezifizieren, um das Metamodell der BPMN 2.0 zu erfüllen.

Beispiel: Bonita Open Solution (BOS)

Um die Beziehung zwischen ausführbarem Design mit Serviceadaptern in realen BPMS und der Serialisierung in einem Modell zu zeigen, verwenden wir einen einfachen Prozess, der in BOS von BonitaSoft erstellt wurde. BOS sagt von sich, dass es zurzeit das einzige vollständige Open-Source BPMS sei. Die Ausführungsumgebung basiert nicht nativ auf BPMN 2.0, doch BonitaSoft gibt an, dass die Serialisierung der Prozessmodelle in voller Übereinstimmung mit dem BPMN 2.0-Standard entwickelt wird. Der Export von BPMN 2.0 aus der aktuellen Version, BOS v5.6, sieht nicht genauso aus wie in diesem Buch vorgelegt. Zukünftige Versionen (v6) sollen diesbezüglich deutlich verbessert werden.

Die BPMN- und XSD-Dateien im folgenden Beispiel werden auf der Webseite www.bpmnstyle.com zum Herunterladen zur Verfügung gestellt.

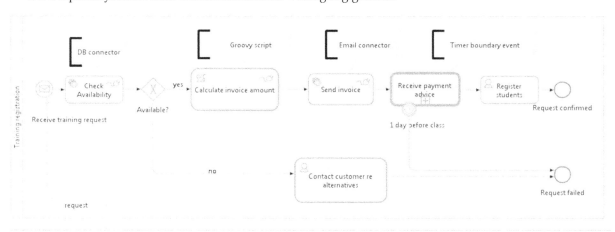

Abbildung 23-2: Trainingsanfrageprozess in BOS (Quelle: BonitaSoft)

Das in Abbildung 23-2 dargestellte Beispiel zeigt einen Schulungsanfrageprozess. Dieser startet mit dem Eingang einer Schulungsanfrage, eine Nachricht mit dem Namen *request*. Das ist eine XML-Nachricht, die den Namen des Anfragestellers, die Kontaktinformationen, ID und Datum des angefragten Kurses und die Anzahl Teilnehmer. Der erste Schritt besteht aus einem Service-Task, der die Verfügbarkeit des angefragten Kurses mit einer Datenbankanfrage überprüft. Das Resultat der Abfrage wird einem Gateway ausgewertet und, falls der Kurs verfügbar ist, berechnet ein Skript den Rechnungsbetrag. Ein anderer Service-Task sendet die Rechnung per E-Mail, wartet auf eine Bestätigung des Zahlungsdienstleisters, dass die Rechnung bezahlt wurde. Mit dem Eingang der Zahlung registriert ein Benutzer-Task die Teilnehmer. Wenn die Zahlungsbestätigung nicht ein Tag vor der Schulung eingeht, dann gilt die Schulungsanfrage als gescheitert.

Die aktuelle Implementierung von BOS unterstützt weder das ereignisbasierte Gateway noch das angeheftete Zeitereignis auf einem Empfangen-Task. Allerdings lässt es ein angeheftetes Ereignis auf einer Aufrufaktivität modellieren, was genau dem hier gezeigten Beispiel entspricht. Der von der Aufrufaktivität instanziierte Prozess enthält bloß ein empfangendes Nachrichtenereignis (inklusive Start- und Endereignisse).

Die Datenbankabfrage und die E-Mail sind als *BonitaSoft connectors* implementiert, was die BOS-eigene Bezeichnung für einen Service-Adapter ist. Nun schauen wir uns an, wie sich die Konfiguration in ihrem Werkzeug im BPMN 2.0-Export und anderen Aspekten des ausführbaren Designs niederschlägt.

Prozessvariablen definieren

Die Variablen des Prozesses sowie den Dialog, um neue Variablen hinzuzufügen, sehen Sie in Abbildung 23-3. Neben einfachen Datentypen wie Text, Integer, Float, Date oder Boolean unterstützt BOS auch XML oder Java-Objekttypen. Wie zuvor angesprochen glauben wir, dass die Idee der BPMN als Standard in der Serialisierung eher das *Darlegen* von Prozessdatendefinitionen ist, und nicht, sie zu *verbergen*. Damit muss ein Werkzeug zusätzlich zur .bpmn-Datei auch *Datendefinitionsdateien* wie XSD exportieren und diese mit dem *Import* im BPMN XML referenzieren.

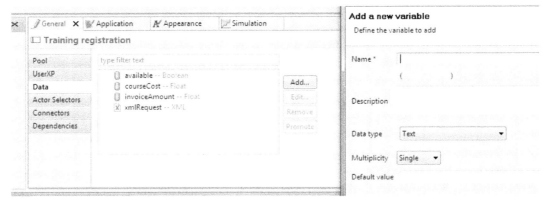

Abbildung 23-3: Definition von Prozessvariablen in BOS (Quelle: BonitaSoft)

In der BPMN 2.0-XML wird jede Variable durch ein *dataObject* und dessen korrespondierende *itemDefinition* repräsentiert.

Einfache Datentypen können direkt innerhalb von *itemDefinition/@structureRef* spezifiziert werden, indem ein einfaches XSD oder ein Java-Typ referenziert wird. Zum Beispiel wird die boolesche Variable *available* in der BPMN XML wie folgt dargestellt[31]:

```
<model:itemDefinition id="item04" structureRef="xsd:boolean"/>
    ...
<model:process>
    ...
    <model:dataObject id="available" name="available" itemSubjectRef="item04"/>
</model:process>
```

Für XML-Variablen exportiert BOS eine XSD-Datendefinitionsdatei, welche auf *Ecore*[32] basiert. Ecore steht für *Eclipse Modeling Framework core*. EMF (Eclipse Modeling Framework) ist eine Modellierungs-Framework und ein Code-Generierungswerkzeug, welches Java-Klassen für modellierte Geschäftsobjekte generiert. Die importierte Datendefinitionsdatei *Ecore.xsd* definiert die Datentypen. In unserem Beispiel Schulungsanfrageprozess basiert der Aufruf auf der Variable *xmlRequest*, welcher die folgende Datendefinitionsdatei generiert:

```
<?xml version="1.0" encoding="UTF-8" standalone="no"?>
<xsd:schema xmlns:XMLRequest="http://www.bonitasoft.org/complexTypes"
xmlns:ecore="http://www.eclipse.org/emf/2002/Ecore"
xmlns:xsd="http://www.w3.org/2001/XMLSchema"
targetNamespace="http://www.bonitasoft.org/XMLRequest" ecore:nsPrefix="TrainingRequest"
ecore:package="TrainingRequest">
    <xsd:import namespace="http://www.eclipse.org/emf/2002/Ecore"
schemaLocation="Ecore.xsd"/>
    <xsd:element name="Request" type="XMLRequest:tRequest" ecore:ignore="true"/>
    <xsd:complexType name="tRequest">
        <xsd:attribute name="requesterName" type="ecore:EString"/>
        <xsd:attribute name="address" type="ecore:EString"/>
        <xsd:attribute name="email" type="ecore:EString"/>
        <xsd:attribute name="courseId" type="ecore:EString"/>
        <xsd:attribute name="courseDate" type="ecore:EDate"/>
        <xsd:attribute name="numStudents" type="ecore:EInt"
ecore:unsettable="false"/>
    </xsd:complexType>
</xsd:schema>
```

Abbildung 23-4: Exportierte Datendefinitionsdatei für XML-Daten mit Ecore (Quelle: BonitaSoft)

---

[31] BOS Exporte benutzten *model* um einen BPMN 2.0 Namensraum zu kennzeichnen.

[32] http://www.eclipse.org/modeling/emf/?project=emf

Diese Datendefinitionsdatei wird dann über die BPMN-Datei *importiert* und durch *itemDefinition/@structureRef* referenziert:

```
<model:import importType="http://www.w3.org/2001/XMLSchema" location="XMLRequest.xsd"
    namespace="http://www.bonitasoft.org/complexTypes"/>
<model:message id="message01" name="request" itemRef="item01"/>
<model:itemDefinition id="item01" structureRef="n2:Request"/>
    ...
<process>
    ...
    <model:dataObject id="xmlRequest" name="xmlRequest" itemSubjectRef="item01"/>
</process>
```

Die XML-Variable in BOS generiert das *dataObject* mit dem Namen *xmlRequest*, welches auf die *itemDefinition* verweist. Die *itemDefinition* verweist wiederum auf das Element *Request* in der importierten Datendefinitionsdatei (Namensraum-Präfix ist *n2*). Die *Nachricht* mit dem Namen *request* bezieht sich auf dieselbe *itemDefinition*.

Für Datentypen in Java (in diesem Beispiel sind keine aufgeführt) referenziert *itemDefinition* direkt die Java-Klasse, wie zuvor in diesem Kapitel dargelegt wurde.

Die Nachricht des Aufrufs speichern

Mit dem Eingang der Nachricht *request* muss der Prozess den Inhalt erst in eine Variable, das *dataObject* mit dem Namen *xmlRequest*, umfüllen. Das erfolgt nicht automatisch, sondern muss explizit in der BPMN beschrieben werden. Was automatisch läuft ist das Kopieren des Nachrichten-Payload in den *dataOutput* des Nachrichten-Startereignisses. Von da aus benötigen Sie eine *dataOutputAssociation* vom Startereignis bis zum Datenobjekt. Weil sie die gleichen Datentypen haben, sieht das ganz einfach wie folgt aus:

```
<model:startEvent id="Receive_training_request" name="Receive training request">
    <model:dataOutput id="Receive_training_request_out" itemSubjectRef="item01"/>
    <model:dataOutputAssociation>
        <model:sourceRef>Receive_training_request_out</model:sourceRef>
        <model:targetRef>xmlRequest</model:targetRef>
    </model:dataOutputAssociation>
    <model:messageEventDefinition id="msgEvent01" messageRef="message01"/>
</model:startEvent>
```

Beachten Sie zudem, dass die *messageEventDefinition* zur Nachricht mit der ID *message01* verweist, was nichts anderes als die Initialnachricht mit dem Namen *request* ist.

Service-Task – Datenbanksuche

Als nächstes führt der Prozess im *serviceTask* „Check Availability" eine Datenbankabfrage aus. Dieser Task wurde mit einem *Bonita Connector* implementiert, welchen wir hier vormals als *Service Adapter* bezeichnet haben. BonitaSoft stellt selber bereits viele Connectors zur Verfügung und wird durch die Open-Source-Community noch mit vielen weiteren bereichert.

Im vorliegenden Fall verwendet der Prozess zur Ausführung einer SQL-Abfrage den *MySQL Connector*.

Jeder Connector wird mittels Mausklick-Verfahren über einen Assistenten konfiguriert. Abbildung 23-5 zeigt die zwei Input-Konfigurationsdialoge für den Connector. Abbildung 23-6 stellt die Zuordnung des Outputs aus dem Connector zu den Prozessvariablen dar.

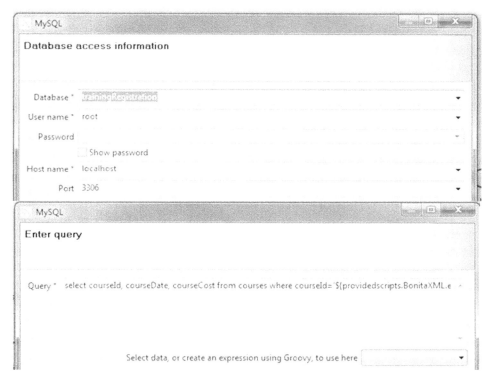

Abbildung 23-5: Input-Konfiguration des MySQL Connectors von BOS (Quelle: BonitaSoft)

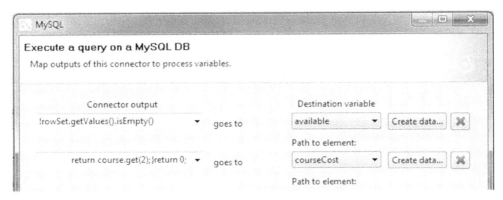

Abbildung 23-6: Konfiguration des Output-Mappings mit dem MySQL Connector von BOS (Quelle: BonitaSoft)

Die Information über die Datenbankverbindung ist hier statischer Text, welcher an den Connector weitergegeben wird. Doch der String der SQL-Abfrage benötigt Instanzdaten wie *courseId, courseDate* etc. In Abbildung 23-5 sehen Sie einen in die SQL-Abfrage eingebetteten Groovy-Ausdruck. Die Frage ist nun, wie all das in der BPMN 2.0 XML ausgedrückt wird.

Das konzeptionelle Modell der BPMN 2.0 beschreibt, dass ein Connector wie der vorliegende ein *Interface* repräsentiert. Jede Instanz eines Connector im Prozessmodell stellt eine *operation* mit einer einzigen Input-Nachricht und einer einzigen Output-Nachricht dar. Und um die Parameter zu beschreiben, welche in diesen Nachrichten und deren Datentypen enthalten sind, brauchen wir für jede Nachricht eine *itemDefinition* und eine *structureRef*.

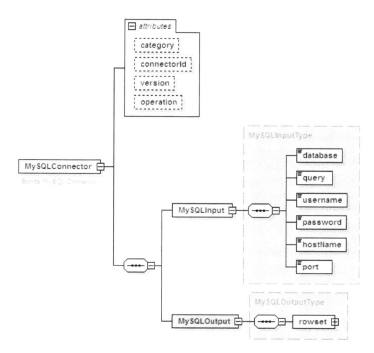

Abbildung 23-7: MySQL Connector in der Datei Connector.xsd (Quelle: BonitaSoft)

Dazu generiert BOS im BPMN-Export eine *Connector.xsd*-Datei, welche die Input- und Output-Parameter enthält. Wie bei der Datendefinitionsdatei *xmlRequest* importiert die BPMN dieses XSD und referenziert darauf in den Elementen *serviceTask, dataInput* und *dataOutput*. Abbildung 23-7 stellt das Element *Connectors.xsd* für den MySQL Connector grafisch dar.

Die untenstehende BPMN 2.0 XML beschreibt den *serviceTask* mit dessen Input- und Output-Mappings, wie im Konfigurations-Assistenten abgebildet.

```
<!--request message is saved in dataObject id 'xmlRequest'-->
<model:serviceTask id="Check_Availability" name="Check Availability" implementation="BonitaConnector"
operationRef="execMySQL">
<!--operationRef points to the connector operation, which points to a message, which points to an
itemDefinition, which points to imported data structure-->
        <model:ioSpecification>
            <model:dataInput id="Check_Availability_input" itemSubjectRef="item02"/>
            <model:dataOutput id="Check_Availability_output" itemSubjectRef="item03"/>
<!-- dataInput and dataOutput point to same itemDefinition as the service interface inMessage-->
            <model:inputSet>
                <model:dataInputRefs>Check_Availability_input</model:dataInputRefs>
            </model:inputSet>
            <model:outputSet>
                <model:dataOutputRefs>Check_Availability_output</model:dataOutputRefs>
            </model:outputSet>
        </model:ioSpecification>
<!-- Map dataObject to dataInput-->
```

```xml
<model:dataInputAssociation>
    <model:sourceRef>xmlRequest</model:sourceRef>
        <model:targetRef>Check_Availability_input</model:targetRef>
            <model:assignment>
                <model:from>"trainingRegistration"</model:from>
                <model:to>getDataInput('Check_Availability_input')/n1:database
                </model:to>
            </model:assignment>
            <model:assignment>
                <model:from>"root"</model:from>
                <model:to>getDataInput('Check_Availability_input')/n1:username
                </model:to>
            </model:assignment>
            <model:assignment>
                <model:from>"password"</model:from>
                <model:to>getDataInput('Check_Availability_input')/n1:password
                </model:to>
            </model:assignment>
            <model:assignment>
                <model:from>"localhost"</model:from>
                <model:to>getDataInput('Check_Availability_input')/n1:hostname
                </model:to>
            </model:assignment>
            <model:assignment>
                <model:from>"3306"</model:from>
                <model:to>getDataInput('Check_Availability_input')/n1:port</model:to>
            </model:assignment>
            <model:assignment>
                <model:from>'select courseId, courseDate, courseCost from courses
where courseId='${providedscripts.BonitaXML.evaluateXPathOnVariable(xmlRequest,
"/Request/@courseId")}'</model:from>
                <model:to>getDataInput('Check_Availability_input')/n1:query
                </model:to>
            </model:assignment>
    </model:dataInputAssociation>
    <!-- Map connector output to variables-->
    <model:dataOutputAssociation>
        <model:sourceRef>Check_Availability_output</model:sourceRef>
        <model:targetRef>available</model:targetRef>
        <model:assignment>
            <model:from>!rowSet.getValues().isEmpty()</model:from>
            <model:to>getDataObject('available')</model:to>
        </model:assignment>
        <model:assignment>
            <model:from xsi:type="model:tFormalExpression"
language="http://groovy.codehaus.org/"
evaluatesToTypeRef="xsd:float"><![CDATA[
    List<List<Object>> courses = rowSet.getValues();
        if(courses!=null &&!courses.isEmpty()) {
        course = courses.get(0);
```

```
                    return course.get(2);
                }
            return 0; ]]></model:from>
            <model:to>getDataObject('courseCost')</model:to>
        </model:assignment>
    </model:dataOutputAssociation>
</model:serviceTask>
```

Abbildung 23-8: Serialisieren eines *serviceTask* in BOS für MySQL Connector

Verzweigen beim Gateway

Der Wert der booleschen Variable *available*, welche durch die Datenbankabfrage abgefüllt wird, legt den Fortlauf beim XOR-Gateway fest. Im BOS wie in BPMN 2.0 sind die Gateway-Bedingungen Eigenschaften der ausgehenden Sequenzflüsse und damit nicht im Gateway selber integriert. Die Konfiguration des mit *yes* angeschriebenen Pfades in Abbildung 23-2 sehen Sie in Abbildung 23-9. Im Feld für die Bedingung kann der Entwickler mittels Ausdrucksassistent aus einer Reihe bestehender Prozessvariablen für die Weiterverwendung in Groovy-Ausdrücken oder Entscheidungstabellen auswählen. Im vorliegenden Fall lautet die Bedingung ganz einfach *available* was heißt, wenn der Wert der Variable *true* ist, dann wird der Pfad mit dem Namen *yes* aktiviert. Die BPMN 2.0 XML für das Gateway und die Gateway-Bedingungen werden in Abbildung 23-10 dargestellt.

Abbildung 23-9: Sequenzflussbedingung in BOS definieren (Quelle: BonitaSoft)

```
<model:exclusiveGateway id="Available_" name="Available?"/>
<model:sequenceFlow id="yes" name="yes" sourceRef="Available_"
    targetRef="Calculate_invoice_amount">
    <model:conditionExpression xsi:type="model:tFormalExpression"
    evaluatesToTypeRef="xsd:boolean">
        ${available}
    </model:conditionExpression>
</model:sequenceFlow>
<model:sequenceFlow id="no" name="no" sourceRef="Available_"
    targetRef="Contact_customer_re_alternatives">
    <model:conditionExpression xsi:type="model:tFormalExpression"
    evaluatesToTypeRef="xsd:boolean">
        ${!available}
```

```
        </model:conditionExpression>
    </model:sequenceFlow>
```

Abbildung 23-10: Serialisieren eines Gateway und einer Gateway-Bedingungen

Skrpit-Task – Rechnungsbetrag kalkulieren

Einfache Berechnungen werden üblicherweise in *scriptTask*-Elementen ausgeführt. Hier müssen wir den Rechnungsbetrag kalkulieren, welcher auf der Anzahl Teilnehmer (aus *xmlRequest*) multipliziert mit dem Wert *courseCost* (aus der Datenbankabfrage) basiert. Diese Datenobjekte müssen wir über eine *dataInputAssociation* an den *dataInput* des *scriptTask* weiterreichen. Die Skriptsprache Groovy wird durch das *scriptFormat* MIME type angegeben. Unten sehen Sie die BPMN 2.0 XML:

```
<model:scriptTask id="Calculate_invoice_amount" name="Calculate invoice amount"
    scriptFormat="text/x-groovy">
        <model:ioSpecification>
            <model:dataInput id="Calculate_invoice_amount_input"
    itemSubjectRef="item01"/>
            <model:dataOutput id="Calculate_invoice_amount_output"
    itemSubjectRef="item06"/>
            <model:inputSet>
                <model:dataInputRefs>Calculate_invoice_amount_input
                </model:dataInputRefs>
            </model:inputSet>
            <model:outputSet>
                <model:dataOutputRefs>Calculate_invoice_amount_output
                </model:dataOutputRefs>
            </model:outputSet>
        </model:ioSpecification>
        <model:dataInputAssociation>
            <model:sourceRef>xmlRequest</model:sourceRef>
            <model:targetRef>Calculate_invoice_amount_input</model:targetRef>
        </model:dataInputAssociation>
        <model:dataOutputAssociation>
            <model:sourceRef>Calculate_invoice_amount_output
            </model:sourceRef>
            <model:targetRef>invoiceAmount</model:targetRef>
        </model:dataOutputAssociation>
        <model:script>${courseCost} *
    Integer.valueOf(providedscripts.BonitaXML.evaluateXPathOnVariable(xmlRequest,
    "/Request/@numStudents"))</model:script>
    </model:scriptTask>
```

Abbildung 23-11: Skript-Task serialisieren

Service-Task— Email-Connector

Mit dem kalkulierten Rechnungsbetrag wird die Rechnung über eine E-Mail versandt. In einem realen Prozess würde ein Connector ein Fakturierungssystem mit dem Generieren und

---

Versenden der Rechnung beauftragen. Doch in diesem eher einfachen Beispiel zeigen wir, wie es mit einem E-Mail-Adapter gemacht wird. In nicht-ausführbarer BPMN modellieren wir die Kommunikation zum Kunden als *Nachricht*, doch die ausführbare BPMN beschränkt eine BPMN-Nachricht oft auf eine System-zu-System-Benachrichtigung ein, was auch hier der Fall ist. Nun verwenden wir nicht einen *sendTask* sondern einen *serviceTask,* welcher über einen Bonita Email Connector implementiert wurde. In der BPMN XML gibt es kein Element *message* für die E-Mail, sondern eines für den Input des Connectors, wie es vom BPMN-Metamodell verlangt wird.

Abbildung 23-12 stellt das Schema für den E-Mail-Connector aus der Datei Connectors.xsd dar. Abbildung 23-13 und Abbildung 23-14 enthalten die Konfiguration des Connector in BOS. Die XML-Serialisierung des *serviceTask* mit dem Connector sehen Sie in Abbildung 23-15. Beachten Sie, dass für den Connector kein Output und damit auch kein *dataOutput* für den *serviceTask* besteht. Das BPMN 2.0 XSD verlangt jedoch trotzdem ein *outputSet*, welches nun leer gelassen wurde.

Ein Connector wie dieser, mit mehreren Input-Parametern generiert viele Zeilen BPMN 2.0 XML. Glücklicherweise muss sich der Prozessentwickler darüber nicht den Kopf zerbrechen. Denn das alles wird automatisch durch ein Werkzeug über den BPMN-Export sichergestellt.

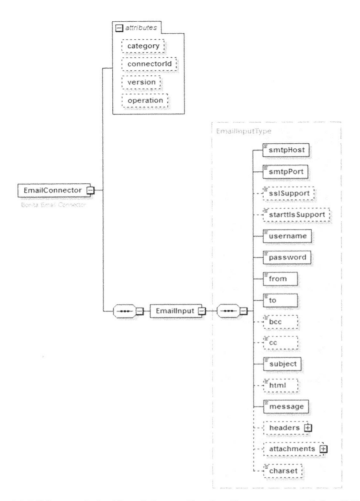

Abbildung 23-12: Das Schema *Bonita Connectors.xsd* des E-Mail-Connector

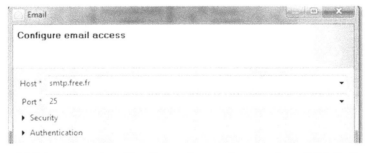

Abbildung 23-13: Konfigurationsassistent des E-Mail-Connector, Dialog 1 (Quelle: BonitaSoft)

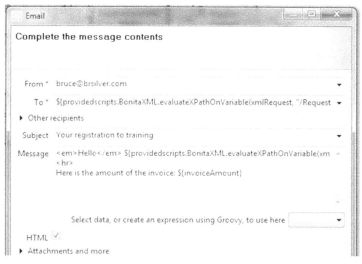

Abbildung 23-14: Konfigurationsassistent es E-Mail-Connector, Dialog 2 (Quelle: BonitaSoft)

```xml
<model:serviceTask id="Send_invoice" name="Send invoice" implementation="BonitaConnector"
  operationRef="execEmail">
    <!--this service uses email connector-->
    <model:ioSpecification>
        <model:dataInput id="Send_invoice_input" itemSubjectRef="item07"/>
        <model:inputSet>
            <model:dataInputRefs>Send_invoice_input</model:dataInputRefs>
        </model:inputSet>
        <model:outputSet/>
    </model:ioSpecification>
    <model:dataInputAssociation>
        <model:sourceRef>xmlRequest</model:sourceRef>
        <model:sourceRef>invoiceAmount</model:sourceRef>
        <model:targetRef>Send_invoice_input</model:targetRef>
        <model:assignment>
            <model:from>"smtp.free.fr"</model:from>
            <model:to>getDataInput('Send_invoice_input')/n1:smtpHost</mode :to>
        </model:assignment>
        <model:assignment>
            <model:from>"25"</model:from>
            <model:to>getDataInput('Send_invoice_input')/n1:smtpPort</model:to>
        </model:assignment>
        <model:assignment>
            <model:from>"bruce@brsilver.com"</model:from>
            <model:to>getDataInput('Send_invoice_input')/n1:username</model:to>
        </model:assignment>
        <model:assignment>
            <model:from>"password"</model:from>
            <model:to>getDataInput('Send_invoice_input')/n1:password</model:to>
```

```
        </model:assignment>
        <model:assignment>
            <model:from>"bruce@brsilver.com"</model:from>
            <model:to>getDataInput('Send_invoice_input')/n1:from</model:to>
        </model:assignment>
        <model:assignment>
            <model:from>${providedscripts.BonitaXML.evaluateXPathOnVariable(xmlRequest,
                "/Request/@email")}</model:from>
            <model:to>getDataInput('Send_invoice_input')/n1:to</model:to>
        </model:assignment>
        <model:assignment>
            <model:from>"Your registration for training"</model:from>
            <model:to>getDataInput('Send_invoice_input')/n1:subject</model:to>
        </model:assignment>
        <model:assignment>
            <model:from><![CDATA[
                <em>Hello</em>
${providedscripts.BonitaXML.evaluateXPathOnVariable(xmlRequest, "/Request/@requesterName")}
                <hr>
                Here is the amount of the invoice: ${invoiceAmount}
            ]]></model:from>
            <model:to>getDataInput('Send_invoice_input')/n1:message</model:to>
        </model:assignment>
    </model:dataInputAssociation>
</model:serviceTask>
```

Abbildung 23-15: Serialisierung eines serviceTask mit einem E-Mail-Connector

Angeheftetes Zeitereignis

Der letzte Teil dieses Beispiels betrifft den Zeitablauf beim Warten auf die Zahlungsbestätigung, welche hier als Nachricht aus einem externen Zahlungsdienstleister modelliert wurde. Mit der BPMN würden wir das normalerweise als ereignisbasiertes Gateway oder als angeheftetes Zeitereignis auf einem Empfangen-Task modellieren. Doch die aktuelle Version von BOS unterstützt diese Elemente nicht. Hingegen können angeheftete Zeitereignisse mit einer Aufrufaktivität umgesetzt werden, was wir uns im vorliegenden Fall zu Nutze gemacht haben. In Abbildung 23-16 sehen Sie den Dialog zur Bestimmung des Ablaufzeitpunkts.

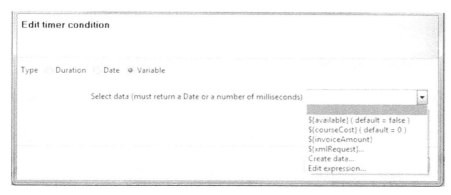

Abbildung 23-16: Konfigurationsassistent für Zeitereignisse in BOS (Quelle BonitaSoft)

In dem Fall stellt der Ablaufzeitpunkt einen Datumswert (dateTime) dar, welcher aus *courseDate* in der Variable *xmlRequest* berechnet wurde. In Groovy-Skript sieht der für die Berechnung benötigte Ausdruck in BPMN 2.0 XML wie folgt aus:

```
<model:boundaryEvent id="_1_day_before_class" name="1 day before class"
      attachedToRef="Receive_payment_advice">
            <model:timerEventDefinition>
                  <model:timeDate
                    xsi:type="model:tFormalExpression" evaluatesToTypeRef="xsd:timeDate">
<![CDATA[
import java.text.SimpleDateFormat;
import org.ow2.bonita.util.DateUtil;
String stringDateStart = ((String)providedscripts.BonitaXML.evaluateXPathOnVariable(xmlRequest,
"/Request/@courseDate"));
Date date = DateUtil.parseDate(stringDateStart);
Calendar calendar = Calendar.getInstance();
calendar.setTime(date);
calendar.add(Calendar.DATE, -1);
SimpleDateFormat sdf = new SimpleDateFormat("yyyy-MM-dd'T'HH:mm:ssz");
String stringDate = sdf.format(calendar.getTime());
String result = stringDate.substring(0, 19) + stringDate.substring(22, stringDate.length());
return result;
  ]]>
                  </model:timeDate>
            </model:timerEventDefinition>
</model:boundaryEvent>
```

Abbildung 23-17: Serialisierung eines angehefteten Zeitereignisses mit berechnetem Ablaufzeitpunkt

KAPITEL 24

Wenn ausführbares Design und BPMN Methode & Stil zusammenkommen

Als Bruce Silver mit der Erstellung dieses Buches startete, waren wir überzeugt und voller Hoffnung, dass wir eine Methode beschreiben können, welche die Kreierung eines BPMN Modelles von seiner ersten, nicht-ausführbaren Form der Ebene 2 in ein voll funktionsfähiges und ausführbares BPMN 2.0 Modell, welches die Regeln des Methode-und-Stil-Ansatzes befolgt und mit real existierenden Werkzeugen erstellt werden kann, beschreiben können. Idealerweise kann das Ebenen 2 Modell, welches mit dem BPMN-I Profil konform ist, mit einem Werkzeug, wie dem Process Modeler für Microsoft Visio der Firma itp-commerce, erstellt werden kann und in ein BPMS wie beispielsweise Bonita Open Solution unter Berücksichtigung der Herstellerspezifischen Eigenschaften importiert werden kann.

Leider sind die Werkzeuge noch nicht alle so weit, um dieses Vorhaben durchgängig zu unterstützen. Wir denken aber, dass wir weniger als ein Jahr davon entfernt sind, eine erste lauffähige Variante zu bekommen. Allerdings können wir beschreiben, was wir unter der Angleichung von ausführbarer BPMN und dem Methode-und-Stil-Ansatz verstehen und was wir einer solchen Methode zufügen müssten.

Wenn wir uns erinnern, dass Methode und Stil die Prozesslogik klar und eindeutig im Diagramm und rein grafisch offenlegt, ist die ausführbare BPMN stark auf die Definition und das Prozessdaten-Mapping ausgerichtet. Ausführbare Diagramme mit den Konzepten von Methode und Stil auf eine Linie zu bringen, impliziert eine spezifische Verbindung zwischen den Formen und Symbolen im Diagramm und den Variablen, Nachrichten, Dateneingaben und Datenausgaben sowie dem Mapping der Grafik mit dem ausführbaren Modell. Eine „Methode" würde auch ein Art Kochbuch mit Anweisungen und Prozeduren für die Definition der Formen und Bezeichnungen im rein grafischen Modell beinhalten. Wir wollen aber lieber, dass dies von den Werkzeugen von ausführbaren Prozessen automatisch und fehlerfrei zum Zeitpunkt des Imports von BPMN Modellen geschieht. Somit ist dieses Kapitel als eine Art Richtlinie oder akkurater ausgedrückt, als eine „Wunschliste" für Architekten und Entwickler von Prozessausführungsumgebungen mit den entsprechenden Design-Werkzeugen gedacht.

Status Variablen für Endzustände in Prozessen

Die Notation von Endzuständen in einem Prozess oder Unterprozess ist ein zentrales Element der Methode-und-Stil-Konzeption. Die Endstatus eines Unterprozesses sind oft mit den Bedingungen in einem, dem Unterprozess übergeordneten, Gateway verbunden. Die Stilregeln sichern zu, dass Endstatus und die abhängigen Gateways im Diagramm korrekt angeschrieben sind. In einem ausführbaren Modell müssen dieselben Bedingungen in *Ausdrücken* der Prozessvariablen (*dataObjects*) in XPath, UEL. Groovy oder anderen Ausdruckssprachen ausformuliert werden.

Das ausführbare Modell setzt somit voraus, dass die Endstatus für jeden Unterprozess mit mehreren Endstatus in Aufzählungen codiert werden, welche mit den Bezeichnungen der Endereignisse korrespondieren. In der XML muss dafür ein *dataObject* in der übergeordneten Prozessebene angelegt werden, folglich dort wo die Elemente des *subProcess* und *exclusiveGateway* eingebettet sind. Jedes Endereignis definiert demzufolge ein *dataObject*, welches die Bezeichnung des Ereignisses sowie eine *dataOutputAssociation*, welche den Wert des Endstatus speichern muss.

Und was bedeutet dies für einen Task, welcher von einem Gateway (oder bedingten Sequenzfluss) gefolgt wird? Es kann etwas ähnliches an dieser Stelle umgesetzt werden. Einige Werkzeuge wie Oracle BPM11g verlangen heute schon Aufzählungen für die Endstatus eines Benutzer-Tasks, welcher vom Aufrufer durch das Benutzerinterface des Tasks selektiert wurde und dann durch den Gateway abgefragt werden kann. Wir erwarten, dass, bei einem Task, gefolgt von einem exklusiven oder inklusiven Gateway, eine Endstatus Variable (*dataObject*) mit Aufzählungswerten definiert wird, welche konsistent mit den Bezeichnungen auf den ausgehenden Sequenzflüssen des Gateway ist. Bei einem Task vom Typ *userTask* oder *scriptTask*, für welchen der Prozess-Designer dessen Task-Implementierung definiert, wird das *dataObject* des Tasks normalerweise auf dieselbe *itemDefinition* wie das *dataObject* zeigen. Dies macht das *dataAssocicationMapping* vergleichsweise einfach. Bei einem *serviceTask* mit einer vordefinierten Schnittstelle muss der Prozess-Designer ein Mapping zwischen dem *dataOutput* und der Endstatusvariablen auf die *dataOutputAssociation* erstellen.

Gateway Bedingungen

Durch die Verwendung einer Endstatusvariablen können die misten Gateway-Bedingungen direkt aus dem ausführbaren Modell generiert werden. Bei einem exklusiven Gateway mit einer Frage als Bezeichnung und zwei ausgehenden Sequenzflüssen *yes* und *no,* könnte die *conditionExpression* für den *yes*-Pfad wie folgt aussehen:

```
<conditionExpression>
        getDataObject('[endStateVarId]') = "[gatewayLabel without '?']"
</conditionExpression>
```

Nachrichten

Auch Nachrichtenflüsse spielen eine wichtige Rolle im Methode-und-Stil-Konzept. Selbst wenn das Design-Werkzeug zur Erstellung des ausführbaren Modells die Nachrichtenflüsse nicht alle anzeigt, werden die *message*-Elemente, welche diese repräsentieren, sehr wichtig im Modell. Die meisten Nachrichtenflüsse in einem Ebene 2 Model sind mit einem Blackbox-Pool verbunden. Modellierer verwenden oft auch die *Message*-Objekte, welche am Nachrichtenfluss angehängt sind. Wir empfehlen jedoch die Nachrichtenflüsse direkt anzuschreiben. So setzen wir hier voraus, dass Nachrichten eine Bezeichnung und kein Nachrichtenobjekt besitzen. Die Stilregeln sichern zu, dass alle Prozessknoten, welche Nachrichten senden oder empfangen, korrekt verbunden sind und alle Nachrichtenflüsse konsistent angeschrieben sind.

Im ausführbaren BPMN Model benötigen wir nun ein *message*-Element für jeden Nachrichtenfluss, es sei denn, er hat dieselbe Bezeichnung wie ein anderer Nachrichtenfluss im Modell. Wir nehmen an dieser Stelle an, dass zwei Nachrichtenflüsse mit derselben Bezeichnung dasselbe *message*-Element repräsentieren. Zum Beispiel erfordert eine Methode-und-Stil-Regel, dass Nachrichtenflüsse welche mit einem Unterprozess verbunden sind, auf der nächst tieferen Ebene wieder vorkommen müssen. In diesem Fall werden beide *messageFlow*-Elemente in der XML Repräsentation durch die *messageRef* auf dasselbe *message*-Element verweisen. Das Modellierungswerkzeug für das ausführbare Modell sollte jedes benötigte *message*-Element und alle *messageRef*-Verweise, welche auf dieses Objekt zeigen, automatisch beim Import herstellen.

Fehler

Methode und Stil erlaubt es, alle denkbaren Fehlerereignisse für intern generierte Ausnahme zu verwenden, unabhängig davon, ob es sich um einen technischen Fehler oder um eine Ausnahme bei einer Geschäftsregel handelt. Einige BPMS Hersteller reservieren die Fehlerereignisse für die rein technische Ausnahmebehandlung und empfehlen stattdessen die Verwendung von Gateways zur Behandlung von Ausnahmen aus Geschäftsregeln. Hier nehmen wir einfach an, dass die nicht-ausführbaren Modellierungswerkzeuge und die Modellierungswerkzeuge für das ausführbare Modell denselben Konventionen folgen.

Im ausführbaren BPMN-Modell verweist ein *errorEventDefinition*-Element auf ein *error*-Element, welches einen *errorString* beinhaltet. Wenn die technische Infrastruktur mehr Details über den Fehler erzeugen kann, können im Element *structureRef* die Fehlerinformation weiter strukturiert werden. Im Sinne von Methode und Stil sollte ein Design-Modellierungswerkzeug also beim Import des Modells automatisch ein *error*-Element erstellen, dessen *errorCode* mit dem Wert des Fehlerereignisses übereinstimmt. Zusätzlich sollte noch der Verweis aus *errorEventDefinition* erstellt werden (Falls das Design-Werkzeug zum Beispiel eine vordefinierte Liste von Fehlerereignissen anbietet, sollte der Benutzer das am besten passende auswählen können).

Signal- und Eskalationsereignisse, falls unterstützt, könnten auf dieselbe Art und Weise behandelt werden.

Offenbar arbeitet noch kein BPMS Design-Werkzeug auf diese Art und Weise. Wir denken, dass zukünftige BPMS solche Muster generieren sollten (nicht nur im XML, sondern auch im internen Objektmodell). Dies nicht bloß um bei den Modellierern zu punkten, sondern auch um auf eine effektive Art und Weise ein Methode-und-Stil-Geschäftsprozessmodell der Ebene 2 in einen ausführbaren Prozess umzulegen. Es gibt zweifelsohne noch viel zu tun bei der Entwicklung von Prozessdesign-Umgebungen: Dinge wie Benutzerinterfaces, Service Implementierungen, Parameter-Mapping etc. bis hin Performance Optimierungen. Wenn ein BPMS allerdings eine Zeitersparnis für den Entwickler und damit die Agilität bei der Prozessautomatisierung erhöhen könnte, ist das mindestens ein guter Grund, die automatische Elementgenerierung unseres Methode-und-Stil-Ansatzes in Angriff zu nehmen.

Nachwort zur zweiten Auflage von Stephan Fischli

Gerade einmal ein Jahr nach der Idee, die zweite Ausgabe von *BPMN Method and Style with BPMN Implementer's Guide* in deutscher Sprache zu veröffentlichen, kann ich das Werk nun präsentieren. Die Notwendigkeit einer deutschen Fassung haben wir in den vielen Methode-und-Stil-Schulungen zur BPMN 2.0 erkannt. Der Inhalt der Kurse wird von praktisch allen Teilnehmern als sehr anspruchsvoll und umfangreich empfunden. Nun können die Konzepte der Schulung problemlos in deutscher Sprache nachgelesen, Inhalte im Nachgang verinnerlicht und Details zu einem späteren Zeitpunkt nachgeschlagen werden. Das vorliegende Buch war dazu ganz einfach notwendig – aber es leistet noch mehr.

In den vielen Jahren, in denen ich mich nun mit der BPMN auseinandersetze – von der Idee der Notation bis hin zur Ausführbarkeit der BPMN 2.0 – konnte ich eine Erkenntnis gewinnen: Nichts entsteht und unterhält sich von selbst. Dies gilt auch für die BPMN. Sie ist ein typisches Konsenswerk, von vielen Interessen und verdeckten Zielen vorangetrieben und weiterentwickelt– und doch dient sie einer grundsätzlichen Idee: *Eine* gemeinsame *Sprache* für *alle*. Dieses Ziel haben wir zum Zeitpunkt des Erscheinungsdatums dieses Buches weitgehend erreicht. Nur, genügt dies und können wir uns damit zufrieden geben?

Meine Antwort war und ist ein klares „Nein!" Wir sind auf dem richtigen Weg, aber noch lange nicht am Ziel. Ich erinnere mich an den ersten Kontakt mit dem verstreuten Grüppchen von zwanzig Mitgliedern der BPMI.org[33] im Jahr 2002. Alle waren hoch motiviert und von der Idee getrieben, alle Informationen in einem Modell abbilden zu können. Dieser eine und in sich simple Gedanke hat mich bis heute nicht losgelassen: Ist es, mit einigen Kompromissen, möglich, alle notwendigen Informationen über sämtliche Aspekte eines Geschäftsprozesses in einem Modell zu vereinen?

---

[33] Die BPMI.org wurde 2005 in die OMG integriert.

Wie im gesellschaftlichen Leben brauchen wir Regeln und Normen, sobald viele etwas Gemeinsames teilen. In diesem Fall hat die Spezifikation wertvolle Grundlagen gelegt. Leider genügen diese aber nicht ganz, um den Basisgedanken der BPMN umzusetzen.

Ist das vorliegende Werk einfach ein weiteres Hilfsmittel, das den Umgang mit diversen Symbolen und Formen beschreibt? Nein. Vielmehr wird eine Methode beschrieben, um von einem weißen, leeren Blatt ausgehend einen Geschäftsprozess zu modellieren, der

1. selbstsprechend,

2. interpretationsfrei,

3. syntaktisch und semantisch korrekt sowie

4. direkt ausführbar ist.

Unser Anliegen war es, diese vier Zielsetzungen zu konkretisieren und dadurch messbar und umsetzbar zu machen. Erst wenn dies möglich ist, kann das wahre Potential der BPMN und damit letztlich einer BPM-Strategie ausgenutzt werden.

Neben den vielen Stilregeln, deren Anwendung wir in den Schulungen intensiv üben, ist die Kunst der interpretationsfreien Modellierung sehr anspruchsvoll und bedarf einer gewissen Erfahrung. Fehlerfreie Diagramme sind eine unbedingte Voraussetzung für deren Verständnis und Automatisierung durch IT-Hilfsmittel. Hier liegt das größte Potential der Unterstützung durch Software. Werkzeuge wie der *Process Modeler für Microsoft Visio* unterstützen die Erstellung der Diagramme optimal. Noch viel wichtiger ist darüber hinaus die Überprüfung und Generierung der entsprechenden Informationen in der XML-Serialisierung durch das Softwarewerkzeug. Nur so kann das eigentliche Ziel einer direkten und einfachen Umsetzung von Geschäftsprozessen erreicht werden.

In der IT steht die Umsetzung von Prozessmodellen zweifelsohne als *das* aktuelle Thema zurzeit stark im Vordergrund. Aufgrund der vielen Erfahrungen der letzten Jahre haben wir außerdem festgestellt, dass es *gar kein* reines IT-Thema ist. Auf den ersten Blick wirkt dies erstaunlich, weil die BPMN als nicht-technische Notation ihren Platz im Umfeld der Fachbereiche gefunden hat. Doch das eminent Wichtige, um nicht gar zu sagen das Wichtigste überhaupt ist ja, dass die ersten deskriptiven Modelle bereits die Konzeption einer automatisierbaren Prozessvorlage erfüllen. Viele Kollegen und Anbieter sind hier unter Umständen anderer Meinung. Ideen wie die Erstellung von rein fachlichen und rein technischen Modellen bis hin zur Verteilung der Geschäftslogik in verschiedene Modellierungsschritte sind weit verbreitet. Aber genau damit führt man die BPMN ad absurdum, respektive schränkt deren Nutzen stark ein.

Die Automatisierung von Geschäftsprozessen war schon immer eine Hauptzielsetzung von Methode und Stil, und die Voraussetzung dafür ist erst einmal, keine Frage, die Konformität mit der Spezifikation. Die Verfeinerung der immer gleichen Modelle hin zu einem ausführbaren Workflow bedarf aber zusätzlicher Regeln, welche in der BPMN-Spezifikation nicht oder bestenfalls nur schwer zu finden sind. Vor allem ist die BPMN-Spezifikation nicht ohne weiteres für Nicht-IT-Spezialisten verständlich. Auf dieser Verständlichkeit liegt darum das Augenmerk des Methode-und-Stil-Ansatzes. Die Schulung schafft die Basis, um auf Anhieb die richtige Konzeption für Ihr Modell wählen zu können. Ich vergleiche dies immer wieder mit dem Bau eines Hauses. Der Bauherr hat eine Vorstellung von seinem Objekt und kennt die Anforderungen daran. Der Architekt muss also schon in einer frühen Phase die Modelle (Pläne) so gestalten, dass sie einerseits ansehnlich und den Kundenwünschen entsprechend und andererseits realisierbar und funktional (Statik, Fundament, Verkabelung u.v.m.) sind. Im Bauwesen gibt es auch nicht in jeder Bauphase neue und andere Pläne – die Gesamtkonzeption wird einmal erstellt und dann werden die einzelnen Teile im Rahmen der Umsetzung noch weiter detailliert oder ausgebaut.

Eine der wichtigsten Aufgaben ist für mich deshalb die Modellierung der Kontextebene im Diagramm. Wir nennen sie die *Hauptebene* des deskriptiven Diagramms. Hier werden die grundsätzlichen Entscheidungen über die Prozesse und deren interagierende Prozessteilnehmer gefällt. Ein komplexer Geschäftsprozess wird mit einer überschaubaren Anzahl Aktivitäten und wertschöpfenden Ausnahmepfaden ganz grundsätzlich dargestellt. Genau hier wird ein- respektive ausgegrenzt und es werden Entscheidungen über Kompetenzen und Verantwortungen getroffen, ohne dass eine ausschweifende Grundlagendiskussion über die Organisation geführt werden muss. Durch die Kollaboration mit den umliegenden Teilnehmern und Partnern werden die Systeme und die Services implizit grundlegend definiert und deren Kommunikationswege dargestellt. Sie alle stellen Voraussetzungen für eine spätere Automatisierung des Geschäftsprozesses dar, selbst wenn sie noch nicht als automatisierbar qualifiziert worden sind. Der Modellierer fällt also aus einer bestimmten Geschäftsperspektive wichtige Entscheidungen, welche unbedingte Voraussetzung für die Umsetzung sind.

Ich persönlich halte wenig von Modellen, die Medienbrüche implizieren. Damit sind vom Fachbereich hergestellte Modelle gemeint, die im Nachhinein umgezeichnet werden müssen, um ausführbar zu werden. Mit dieser Konzeption wird das Potential einer BPM-Strategie nicht ausgeschöpft werden können, weil die Nachführung und Pflege solcher Konstruktionen in der Praxis unmöglich ist. Es besteht die Gefahr, für die sogenannte „runde Ablage" zu modellieren. Zweifelsohne kann dies für Beraterfirmen kurzfristig lukrativ sein, langfristig wird es sich für sie jedoch nicht auszahlen.

Weiter halte ich auch nicht viel von der reinen Vorwärtsgenerierung automatisierter Geschäftsprozesse. Hierunter versteht man die automatische Codeerzeugung auf der Grundlage rein fachlicher BPMN-Diagramme aus einem Repository. Prozessdesigner und IT-Spezialisten instrumentieren und verändern die Modelle aufgrund von IT-Infrastruktursachzwängen oder bereichern diese mit zusätzlichen proprietären Elementen. Ein Rückweg zum Business ist mit solchen Modellen in aller Regel ausgeschlossen oder nur mit sehr viel zusätzlichem Aufwand beiderseits verbunden (meist nur durch teure Werkzeugunterstützung). Ich empfinde diese Strategie als wenig zielführend, und sie ist auch nichts Neues, weil dies schon mit den klassischen Flussdiagrammen praktiziert wurde. Der sinnvollste Weg führt einzig über das Erlernen der Sprache, das korrekte Anwenden einer Methode und das Einhalten der Regeln durch Prozessmodellierer im Fachbereich wie auch

IT-Spezialisten. Diese in diesem Buch ausführlich beschriebene Methode von Bruce Silver zeichnet sich dadurch aus, dass sie in der Praxis funktioniert.

Die Weiterentwicklung des Methode-und-Stil-Ansatzes

Die Grundsätze des Methode-und-Stil-Ansatzes haben sich seit der ersten Ausgabe des Buches von Bruce Silver nicht geändert. Die zweite englische Ausgabe beinhaltet dazu die Ergebnisse von mehr als zwei Jahren intensiver Arbeit und unzähligen Rückmeldungen aus den Schulungen. Ein Jahr nach Erscheinen der zweiten Ausgabe hat sich gezeigt, dass die Methode-und-Stil-Konzeption nach wie vor aktuell und praxisnah ist. Die deutsche Ausgabe unterscheidet sich bei diesem Thema deshalb kaum vom englischen Original – wir wollten Methode und Regeln direkt und korrekt wiedergeben.

Da immer mehr Geschäfts- und Unternehmensarchitekten ihr Interesse auf die BPMN 2.0 richten, haben wir parallel zu der BPMN Expertenschulung begonnen, den Methode-und-Stil-Ansatz in die Geschäftsprozessarchitektur der Unternehmen einzubetten. In der Methodik wird dargelegt, wie grundlegende Konzepte der BPMN wie z.B. *Prozess* und *Aktivität* in Beziehung zu einer Unternehmensarchitektur stehen können. Unser BPMN-Stil ist somit stark strukturiert und kann durch die Modellierungswerkzeuge überprüft werden. Diese Formalisierung und Erweiterung ist letztlich die Manifestierung des Methode & Stil-Ansatzes und wird fortwährend in Modellierungswerkzeugen wie beispielsweise dem *Process Modeler für Microsoft Visio* eingepflegt. Dies alleine zeigt, dass die in diesem Buch beschriebenen Regeln und Vorgaben sehr klar strukturiert und technisch anwendbar sind.

Für die deutsche Ausgabe haben wir die meisten Inhalte aus dem Teil über Methode und Stil beinahe unverändert aus dem Original übernommen. Diese spiegeln gestern wie heute eine klare Methode, eine vorgegebene Strukturierung der Inhalte und eine prägnante Ausdrucksweise wider.

Das neue Handbuch für die Prozessautomatisierung

Das Handbuch für die Prozessautomatisierung ist der sich zurzeit am schnellsten ändernde Teil bei der Anwendung der BPMN 2.0. Nicht dass sich die Spezifikation so schnell ändern würde, sondern vielmehr die Erfahrungen und Fortschritte der BPMS-Hersteller, die eine klare Entwicklung zur Zielsetzung der durchgängigen Prozessmodellierung erkennen lassen.

Die englische Originalfassung von Bruce Silver zeigt die essentiellen Punkte noch immer optimal auf, und die Problemzonen haben sich nach unserer Erfahrung nicht wesentlich verschoben. Es zeigt sich im Gegenteil immer klarer, dass die beschriebenen Prinzipien mehr denn je ihre Berechtigung haben. Hersteller sind aufgefordert, die Chance zu ergreifen und in dieser Anfangsphase der durchgängigen Umsetzung der BPMN 2.0 ihre Position zumindest kritisch zu reflektieren.

Ich denke, Bruce Silver hat in beinahe allen Punkten Recht behalten, bei denen es um die Unzulänglichkeiten der Hersteller und die Herausforderungen an sie geht. Einzig mit seiner zeitlichen Vorstellung von der Umsetzung der BPMN durch die Hersteller war er wohl ein wenig zu optimistisch – wir sind nach einem Jahr intensiver Arbeit am Profil der BPMN-I noch immer mindestens ein Jahr von deren Umsetzung entfernt.

Die BPMN-Schulung

Unser Buch beinhaltet viele praktische Beispiele, und wir möchten die Leser ermutigen, diese mit einem Softwarewerkzeug zu reproduzieren. Es wird sehr schwierig, wenn nicht gar unmöglich sein, die BPMN 2.0 allein durch das Studium dieses Buches zu erlernen. Die BPMN kann man sich am effektivsten durch die direkte Anwendung in der Praxis aneignen, gute Modellierungswerkzeuge vorausgesetzt. Wir geben dieses Buch als Bestandteil unserer Präsenzschulungen an die Teilnehmer ab. Es dient als Nachschlagewerk im Nachgang oder während der Schulung und stellt keinen Ersatz für diese dar.

Training beinhaltet Praxis, d.h. Übungen und Diskussionen darüber, wie etwas zu modellieren ist und warum eine Lösung besser ist als eine andere. Exakt solche Schulungen bieten wir als Präsenz- oder Online-Schulungen an. Dieses Buch passt ideal zur BPMN-Schulung „Methode und Stil", kann aber auch ganz einfach als allgemeines Lehrbuch verwendet werden.

BPMN-Werkzeuge

Auf das Thema Werkzeuge ist Bruce Silver schon im Vorwort ausreichend eingegangen. Im Buch wird einige Male auf ein bestimmtes Modellierungswerkzeug hingewiesen. Nicht alle BPMN-Werkzeuge bieten die gleichen Funktionen, obwohl BPMN einen Standard darstellt. Die Wahl eines Werkzeugs kann die Möglichkeiten zur Erstellung einer „guten BPMN" erheblich beeinflussen.

Alle abgebildeten Diagramme in diesem Buch wurden mit dem Process Modeler für Microsoft Visio[34], einem Zusatz zu Microsoft Visio (AddIn), erstellt. In unseren BPMN-Schulungen und für die Zertifizierungen verwenden wir hauptsächlich dieses Werkzeug, und einer der Hauptgründe dafür ist, dass die Stil- und BPMN-Regeln automatisch synchron zur Modellierungszeit überprüft werden. Das Werkzeug unterstützt darüber hinaus alle Elemente der BPMN 2.0, verfügt über eine saubere und korrekte XML-Serialisierung (inklusive Import und Export) und erlaubt zudem eine einfache und intuitive Modellierung der Prozesshierarchie, wie sie von der Methode empfohlen wird.

Danksagung

Als erstes geht mein Dank natürlich an Bruce Silver, meinen langjährigen Partner und Begleiter bei der Entwicklung der BPMN. Ohne seine Brillanz und Weitsicht bei der Entwicklung der Inhalte, von denen in diesem Buch die Rede ist, wäre die Plattform

---

[34] Hersteller ist die Firma der Firma itp commerce ag mit Sitz in Bern, Schweiz. Weitere Informationen finden Sie unter www.itp-commerce.com

BPMessentials.com in dieser Art wohl nie möglich gewesen. Bruce hat mit dem Methode-und-Stil-Ansatz eine einmalige Herangehensweise konzipiert, die ihresgleichen sucht. Unzählige Teilnehmer an unseren Schulungen belegen, dass nicht eine theoretische Wolke erdacht wurde, sondern ein handfestes und stabiles, in der Praxis anwendbares Konzept besteht.

Ausdrücklich möchte ich auch meinem Team bei diesem langwierigen Buchprojekt den Dank aussprechen. Allen voran danke ich Thomas Widmer für seinen unermüdlichen Einsatz und Durchhaltewillen bei den Übersetzungsarbeiten und für die vielen guten Diskussionen, die wir zusammen führen durften. Thomas war als einer der zertifizierten Trainer eine außerordentlich gute Quelle für die Erarbeitung dieser deutschen Version des Buches.

Weiter an der guten Qualität des Buches beteiligt waren Kendra Gettel mit der sprachlichen Überprüfung und Patric Zurfluh mit der redaktionellen Text- und Modellerstellung der deutschen Ausgabe.

An dieser Stelle gebührt auch Antonio Palumbo, Principal Developer des Process Modeler für Microsoft Visio, ein ganz besonderer Dank. Durch seine Agilität und sein Können im Bereich der Softwareentwicklung konnten die Regeln der BPMN in äußerst kurzer Zeit in das Modellierungswerkzeug eingebracht werden.

Stephan Fischli,
im Juli 2012

Index

Über die Autoren

Bruce Silver ist Inhaber der Bruce Silver Associcates, Anbieter von Beratungs- und Schulungsdienstleistungen im Bereich des Business Process Management (BPM). Er ist Gründer und Mitinhaber der *BPMessentials*, der führenden Anbieterin für BPMN-Schulungen und Zertifizierungen. Sein einzigartiger Beitrag zur BPMN stammt aus dem Methode und Stil Ansatz und BPMN-I Profile, welches den Modellaustausch zum Ziel hat. Seine Internetseite BPMS Watch (www.brsilver.com) ist eine führende Seite für Artikel und Kommentare zu den neusten Entwicklungen im BPMN Standard und BPM Softwareprodukten. Er war Mitglied des technischen Teams, welches die Version 2.0 der BPMN-Spezifikation in der OMG entwickelt hat und er leistete einen signifikanten Beitrag zur OCEB BPM Zertifizierung der OMG.

Vor der Gründung der Bruce Silver Associates im Jahr 1994 war er Vize-Präsident für den Bereich Workflow und Document Management der Analysten-Firma BIS Strategic Decisions, welche heute Teil der Forrester Research Gruppe ist und unter dem Namen Giga am Markt agiert. Er verfügt über ein Bachelor und mehrere PhD-Titel in Physik von der Princeton Universität, dem MIT und hält vier US-Patente in elektronischer Bildverarbeitung.

Kontakt zum Autor ist unter der E-Mail Adresse bruce@brsilver.com möglich.

Stephan Fischli hat sein Studium in Informatik und Betriebswirtschaft in Bern absolviert und ist Gründer und Geschäftsführer der Firmen *ITpearls AG* und *itp commerce ag*, beide mit Hauptsitz in Bern. Er beschäftigt sich seit mehr als einem Jahrzehnt mit dem Thema Business Process Management (BPM), ist aktives Mitglied in der OMG und hat an der Entwicklung der ersten Version der BPMN Spezifkation mitgearbeitet. Beratungsmandate im BPM-Umfeld gaben im Jahr 2003 den Impuls für die Entwicklung des BPMN Modellierungswerkzeuges "Process Modeler für Microsoft Visio", welches bis heute für die Geschäftsprozess-Modellierung nach dem Methode und Stil Ansatz einzigartig ist. Stephan Fischli bringt seinen BPMN-Hintergrund im Standardisierungsumfeld ein. Ein Beispiel dafür ist der Verein eCH mit der Fachgruppe Prozessmanagement der Schweizerischen Behörden oder sein BPMN Blog (www.bpmn.ch). Zusammen mit Bruce Silver hat Stephan Fischli als Gründer und Mitinhaber die führende BPMN Schulungs- und Zertifizierungsplattform *BPMessentials* entwickelt.

Vor der Selbständigkeit im Jahre 1996 arbeitete Stephan Fischli als IT-Projektleiter und Entwickler in diversen nationalen und internationalen Firmen.

Kontakt zum Autor ist unter der E-Mail Adresse stephan.fischli@itpearls.com möglich.

www.ingramcontent.com/pod-product-compliance
Lightning Source LLC
Chambersburg PA
CBHW080351060326
40689CB00019B/3963

9 780982 368121